Nick Schreger

Erfolgreich starten mit YouTube

BILDNER

Verlag: BILDNER Verlag GmbH
Bahnhofstraße 8
94032 Passau
http://www.bildner-verlag.de
info@bildner-verlag.de

ISBN: 978-3-8328-0482-4

Lektorat: Ulrich Dorn
Layout und Gestaltung: Nelli Ferderer
Autor: Nick Schreger
Herausgeber: Christian Bildner
Druck: FINIDR s.r.o., Lípová 1965, 73701 Český Těšín, Tschechische Republik

Coverfoto: Nick Schreger

Das FSC®-Label auf einem Holz- oder Papierprodukt ist ein eindeutiger Indikator dafür, dass das Produkt aus verantwortungsvoller Waldwirtschaft stammt. Und auf seinem Weg zum Konsumenten über die gesamte Verarbeitungs- und Handelskette nicht mit nicht-zertifiziertem, also nicht kontrolliertem, Holz oder Papier vermischt wurde. Produkte mit FSC®-Label sichern die Nutzung der Wälder gemäß den sozialen, ökonomischen und ökologischen Bedürfnissen heutiger und zukünftiger Generationen.

Wichtige Hinweise

Die Informationen in diesen Unterlagen werden ohne Rücksicht auf einen eventuellen Patentschutz veröffentlicht. Warennamen werden ohne Gewährleistung der freien Verwendbarkeit benutzt. Bei der Zusammenstellung von Texten und Abbildungen wurde mit größter Sorgfalt vorgegangen. Trotzdem können Fehler nicht vollständig ausgeschlossen werden. Verlag, Herausgeber und Autoren können für fehlerhafte Angaben und deren Folgen weder eine juristische Verantwortung noch irgendeine Haftung übernehmen. Für Verbesserungsvorschläge und Hinweise auf Fehler sind Verlag und Herausgeber dankbar.

Fast alle Hard- und Softwarebezeichnungen und Markennamen der jeweiligen Firmen, die in diesem Buch erwähnt werden, können auch ohne besondere Kennzeichnung warenzeichen-, marken- oder patentrechtlichem Schutz unterliegen.

VORWORT

Die Plattform YouTube hat sich seit ihrer Gründung im Jahr 2006 inzwischen zur zweitgrößten Suchmaschine im Internet gemausert – gleich nach Google, zu deren Mutterkonzern YouTube seit 2006 gehört. Millionen Nutzer konsumieren dort Tag für Tag Inhalte zu verschiedensten Themen, und kaum ein Unternehmen – sei es noch so groß oder klein – kann es sich leisten, nicht mit einem eigenen Kanal auf YouTube vertreten zu sein.

YouTube ist aber auch ein immens erfolgreiches Geschäft – allein im Jahr 2019 betrug der erwirtschaftete Jahresumsatz satte 15 Milliarden US-Dollar (Quelle: Wikipedia), der hauptsächlich durch Werbeeinnahmen erzielt wurde. Dabei begann alles ganz beschaulich im kalifornischen San Bruno. Die Gründer Chad Hurley, Jawed Karim und Steve Chen durften sich bereits im Folgejahr über 1,5 Milliarden US-Dollar freuen, die Google ihnen für die Übernahme von YouTube zahlten. Heute ist das Tochterunternehmen von Google auf bestem Wege, zusammen mit Streaming-Diensten das Fernsehen zu verdrängen – ich kenne viele, die gar kein TV mehr schauen – ich eingeschlossen.

Noch etwas zur im Rahmen dieses Buchs verwendeten Sprache: Ich „gendere“ nicht. Für mich äußert sich der Respekt vor der Vielfältigkeit unserer Geschlechter nicht darin, von z. B. Leser*innen zu schreiben.

Inhalt

KAPITEL 1

LOS GEHT'S!

Es ist schwer, ein neues kreatives Projekt zu beginnen, selbst wenn man gut vorbereitet ist. Es ist einschüchternd, den Sprung von etwas Vertrautem zu etwas Unbekanntem zu wagen und darauf zu vertrauen, dass sich deine harte Arbeit auf lange Sicht auszahlen wird.

Aller Anfang ist schwer

Wenn du also schon seit einiger Zeit den Entschluss zum Starten eines YouTube-Kanals gefasst hast, dann spürst du sicher den sich aufbauenden Erfolgsdruck, den du dir selbst auferlegst und der – ab einem gewissen Grad – nicht unbedingt hilfreich ist. Ein Blick auf Statistiken ist nicht immer der beste Weg, um einen solchen Druck zu mindern. Dennoch: Auf YouTube gibt es fast 40 Millionen aktive Kanäle, und jede Minute werden 500 Stunden an Inhalten hochgeladen. Wenn du zu den aktuell über 25.000 YouTubern mit einer Million oder mehr Abonnenten gehörst, sind diese Zahlen nicht so entmutigend – aber für jemanden, der gerade erst anfängt, ist es eine große Pille, die er schlucken muss.

Es ist nicht erst seit der Pandemie so, dass das Medium Video eine besondere Bedeutung bekommen hat, wenn es um die Verbreitung von Botschaften und Wissen geht. Allerdings hat die Pandemie dafür gesorgt, dass die Hilfsmittel zur Erstellung und Verbreitung von Videos deutlich zugänglicher geworden sind – schließlich musste mehr oder weniger von heute auf morgen einer breiten Masse ermöglicht werden, Videoinhalte zu produzieren.

Die Entwickler von dazu nötiger Hard- und Software hatten dabei keinesfalls YouTuber und ähnliche Nutzer auf dem Radar, sondern kleine bis mittlere Unternehmen, die plötzlich pandemiebedingt andere Kanäle finden mussten, um Kunden und Mitarbeiter zu erreichen. Wohl dem, der sich vorher bereits wenigstens grundlegend mit dem Thema Video oder sogar Live-Streaming auseinandergesetzt hatte. Dadurch gab es 2020 und 2021 einen enormen Zuwachs an YouTube-Kanälen: Die Leute hatten plötzlich nicht nur die Zeit, sondern auch die Werkzeuge dafür, einen Kanal zu starten.

Um einen YouTube-Kanal zu gründen, braucht es nur wenige Sekunden – wir reden hier von „Account erstellen und loslegen“. Aber es reicht nicht aus, deinen Kanalnamen hinzuzufügen und ein Profilbild hochzuladen. Es gehört noch einiges mehr dazu, und ich werde dir in diesem Buch dabei helfen.

Weg der Stilfindung

Vorweg – es ist nicht zwingend notwendig, sich gleich zu Beginn der Reise für einen bestimmten Darbietungsstil zu entscheiden. Wie bei allen Lernprozessen entwickelt man sich auch hier stetig weiter, daher sollte man konstruktive Kritik von Zuschauern und anderen YouTubern dankbar annehmen und, soweit mit der Grundidee des Kanals vereinbar, in die Pläne zur weiteren Gestaltung übernehmen. Je nach Thema des Kanals können auch gesellschaftliche und andere äußere Einflüsse richtungsweisend werden. Wenn eine Fernsehserie das Hauptthema deines YouTube-Kanals ausmacht und diese irgendwann eingestellt wird, muss das nicht zwingend das Ende deines Kanals bedeuten. Er kann zu einer Art digitaler Museumsstätte werden, in der Folgen, Fakten und Geschichten der Serie recherchiert und neu aufgegriffen werden.

Nicht selten ergibt es sich nach der Einstellung einer Serie, dass Darsteller und andere an der Produktion Beteiligte interessante Details und Insider-Storys veröffentlichen, aus denen sich dann wieder neuer Stoff für den Kanal ergeben kann. In einem solchen Fall ändern sich die Inhalte und damit auch die Art der Präsentation, die Frequenz – also wie häufig neue Inhalte hochgeladen werden – und so weiter. Ein YouTube-Kanal, der sich nicht fortwährend weiterentwickelt und an die Bedürfnisse seiner Zuschauer anpasst, wird über kurz oder lang Zuschauer und Abonnenten verlieren.

Einer der besten Tipps, den man einem YouTube-Neuling geben kann, ist der, sich zunächst einmal viele Kanäle und deren Inhalte in dem Bewusstsein anzuschauen, selber einen Kanal eröffnen und mit Inhalten füllen zu wollen. Wenn du nicht unter einem Stein hervorgekrochen bist, wirst du bereits viele Stunden vor und mit dieser Plattform verbracht und dir für dich wesentliche Kanäle herausgesucht haben. Wichtig dabei ist, immer das Thema im Vordergrund zu halten, um das es auf deinem Kanal gehen soll.

Vielleicht hast du verschiedene Interessen und daher auch verschiedene Kanäle mit einer völlig unterschiedlichen Aufmachung abonniert. Wenn es aber darum geht, sich für die Aufmachung des eigenen, neuen YouTube-Kanals zu entscheiden, solltest du nur solche als potenzielles Vorbild in Erwägung ziehen, die thematisch passen. Zählen Death Metal und Töpfern zu deinen persönlichen Vorlieben, solltest du dir nach Möglichkeit keinen Death-Metal-Kanal als Vorbild heraussuchen.

Nachdem du eine Auswahl potenzieller Kanalvorbilder getroffen hast, bewerte sie nach den folgenden Kriterien, wobei du für jedes Kriterium zwischen einem und fünf Punkte vergibst. Die Eins steht dabei für „trifft nicht zu“ und eine Fünf für „trifft absolut zu“.

a) Die gezeigte Darbietungsform ist für mich technisch umsetzbar.

b) Die gezeigte Darbietungsform ist für mich persönlich umsetzbar.

c) Ich bin in der Lage, das gezeigte Niveau auch über einen langen Zeitraum aufrechtzuerhalten.

Der letzte Punkt ist heikel, und du solltest diesen wirklich nach bestem Wissen und Gewissen realistisch beantworten. Ein hoher Produktionsaufwand ist fest mit einem hohen Zeitaufwand verwoben, und gerade als Neuling vertust du dich schnell mit der Einschätzung, wie leicht oder schwer etwas, das du auf YouTube siehst, umsetzbar ist. Gerade den etablierten YouTube-Profis gelingt es, ihr Schaffen so aussehen zu lassen, als wäre das alles mal eben spontan in die Kamera gesprochen und als wäre alles halb so wild. Dem ist aber ganz sicher nicht so, wie du im weiteren Verlauf des Buchs noch erfahren wirst. Der Qualitätsstandard auf YouTube ist in den vergangenen Jahren sogar auf Hobbykanälen enorm gestiegen, und auch für vermeintlich simple Videos bedarf es nicht selten einer aufwendigen Vorbereitung. Man spricht hier auch vom „Produktionsaufwand“.

Hat sich dein Publikum erst einmal an ein bestimmtes Qualitätsniveau gewöhnt, wird es Rückschritte nicht einfach so hinnehmen wollen. Wer während der Ferien mit seinem Kanal startet, sollte berücksichtigen, nach Ferienende nur noch einen Bruchteil der Zeit dafür aufbringen zu können. Auch familiäre Veränderungen, ein neuer Partner, ein neues Haustier – vieles kann dazu führen, dass man sich nicht mehr so dediziert seiner Aufgabe als YouTuber widmen kann. Das schlägt sich entweder in einer abnehmenden Upload-Frequenz nieder oder in einer Abnahme der Qualität dessen, was du hochhältst.

Für den Anfang empfiehlt es sich daher, erst mal wenig umzusetzen und sich schrittweise an die vielen Aufgaben heranzutasten. Sofern du nicht ein ganzes Team im Rücken hast, die dir Aufgaben abnehmen, ist ein YouTube-Kanal als „One-Man-/One-Woman-Show“ nicht einfach zu stemmen – auch dann nicht, wenn man bereits Erfahrungen gesammelt hat.

Vergiss also jedes Beispiel, bei dem du einem der drei Punkte nicht wenigstens eine Vier gegeben hast!

Authentizität siegt

Bei vielen YouTubern hat es den Anschein, als wäre die Plattform für sie eine große Theaterbühne, und je nach Themenschwerpunkt mag das auch gut funktionieren. Häufig verlangt ein Thema aber auch nach einer gewissen Glaubwürdigkeit – etwa wenn es um Produktvorstellungen und -empfehlungen geht. Es ist kein Geheimnis mehr, dass erfolgreichere YouTuber zum Teil sehr hohe Geldbeträge damit erwirtschaften, dass sie bestimmte Produkte präsentieren. Wie das funktioniert und wie sehr Realität und Vorstellungen angehender YouTuber auseinanderdriften, das erfährst du weiter unten in diesem Buch in Kapitel 7, „Erfolgreiches Selbstmarketing".

Versetze dich in die Rolle deiner Zuschauer und frage dich, wie wichtig es für sie sein wird, in dir eine glaubwürdige Informationsquelle zu sehen. Frage dich, ob die von dir präsentierten Inhalte besser seriös und sachlich oder lieber unterhaltsam und reißerisch präsentiert werden sollten. Welche Rolle spielen Spannung und Unterhaltung bei dem, was du präsentierst? Sind es kontroverse Themen, die in den Kommentaren deiner Videos hitzig diskutiert werden? Wenn du offen über schwierige Themen sprechen willst, schaffe einen Raum, in dem die Zuschauer als YouTube-Gemeinschaft zusammenkommen und ihre Gedanken untereinander und mit dir teilen können.

Auf keinen Fall solltest du versuchen, den Stil eines anderen YouTubers zu imitieren – das kann nur in die Hose gehen! Es ist in Ordnung, Stilelemente zu übernehmen, solange du authentisch und greifbar bleibst. Es grenzt mitunter schon an Lächerlichkeit, wie offensichtlich auf YouTube untereinander geklaut und kopiert wird – beginnend bei der Art und Weise der Begrüßung über die Titelmusik bis hin zur Verabschiedung. Lerne von anderen, was im für dich wichtigen Genre funktioniert und was nicht, und adaptiere das mit deiner eigenen Persönlichkeit.

Such dir Vorbilder, keine Vorlagen, und achte bei den Videos und Kanälen, die du dir als Vorbilder herausgesucht hast, unbedingt auch auf die Kommentare und Bewertungen der Zuschauer. Lass dich kreativ inspirieren und adaptiere Methoden für deine eigenen Themen, aber bleibe in jeder Sekunde authentisch und nahbar. Stell dir daher auch vor, bei den Aufnahmen deiner YouTube-Videos zu einer Person zu sprechen, die anstelle der Kamera mit dir im Raum steht. Du wirst selber merken, wie natürlich du in deinen Videos wirkst und dass du dich wohler bei den Aufnahmen fühlst.

Deutsch oder Englisch?

Die mit Abstand meisten Beiträge auf YouTube sind in englischer Sprache verfasst – die „Weltsprache" ist vor allem bei technisch motivierten Themen stark im Vordergrund. Daraus ergibt sich auch die größte potenzielle Gefolgschaft, solltest du mit deinem Kanal erfolgreich sein, und viele finden das reizvoll und fassen den Entschluss, Englisch zur Kanalsprache zu machen. Ein solcher Entschluss will aber sehr gut überlegt sein, denn oft – nein, meistens – geht das nach hinten los.

Es spielen mehrere Kriterien eine Rolle, wenn du darüber nachdenkst, für welche Sprache du dich entscheiden solltest. Ganz so wie bei der Gründung eines Business solltest du dir im Vorfeld ein möglichst klares Bild von deiner Zielgruppe machen. Für wen ist dein Kanal gedacht? Gibt es außerhalb des deutschsprachigen Raums überhaupt Interessenten, und würdest du mit der Wahl, Englisch als Kanalsprache zu nehmen, nicht eher diejenigen abhalten, die den Kern der Zielgruppe bilden? Bist du der englischen Sprache überhaupt in ausreichendem Maße mächtig, um einerseits Inhalte gut verständlich und unterhaltsam rüberzubringen, aber andererseits auch nicht für ungewollte Komik zu sorgen, weil dein Akzent oder grammatikalische Schwächen es unmöglich machen, den Inhalten zu folgen und dich ernst zu nehmen?

Sprache ist ein sehr mächtiges Werkzeug, das es zu beherrschen gilt.

Dein Publikum, das unbekannte Wesen

Wie eingangs erwähnt, ist YouTube inzwischen zur zweitgrößten Suchmaschine im Internet geworden. Das bedeutet auch, dass sich viele Millionen unterschiedlicher Menschen tagtäglich auf dieser Plattform tummeln. Wer schon mal an einem Kurs teilgenommen hat – sei es ein Tanzkurs, Kochkurs, Fotokurs oder was auch immer –, wird gesehen haben, wie unterschiedlich Menschen sein können, die sich doch gemeinsam für ein bestimmtes Thema interessieren. Genauso wird es auch auf deinem YouTube-Kanal sein.

Versuche gar nicht erst, es allen recht zu machen. Ich habe es so oft erlebt, dass ich mit viel Arbeit ein Video produzierte, nur um festzustellen, dass die Resonanz darauf weit von meinen Erwartungen abwich. Dafür schnellten bei anderen die Klicks in die Höhe, bei denen ich nicht im Entferntesten daran geglaubt hätte. Wieder andere Videos schlummern erst wochenlang vor sich hin, um dann plötzlich einen enormen Zuschauerschub zu erfahren.

Auch kommen die Leute oft auf die verrücktesten Ideen, missverstehen Aussagen, die du im Video tätigst, oder fühlen sich persönlich angegriffen, auch wenn das niemals deine Absicht gewesen ist. Wenn etwas falsch verstanden werden kann, wird es von einigen falsch verstanden werden. Du kannst dich noch so gut mit einer Materie auskennen, es wird den größeren Fachmann unter den Zuschauern geben, und dieser wird dir eine Lektion erteilen – ob richtig oder falsch, spielt keine Rolle.

Aus der Deckung der relativen Anonymität (auf YouTube darf sich jeder so nennen, wie er will) greift so mancher gern zur Machete, spielt sich auf oder lässt seinen Neid von der Leine, weil da jemand ist, der sich traut, etwas in Angriff zu nehmen, das man selber auch gern gemacht hätte.

Es wird eine Weile dauern, bis dein Kanal über ausreichend Inhalte verfügt, damit Besucher einen Überblick über dessen Themenvielfalt, deine Kompetenz und deine Persönlichkeit als Creator und Presenter bekommen. Es kann zu Beginn sehr entmutigend sein, kein oder nur sehr wenig Feedback zu bekommen, und wenn man dann noch berücksichtigt, dass YouTube-Nutzer eher geneigt sind, negative Feedbacks zu geben, kann das schon ganz schön frustrierend sein. Du wirst dich – genau wie ich auch – sicher so manches Mal fragen, warum und für wen du dir die ganze Arbeit überhaupt machst. Diese Frage stellt sich vor allem dann, wenn du deinen Kanal aus reinem Hobby betreibst. Dankbarkeit und Anerkennung für das, was du mit deinem YouTube-Kanal tust, wird es erst mit der Zeit geben.

Die Erwartungshaltung der Besucher deinem Kanal gegenüber wird ebenfalls etwas sein, das besonders in der Anfangsphase manchmal ungläubiges Kopfschütteln hervorrufen wird. Anstatt sich darüber zu freuen, dass da jemand (du zum Beispiel) viel Zeit und auch etwas Geld investiert, um kostenlos unterhaltende oder informative Inhalte zu produzieren, behandeln es viele Nutzer – und es sind wirklich viele – so, als wäre es eine Dienstleistung, die du ihnen erbringst und die gefälligst auch ihren Vorstellungen und Wünschen entsprechen soll. Das geht dann so weit, dass du wütende E-Mails bekommst, in denen sich jemand darüber beschwert, nun schon zwei Mal nach einem bestimmten Thema gefragt zu haben und von dir gäbe es noch immer kein Video dazu. Ich zitiere: „Sollte da nicht ganz bald was kommen, haben Sie einen Abonnenten weniger!“

Dein Publikum bezeichne ich aber auch deswegen als „unbekanntes Wesen“, weil der mit Abstand größte Teil nie in irgendeiner Form in Erscheinung tritt. Das sind die stillen Konsumenten, die allenfalls mal ein „Daumen hoch“ hinterlassen. Vieles, was du auf deinem Kanal probierst, geschieht im Blindflug, und du siehst einzig an den Zugriffszahlen und Viewtimes (der Zeit, die Besucher deines Kanals effektiv mit dem Schauen deiner Videos verbringen), ob ein Video funktioniert oder nicht. Ich habe verschiedene Methoden ausprobiert, auch diese stillen Konsumenten abzuholen. Unter anderem nutze ich eine Onlineumfrage, deren Fragen ich sorgfältig ausgearbeitet hatte und von deren Beantwortung ich mir viele wertvolle Informationen versprach. Es nahm kaum jemand daran teil.

Sei also von Anfang an darauf gefasst, dein Publikum weder lesen noch steuern zu können.

KAPITEL 2

DIE PLANUNG

Dieses Buch richtet sich primär an diejenigen, die sich zum ersten Mal mit dem Gedanken befassen, einen YouTube-Kanal zu starten. Die meisten werden bereits eine relativ genaue Vorstellung davon haben, wie der Kanal später einmal aussehen soll, und es ist unbedingt notwendig, die erste Zeit damit zu verbringen, den Kanal und die Inhalte erst einmal gründlich zu planen, Texte zu schreiben und Material, soweit es geht, vorzubereiten, damit es dann so richtig losgehen kann, sobald alles steht und eingerichtet ist. Es ist sicherlich vorteilhaft, wenn die Videos direkt zu Anfang schon gut aussehen und klingen.

Themenauswahl

Nachdem das Thema deines Kanals feststeht, solltest du dir überlegen, wie du dieses Thema generell präsentieren willst: Möchtest du deine Zuschauer nach und nach an das Thema heranführen und vielleicht erst einmal Grundsätzlichkeiten und globale Ansichten thematisieren, oder bedienst du mehr oder weniger frei aus einem großen Topf möglicher Themen für einzelne Videos?

1. Nehmen wir einmal an, du beschäftigst dich auf deinem Kanal mit klassischer Klaviermusik. Eine Möglichkeit wäre, innerhalb der ersten Videos auf deinem Kanal erst mal die bedeutendsten Werke vorzustellen, gefolgt von einer Serie Videos über deren Komponisten, dann kommen ein paar Videos, in denen du Aufbau und Funktionsweise eines Flügels vorstellst, und schließlich gibt es Tipps und Tricks zur Spielweise der im Vorfeld vorgestellten Werke.

2. Dem stünde die Herangehensweise gegenüber, im ersten Video ein bedeutendes Werk vorzustellen, im darauffolgenden den Komponisten, dann kommen Tipps und Tricks zur Spielweise gefolgt von einem Video über Aufbau und Funktionsweise des Flügels. Danach würde der Kreislauf mit einem anderen Werk wieder von vorn beginnen.

Meiner Meinung nach ist der zweite Weg der bessere, denn damit bedienst du innerhalb weniger Videos verschiedene Interessen und Erwartungshaltungen. Je abwechslungsreicher das Themenangebot auf deinem YouTube-Kanal ist, desto neugieriger sind deine bereits gewonnenen Zuschauer, und desto eher werden neue potenzielle Zuschauer auf deinen Kanal aufmerksam. Normalerweise läuft das nämlich so ab:

1. YouTube schlägt einem Nutzer ein Video von dir vor, oder der Nutzer findet dein Video, weil er nach etwas Bestimmtem gesucht hat.

2. Der Nutzer schaut das vorgeschlagene oder gefundene Video an.

3. Der Nutzer springt ab oder stöbert in deinen weiteren Videos, schaut sich dabei aber nur die letzten drei oder vier Videos an.

Du siehst, wie wichtig es ist, innerhalb der vergangenen paar Videos das Themenspektrum deines Kanals offenzulegen – und das wieder und wieder.

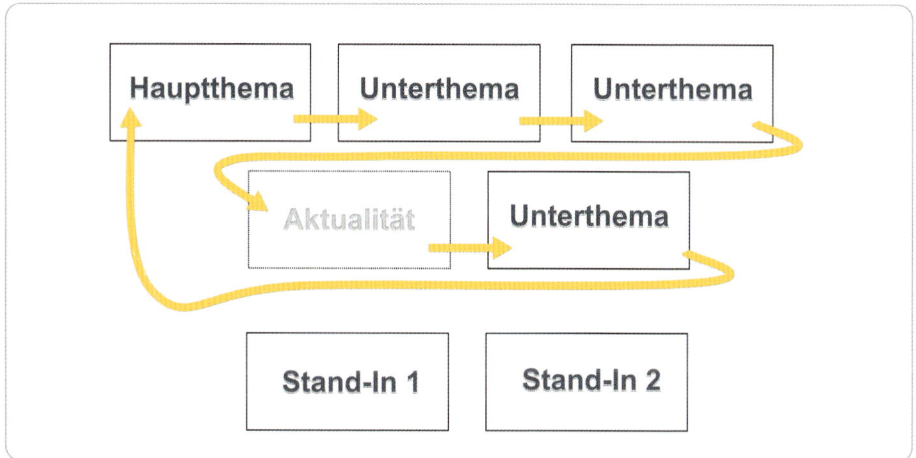

▲ *So oder ähnlich – vorausschauend planen.*

Ich ärgere mich wirklich ständig darüber, Fragen zu Themen geschickt zu bekommen, deren Beantwortung bereits in einem meiner älteren Videos thematisiert wurde.

Sei also stets darum bemüht, wenigstens die drei nächsten Videos für deinen Kanal zumindest als grobe Skizze parat zu haben. Sollte es auf deinem Kanal auch darum gehen, über aktuelle Produkte oder Ereignisse zu berichten, kannst – und solltest – du aus Gründen der Aktualität solchen den Vortritt geben. Die Skizze (siehe oben) kann dir dabei helfen, Inhalte für deinen YouTube-Kanal zu planen:

- **Hauptthema** – Unter einem *Hauptthema* verstehe ich etwas, das die Essenz deines YouTube-Kanals ausmacht. Etwas von hoher Bedeutung, dem du in Form eines ausführlicheren, aufwendiger produzierten Videos huldigst – ganz wie ein wichtiger Stopp auf einer Reise, ein Ort, an dem du länger verweilen und mit dem du dich mehr auseinandersetzen willst. Mit einem solchen Hauptthema solltest du idealerweise sämtliche Besucher deines Kanals ansprechen können.

- **Unterthema** – Ein *Unterthema* ist dagegen etwas, das nicht unbedingt jeden Besucher deines Kanals interessiert, aber dennoch thematisch eingeordnet werden kann. Solche Videos können auch auf eines oder mehrere Hauptthemen bezogen sein, etwas genauer beschreiben, detaillierter auf ein bestimmtes Element aus einem deiner aufwendigeren Videos eingehen oder ganz einfach nur in sich geschlossen ein weniger bedeutendes Thema behandeln.

Wie du in der Skizze sehen kannst, sollte die Reihe solcher Unterthemen durch ein aktuelles Thema unterbrochen werden – die Vorstellung eines neuen Produkts oder ein Hinweis darauf, ein aktueller Veranstaltungshinweis, ein Aufruf zur Teilnahme an einer Umfrage auf deiner Website, ein Live-Stream – einfach etwas, das drohender Monotonie und Voraussehbarkeit deiner Aktivitäten auf dem YouTube-Kanal zuvorkommt.

Danach folgt wieder ein Unterthema, und schließlich geht es von Neuem mit einem Hauptthema weiter.

- **Stand-In** – Beachte die beiden mit *Stand-In* betitelten Videoblöcke. Ein Stand-In ist jemand, der bei Bedarf für jemand anderen einspringen kann. Im späteren Verlauf dieses Buchs werde ich das Dilemma zwischen Quantität und Qualität aufgreifen und dir dazu raten, zugunsten eines halbwegs regelmäßigen Veröffentlichungsrhythmus ein paar Videos vorzuproduzieren. Genau solche sind mit Stand-In gemeint: Videos, die du immer irgendwie für deinen Kanal gebrauchen kannst und die quasi als „Konserve" bereitstehen, wenn du mal aus irgendeinem Grund nicht produzieren kannst.

Es wird ganz sicher Situationen geben, in denen du froh sein wirst, einen solchen Spieler von der Ersatzbank einwechseln zu können. Mir passiert es ab und an, dass ich ein Video komplett fertig habe, dann aber nicht vollends davon überzeugt bin, und so wandert es erst mal auf die Ersatzbank. Solche Stand-In-Videos müssen natürlich nicht zwingend „B-Ware" sein, und vielleicht legst du dir ja sogar ein absolutes Schmankerl an die Seite – als Trumpf, wenn du deinen Kanal mal so richtig pushen willst.

Es wäre falsch und vermessen von mir, zu behaupten, dass ich über sämtlichen Inhalt genau Bescheid wüsste, den ich auf meinem YouTube-Kanal veröffentliche. Viele Unterthemen tangieren auch mich eher weniger als so manchen meiner Zuschauer, und da ich meinen Kanal ja nicht nur für mich allein unterhalte, muss ich mich dann und wann auch solcher Themen annehmen, die mir selber nicht hundertprozentig liegen. Mit einer gründlichen Planung und Recherche kann ich mich bestmöglich vorbereiten.

Geheimwaffe Teleprompter

Richtige Teleprompter, wie sie in Fernsehstudios stehen, sind extrem teuer und prinzipiell darauf ausgelegt, nicht vom Protagonisten vor der Kamera, sondern aus der Regie bedient zu werden.

Modelle und Methoden

Dort sitzt jemand vor einem Bildschirm mit einem Steuerpult, kann den Text mitverfolgen, den der Sprecher vor der Kamera sieht, und dessen Fluss entweder beschleunigen, verlangsamen oder sogar anhalten. In einem Fernsehstudio gibt es zudem nicht nur einen Teleprompter, sondern für jede Kamera einen separaten. Alle diese Teleprompter werden gemeinsam gesteuert, sodass der Sprecher in verschiedene Kameras schauen und dabei weiter ablesen kann.

Das Funktionsprinzip eines Teleprompters ist aber stets gleich (siehe Abbildung). Vor und unterhalb der Kamera ist ein Bildschirm befestigt, dessen Bildfläche nach oben gerichtet. An der Kamera ❶ ist eine einseitig spiegelnde Glasplatte ❹ mit einem dahinterliegenden, lichtundurchlässigen Gehäuse ❷ montiert. Der auf dem Bildschirm angezeigte Text spiegelt sich in der Glasplatte und kann vom Sprecher gelesen werden ❻, weil der Bereich zwischen spiegelnder Glasplatte ❹ und Kameraobjektiv durch das Gehäuse ❷ abgedunkelt ist. Dieses Gehäuse verhindert

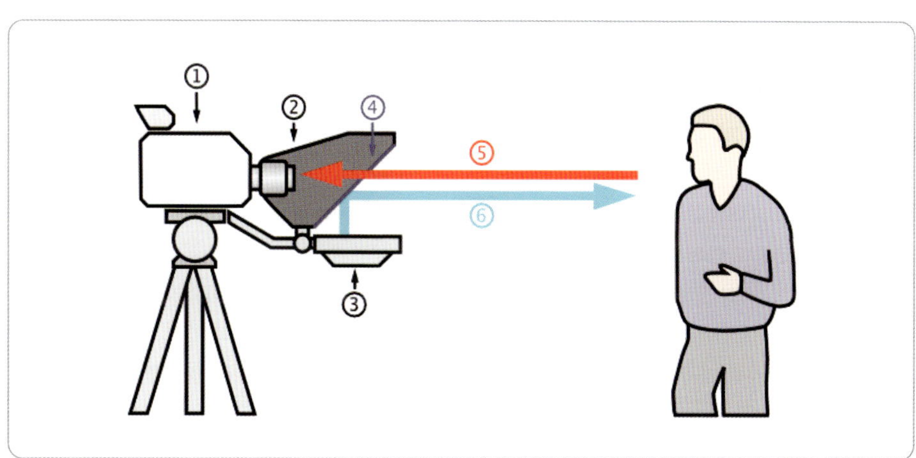

▲ *Funktionsprinzip eines Teleprompters. (Bildquelle: CC BY-SA 3.0, https://commons.wikimedia.org/w/index.php?curid=334814; made by: grm_wnr, Lizenz: https://creativecommons.org/licenses/by-sa/3.0/deed.en)*

auch, dass Licht seitlich auf die Rückseite der Glasplatte fällt und das Lesen des Texts erschwert. Der Sprecher schaut von vorn auf den Text und damit direkt in die dahinter befindliche Kamera ❺.

Zum Glück gibt es auch sehr preiswerte Lösungen, die du bequem mit einer kleinen, drahtlosen Fernbedienung selber steuern kannst.

Tablets als Teleprompter

Besonders dann, wenn du deine YouTube-Videos nicht in einem mobilen oder improvisierten Studio produzieren musst (worin die Unterschiede bestehen, erfährst du in Kapitel 3, „Das YouTube-Studio"), solltest du dich für einen größeren Teleprompter entscheiden, der auf einem Tablet wie etwa einem iPad basiert. Es kann sich dabei um ein altes Gerät handeln, da keine besonderen Ansprüche an dessen Hardware gestellt werden. Es darf allerdings auch nicht zu alt sein, da viele Teleprompter-Apps ein mehr oder weniger aktuelles Betriebssystem auf dem Tablet verlangen.

Der Vorteil eines solch großen Teleprompters liegt auf der Hand: Die Kamera kann weiter entfernt stehen, und du kannst die Texte trotzdem noch gut ablesen, weil der Bildschirm groß ist und entsprechend viel Platz dafür zur Verfügung steht. Auch wenn du leicht seitlich draufschauen musst, ist ein größerer Bildschirm die bessere Lösung. Meinen allerersten Teleprompter hatte ich mir aus Karton selber gebastelt, weil ich wissen wollte, ob mir so etwas überhaupt hilfreich sein könnte. Zu mehr als einem solchen Test taugte es dann aber nicht wirklich, da sich dieser Selfmade-Teleprompter nur sehr umständlich vor die Kamera montieren ließ. Zur Belustigung hier trotzdem ein paar Bilder, einfach weil das Ding so herrlich trashig war.

Die beiden Abbildungen mögen eine gewisse Machbarkeit vermitteln, ich rate trotzdem von einem Nachbau ab, da sich die Befestigung eines solchen improvisierten Teleprompters als sehr schwierig herausstellen wird. Besser, du greifst auf eine fertige Lösung zurück.

Die Rettung kam für mich aus Spanien vom Hersteller Teleprompterpad (*https://www.teleprompterpad.com*).

Dort findest du ein paar sehr solide gebaute, trotzdem bezahlbare Alternativen. Das Modell, das ich mir seinerzeit dort gekauft hatte, gibt es nicht mehr, aber wie ich gerade gesehen habe, wirken die aktuellen Modelle noch mal besser und durchdachter.

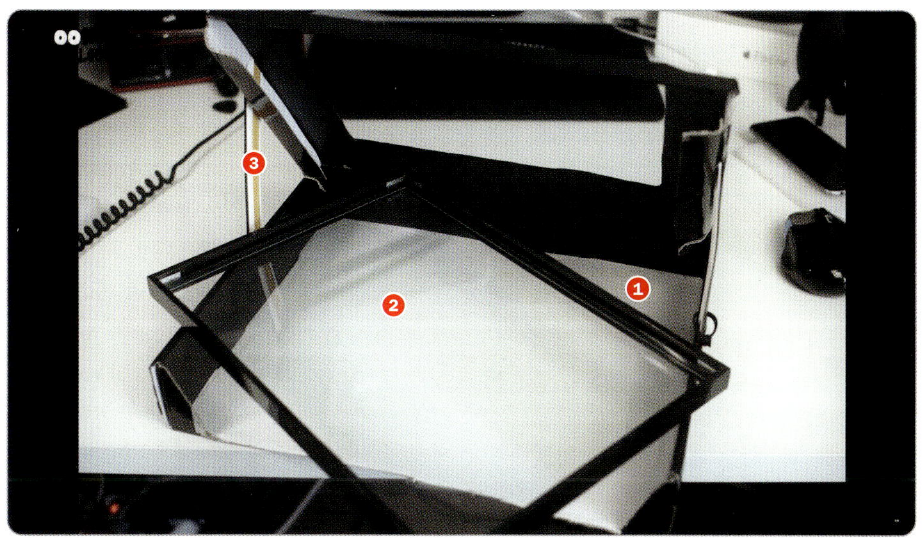

▲ *Kartonschachtel* ❶ *eines PC-Motherboards (mit praktischem Klappdeckel),* ❷ *Bilderrahmen mit Glas (ohne Rückwand),* ❸ *Stützen aus Kunststoffschienen.*

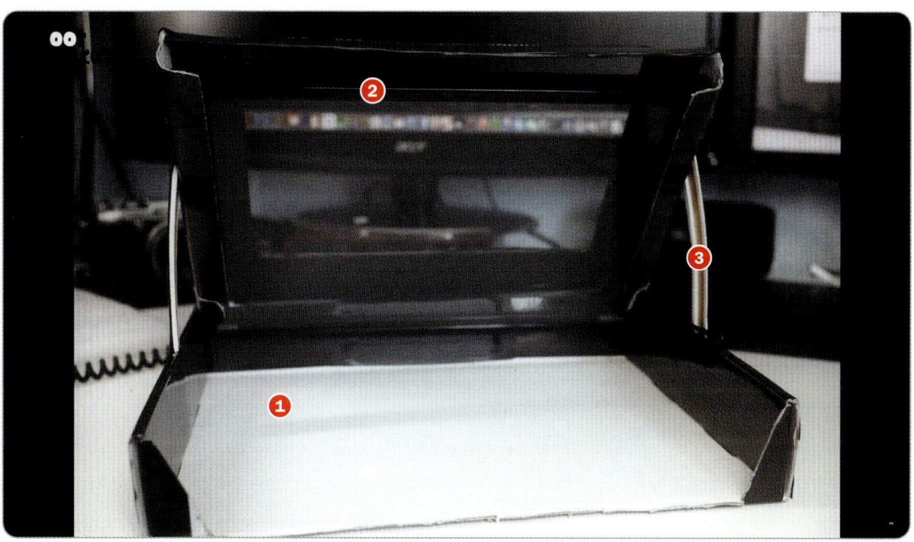

▲ *Fehlt nur noch das iPad, das unten eingelegt wurde.*

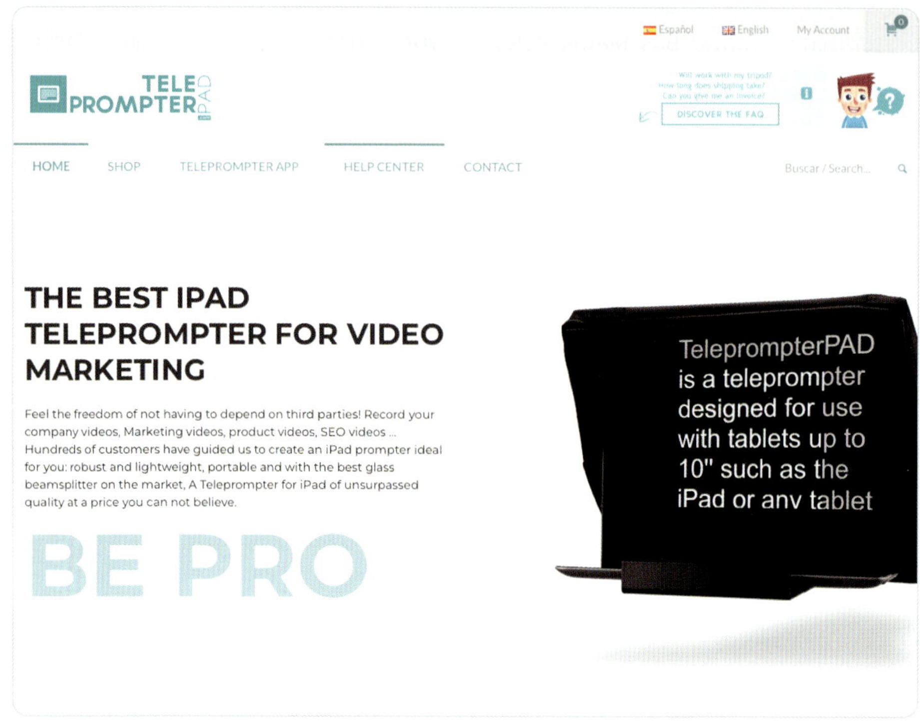

▲ *Mit dem TeleprompterPAD zeichnest du ohne die Hilfe Dritter deine YouTube-Videos auf. Das robuste und leichte TeleprompterPAD eignet sich perfekt für Tablets bis zu einer Größe von 13 Zoll. Das verwendete Glas ist ein stoßfestes und qualitativ hochwertiges HD-Strahlenteilerglas.*

Mehr zu diesem tollen Produkt erfährst du auf der Website des Herstellers: https://www.teleprompterpad.com/en/

Anders als meine Kartonschachtel ist dieser Teleprompter aus Metall gefertigt und lässt sich auf einem Standardfoto- oder -lampenstativ befestigen. Mit zwei seitlichen Stellschrauben kannst du den Winkel der reflektierenden Glasscheibe anpassen. Diese hat im Gegensatz zur einfachen Glasplatte meines Bilderrahmen-Teleprompters eine spezielle Beschichtung, durch die sich die Texte erheblich besser ablesen lassen.

Die schwarze, lichtundurchlässige Stoffhutze wird am anderen Ende über das Objektiv der Kamera gezogen. Wirklich ein sehr solides Teil und mit einem Preis um die 250 Euro für das Gebotene nicht zu teuer.

Die Kamera wird auf einer großzügig bemessenen Metallplatte befestigt, die es selbst mit größeren Camcordern aufnehmen kann. Zum Paket gehört übrigens auch eine Bluetooth-Funkfernbedienung, mit der sich sowohl die vom Hersteller empfohlene kostenlose Teleprompter-App wie auch andere Teleprompter-Apps bedienen lassen.

Ein solcher Teleprompter ist allerdings nicht mal eben schnell aufgebaut, oder er nimmt entsprechend viel Platz weg, wenn du ihn im aufgebauten Zustand lagern möchtest. Wie gut, dass es auch eine deutlich kompaktere und mobilere Lösung gibt.

Aufsteck-Teleprompter

Vom Hersteller Padcaster kommt ein Produkt, dessen Anschaffung du selbst dann in Erwägung ziehen solltest, wenn du bereits einen großen stationären Teleprompter besitzt oder kaufen willst. Der Parrot-Teleprompter ist für die Nutzung mit einem Smartphone als Bildschirm gedacht und entsprechend kompakt und leicht. Befestigt wird er direkt am Objektiv deiner Kamera, und zwar über einen Adapterring, der in das Filtergewinde deines Kameraobjektivs geschraubt wird. Ähnliche Adapterringe werden auch zur Befestigung von Fotografie-Filtersystemen aus der Landschaftsfotografie verwendet.

Wenn du dir einen Parrot-Teleprompter kaufst, liegt nicht nur ein kompletter Satz Adapterringe in verschiedenen Größen bei, sondern auch ein Reinigungsset sowie eine Bluetooth-Fernbedienung, mit der sich die kostenlose App des Herstellers bedienen lässt.

Du bekommst den Padcaster-Parrot-Teleprompter auf der Website *https://padcaster.com* zum Preis von etwa 99 Euro.

Wenn du dich im Netz nach weiteren Alternativen umschaust, achte darauf, dass diese auch wirklich stabil genug sind. Ich habe ein Modell gesehen, das

▲ *Der Padcaster-Parrot-Teleprompter verwandelt das Smartphone in einen kleinen Teleprompter. Das Smartphone wird einfach unter den Spiegel geklemmt und schon kann es losgehen. Du kannst den Parrot-Teleprompter überall hin mitnehmen und du brauchst keine Zeile Text mehr auswendig zu lernen oder auf ein Skript zu schauen.*
Das Kit enthält zudem reichhaltiges Zubehör. Unter anderem 13 verschiedene Halterungsringe für die Befestigung an Smartphones und an Standard-Kameras mit Videofunktion.

wie der Parrot-Teleprompter vorn am Kameraobjektiv befestigt wird und ein Tablet tragen können soll. Dieses Teil war nicht zu gebrauchen – viel zu instabil.

Bluetooth-Fußschalter

Da ich wirklich sehr viel mit Teleprompttern herumexperimentiert habe, sind mir auch viele Controller untergekommen. Damit du deine Teleprompter-App mit einem Funksender fernsteuern kannst, muss diese dazu auch in der Lage sein – nicht alle Apps können das. Bei einigen musst du die Möglichkeit, sie mit einer Fernsteuerung verbinden zu können, zusätzlich erwerben. Die Aufpreise dafür sind nicht hoch und werden meist als *In-App-Kauf* angeboten.

Eher zufällig stieß ich auf einen Bluetooth-Fußschalter, der eigentlich dazu gedacht ist, Klaviernoten umzublättern, die auf einem Tablet angezeigt werden. Da es sich dabei aber um einen ganz normalen Bluetooth-Controller handelt, eignet er sich ebenfalls zur Bedienung eines Teleprompters – und dabei die Hände frei zu haben, hat natürlich erhebliche Vorteile. Das Gerät stammt vom Hersteller IK Multimedia und heißt *iRig BlueTurn*. Du bekommst es bei verschiedenen Onlinehändlern für etwa 70 Euro, und es verfügt über zwei Gummitaster, die du mit den Füßen bedienen kannst.

▲ *Der Fußschalter iRig BlueTurn von IK Multimedia.*

Es gibt diesen auch noch in einer Variante mit vier Tastern, mir reichen zwei aber völlig aus: Mit dem rechten starte und stoppe ich das Skript, und über den linken Taster springe ich jeweils eine Textmarke zurück, was immer dann praktisch ist, wenn mir meine Zunge mal wieder ins Wort gefallen ist. Als ich noch den Controller mit vier Tastern nutzte, steuerte ich über die anderen beiden Taster die Geschwindigkeit, mit der der Text über den Bildschirm lief. Irgendwann hatte ich dann aber „meine“ Geschwindigkeit gefunden und brauchte die beiden zusätzlichen Taster nicht mehr.

Auswahl einer Teleprompter-App

Je nach deinen Bedürfnissen und der Art der Nutzung des Teleprompters ist es möglich, dass du dich mit einer kostenlosen Teleprompter-App zufrieden gibst, die einige Einschränkungen oder begrenzte Funktionen hat. Um ein iPad oder Android-Tablet mit einem professionellen Teleprompter zu nutzen, gibt es jedoch eine Reihe von Mindestanforderungen, die deine App erfüllen muss.

- **Gespiegelter Text** – Damit du den Text auf der Glasscheibe deines Teleprompters lesen kannst, ist es notwendig, dass dieser auf dem Bildschirm deines Tablets oder Smartphones bereits gespiegelt dargestellt werden kann. Ich habe diese Funktion bisher bei jeder App gesehen, du solltest dich trotzdem vor allem vor dem Kauf einer App davon vergewissern, dass diese Möglichkeit besteht.

- **Einstellbare Textgeschwindigkeit** – Du musst in der Lage sein, die Geschwindigkeit des Texts an dein Lesetempo anzupassen.

- **Einstellbare Textgröße** – Wenn der Text zu klein oder zu groß ist, ohne dass du die Möglichkeit hast, ihn zu ändern, bist du gezwungen, die Kamera dort zu platzieren, wo man ihn lesen kann, und der Bildausschnitt wäre wahrscheinlich nicht der richtige. Auch bei einem gut lesbaren Text wirst du dich sehr darauf konzentrieren müssen – wenn du dann auch noch Gehirnzellen für das Entziffern aufbringen musst, kann das schnell dazu führen, dass du ermüdest, dich nicht konzentrieren kannst oder der Zuschauer merkt, dass du abliest.

- **Speicherfunktion für Skripten** – Einige Apps erlauben es dir, ein Skript (einen Text) zu schreiben, aber du kannst ihn nicht speichern. Besonders nützlich ist es, wenn sich eine App mit Cloud-Speichern wie Dropbox oder iCloud verbinden lässt. Dann kannst du deine Skripten extern und an einem zentralen Ort ablegen.

- **Audiofernsteuerung** – Diese Funktion bieten erst ein paar wenige Apps an, und so gut die dahintersteckende Idee auch sein mag – in der Praxis funktioniert das noch nicht so gut. Du erinnerst dich, wie ich eingangs schrieb, dass in Fernsehstudios die Teleprompter nicht vom Sprecher selbst gesteuert werden? Einige Apps versuchen es zumindest, eine solche Funktion mit anzubieten. Dabei „hört" die App über das eingebaute Mikrofon deines Smartphones oder Tablets mit, was du sprichst, und steuert auf diese Weise die Textanzeige auf dem Bildschirm. Ich habe das selbst ausprobiert, und die Texterkennung funktioniert nur dann, wenn man sehr sauber und deutlich spricht – Finessen der gesprochenen Sprache werden aber nicht wirklich gut erkannt. Es geht nichts über eine Bluetooth-Funkfernbedienung.

- **Videoaufzeichnung** – Einige Apps ermöglichen dir, Videos mit der Frontkamera deines Smartphones oder Tablets aufzunehmen. Ein schönes Beispiel dafür findest du im Abschnitt „Kameras und Objektive“.

Mit den genannten Tipps sollte es nicht schwer sein, eine passende App zu finden. Ich selbst nutze eine kostenpflichtige App (für etwa 20 Euro) mit dem Namen *Teleprompt+ 3*. Sie ist recht komplex, bietet mir aber alle nötigen Funktionen, wie freie Tastenzuordnung meiner Bluetooth-Fernbedienungen, Unterstützung für externe Bildschirme, Fernsteuerung über ein anderes iOS-Gerät und einen guten Texteditor mit der Möglichkeit, Lesezeichen zu definieren (zu denen ich dann später per Tastenkommando springen kann). Allerdings wird diese App schon länger (seit Juni 2017) nicht mehr mit Updates versorgt, weswegen ich sie nicht empfehlen will.

Teleprompter-Apps für Android

Hier eine Auswahl empfehlenswerter Teleprompter-Apps für Android.

- **Elegant Teleprompter** – Elegant Teleprompter ist eine der einfacheren Teleprompter-Apps. Du tippst dein Skript ein und die App scrollt es durch, während du sprichst. Die App einige nützliche Funktionen wie Kompatibilität zu Bluetooth-Fernbedienungen, und du kannst grundlegende Dinge wie die Textgröße und die Scroll-Geschwindigkeit ändern. Wenn du willst, kannst du auch ein Video aufnehmen, während der Teleprompter durchläuft.

Die Premium-Version ist mit nur etwa 3 Euro ziemlich günstig. Die Pro-Version bietet ein paar zusätzliche Funktionen und entfernt die Werbung. Die App gewinnt keinen Designpreis, aber sie erfüllt ihren Zweck.

- **Nano Teleprompter** – Nano Teleprompter ist dem Elegant Teleprompter sehr ähnlich. Die App ist einfach, relativ leicht zu bedienen und kostet kein Abonnement, sondern lediglich einmalig etwa 4 Euro. Die App enthält auch ein Widget, mit dem du die Kamera-App deines Handys nutzen kannst – ein großer Vorteil in diesem Bereich. Du kannst auch Skripten importieren, benutzerdefinierte Farben verwenden und es gibt sogar ein paar Gestensteuerungen.

Teleprompter-Apps für iOS

Hier eine Auswahl empfehlenswerter Teleprompter-Apps für iOS.

- *Teleprompter* – Teleprompter ist eine der fortschrittlichsten Teleprompter-Apps für iOS. Sie lässt sich sowohl in Verbindung mit einem Teleprompter-Gestell nutzen als auch eigenständig als Kamera-App mit integriertem Teleprompter.

Für den professionellen Einsatz ist sie mit allem Schnickschnack ausgestattet: Sie unterstützt das Spiegeln der Texte, das Ändern der Ränder sowie das Einblenden eines Cue-Indikators, um dir zu helfen, ein möglichst natürliches Video zu erstellen. Ein Cue-Indikator ist ein kleiner Pfeil, der dir zeigt, welche Textzeile gerade aktuell ist. Diese App unterstützt zudem eine Vielzahl von Fernsteuerungsoptionen.

Du kannst ein anderes iOS-Gerät verwenden, auf dem die App läuft, und eine Live-Vorschau dessen sehen, was auf dem Teleprompter passiert. So könnte etwa eine zweite Person die Steuerung des Teleprompters für dich übernehmen. Außerdem kannst du über das externe Gerät Skripten öffnen und schließen. Wenn du deinen Teleprompter also einmal eingerichtet hast, musst du dort nichts mehr anfassen und damit das iPad auch nicht mehr aus der Halterung bewegen.

Ebenfalls steuern lässt sie sich über eine Apple Watch, über professionelle Präsentationsfernsteuerungen (zum Beispiel von Logitech), Bluetooth-Tastaturen oder über einen Computer mit einem Webbrowser im selben Wi-Fi-Netzwerk.

Auch kannst du mit dieser App ein Video aufzeichnen, während auf dem Bildschirm der Teleprompter angezeigt wird. Hier platziert Teleprompter dein Skript immer neben der Kamera, um zu verbergen, dass du abliest. Du kannst die Belichtung manuell einstellen und sogar in 4K aufzeichnen. Wenn du ein externes Mikrofon hast, kannst du mit Teleprompter auswählen, welches Mikrofon du verwenden willst.

Wenn du ein Video mit einer bestimmten Länge aufzeichnen möchtest, ist Teleprompter ebenfalls für dich da. Die App unterstützt nämlich zeitgesteuertes Scrollen, d. h., das Scrollen des Skripts von Anfang bis Ende dauert genauso lang, wie du es ausgewählt hast. Die App wurde bereits über eine Million Mal heruntergeladen und kostet etwa 9 Euro im Monat, da es sie nur im Abomodell gibt. Das mag gerade für den Anfang teuer sein, und vielleicht möchtest du für die ersten Gehversuche mit einem Teleprompter zunächst mit einer günstigeren Lösung vorliebnehmen.

- *PromptSmart Pro* – PromptSmart Pro ist ebenfalls eine sehr umfangreiche Teleprompter-App für iPad und iPhone. Als eine der wenigen Apps unterstützt sie Spracherkennung und damit zumindest in der Theorie eine automatische Steuerung. Würde das in der Praxis zuverlässig funktionieren, würde es mich ärgern, dass diese Funktion aktuell nur für die englische Sprache verfügbar ist. Ich habe eine sehr gute Aussprache und kann dir versichern, dass diese Funktion zumindest noch nicht brauchbar ist.

Was andere Funktionen angeht, so ist auch hier alles an Bord, was man braucht – zum Beispiel eine Möglichkeit zum Import und Export von Textdateien in unterschiedlichen Formaten über verschiedene Cloud-Lösungen wie Google Drive, One Drive, Box, Dropbox und natürlich auch iCloud. Eine interessante Funktion stellt die Möglichkeit dar, die Darstellung des Textfensters auf dem iPad oder iPhone zu verschmälern. Dadurch sollen zu starke Rechts-links-Bewegungen der Augen vermieden werden, damit der Zuschauer nicht merkt, dass man einen Teleprompter benutzt.

Es erscheinen natürlich immer wieder neue Apps auf dem Markt – es lohnt sich, ein bisschen Zeit mit Recherche zu verbringen und, auch nachdem du dich für eine App entschieden hast, den Markt weiter zu beobachten.

Teleprompter richtig nutzen

Wenn du einen Teleprompter einsetzt, gibt es einige einfache Tipps, die du beachten solltest. Im Grunde geht es darum, zu versuchen, die Leichtigkeit nachzuahmen, mit der du sprichst, wenn du nicht abliest – das sogenannte „freie Sprechen“. Das hört sich einfach an und ist es auch, wenn du ein bisschen übst, bevor du die Kamera einschaltest, und wenn du ein paar ganz einfache Dinge beachtest, die du tust, wenn du ganz normal mit einem Kollegen oder in der Öffentlichkeit mit vielen Menschen sprichst.

Wenn du sprichst, versuche, gelegentlich etwas lauter zu werden, manchmal leiser, manchmal etwas schneller, manchmal etwas langsamer, und gelegentlich musst du vielleicht eine Pause machen. Diese kleinen Details lassen dich natürlicher klingen. Stell die Geschwindigkeit des Texts auf dem Bildschirm so ein, dass du mit deinem normalen Sprechtempo reden kannst. Es darf nicht so sein, dass du dem Text hinterherhecheln musst.

Im Optimalfall hast du sogar die Gelegenheit, bereits vorher erfassen zu können, was du als Nächstes sagen musst. Die Arbeit mit einem Teleprompter ist reine Konzentrations- und Übungssache – Vollprofis wie Nachrichtensprecher im Fernsehen sind sogar in der Lage, einen zuvor komplett unbekannten Text mittels Teleprompter völlig natürlich vortragen zu können.

Vergiss auch nicht, auf deine Körpersprache zu achten. Wie du wahrscheinlich weißt, haben verschiedene Studien gezeigt, dass bei der menschlichen Kommunikation das, was wir mit der gesprochenen Sprache sagen, nur einen sehr kleinen Teil der Botschaft ausmacht, die beim Empfänger ankommt. Es kommt nicht nur darauf an, was du sagst, sondern auch, wie du dich bewegst, sobald du es sagst. Wenn du dich auf den Teleprompter konzentrierst, kann es passieren, dass du sehr steif und unbeweglich wirkst – das sieht nicht nur seltsam aus, es lässt deine Zuschauer auch viel leichter bemerken, dass du von einem Teleprompter abliest, wenn alles, was sich an dir bewegt, deine Augen sind.

Verstecke also die Bewegung deiner Augen: Du musst dazu deinen Kopf und deine Hände ständig bewegen. Wenn außer deinen Augen der Rest deines Körpers ebenfalls in Bewegung ist, sind deine Augenbewegungen nicht so auffällig. Je besser du deinen Text bereits kennst, desto leichter wird es dir fallen, diesen natürlich vorzutragen, denn nur dann bist du dazu in der Lage, ab und zu auch mal kurz woandershin zu blicken als in die Kamera. Wenn du in deinen YouTube-Videos Produkte vorstellst, kannst du so auch mal auf das Produkt schauen oder gezielt etwas am Produkt zeigen und dabei deinen Blick kurz vom Text vor der Kameralinse abwenden.

Eine weitere Möglichkeit, deine Performance natürlich wirken zu lassen, besteht darin, den Text auf dem Teleprompter zwischendurch per Fernbedienung anzuhalten und ein paar Sätze „Freestyle" zu sprechen – das können Ergänzungen zu etwas sein, das du gerade gesagt hast, oder vielleicht auch ein weiteres Beispiel, eine andere Art, etwas zu erklären – achte aber darauf, dass sich deine Performance in diesen Freestyle-Parts nicht zu sehr von denen unterscheiden, in denen du mit Teleprompter arbeitest. Deswegen ist es auch wichtig, den Schreibstil der Texte an deine Erzählsprache anzupassen – dazu gleich noch etwas mehr.

Nachrichtensprecher machen das Tag für Tag, versuche nicht, es in wenigen Minuten perfekt zu machen. Wie ich bereits schrieb, setzt die effiziente und für den Zuschauer unmerkliche Verwendung eines Teleprompters viel Übung und Konzentration voraus. Um die Qualität deiner Teleprompter-Performance einschätzen zu können, ist es hilfreich, dass du jeden Take aufnimmst und dir dann die Zeit nimmst, diese Aufnahmen zu analysieren. Nur so kannst du deine Bewegungen studieren, um sie weiter zu verbessern oder zu korrigieren.

Schreiben für den Teleprompter

Wenn wir einen Text für ein Blog verfassen, ist dieser von vornherein dazu gedacht, gelesen zu werden. Kein Mensch spricht so, wie er schreibt, oder schreibt so, wie er spricht. Hier muss unterschieden werden zwischen gesprochener Sprache und geschriebener Sprache.

Gesprochene Sprache ist die Sprache, die wir sprechen. Sie ist oft spontan und flüchtig. Gesprochene Sprache wird für Interaktionen verwendet; die beiden Sprecher oder der Zuhörer und der Sprecher befinden sich oft am selben Ort. So können sie jeden Fehler korrigieren und ihre Äußerungen im Laufe des Gesprächs ändern.

Mit Ausnahme geskripteter Reden ist die gesprochene Sprache meist voller unvollständiger Sätze, Wiederholungen, Unterbrechungen und Korrekturen. Die Sprechenden verwenden auch Gesten, Tonfall, Tonhöhe, Lautstärke etc., um der gesprochenen Sprache zusätzliche Bedeutung zu verleihen. Einige Formen und informelle grammatikalische Strukturen sind ebenfalls spezifisch für die gesprochene Sprache. Zum Beispiel werden Wörter und Ausdrücke wie „übrigens" oder „weißt du", die man manchmal in der gesprochenen Sprache hört, in der geschriebenen Sprache selten benutzt.

Schriftsprache ist die Sprache, die wir zum Schreiben verwenden. Die beiden wichtigsten Sprachfertigkeiten, die in der Schriftsprache verwendet werden, sind Lesen und Schreiben. Die Schriftsprache ist nicht so vergänglich wie die gesprochene Sprache; sie ist in der Regel dauerhaft, da sie schriftlich festgehalten wird. Wenn du einmal etwas geschrieben hast, ist es nicht mehr so leicht, es zu ändern. Ein weiterer interessanter Aspekt der geschriebenen Sprache ist, dass Leser und Schreiber normalerweise über Zeit und Raum hinweg kommunizieren, anders als bei der gesprochenen Sprache.

Die geschriebene Sprache ist in der Regel formeller, komplexer und komplizierter als die gesprochene Sprache. Sie kann längere Sätze in komplexen Zeitformen enthalten. Schriftliche Sprache kann Merkmale wie Zeichensetzung, Überschriften, Layouts, Farben etc. nutzen, um eine Nachricht klarer zu machen. Da die geschriebene Sprache keine unmittelbare Rückmeldung erhält, sollte sie sehr klar und unmissverständlich sein.

Wenn du für deine YouTube-Videos Texte verfasst und diese später über einen Teleprompter laufen sollen, musst du diese Texte in gesprochener Sprache verfassen, und das ist gar nicht mal so einfach, besonders wenn du beruflich oder in deiner Freizeit viel schreibst. Im Infokasten findest du ein Beispiel; die sprachlichen Unterschiede sind, denke ich, deutlich zu sehen.

Ein Teleprompter kann eine sehr große Arbeitserleichterung sein, darf aber nicht dazu missbraucht werden, Texte nur noch stumpf abzulesen. Deine Zuschauer merken das, und es macht nicht den besten Eindruck, zumal eine typische „Vorlesestimme" schnell monoton und einschläfernd wirkt. Nutze den Teleprompter als Hilfestellung, die es dir ermöglicht, deine natürliche Performance vor der Kamera noch souveräner wirken zu lassen, und die dich davor bewahrt, wichtige Themen und Details in deinen Videos zu vergessen oder auszulassen.

Ein Teleprompter-Skript ermöglicht dir zudem, dein Video inhaltlich gründlich zu planen und eine klare Struktur in deine Beiträge zu bringen, der deine Zuschauer gut folgen können.

Geschriebene und gesprochene Sprache

In diesem Beispiel gehen wir mal von einem Video aus, in dem ich eine Fotokamera vorstelle.

Geschriebene Sprache

„Nimmt man die Fujifilm X-S10 das erste Mal in die Hand, fällt sofort der ausgeprägte Griff auf der rechten Gehäuseseite auf. Bedingt durch die kompakten Maße der Kamera, kommt es bei größeren Händen dennoch vor, dass der kleine Finger der rechten Hand keinen Halt findet und versucht, die Kamera von unten zu stützen. Gerade bei der Verwendung eines größeren Objektivs macht sich bemerkbar, dass eine Hand allein nicht wirklich reicht, um in einer solchen Situation genügend Halt zu bieten."

Teleprompter-Text

„Wenn ich die Kamera jetzt so in die Hand nehme, dann hat sie zwar hier einen ausgeprägten Griff an der Seite, ich hab aber relativ große Hände, und so rutscht mir der kleine Finger immer unter die Kamera, weil er hier oben eben nicht mehr genug Platz hat. Mit einem großen Objektiv lässt sich das Ganze dann sicher auch nicht mehr so angenehm mit einer Hand halten."

KAPITEL 3

DAS YOUTUBE-STUDIO

In diesem Kapitel lernst du die wichtigsten Werkzeuge kennen, mit denen ein ganzer Raum oder vielleicht auch nur eine Ecke eines Raums zu deinem YouTube-Studio wird. Doch damit nicht genug – natürlich zeige ich dir auch, wie du diese optimal nutzen kannst und worauf es bei Kauf, Nutzung und Einrichtung zu achten gilt!

Kameras und Objektive

Das wichtigste Werkzeug, das du für einen erfolgreichen Start auf YouTube benötigst, ist mindestens eine Kamera. Je nachdem, was für Ziele du mit deinem YouTube-Kanal verfolgst, reicht dazu möglicherweise sogar ein neueres Smartphone – die Kameras aktueller Modelle liefern nicht selten eine erstaunliche Qualität. Meist ist es aber empfehlenswert, mit einer „richtigen" Kamera zu arbeiten – damit meine ich ein Gerät, dessen primäre Aufgabe darin besteht, bewegte Bilder festzuhalten. Trotzdem folgt erst mal ein kurzer Blick auf das Smartphone als Kamera, allein schon um die Einschränkungen zeigen zu können.

Smartphone als Videokamera

In der heutigen Zeit übernehmen unsere Smartphones sehr viele Aufgaben, für die wir früher noch verschiedene Geräte im Einsatz hatten. Achtet man auf die Marketingschwerpunkte bei Smartphones, sieht man, dass den darin verbauten Kameras stets eine sehr hohe Gewichtung gegeben wird. Es gibt sogar ganze Spielfilme namhafter Regisseure wie Steven Soderberg, die ausschließlich mit einem iPhone „gedreht" wurden („Unsane" und „High Flying Bird"). Bei guten Lichtverhältnissen sind die Kameras moderner Smartphones also durchaus infrage kommende Optionen.

Wenn du bei den Aufnahmen die sogenannte Frontkamera nutzt (das ist die, die sich auf derselben Seite wie der Bildschirm befindet, auch Selfie-Kamera genannt), hat das für dich den Vorteil, dass du während der Aufnahme sehen kannst, was die Kamera sieht und aufnimmt. Allerdings sind die Frontkameras bei den meisten Modellen schlechter als die Hauptkamera oder Hauptkameras auf der Geräterückseite. Würdest du eine der besser auflösenden Kameras auf der Geräterückseite nutzen, müsstest du auf die Vorteile des Bildschirms verzichten. Hier ist also bereits das erste Dilemma.

Der Smartphone-Bildschirm ist ebenfalls sehr nützlich, wenn du eine Teleprompter-App mit integrierter Aufnahmefunktion nutzt. Ein Teleprompter wird in professionellen Fernsehstudios genutzt und dient dazu, dass man den Text, den man im Video sagen möchte, von einem Bildschirm ablesen kann der sich unmittelbar neben oder sogar vor dem Kameraobjektiv befindet. Mehr zum Thema Teleprompter und dessen Nutzung findest du übrigens in Kapitel 4, „Produktion". Solche Apps, die eine Kombination von Teleprompter und Filmaufnahme bieten, gibt es für Android- und iOS-Geräte, und sie funktionieren prinzipiell nicht schlecht, erlauben aber natürlich nur die Nutzung der meist schlechteren Frontkamera. Der Text lässt sich in Größe und Position anpassen, aber auch hier wirst du Kompromisse eingehen müssen:

- Wenn der Text die gesamte Breite des Smartphone-Bildschirms nutzt, ist er zwar gut zu lesen, je näher sich das Smartphone aber vor deinem Gesicht befindet, desto deutlicher werden die Zuschauer sehen, dass du nicht in die winzige Smartphone-Kamera am Bildschirmrand schaust, sondern auf den Bildschirm. Im unvorteilhaftesten Fall wird man sogar sehen können, wie sich deine Augen beim Lesen des Texts auf dem Bildschirm bewegen.

- Platzierst du hingegen den Text in einer schmalen Spalte an den Rand des Bildschirms neben der Smartphone-Kamera, schaust du für den Zuschauer zwar nicht mehr so eindeutig am Smartphone-Bildschirm vorbei – der Text muss aber erheblich schneller laufen, weil ja deutlich weniger auf einmal angezeigt werden kann.

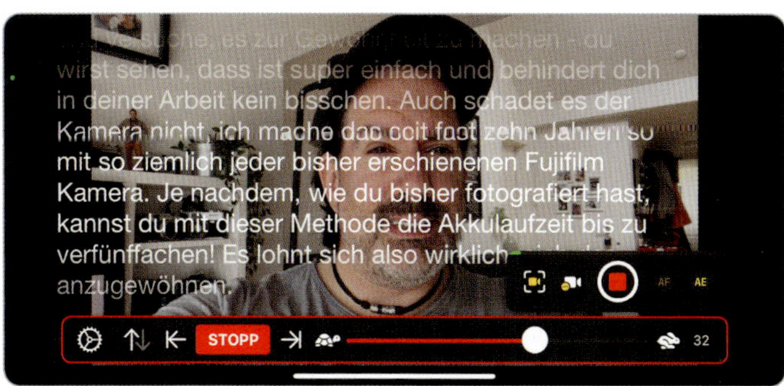

▲ *Viel Text, der in einer angenehmen Geschwindigkeit über den Bildschirm läuft – nur schaue ich ganz offensichtlich nicht in die Kamera und lese ab.*

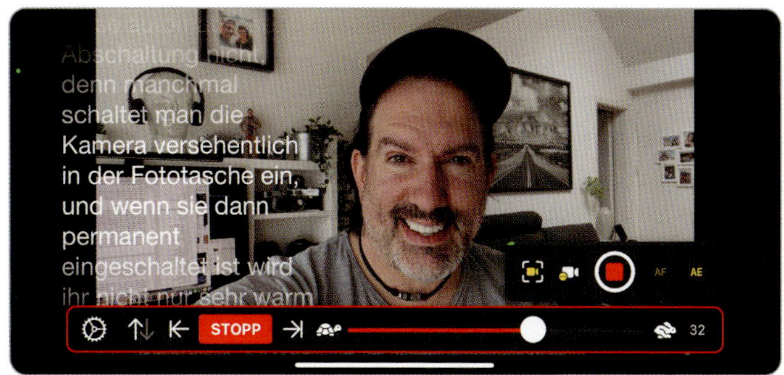

▲ *Ich schaue offenbar in die Kamera, habe aber Mühe, den Text zu lesen, da er aufgrund der schmalen Textspalte erheblich schneller laufen muss und ich immer nur den Satz sehen kann, den ich gerade lesen muss.*

Die hier in diesen Beispielen gezeigte App nennt sich *Video Teleprompter* und stammt vom Entwickler „JoeAllenPro Limited".

Auch Ton lässt sich mit einem Smartphone gut aufzeichnen, vor allem wenn man ein bisschen Budget für eine Mikrofonlösung abzweigt, die zur Verwendung mit Smartphones ausgelegt ist. Wie gut es sich bereits mit nur einem Smartphone arbeiten lässt, erfährst du im Abschnitt „Das improvisierte Studio".

Dass du mit einem Smartphone zumindest theoretisch auch deine aufgenommenen Videos schneiden und nachbearbeiten kannst, zeige ich dir in Kapitel 5, „Nachbearbeitung".

Vorteile:

- Keine Extraanschaffung notwendig, wenn ein gutes Smartphone bereits vorhanden ist.
- Sehr kompakt.
- Leicht zu bedienen.

Nachteile:

- Bildqualität nur bei sehr guten Lichtverhältnissen befriedigend.
- Begrenzter Speicherplatz.
- Schwache Akkulaufzeit.
- Für die Nachbearbeitung nicht optimale Dateiformate.
- Keine auswechselbaren Objektive.

Teure Smartphones mit mehreren eingebauten Objektiven erlauben variable Brennweiten wie zum Beispiel Tele und Weitwinkel. Smartphones mit nur einer oder zwei Kameras sind meist zu weitwinklig und erschweren damit die Findung einer guten Kameraperspektive. Dunkle Bereiche im Bild tendieren bei Smartphone-Kameras dazu, Bildstörungen zu zeigen, da die meisten Smartphones aufgrund der geringen Größe des Bildsensors Probleme bei unzureichendem Licht haben.

Das aufgenommene Material lässt sich auch nicht gut nachbearbeiten, weil die Kameras meist recht aggressive Kompressionsalgorithmen nutzen, um die Dateigrößen möglichst gering zu halten. Das Material von Smartphones, die im h.264- und besonders auch im h.256-Format filmen, muss vor der Nachbearbeitung jeweils in ein unkomprimiertes Videoformat umgewandelt werden, damit es der Schnittcomputer flüssig handhaben kann.

Für anspruchsvollere Produktionen und vor allem in einem fix eingerichteten YouTube-Studio lohnt es sich aber auf alle Fälle, in mindestens eine „richtige" Kamera zu investieren. Doch was genau wäre denn eine solche? Lass mir dir mal ein paar verschiedene Kameratypen vorstellen.

Klassische Camcorder

Es gibt sie immer noch, die klassischen Camcorder – Videokameras mit fest eingebauter Optik und seitlich ausklappbarem Bildschirm. Diese Geräte sind besonders bei denjenigen verpönt, die YouTube-Kanäle zu bildschaffenden Themen betreiben, also Fotografen, Videofilmer, Vlogger, und zu dieser Gruppe gehöre ich auch. Ich bin mir jedoch nicht mehr so sicher, ob ich mich noch an dieser oft schon kategorischen Abneigung beteiligen möchte, denn so ganz begründet ist das meiner Meinung nach nicht mehr.

Wie so oft sind viele Meinungen im Netz keine eigenen Meinungen, sondern „hearsay", zu Deutsch „Hörensagen". Jemand will sich in einer Facebook-Gruppe, in einem Forum oder im Kommentarbereich eines YouTube-Videos als Sachkenner profilieren und käut etwas wieder, das er mal irgendwo irgendwann von irgendjemandem gehört oder gelesen hat. Als Anfänger ist man oft aber darauf angewiesen, an genau diesen Orten wichtige Tipps und Starthilfen zu bekommen, jedoch aufgrund mangelnder Erfahrung nicht in der Lage, echtes Wissen von „hearsay" zu unterscheiden. Wie gut, gibt es da Bücher wie dieses hier – denn Camcorder sind nicht mehr das, was sie mal waren.

Die Bezeichnung *Camcorder* ist abgeleitet von den Wörtern „Camera" und „Recorder" und beschreibt damit eine Kamera, die gleichzeitig auch das, was sich vor der Linse abspielt, aufnehmen kann. Demnach müsste eigentlich jede moderne Fotokamera mit Videofunktion – und das sind inzwischen fast alle – ebenfalls die Bezeichnung Camcorder tragen. Gemeint sind aber die Nachfahren jener All-in-one-Geräte aus den späten Achtziger- und frühen Neunzigerjahren mit Bandlaufwerken.

Seitdem hat sich natürlich eine ganze Menge getan, und man sieht diese modernen Nachfahren tagtäglich bei Journalisten und Dokumentarfilmern im Einsatz. Viele Fernsehformate werden mit größeren (und wesentlich teureren) Weiterentwicklungen einstiger Camcorder produziert – warum also nicht auch YouTube-Videos? Es spricht tatsächlich wenig dagegen, und um hier nicht danebenzugreifen, möchte ich dir ein paar Dinge nennen, auf die es beim Kauf eines solchen Geräts ankommt.

Der Markt ist auf diesem Sektor inzwischen längst nicht mehr so groß, wie er schon mal war. Es gab Jahre, in denen die bekanntesten Hersteller bis zu 30 verschiedene Produkte im Sortiment hatten. Das hat sich inzwischen

▲ *Links offene Blende, rechts maximal geschlossene Blende.*

zum Glück deutlich ausgedünnt, und darüber hinaus wirst du heute für verhältnismäßig wenig Geld eine sehr leistungsstarke Kamera kaufen können. Es gibt allerdings auch Einschränkungen, die dir in Abhängigkeit von deinen individuellen Bedürfnissen Probleme bereiten könnten.

Ein Camcorder hat eine fest verbaute Optik – das Objektiv vorn am Gehäuse lässt sich nicht gegen ein anderes austauschen, und in der geringeren Preisklasse sind eben diese Objektive ein großer wunder Punkt. Hauptkritikpunkt ist eine zu geringe Lichtempfindlichkeit, die dadurch zustande kommt, dass die im Objektiv verbauten Glaselemente und ihre Beschichtung von niedrigerer Qualität sind, als das bei deutlich teureren Optiken der Fall ist. In der Folge geht also bereits eine Menge Licht – und damit Bildinformation – auf dem Weg durch das Objektiv in die Kamera hinein verloren.

Damit trotzdem genug Bildinformation auf dem Sensor ankommt, wird das Signal künstlich verstärkt, was sehr zulasten der Bildqualität geht. Wie lichtstark ein Objektiv ist, erkennst du am Blendenwert, der meist vorn am inneren Rand des Objektivs aufgedruckt oder eingefräst ist. Die Blende ist Teil der im Objektiv verbauten Elemente und bestimmt, wie viel Licht hindurchgelassen wird. In den folgenden Abbildungen kannst du ein und dasselbe Objektiv einmal mit maximal geöffneter Blende (Offenblende) und nachfolgend mit maximal geschlossener Blende sehen. Im Fall des abgebildeten Objektivs beträgt dieser 0.95 – je geringer dieser numerische Wert ist, desto mehr Licht wird bei „Offenblende“ durchgelassen.

Je kleiner also der Wert der *Offenblende* eines Objektivs ist, desto mehr Licht kann hindurchgelassen und somit aufgezeichnet werden, ohne zuvor künstlich verstärkt werden zu müssen. Häufig ändert sich der Wert der Offenblende gerade bei günstigeren Optiken, je weiter du in das Bild hineinzoomst – es ist also gut möglich, dass dein Objektiv in der Weitwinkelstellung (maximal herausgezoomt) den Wert 2.8 bieten kann, in maximaler Zoomstellung aber nur noch auf den Wert 5.6 kommt. Solche Optiken erkennst du daran, dass auf ihnen ein Blendenbereich anstelle des einzelnen Blendenwerts angegeben ist, zum Beispiel *2.8-4*.

Ohne das Thema jetzt zu weit auszubreiten, kann grundsätzlich festgehalten werden, dass Blendenwerte ab 2.8 und darunter als sehr geeignet angesehen werden, um auch in Innenräumen bei wenig Licht gute Aufnahmen machen zu können – und genau das wirst du bei Camcordern der unteren Preisklassen nicht antreffen. Solltest du also hauptsächlich unter schlechten Lichtverhältnissen arbeiten müssen, scheiden Camcorder schon einmal aus, sofern du nicht 2.000 Euro und mehr ausgeben willst.

Abgesehen davon sind moderne Camcorder oft tolle Allroundgeräte, und wenn ich mir einen für die Arbeit an meinem YouTube-Kanal aussuchen müsste, dann wäre das der Canon XA-40. Dessen Blendenwert geht von 1.8 bei einer Brennweite von etwa 30 mm (auf Kleinbild gerechnet) bis hin zu stolzen 600 mm – dank 20-fachem optischem Zoom. Hinzu kommen professionelle XLR-Mikrofoneingänge und sehr gut zugängliche Regler zur Einstellung des Tons.

◀ **1** *Zoombereich in Millimetern,* **2** *Blendenwert 2.8 bis 4,* **3** *Gewindedurchmesser zur Anbringung eines Filters.*

▲ *Der Camcorder Canon XA-40.*

Ich habe selbst schon mit diesem Camcorder in einem Broadcast-Studio gearbeitet, Bild und Ton sind einwandfrei (hier bräuchtest du noch nicht einmal ein externes Tonaufzeichnungsgerät). Der automatische Fokus – also das automatische Scharfstellen – ist flink und präzise, was in der Preisklasse nicht unbedingt Standard ist. Aktuell bist du mit etwa 1.300 Euro dabei, die du dümmer ausgeben könntest. Wenn es ein anderes Produkt eines anderen Herstellers sein soll, kannst du die technischen Daten des XA-40 als Richtwerte nehmen.

Solltest du das Videomaterial in der Nachbearbeitung hinsichtlich Look, Farben und Belichtung nachbearbeiten wollen, werden bei diesem Camcorder jedoch Grenzen gesetzt, denn das aufgenommene Material liegt nur in 8 Bit vor, und warum das wichtig sein könnte, verrate ich dir jetzt.

Oversampling und Bitrate

Als Anfänger lässt man sich bei einer Kaufentscheidung meist von dem leiten, das einem bekannt vorkommt, während andere unbekannte technische Spezifikationen außen vor gelassen werden. Im Fall der Bitrate kann und wird sich das im Nachgang – also in der Nachbearbeitung – bitter zeigen. Ausnahme: Du willst möglichst einfach produzieren und das gewonnene Videomaterial allenfalls schneiden, nicht jedoch bezüglich Farblook und Belichtung feintunen.

Was bedeuten 8 Bit und 10 Bit?

Wenn es um die digitale Videoproduktion geht, sehen wir oft 8 Bit, 10 Bit oder sogar 12 Bit als Spezifikation für die Bildverarbeitung. Manchmal findest du auch Zahlen wie 4:4:4, 4:2:2 und 4:2:0 auf den Aufnahmegeräten. Was genau bedeuten diese Zahlen, und wie beeinflussen sie die Bildqualität und die Farben? In diesem Abschnitt beantworten wir alle deine Fragen.

Die Farbtiefe wird auch als Bittiefe bezeichnet und bezieht sich auf die Anzahl der Bits, die zur Definition der Farbkanäle (Rot, Grün, Blau) für jedes Pixel verwendet werden. Ein Bit ist hier nicht etwa ein Bierchen: *Bit* steht für *Binary Digit* und ist die kleinste binäre Informationseinheit. Damit ist sie die Basis für alle größeren Dateneinheiten in der digitalen Welt. Kleiner als ein Bit geht nicht, und ein Bit kann entweder den Zustand 1 (wahr) oder 0 (falsch) abbilden.

Da Computer über Binärzustände kommunizieren, verstehen sie etwas „Kleineres" als 1 oder 0 nicht. Im übertragenen Sinn ist ein Bit das kleinste mögliche Gefäß, in dem sich ein Informationsgehalt aufbewahren lässt. In den meisten RGB-Farbsystemen gibt es 256 Farbtöne pro Farbkanal. Wenn du dich mit dem Binärsystem gut genug auskennst, sollte dir die Zahl 256 sehr vertraut vorkommen. 256 ist 2 hoch 8 oder die 8-Bit-Farbtiefe. Das bedeutet, dass jeder der RGB-Kanäle 256 Farbtöne hat, also gibt es in diesem 8-Bit-RGB-System insgesamt 256 × 256 × 256 oder 16.777.216 Farben.

Ein 8-Bit-Farbsystem kann über 16 Millionen Farben erzeugen. Das mag nach sehr viel klingen, aber im Vergleich zu 10-Bit-Systemen ist das eigentlich nicht der Rede wert. Mit einem 10-Bit-System kannst du 1.024 × 1.024 × 1.024 = 1.073.741.824 Farben erzeugen, was dem 64-Fachen der Farben eines 8-Bit-Systems entspricht. Noch krasser ist, dass ein 12-Bit-System in der Lage ist, satte 4.096 × 4.096 × 4.096 = 68.719.476.736 Farben zu erzeugen!

Wenn du also die Farbtiefe erhöhst, kannst du deine Farben besser darstellen und nicht nur grundsätzlich detailliertere Farbinformationen in deinen Videos aufnehmen, sondern diese auch später in der Nachbearbeitung nutzen.

▲ *Besonders bei derart ausgeprägten Farbverläufen wie dem in dieser Szene macht sich die wesentlich höhere Farbtiefe von 10 Bit auf der rechten Bildhälfte sehr bemerkbar.*

So überragend das angesichts der genannten Fakten klingt, so unbedeutend kann die Frage, ob 8 Bit oder 10 Bit, in der Praxis sein, denn mit bloßem Auge lassen sich die Unterschiede nur in Extremsituationen wie im Beispiel mit dem Sonnenuntergang sehen. Wenn du deine Videos farblich nicht groß nachbearbeiten willst, kannst du getrost zum 8-Bit-Format greifen – auch dann, wenn deine Kamera eigentlich auch im 10-Bit-Format filmen könnte. Das deutlich höhere Datenaufkommen verschwendet in dem Fall nicht nur Speicherplatz, sondern auch Computerressourcen. Wenn du nicht gerade einen schnellen Schnittcomputer hast, kann die Arbeit mit 10-Bit-Material in 4K zu einer wahren Geduldsprobe ausarten.

Der Unterschied zwischen 10-Bit- und 8-Bit-Videos wird erst in der Nachbearbeitung so richtig deutlich. Es ist viel einfacher, 10-Bit-Videos zu bearbeiten, denn du erhältst deutlich mehr Farbinformationen, um dein Video anzupassen und ihm den gewünschten Look zu geben. Du kannst Farbe, Kontrast und Helligkeit viel besser nachregeln. 8-Bit-Videos können nicht aufwendig bearbeitet werden. Wenn du bei diesen die Farben oder die Helligkeit eines Himmels anpasst, kann es zu einer Streifenbildung (dem sogenanntem Banding) kommen. Es können damit Farbbänder entstehen wie auf der Abbildung, die dein Video schlecht aussehen lassen. Außerdem können weniger Farbinformationen zu unschönen Kontrasten in deinem Filmmaterial führen. Die zusätzlichen Bildinformationen in 10-Bit-Videos hingegen sorgen für fließende Übergänge bei Farbverläufen.

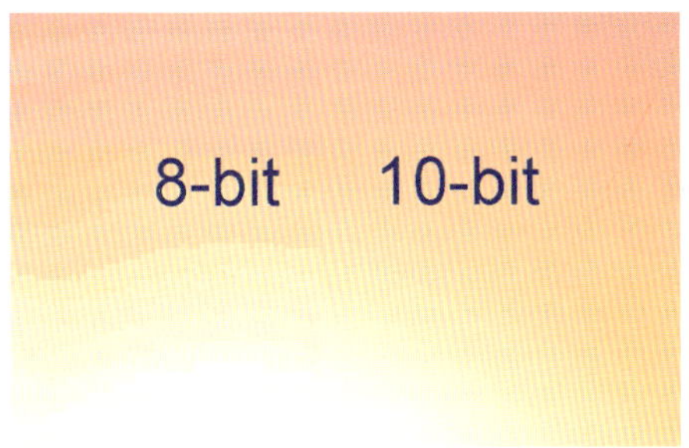

▲ *Bei feinen Farbverläufen wird deutlich, wie viel mehr an Farbinformation bei 10 Bit gespeichert wird.*

Solltest du in der Digitalfotografie bewandert sein, kannst du 8-Bit-Videos mit JPEG-Bildern vergleichen und dir 10-Bit-Videos als RAW-Dateien vorstellen. Du hast in dem Fall sicher schon bei der Bearbeitung von JPEGs gesehen, wie schwierig es ist, Farben zu manipulieren oder selektiv hervorzuheben. Dein Bild wird nie die Qualität haben, die du erwartest.

10-Bit-Videos sind wie RAW-Bilder, die in 12, 14 oder 16 Bit aufgenommen wurden. Du hast eine ganze Reihe von Daten, die du verschieben und anpassen kannst, um den gewünschten Look zu erreichen. Selbst die kleinsten Details lassen sich so gut justieren. Das Gleiche gilt für 10-Bit-Videos. Du bekommst mehr Daten und mehr Flexibilität, um die Farben und Schattierungen in deinen Videos zu steuern.

Je größer die Farbtiefe ist, desto mehr Daten und Anpassungsmöglichkeiten hast du. Die zusätzlichen Daten von 10-Bit-Videos können somit in vielen Situationen nützlich sein. Sie eignen sich hervorragend zur Maximierung des Dynamikumfangs in deinem Filmmaterial. Du kannst Details hervorheben oder verändern, um deinem Video die perfekte Farbe und das perfekte Aussehen zu geben.

Wenn auch du noch zu einer der Generationen gehörst, die in der Schule im Kunstunterricht mit einem Malkasten mit Wasserfarben arbeiten durften, erinnerst du dich vielleicht daran, dass diese normalerweise zwölf Farben hatten. Die coolen Kids hatten aber doppelstöckige Malkästen mit 24 einzelnen Farben. Ihnen standen also von Anfang an mehr Farben zur Verfügung, ohne diese aus den zwölf Grundfarben mischen zu müssen – so ungefähr ist das mit 8 Bit und 10 Bit, nur dass bei 10 Bit noch mal deutlich mehr Farben als einfach nur das Doppelte zur Verfügung stehen.

Nicht alle Kameras können 10-Bit-Videos aufnehmen, und manche brauchen dazu einen externen Rekorder, um die große Menge an unkomprimierten Daten zu verarbeiten. Einige Kameras senden dazu 10-Bit-Signale über HDMI zur externen Verarbeitung oder Aufnahme auf einem angeschlossenen Rekorder. Da stellt sich natürlich die Frage: Solltest du überhaupt 10-Bit-Videos aufnehmen?

Der Hauptunterschied zwischen 10-Bit- und 8-Bit-Videos liegt wie gesagt in der Nachbearbeitung. Du bekommst mehr Daten und mehr Kontrolle, um qualitativ hochwertige Videos zu erhalten. Andererseits unterstützen die meisten gängigen Bildschirme die beiden Formate nicht, und unsere Augen können nicht zwischen ihnen unterscheiden. Es ist also nicht unbedingt notwendig, in 10 Bit zu drehen. Du brauchst sicherlich keine 10-Bit-Videos, um einen erfolgreichen YouTube-Kanal zu betreiben. 10-Bit-Videos sind sinnvoll, wenn du mehr Kontrolle über Farben und Schattierungen haben willst.

Ein weiterer Wert, der bei Videokameras – ganz gleich ob hybride oder dedizierte – in den Spezifikationen vorkommt, ist das sogenannte Chroma-Sampling.

Was ist Chroma-Sampling

Was bedeuten die Zahlenfolgen 4:4:4, 4:2:2 und 4:2:0?

Wir sehen oft die Zahlenfolgen 4:4:4, 4:2:2 und 4:2:0 in den Kameraspezifikationen, die als Chroma-Subsampling bekannt sind. Hast du dich jemals gefragt, wie sich diese auf die Farben des Bilds auswirken? Und was genau bedeuten die Zahlen 4:4:4, 4:2:2 und 4:2:0?

Bevor wir uns mit Chroma-Sampling – dem Erfassen von Farbinformationen innerhalb eines Videoeinzelbilds – befassen, lass uns zunächst die Bildpixel anschauen. Ein Bildpixel wird durch Helligkeits- und Farbinformationen definiert. Ohne die Farbinformation ergibt das Luma (die Helligkeit) eines jeden Pixels lediglich eine Graustufendarstellung des Bilds. Studien zeigen außerdem, dass die menschlichen Augen empfindlicher auf Licht oder Luminanz reagieren als auf Farben und somit auch eher Helligkeitsunterschiede als Farbunterschiede wahrnehmen.

Deswegen konzentrieren sich Kameras primär auf eine möglichst differenzierte Helligkeitsdarstellung einzelner Pixel im Bild. Soll heißen: Wir legen in unserer Wahrnehmung mehr Wert darauf, wie hell etwas ist, als darauf, welche Farbe es hat, und deswegen fallen uns an aufeinanderfolgenden Bildern auch eher Helligkeits- als Farbunterschiede auf.

Wenn sich eine Kamera jetzt also primär darauf konzentriert, Helligkeitswerte innerhalb einer Aufnahme möglichst detailliert wiederzugeben, ist das grundsätzlich kein Problem, es sei denn, du willst oder musst in der Nachbearbeitung gehörigen Einfluss auf die Farben nehmen. Dabei kommen nun die eingangs erwähnten Zahlenfolgen ins Spiel, und ich will versuchen, das so einfach wie möglich zu erklären.

Solltest du bereits über das Thema Bescheid wissen, bitte ich um Verzeihung, das hier so derbe herunterzubrechen, aber es geht schließlich nur darum, bei der Auswahl einer Kamera die Möglichkeiten beurteilen zu können, die der Käufer in der Nachbearbeitung damit hat.

- Die erste Ziffer besagt, wie genau der Helligkeitswert für jedes Pixel eines jeden Einzelbilds deiner Aufnahme festgehalten wird. Dabei ist der Wert 4 das Maximum.

- Die zweite Ziffer gibt darüber Aufschluss, wie genau der grundsätzliche Farbwert eines Pixels gespeichert wird.

- Die dritte Ziffer besagt, mit welcher Gründlichkeit der Wert der zweiten Ziffer ein weiteres Mal präzisiert wird.

Wie gesagt, diese Erklärung wird Fachleute aufschreien lassen – in diesem Buch verrichtet sie jedoch sicherlich ihren Zweck. Und ich erkläre das jetzt noch idiotensicherer.

Gehen wir mal von einer Zahlenfolge 4:2:2 aus, was ein sehr guter Wert ist. In diesem Fall schaut die Kamera 4-mal hin, um sich für jedes Pixel dessen Helligkeit zu notieren. Dann schaut sie weitere 2-mal hin, um dessen grundsätzliche Farbe festzustellen, und dann noch 2-mal, um diese Farbe noch genauer beschreiben zu können. All diese Informationen werden für jeden einzelnen Bildpunkt jedes Einzelbilds deiner Aufnahme gespeichert. Das sind bei einer 4K-Aufnahme mit einer Pixeldichte von 3.840 × 2.160 Bildpunkten etwa 8.294.400 einzelne Bildpunkte pro Einzelbild.

Bei einer Bildrate von 25 Einzelbildern pro Sekunde sind es also 207.360.000 Bildpunkte, deren Informationen von der Kamera verarbeitet und gespeichert werden müssen. Je detaillierter die von der Kamera aufgezeichneten Daten sind, desto besser lässt sich in der Nachbearbeitung damit arbeiten – das hat allerdings auch seinen Preis.

In der Regel solltest du mit einer Kamera mit 4:2:0-Oversampling für die Zwecke eines YouTube-Kanals absolut auskommen. Das gilt ganz besonders, sofern du deine Videos weder in Farbgebung noch in der Helligkeit nachbearbeiten willst.

Lohnt eine Hybridkamera?

Unter hybriden Kameras versteht man solche, die sowohl zum Fotografieren als auch zum Filmen gedacht sind. Ich will mal vorsichtig behaupten, dass die Videoeigenschaften einer solchen Hybridkamera desto besser sind, je teurer sie ist. Ob eine solche Kamera auch für dich und deinen YouTube-Kanal das richtige Werkzeug ist, hängt allerdings davon ab, ob die Vorteile, die dir eine solche Kamera bietet, mit Blick auf Inhalte und Zielgruppe deines Kanals überhaupt relevant sind. Solltest du neben deinem YouTube-Kanal gern fotografieren und in deiner Fotografie etwas anspruchsvoller sein, wirst du möglicherweise bereits eine gute Fotokamera mit entsprechenden Objektiven haben.

Wenn du noch keine Kamera hast, könnte die Anschaffung einer Hybridkamera eine gute Investition sein, da du damit neben den normalen Video-

Finger weg von Spiegelreflex

Solltest du dich noch nicht oder noch nicht viel mit Fotografie beschäftigt und die Entwicklungen der vergangenen Jahre auf diesem Gebiet verfolgt haben, ist es gut möglich, dass du unter einer Spiegelreflexkamera noch immer ein professionelles Arbeitsgerät für anspruchsvolle Fotografen verstehst. Das entspricht so aber schon länger überhaupt nicht mehr der Realität. Sogenannte spiegellose Systemkameras sind seit ein paar Jahren schwer im Kommen und graben den Spiegelreflexkameras als einstigen Platzhirschen gehörig das Wasser ab.

Spiegellose Kameras sind wesentlich kompakter, anwenderfreundlicher und ganz besonders mit Blick auf deren Videoeigenschaften den Kameras aus der Klapperspiegelfraktion haushoch überlegen. Dass für die Spiegelreflexkameras der Zug abgefahren ist, siehst du auch daran, dass kaum noch neue Modelle entwickelt und auf den Markt gebracht werden – was übrigens auch für Objektive für solche Kameras gilt. Kaufe also auf keinen Fall eine Spiegelreflexkamera.

aufnahmen auch Standbilder in hoher Qualität anfertigen kannst – vom Titelbild für dein Video bis hin zu Detailaufnahmen von Produkten, die du auf deinem Kanal vorstellen willst.

Da alle diese Inhalte mit derselben Kamera erstellt werden, passen sie vom Farbstil gut zueinander, und du hast ein einzelnes Werkzeug für alle bildschaffenden Aufgaben. Da du mit der Zeit und mit steigenden Ansprüchen weitere Objektive dazukaufen und diese auch in Folgemodellen desselben Herstellers weiter nutzen kannst, sind hybride Kameras am besten dazu geeignet, mit dir und deinem YouTube-Kanal zu wachsen.

Da du für YouTube nicht zwingend im 4K-Format filmen musst, kannst du sogar auf ein günstigeres Kameramodell ausweichen und dafür mehr Geld in ein lichtstarkes Objektiv investieren, das dir eine schöne Bildgestaltung mit Freistellung des Motivs im Vordergrund ermöglicht. Aber Vorsicht:

Hybride spiegellose Kameras

Hybride spiegellose Kameras gibt es inzwischen wie Sand am Meer, aktuell gibt es drei Modelle, die ich dir an dieser Stelle ans Herz legen möchte – aus drei verschiedenen Budgetklassen.

Canon EOS M50 Mark II

Die Canon EOS M50 Mark II ist eine durch und durch geeignete YouTube-Kamera. Du bekommst sie inklusive eines brauchbaren Objektivs bereits für um die 550 Euro, und wenn du noch ein bisschen drauflegst, hast du für um die 700 Euro sogar noch ein besseres, weil lichtstärkeres Objektiv dabei (das Canon EF-M 22 mm f/2 STM). Letzteres bietet dir eine Offenblende von 2.0 bei einer Brennweite von umgerechnet 35 mm, was hervorragend für so ziemlich jedes YouTube-Genre geeignet ist.

Die Kamera hat einen schwenkbaren Bildschirm und einen 3,5-mm-Eingang zum Anschluss eines externen Mikrofons. Wenn du in FHD-Auflösung filmst, kannst du dank einer maximalen Bildrate von 60 Bildern pro Sekunde flüssige Zeitlupen drehen. Eine 4K-Auflösung beherrscht sie zwar auch, dann allerdings nur mit bis zu 30 Bildern pro Sekunde – es ist aber überhaupt kein Problem, lediglich für die Zeitlupensequenzen im FHD-Format zu filmen und diese nachträglich im Videoschnittprogramm auf 4K-Format zu vergrößern.

Der Qualitätsverlust ist dann zwar sichtbar, für eine kurze Sequenz aber zu verschmerzen. Die automatische Fokussierung (Scharfstellung) dieser

◀ *Die Canon EOS M50 Mark II.*

Kamera arbeitet extrem gut und verfügt über eine zuverlässige Gesichtserkennung, was in dieser Preisklasse nur der Hersteller Canon hinbekommt.

Vorteile:

- Geringe Anschaffungskosten.
- Markenhersteller mit großem Zubehörangebot.
- Kostenlose Webcam-Software und integrierte Live-Streaming-Funktion.
- Toller Autofokus.
- Mit einem Adapter sind fast sämtliche Objektive der übergeordneten EOS-Serie nutzbar.
- Ausgabe des sauberen Kamerabilds (Clean-HDM) über den HDMI-Anschluss ohne Einstellungs-Overlays, Fokusanzeige etc.

Nachteile:

- Videomaterial eingeschränkt in der Nachbearbeitung (8 Bit, kein LOG-Format).
- Qualitätseinschränkungen im hohen ISO-Bereich bei wenig Licht.

Fujifilm X-S10

Wer mich ein bisschen kennt, weiß, dass ich seit etlichen Jahren begeisterter Nutzer von Kameras des japanischen Herstellers Fujifilm bin. Fairerweise sei aber auch gesagt, dass ich diese nicht für meinen YouTube-Kanal nutze, sondern hier lieber zu dedizierten Filmkameras greife. Nicht, weil Fujifilm-Kameras schlecht für YouTube sind, sondern weil ich eben auch noch andere Filmprojekte mache und dafür andere Kameras benötige.

◀ *Die Fujifilm X-S10 ist eine tolle kompakte Kamera.*

Die spiegellosen Fujifilm-Kameras haben allesamt gegenüber denen anderer Hersteller ein besonderes Alleinstellungsmerkmal, das auch im Videobereich von großem Nutzen sein kann. Die Kameras bieten dem Anwender eine Reihe von Einstellungsmöglichkeiten, mit denen bereits in der Kamera der Look der Fotos und Videos so verändert werden kann, wie es bei Videomaterial anderer Kamerahersteller erst in der Nachbearbeitung möglich ist. Bei Fujifilm wird das *Filmsimulationen* genannt, und die damit erreichten Veränderungen sind erheblich deutlicher, als das bei anderen Herstellern der Fall ist, wenn zum Beispiel an einer Kamera des Herstellers Canon das Profil *Landschaft* oder *Porträt* gewählt wird.

Damit nicht genug! Du kannst an einer Fujifilm-Kamera über weitere Parameter wie *Lichter*, *Schatten*, *Farbsättigung* und einige mehr sogar noch genauer Einfluss auf den finalen Bildlook nehmen, was – solange du es damit nicht übertreibst – sehr beeindruckend aussehen kann und viel Zeit und Arbeit bei der Nachbearbeitung einspart.

Die Beliebtheit dieser „Onboard-Looks" geht unter Nutzerinnen und Nutzern von Fujifilm-Kameras so weit, dass im Netz unzählige sogenannte Filmrezepte kursieren und es inzwischen sogar eine App für das Smartphone gibt, in der du dir anhand stimmiger Beispielbilder einen Bildlook aussuchen und dank Auflistung aller dazu nötigen Parameter in die Einstellungen deiner Fujifilm-Kamera übertragen kannst.

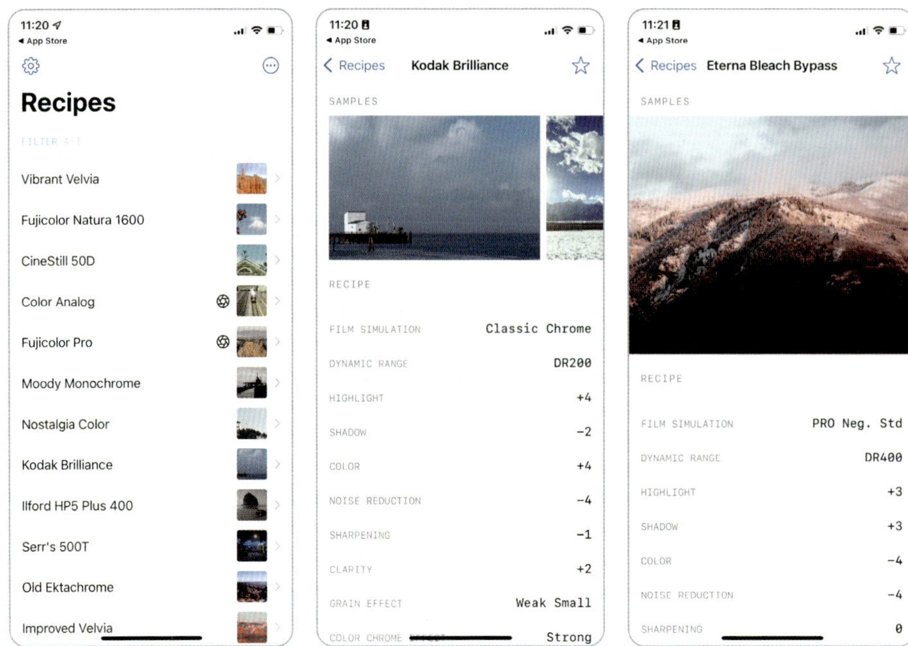

▲ *Fujifilm-Kameras bieten sehr viele Möglichkeiten, um den Look der Fotos und Videos bereits in der Kamera zu beeinflussen. Die Abbildungen zeigen die App Fuji X Weekly – Film Recipes, erhältlich für Android und iOS.*

Mein Autorenkollege Thomas B. Jones hat ebenfalls hier im Bildner-Verlag ein ganzes Buch zu diesem Thema herausgebracht – „22 JPEG-Rezepte für Fujifilm X-Kameras" heißt das Werk, in dem er nicht nur seine persönlichen 22 Lieblingslooks vorstellt, sondern auch genau erklärt, wie diese eingestellt werden und wie du eigene Looks erstellen und auf deiner Fujifilm-Kamera abspeichern kannst. Lass dich dabei nicht vom JPEG im Namen irreleiten – sämtliche Einstellungen gelten genauso für Videodateien, die du mit diesen Kameras erzeugst. Die Infos zum Buch findest du im Kasten.

Die Fujifilm X-S10 hat ihre Stärken aber nicht nur in den einzigartigen Filmlooks. Sie kann, wie die Canon EOS M50 Mark II, Videos mit bis zu 30 Bildern pro Sekunde in 4K aufzeichnen – das aber in satten 10 Bit bei einer Abtastung von 4:2:2, also mit einer sehr guten Helligkeits- und Farbtreue. Das mit der X-S10 aufgenommene Filmmaterial lässt sich damit erheblich besser nachbearbeiten. Zusätzlich kannst du in einem sogenannten LOG-Format filmen.

Ein Log-Profil, oder logarithmisches Profil, ist ein Aufnahmeprofil oder eine Gammakurve, die bei einigen digitalen

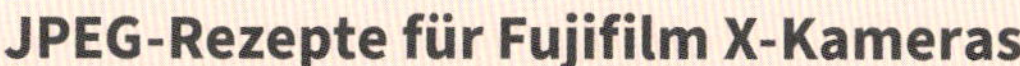

JPEG-Rezepte für Fujifilm X-Kameras

In seinem ebenfalls im Bildner-Verlag erschienenen Buch „22 JPEG-Rezepte für Fujifilm X-Kameras“ stellt Autor Thomas B. Jones detailliert die besonderen Möglichkeiten vor, die spiegellose Kameras des Herstellers Fujifilm aus dessen X-Serie dem Anwender bieten. Da diese auch für damit aufgezeichnete Videodateien gelten, ist das Buch mehr als empfehlenswert, wenn du deinen YouTube-Kanal mit einer oder mehreren Fujifilm-Kameras betreibst.

Videokameras verwendet wird und einen großen Dynamik- und Tonwertbereich bietet, der mehr Spielraum für die Farb- und Stilauswahl lässt. Das Ergebnis ist ein verwaschenes Bild, das in der Nachbearbeitung eine Farbkorrektur erfordert, bei dem aber Schatten- und Lichterdetails erhalten bleiben, die bei Verwendung eines normalen linearen Profils, das Schatten- und Lichterdetails beschneidet, verloren gehen würden.

Einfach erklärt, handelt es sich damit um ein Format, das mit stark entsättigten Farben und Kontrastwerten

▲ *Links das aufgenommene Bild im F-LOG-Format (F steht in diesem Fall für den Hersteller Fujifilm), rechts das nachbearbeitete Bild.*

aufzeichnet und damit den möglichen Bearbeitungsspielraum in der Videonachbearbeitung erheblich vergrößert.

Die Fujifilm X-S10 bietet einen Anschluss für ein externes Mikrofon – mittlerweile Standard bei hybriden Kameras. Im Gegensatz zur Canon EOS M50 Mark II hat die Fujifilm X-S10 zusätzlich noch eine Anschlussmöglichkeit für einen Kopfhörer, was sehr wichtig ist, wenn du die Kamera auch für die Tonaufnahme nutzen willst. Der Kopfhörer wird allerdings über einen mitgelieferten Adapter am USB-C-Anschluss der Kamera angeschlossen. Das kann problematisch sein, wenn dieser Anschluss gleichzeitig dazu verwendet werden soll, die Kamera in deinem YouTube-Studio dauerhaft mit Strom zu versorgen.

Es sind Details wie dieses oder die Tatsache, dass sich die Speicherkarte das Fach mit dem Akku an der Kameraunterseite teilt, die offenlegen, dass die Fujifilm X-S10 eher den ambitionierten Videoamateur als den anspruchsvollen Profi anspricht. Wenn man sich auf ein paar Kompromisse einlassen will, ist die Fujifilm X-S10 aber eine sehr potente Videoproduktionsmaschine – auch wenn sie dies auf den ersten Blick nicht vermitteln mag.

Geeignete Objektive

Als für ein YouTube-Studio geeignetes Objektiv würde ich im Fall der Fujifilm X-S10 das Fujinon XF 23 mm f2 R WR empfehlen. Wie bei meinem Tipp zur Canon EOS M50 Mark II handelt es sich auch bei diesem Objektiv um eine sogenannte Festbrennweite. Für eine statische Kameraposition ist das unproblematisch, und mit umgerechnet 35 mm Brennweite lässt sich damit eine typische YouTube-Szene mit einer an einem Tisch sitzenden Person sehr gut abbilden.

Da die Fujifilm X-S10 einen eingebauten Bildstabilisator (IBIS) hat, kannst du bei Objektiven auf einen solchen verzichten und mit der von mir empfohlenen Kombination auch sehr gut B-Roll-Material aus der Hand filmen. Die Kamera bekommst du inklusive des genannten Objektivs für etwa 1.000 Euro.

▲ *Das Fujinon XF 23 mm f/2 R WR ist ein ideales Objektiv für eine YouTube-Studio-Festinstallation.*

Alternativ kannst du anstelle des 23-mm-Festbrennweitenobjektivs auch das Fujinon XF 18-55 mm f/2.8-4.0 R LM OIS wählen. Du bekommst es für etwa 500 Euro und verfügst damit über ein sehr variables Zoomobjektiv, dessen maximale Blendenöffnung mit Zunahme der Zoomstufe allerdings bis auf den Wert 4 abfällt. Das ist noch immer recht lichtstark und sollte in einem gut ausgeleuchteten YouTube-Studio kein Problem darstellen.

▲ *Das Objektiv Fujinon XF 18-55 mm f/2.8-4.0 R LM OIS ist ein toller Allrounder.*

Natürlich gibt es vom Hersteller Fujifilm auch noch leistungsstärkere Kameras, wie zum Beispiel die X-H2 – für einen YouTube-Kanal halte ich eine noch mehr auf Video getrimmte Kamera aber nur dann sinnvoll, wenn dein Kanal thematisch auf so etwas angewiesen ist. Ich halte wenig davon, für Funktionen an einer Kamera zu zahlen, die ich nie brauchen werde.

Trotzdem möchte ich nachfolgend auch eine Kamera vorstellen, die sich eindeutig an den professionell ambitionierten Filmer wendet. Zuvor aber noch die Vor- und Nachteile der Fujifilm X-S10.

Vorteile:

- Sehr hochwertiges Ausgabeformat, mit dem sich in der Nachbearbeitung viel machen lässt.
- Großes Angebot an sehr guten Objektiven.
- Eingebauter Bildstabilisator (IBIS) ermöglicht wackelfreies Filmen aus der Hand.
- Herausragende Filmsimulationen für beeindruckende Looks direkt aus der Kamera.
- Kostenlose Webcam-Software des Herstellers für Live-Streaming und andere Webcam-Anwendungsgebiete.

Nachteile:

- Nicht ganz günstig in der Anschaffung.
- Der Autofokus mit Gesichtserkennung ist gut, aber nicht unfehlbar.

Sony Alpha 7 IV

Kaum ein Hersteller hat in den vergangenen Jahren den Markt hybrider Kameras auch nur annähernd so befeuert wie Sony. Inzwischen findest du dort eine Menge verschiedener Modelle, und vor allem diejenigen YouTuber, die thematisch in der bildschaffenden Welt unterwegs sind – allen voran Fotografen und Videofilmer –, scheinen nur noch diesen einen Hersteller zu kennen.

Sony macht dabei auf mich allerdings keinen nachhaltigen Eindruck, und ich kann verstehen, wenn im Netz gewitzelt wird, dass Sony statt einer neuen Firmware lieber gleich eine neue Kamera auf den Markt schmeißt. Unter einer Firmware versteht man das kameraeigene Betriebssystem, also die Software, die im Inneren der Kamera läuft und für den Funktionsumfang und die Nutzeroberfläche zuständig ist. Wie auch bei einem normalen Computer kann diese Software vom Hersteller aktualisiert und mit Verbesserungen und Fehlerbehebungen versehen werden. Paradebeispiel auf diesem Gebiet ist unangefochten Fujifilm, und bei Sony haben solche Firmware-Updates eher Seltenheitswert.

Nach diesem eher negativen Einstieg sei allerdings fairerweise gesagt, dass man bei einer aktuellen Sony-Kamera selten das Gefühl hat, ein unfertiges Produkt in den Händen zu halten. Man merkt, dass ein großer Weltkonzern die Geschicke leitet und mit enormem Kapital die Entwicklung vorantreibt. Sony-Kameras sind technisch gesehen absolute Spitze, was sich in der Praxis, aber auch im Preis zeigt.

Die Sony Alpha 7 IV ist eine Kamera, die fast schon kein Hybrid mehr ist, sondern eher zwei Kameras in ein und demselben Gehäuse. Auch als profes-

▲ *Das blau schimmernde Kästchen auf der Abbildung ist der Bildsensor.*

sioneller Filmer kommt man mit ihr auf seine Kosten und kann getrost vergessen, dass sie ja eigentlich auch eine hervorragende Fotokamera ist. Selbstverständlich kann man mit ihr im LOG-Format filmen, das hier S-LOG heißt und gleich in drei verschiedenen Sorten angeboten wird. Dazu bietet sie die Aufnahme in 4K-Auflösung mit bis zu 60 Bildern pro Sekunde an, und der Vollformatsensor sorgt mit seiner Größe dafür, dass auch bei Aufnahmen in unvorteilhaften Lichtverhältnissen wenig Störungen im Bild zu sehen sind.

Im Inneren deiner Digitalkamera befindet sich ein sehr wichtiges Element: der Sensor. Die Größe des Kamerasensors ist ein wichtiger Faktor, wenn du eine Kamera mietest oder kaufst. Die Bildqualität und die Flexibilität der Bilder, die du aufnehmen kannst, hängen direkt mit dem Sensor deiner Kamera zusammen.

Was ist ein Kamerasensor?

Doch bevor wir uns mit dem Größenvergleich von Kamerasensoren und dem Unterschied zwischen kleineren und größeren Sensoren beschäftigen, müssen wir eine grundlegende Frage beantworten: Was ist ein Kamerasensor?

Ein Kamerasensor ist ein Bauteil in der Kamera, das Licht einfängt und es in Signale umwandelt, die zu einem Bild führen. Sensoren bestehen aus Millionen von lichtempfindlichen Punkten, die aufzeichnen, was durch das Objektiv gesehen wird. Die Größe des Kamerasensors bestimmt, wie viel von diesem Licht zur Erstellung des Bilds verwendet wird.

Weil ein Sensor so wertvolle Informationen speichert, passen auf einen großen Kamerasensor mehr Informationen, was zu einer besseren Bildqualität führt als bei kleineren Sensoren – je größer die einzelnen Bildpunkte auf einem Sensor sind, desto mehr Informationen können sie speichern. Wenn also ein kleiner Kamerasensor eine Auflösung von 25 Millionen Bildpunkten anbietet, sind diese einzelnen Bildpunkte darauf gezwungenermaßen kleiner, als sie es auf einem größeren Bildsensor mit gleicher Auflösung wären. Stell dir zwei Terrassen vor, die beide die gleiche Anzahl an Bodenplatten haben. Die eine Terrasse misst 10 qm, die andere 30 qm. Die Bodenplatten der größeren Terrasse werden deutlich größer sein als die der kleineren.

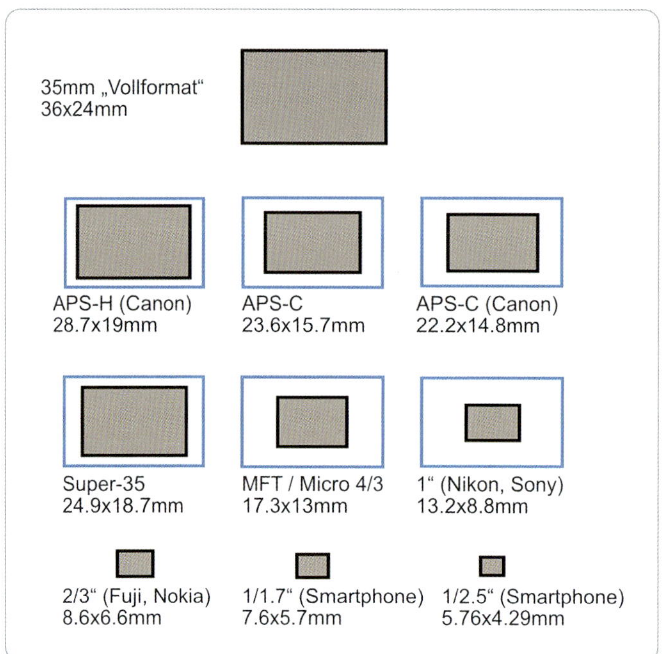

Ein Vergleich gängiger Sensorgrößen.

Ein Kamerasensor und seine Größe bestimmen die Bildgröße, die Schärfentiefe, die Auflösung, die Leistung bei schlechten Lichtverhältnissen, die Größe der Kamera und vieles mehr.

Die Anzahl der Megapixel ist zwar bis zu einem gewissen Grad wichtig, aber sie sind nicht das A und O für ein kristallklares Bild, zumal für ein Video in 4K-Auflösung bereits eine Auflösung von nur 9 Megapixeln völlig ausreicht. Die Sensorgröße spielt jedoch eine bedeutendere Rolle. Der Sensor deiner Kamera ist im Grunde eine lichtempfindliche Fläche, die Licht und Farbe einfängt. Dieser Sensor hat Millionen dieser lichtempfindlichen Hohlräume, die *Photosites* genannt werden. Die Kamera wandelt diese Photosites in Pixel um, aus denen dein Bild besteht.

Ein Pixel ist die kleinste Einheit eines digitalen Bilds, die auf einem Anzeigegerät dargestellt werden kann. Eine Million Pixel entspricht einem Megapixel. Die Anzahl der Megapixel gibt also an, wie viele dieser lichtempfindlichen Stellen dein Sensor enthält. Wenn du eine 24-Megapixel-Kamera hast, bedeutet das, dass du 24 Millionen lichtempfindliche Stellen auf deinem Sensor hast. Wo kommt also die Größe eines Kamerasensors ins Spiel? Bedenke, dass eine hohe Megapixelzahl nicht unbedingt eine bessere Bildqualität bedeutet.

Wenn du eine hohe Megapixelzahl auf einem kleinen Sensor hast, bedeutet das, dass die lichtempfindlichen Zellen kleiner sind. Bei gutem Licht funktioniert das ganz gut. Aber bei schlechten Lichtverhältnissen können die winzigen Zellen auf einem kleineren Sensor nicht mehr genug Bildinformationen speichern. Ein größerer Sensor ermöglicht im Vergleich zu einem kleineren Sensor größere Zellen und bietet damit die Fähigkeit, pro einzelne Zelle mehr Bildinformationen zu erfassen und zu speichern.

In der folgenden Abbildung siehst du ein paar gängige Sensoren und deren Größenverhältnisse zueinander.

Kommen wir zurück zur Sony Alpha 7 Mark IV. Diese hat einen Vollformatsensor, der unter den gängigen Sensoren im Bereich Video der größte ist und aus diesem Grund bei schlechten Lichtverhältnissen das mit Abstand beste Bild liefert. Allerdings spielt die Sensorgröße bei Video nur dann eine bedeutende Rolle, wenn in Situationen gefilmt wird, die von einem großen Sensor profitieren würden, allen voran bei schlechten Lichtverhältnissen.

Ich persönlich habe nie mit einem Vollformatsensor gefilmt, sondern nur mit APS-C (Fujifilm) oder MFT (*Micro-Four-Thirds*), und Super 35 (Blackmagic Design) und einen großen Sensor nie vermisst – das wohlgemerkt auch bei Filmproduktionen wie zum Beispiel Musikvideos. Meiner persönlichen Meinung nach werden Vollformatsensoren im Videobereich völlig überbewertet, und insbesondere für ein YouTube-Studio sind sie überhaupt nicht sinnvoll. Hinzu kommt, dass für große Sensoren größere und damit deutlich teurere Objektive benötigt werden. Ein Aspekt, den man sicherlich auch bedenken sollte.

Ein Punkt, der bei Kameras des Herstellers Sony wirklich absolut herausragend ist, ist der Autofokus. Was hier bei aktivierter Gesichts- oder sogar Augenerkennung geboten wird, ist fast schon gespenstisch gut. Einzig der Hersteller Canon vermag es, mit seinen Topmodellen aus der R-Serie in diese Regionen vorzudringen. Wenn du also bei deinen YouTube-Videos auf einen verlässlichen Autofokus bauen möchtest (Autofokus ist die automatische Scharfstellung eines Gesichts oder Objekts vor der Kamera), führt kaum ein Weg an einer Sony-Kamera vorbei. Das funktioniert bei den bereits vorgestellten Canon EOS M50 Mark 2 und Fujifilm X-S10 ebenfalls sehr gut, aber nicht annähernd mit einer solch unverschämten Sicherheit wie bei der Sony Alpha 7 Mark IV.

Wie auch schon die Fujifilm X-S10 bietet die Sony Alpha 7 Mark IV einen eingebauten Bildstabilisator (IBIS), dank dem du aus der Hand verwacklungsfreie Videos (und Fotos) schießen kannst. Solche Stabilisatoren sind häufig auch in Objektiven verbaut, und wenn die Kamera in deinem YouTube-Studio ohnehin die meiste Zeit auf einem Stativ steht, spielt ein solcher Stabilisator dann auch schon keine allzu große Rolle mehr.

All das hat seinen Preis, und der ist in diesem Fall so hoch, dass ich tatsächlich keine Empfehlung für eine Kamera wie die Sony Alpha 7 Mark IV aussprechen kann, wenn es um die Einrichtung eines YouTube-Studios geht. Selbst wenn dein Budget die Ausgabe von an die 4.000 Euro zulassen würde – mit so viel musst du nämlich inklusive Objektiv rechnen –, solltest du lieber zu einer Kamera vom Kaliber einer Fujifilm X-S10 greifen und dafür in ein oder zwei zusätzliche Objektive oder anderes Zubehör investieren. Oder auch in gleich zwei Kameras mit Objektiv zum Preis einer einzelnen Kamera.

Vorteile:

- Herausragende Bildqualität auch bei schlechten Lichtverhältnissen.
- Farbabtastung 10 Bit 4:2:2.
- 4K mit bis zu 60 Bildern pro Sekunde für tolle Zeitlupen.
- Bester Autofokus am Markt.
- Eingebauter Bildstabilisator.
- Mikrofon- und Kopfhöreranschluss.

Nachteile:

- Teuer in der Anschaffung.
- Die Flut an Funktionen und Möglichkeiten macht die Bedienung sehr anspruchsvoll.

Kompakte Action-Kameras

Eine Freundin von mir bietet auf ihrer Website Yoga-Videos an. Sie verkauft den Zugang zu diesen Instruktionsvideos und bestreitet damit einen ordentlichen Teil ihres Lebensunterhalts – und sie nutzt als Kamera die inzwischen gar nicht mehr so aktuelle Action-Kamera GoPro 8. Da sie die Videos auf ihrer Terrasse im Freien und bei gutem Licht produziert, spielt der verhältnismäßig winzige Bildsensor einer solchen Kamera keine Rolle, bei schlechtem Licht und in Innenräumen können aber auch Action-Kameras der neueren Generationen noch immer keine wirklich überzeugende Bildqualität liefern. Der Weitwinkelcharakter des Kameraobjektivs ist für sie ebenfalls von Vorteil, da die Terrasse nicht sehr groß ist. Da sie ihre Videos in der Nachbearbeitung mit einem Tischmikrofon am Computer nachvertont, kann sie auf gute Audioeigenschaften der Kamera verzichten.

Eine solche Action-Kamera ist aber nicht nur als Hauptkamera eine gute Wahl, sofern sie in den Punkten, die dir wichtig sind, abliefert, sie eignet sich ebenfalls hervorragend als Zweit- oder Drittkamera, wenn besondere Blickwinkel gefragt sind. Ein sehr gutes Beispiel hierfür sind sogenannte *Unboxing-Videos*, also solche, in denen Produkte vor laufender Kamera ausgepackt und in Betrieb genommen werden.

Da sich Action-Kameras mit entsprechendem Zubehör an deiner Stirn befestigen lassen, ermöglichen sie deinen Zuschauern eine einmalige „Ich-Perspektive". Aber auch für B-Roll-Material – was das ist, erfährst du in Kapitel 4, „Produktion" – eignen sie sich sehr gut, denn sie lassen sich schnell und einfach auch an weniger zugänglichen Stellen platzieren und ermöglichen interessante Blickwinkel zur Ergänzung der Haupthandlung.

▲ *Die GoPro 10 mit Frontbildschirm.*

Bei der Wahl einer solchen Kamera solltest du nach Möglichkeit ein Modell wählen, das über einen zusätzlichen nach vorn gerichteten Bildschirm verfügt. Ein solches Modell ist vom Hersteller GoPro erstmalig mit der Hero 9 verfügbar. Alternativ gibt es vom Hersteller DJI das Modell Action 2, das über einen optional erhältlichen nach vorn gerichteten Zweitbildschirm verfügt (das Front-Touchscreen-Modul). Müsste ich zwischen den beiden wählen, fiele meine Entscheidung auf ein GoPro-Modell, da mir ein integrierter Zweitbildschirm wesentlich besser gefällt.

▲ *Die DJI Action 2 ist im Gegensatz zur GoPro fast ausschließlich als Action-Kamera brauchbar.*

Die GoPro hat auf der Gehäuserückseite einen recht großen Bildschirm, der im Gegensatz zur DJI Action 2 nicht quadratisch ist und somit eine deutlich bessere Vorschau des auf YouTube üblichen 16:9-Bildformats zulässt. Beide Kameras schneiden vergleichsweise schlecht ab, wenn sie unter unvorteilhaften Lichtverhältnissen genutzt werden. Auch in einem Lichtsetting, bei dem du im Vordergrund gut ausgeleuchtet bist, würden damit Störungen in den dunkleren Bereichen im Hintergrund auftreten.

Vorteile:

- Sehr kompakt.
- Günstig in der Anschaffung.
- Kann für Ich-Perspektive am Körper (z. B. Kopf) befestigt werden.
- Exotische Blickwinkel möglich.

Nachteile:

- Schlechte Bildqualität bei wenig Licht.
- Eingeschränkte Bildgestaltung (siehe Kasten).
- Stark komprimiertes Datenformat und deswegen limitiert in der Nachbearbeitung.
- Schlechte Tonaufzeichnung.
- Umständliche Bedienung über Mini-Touchscreen oder Smartphone.

Von hier bis unendlich

Action-Kameras sind, wie der Name schon sagt, nicht für eine anspruchsvolle Bildgestaltung ausgelegt. Es ist mit ihnen nicht möglich, den Hintergrund verschwommen erscheinen zu lassen, da die Sensoren dieser Kameras sehr klein sind und die Optiken über eine kleine Blendenöffnung verfügen. Somit ist eine Freistellung einer Person oder eines Gegenstands im Vordergrund vor einem verschwommenen Hintergrund nicht möglich.

Webcams für Live-Streams

Webcams sind eine weitere Kategorie, die vielleicht nicht als die verlockendste Option erscheint, aber für bestimmte Zwecke eine gute Wahl sein kann. Webcams eignen sich besonders gut für Live-Streams, wenn du auch Bildschirmaufnahmen von deinem Computer zeigen möchtest. Sie sind weitgehend Plug-and-play-fähig, was die Einrichtung vereinfacht, und neuere Modelle bieten überraschend gute Video- und Audioqualität.

Wenn dir die Einfachheit einer Webcam gefällt, du aber mehr Flexibilität von deiner Kamera erwartest, gibt es auch einige neuere Lösungen. Video-Capture-Karten (wie die *Magewell USB Capture* oder die *Elgato Cam Link*) und Geräte wie die der Atem-Mini Serie von Blackmagic Design können HDMI-Signale von Kameras empfangen und in ein Signal umwandeln, das deine Kamera als eine Webcam erkennt. Einige Kamerahersteller bieten ähnliche Funktionen auch direkt an, wie z. B. Canon mit der Software *EOS Webcam Utility*.

▲ *Die Logitech C920 ist für viele noch immer die Webcam schlechthin.*

Der Hersteller Logitech bietet mit dem Modell C920 einen hervorragenden Allrounder für unter 100 Euro. Teurere Webcams werfen dann schon wieder die berechtigte Frage auf, ob man nicht gleich besser zu einer einfachen richtigen Kamera wie der eingangs vorgestellten Canon EOS M50 M II greifen sollte, die neben einer kostenlosen Webcam-Software auch noch weitere Vorteile bietet.

Vorteile:

- Günstig in der Anschaffung.
- Sehr einfache Bedienung.

Nachteile:

- Bildqualität besonders bei wenig Licht eher schlecht.
- Sehr eingeschränkte Bildgestaltung.
- Videomitschnitt meist nur mit zusätzlicher Software.

Dedizierte Filmkameras

Bleibt eigentlich nur noch eine Kameragattung – dedizierte Filmkameras. Darunter versteht man eine Kamera, die ausschließlich zum Filmen gedacht ist. Das sind Camcorder und Action-Kameras auch, in diesem Abschnitt möchte ich aber kurz auf einen Hersteller eingehen, der häufig auf YouTube vertreten ist und vor allem bei bildschaffenden YouTubern gerne gesehen ist. Ich selbst habe auch jahrelang diese Kameras genutzt. Die Rede ist vom australischen Hersteller Blackmagic Design und dessen Produktreihe mit dem viel zu langen Namen *Blackmagic Pocket Cinema Camera 4K* respektive *[…] 6K*. Diese Kameras findest du im Netz fast ausschließlich unter den inzwischen sehr gängigen Abkürzungen *BMPCC4K* und *BMPCC6K*. Aktuell sind drei Modelle im Umlauf:

1. Blackmagic Pocket Cinema Camera 4K (BMPCC4K).
2. Blackmagic Pocket Cinema Camera 6K (BMPCC6K).
3. Blackmagic Pocket Cinema Camera 6K Pro (BMPCC6KP).

Blackmagic Pocket Cinema Camera 4K

Für uns YouTuber so richtig interessant ist eigentlich nur das Modell BMPCC4K und vielleicht noch die 6K-Variante – aber der Reihe nach.

Die Besonderheit des Herstellers Blackmagic Design besteht darin, sehr brauchbares Material zu sehr günstigen Preisen anzubieten. Dahinter steckt ein wie ich finde pfiffiges Gedankenspiel, das das Unternehmen bei Gelegenheit offen kommuniziert. Die Zielgruppe oben genannter Kameras sind angehende Kameraleute, Filmproduzenten, Menschen, die sich auf eine berufliche Laufbahn im Filmbusiness vorbereiten oder sie bereits eingeschlagen haben. Diese werden dank der wirklich sehr humanen Preise bereits sehr früh an

◀ *Die Blackmagic Pocket Cinema Camera 4K von vorn …*

◀ *… und von hinten mit riesigem Bildschirm.*

den Hersteller gebunden, der natürlich auch wesentlich teurere Werkzeuge im Sortiment hat.

Eine BMPCC4K bietet für den Anschaffungspreis von inzwischen unter 1.000 Euro eine enorme Bild- und Tonqualität, einen großen Touch-Bildschirm und Funktionen, wie man sie sonst nur von richtig teuren Filmkameras kennt.

Die Kameras wirken bereits auf den ersten Blick sehr aufgeräumt, und dieses Gefühl bleibt, wenn man sich die Menüs und Einstellungen auf dem großen rückseitigen Kamerabildschirm anschaut: Wer schon mal mit Video zu tun hatte, wird ohne einen Blick in die Bedienungsanleitung sofort zurechtkommen.

Das 4K-Modell kommt mit einem MFT-Sensor aus, was sicher den einen oder anderen Kompromiss hinsichtlich Bildqualität bei schlechten Lichtverhältnissen mit sich bringt. Dank geschickter technischer Trickereien schneiden alle drei Kameramodelle aber auch bei höheren ISO-Werten (mehr dazu in Kapitel 4, „Produktion“) gut ab. Auch kannst du bei der Verwendung dieser Kameras auf ein externes Tonaufnahmegerät verzichten, da alle drei Modelle dazu in der Lage sind, selbst sehr hochwertige Tonaufnahmen zu machen.

Als Aufnahmemedium lässt sich neben normaler SD- und CFast-Speicherkarten einfach eine SSD-Festplatte an der Kamera anschließen, was nicht nur für deutlich längere Aufnahmezeiten sorgt, sondern auch den Datentransfer auf einen Computer extrem beschleunigt oder sogar überflüssig macht, wenn du direkt von dieser SSD-Festplatte am Computer schneidest. Als Aufnahmeformate stehen auch hier für die Nachbearbeitung optimierte Optionen zur Verfügung (Apple ProRes, Blackmagic RAW), und eine Lizenz für die Vollversion der immer beliebter werdenden Videoschnittsoftware *DaVinci Resolve* im Wert von um die 300 Euro liegt ebenfalls jeder Kamera bei. Wo ist der Haken?

Das Autofokusproblem

Alle Kameras der Pocket-Cinema-Camera-Reihe haben keinen wirklichen Autofokus und eignen sich deswegen nicht für Anfänger, die außerhalb einer kontrollierten YouTube-Studio-Umgebung filmen wollen. Bei einer fix installierten Kamera in deinem YouTube-Studio kannst du auf einen Autofokus verzichten, wenn du die Fokuseinstellung einmal vorgenommen hast – schließlich ändert sich der Abstand zwischen dir und dem Objektiv nicht, während du deine Videos produzierst.

Anders sieht es da schon aus, wenn du die Kamera zur Aufnahme von B-Roll-Material vom Stativ nimmst – in diesem

Fall musst du den Fokus manuell nachführen, was viel Übung voraussetzt. Beim professionellen Film wird so gut wie nie mit Autofokus gearbeitet – dort gibt es sogar den Beruf des „Fokus-Pullers“, dessen einzige Aufgabe darin besteht, während der Aufnahme die Scharfstellung der Motive zu gewährleisten. Wenn du wie auch die meisten anderen deinen YouTube-Kanal als „One-Man-Show“ betreibst, mag eine solche Kamera vielleicht nicht die erste Wahl sein.

Die BMPCC6K unterscheidet sich von der BMPCC4K grundsätzlich nur darin, dass die 6K-Variante – wer hätte das gedacht – einen größeren Sensor und damit eine Auflösung von 6K bietet und anstelle der MFT-Objektive solche mit Canon-EF-Anschluss verwendet. In der Praxis macht das eine Menge aus; preislich liegt das 6K-Modell mit etwa 1.800 Euro verdient über dem 4K-Modell. Mit Blick auf die ausschließliche Verwendung für einen YouTube-Kanal sehe ich aber keinen Grund, etwas anderes als das 4K-Modell zu verwenden.

Die BMPCC6KP hat im Gegensatz zu den beiden anderen Modellen einen schwenkbaren Monitor – allerdings nur nach oben und unten und nicht nach vorn, wie das bei den hier vorgestellten Kameras von Canon, Fujifilm und Sony der Fall ist. Die zusätzlich eingebauten ND-Filter der BMPCC6KP sind outdoor bei Tageslicht hilfreich, in einem YouTube-Studio wirst du so etwas in den seltensten Fällen brauchen, und dann könntest du mit günstigen schraubbaren Filtern arbeiten.

Da du auf YouTube immer wieder mal auf diese Kameras stoßen wirst, habe ich sie dir hier mal kurz vorgestellt – als YouTube-Studio-Kamera sind sie allerdings eher nicht geeignet, vor allem dann nicht, wenn du allein unterwegs und auf einen Autofokus angewiesen bist. Eine Blackmagic Pocket Cinema Camera scheitert bereits beim Versuch, ein Produkt im Rahmen einer Produktvorstellung in die Kamera halten zu wollen, weil diese eben nicht darauf scharf stellen kann.

Vorteile:

- Tolle Bildqualität mit besonderem Cinema-Look.
- Riesiger Touchscreen.
- Einfache Bedienung.
- Günstige Anschaffung, auch von Objektiven (4K-Modell).
- Hervorragender Audiorekorder.

Nachteile:

- Kein echter Autofokus (nur einmalig über Touchscreen).
- Monitor nicht nach vorn schwenkbar.
- Akkulaufzeit etwa 40 Minuten.

Zusammenfassung

Jetzt, da du verschiedene Kameras kennengelernt hast und dir ein Bild davon machen konntest, worauf es bei der Auswahl einer Kamera für dein YouTube-Studio ankommt, möchte ich dir noch mal eine Zusammenfassung geben, die dir die Suche nach alternativen Kameramodellen erleichtern soll. Achte beim Kauf einer Kamera für dein YouTube-Studio auf folgende Merkmale:

1. Sieh dich auf dem Gebrauchtmarkt um. Als Betreiber eines YouTube-Kanals bist du in der Regel nicht auf aktuelle Kameras angewiesen. Viele Fotografen wechseln ihre Kameras im Jahresrhythmus aus – so kannst du günstig an eine Kamera kommen, die dir noch lange gute Dienste verrichten wird.

2. Ein gutes Objektiv ist wichtiger als eine gute Kamera – wenn du den Hersteller nicht wechselst, kann dich ein gutes Objektiv über viele Jahre begleiten.

3. Wenn du das aufgenommene Material hinsichtlich Farben und Helligkeit nicht nachbearbeiten willst, genügt eine Kamera, die mit 4:2:0 bei 8 Bit und mindestens 25 Bildern pro Sekunde aufnimmt. Solltest du höhere Ansprüche an die Bildqualität haben und das Material nachbearbeiten wollen, sollte die Kamera 4:2:2 bei 10 Bit beherrschen.

4. Wenn du deine Kamera für Live-Streaming nutzen willst (sofort oder später), achte darauf, dass diese einen *Clean-HDMI-Output* bietet. Das bedeutet, dass auf einem per HDMI-Kabel an die Kamera angeschlossenen Gerät (Rekorder, Bildschirm, Computer) ausschließlich das Kamerabild angezeigt wird, nicht aber technische Angaben wie Akkustand, verbleibende Aufnahmezeit, Belichtungseinstellungen etc.

5. Die Kamera sollte einen zuverlässigen Autofokus mit Gesichtserkennung haben. Eine Augenerkennung ist nicht wichtig und sollte auch im Betrieb deaktiviert sein.

6. Vergiss nicht, eine ausreichend schnelle Speicherkarte zur Kamera hinzuzukaufen. Achte auf die Bezeichnung *V90* auf der Karte. Ich arbeite aktuell mit Sandisk-Karten vom Typ SDXC, 64 GB, U3, UHS-II.

7. Die Kamera sollte einen Bildschirm haben, den du von vorn sehen kannst.

8. Für den Dauerbetrieb im YouTube-Studio ist es von Vorteil, die Kamera über ein Netzteil oder den USB-C-Anschluss dauerhaft mit Strom versorgen zu können.

9. Wenn du die Kamera ausschließlich auf einem Stativ nutzt, ist ein Bildstabilisator am Sensor oder im Objektiv nutzlos.

10. Kaufe auf keinen Fall eine Spiegelreflexkamera.

Stilmittel Videolicht

In Kapitel 3, „Das YouTube-Studio“, im Abschnitt „Der gute Ton“, weise ich mehr als deutlich darauf hin, dass die beste Bildqualität und der perfekteste Schnitt nichts nützen, wenn der Ton im Video schlecht ist. Das sollte keinesfalls dazu verleiten, die anderen Aspekte einer Videoproduktion zu vernachlässigen. Müsste ich sämtliche Aspekte ihrer Bedeutung nach ordnen, käme „Licht“ wahrscheinlich an zweiter Stelle nach Ton, denn Licht ist nun mal der Grundstoff der Foto- und Videografie, und eine gute Lichtsetzung – so nennt man das Positionieren und Einstellen der einzelnen Lichtquellen bei einer Aufnahme – ist die Grundvoraussetzung für ein gutes Bild.

Dabei dient Licht nicht nur der offensichtlichen Funktion, etwas aufzuhellen – Licht ist ein essenzielles Stilmittel, denn das Verhältnis zwischen Licht und Schatten, die Lichtstärke und -farbe sowie das ganz einfache Vorhandensein oder die Abwesenheit von Licht entscheiden maßgeblich, wo der Fokus des Betrachters liegen wird und welche Stimmung die gezeigte Szene hat. Das gilt gleichermaßen für ein einfaches Unboxing-Video, bei dem der Lieferumfang eines meist technischen Produkts gezeigt wird, als auch für aufwendige Lehrvideos mit einer durchdachten Storyline. Hierbei die Dinge dem Zufall zu überlassen, ist absolut sträflich und wird sich garantiert rächen.

Ich kann es nicht oft genug schreiben: Eine Unterscheidung zwischen Profi und Amateur sollte es nicht geben, der persönliche Anspruch hat nichts damit zu tun, ob man YouTube-Videos berufsmäßig oder als Hobby erstellt. Auch der Amateur darf (und sollte) stets bemüht sein, das Bestmögliche aus einer Idee herauszuholen. Dazu gehört auch beim Licht die Bereitschaft, Zeit und (etwas) Geld zu investieren. In diesem Kapitel werde ich verschiedene Szenarien und Budgets berücksichtigen – eine absolute Low-Budget-Variante wirst du hier aber nicht finden, weil ich eine solche ganz

Ein Wort zu Produktempfehlungen

Es ist bei einem solchen Buch unumgänglich, hier und da eine klare Produktempfehlung mit Nennung von Hersteller und Modell auszusprechen. Diese Empfehlungen erfolgen einzig und allein auf Basis meiner eigenen Erfahrungen, und ich stehe mit keinem dieser Hersteller in einem Vertragsverhältnis, das mich zu Werbeaussagen verpflichten würde. Weil du aber gerade als Anfänger viel falsch machen und Geld für ungeeignetes oder unzuverlässiges Material rauswerfen kannst, denke ich, dass es hilfreich ist, solche Empfehlungen auszusprechen. Da sich der Markt beständig und recht schnell weiterentwickelt, ist es möglich, dass die zum Druckzeitpunkt aktuellen Materialien irgendwann nicht mehr aktuell oder verfügbar sind. Du wirst jedoch auch dann Informationen über etwaige Nachfolgemodelle oder Alternativen selber recherchieren oder über den Fachhandel in Erfahrung bringen können.

einfach nicht vertreten kann. Dann lieber noch eine Weile sparen und diese Zeit mit anderen Vorbereitungen überbrücken.

Eine kleine Lichtlehre

Auch beim Thema Licht kommst du an etwas Theorie nicht vorbei, und ich verspreche, das auf ein Nötigstes zu reduzieren.

Als Erstes stellt sich die Frage: „Tageslicht oder künstliches Licht?“ Tageslicht gilt auch in der Fotografie als das schönste Licht, und viele Fotografen bestehen sogar darauf, nur mit Tageslicht zu arbeiten. Das kann funktionieren und liefert gerade in der Porträtfotografie tolle Ergebnisse. Allerdings ist es zugleich sehr unberechenbar, nie wirklich konstant und oft ausgerechnet dort nicht verfügbar, wo man es gerade braucht. Letzteres gilt besonders für Innenräume, und für dieses Buch gehe ich davon aus, dass dein YouTube-Studio nicht draußen auf der Terrasse geplant ist. Und selbst dann würde ich dir davon abraten, nur auf Tageslicht zu setzen. Was aber macht Tageslicht so ansprechend? Die Kenntnis darüber wird dir sehr hilfreich sein, wenn es um die Planung und Nutzung eines aus künstlichen Lichtquellen bestehenden Settings gehen wird.

Tageslicht nutzen

Tageslicht entsteht durch die Sonne (wer hätte das gedacht). Tageslicht wird als ansprechend empfunden, wenn es entweder indirekt auf dein Motiv fällt – zum Beispiel von einer hellen Hauswand reflektiert wird – oder wenn eine teilweise oder gänzlich geschlossene Wolkendecke dafür sorgt, dass es nicht „ungebremst" auf das Motiv fällt. Trifft die Sonne hingegen ungehindert auf dein Motiv, ist das Licht grell, und es entstehen scharfe Schattenkanten, zum Beispiel um die Nase oder in den Augenhöhlen.

Man spricht in einem solchen Fall von „hartem Licht". Hartes Licht entsteht immer dann, wenn die Lichtquelle in Relation zum Motiv klein ist. Steht die Sonne am wolkenlosen Himmel, ist sie trotz ihrer Größe aufgrund der großen Entfernung ein kleiner, extrem heller Punkt. An einem solchen Tag entstehen Schatten mit einer sehr klaren, scharfen Kante, und niemand käme auf die Idee, im direkten Sonnenlicht zu fotografieren.

Schiebt sich jedoch plötzlich eine große Wolke vor die Sonne, werden die Ränder der Schatten sofort viel weicher, und auch Gesichter sehen nun besser aus, da die Augen nicht mehr in dunklen Höhlen verschwinden und Schatten im Gesicht nicht mehr wie dunkle Flecken aussehen. In einem solchen Fall spricht man von „weichem Licht". Was aber sorgt dafür, dass Licht weich wird? Die große Wolke hat dafür gesorgt, dass das Sonnenlicht nun nicht mehr ungebremst auf dein Motiv trifft, sondern durch die Wolke hindurch.

Da die erdnahe Wolke optisch viel größer als der kleine Sonnenpunkt wirkt und sie von oben komplett von der Sonne angestrahlt wird, ist nun nicht mehr die Sonne die Lichtquelle, sondern die Wolke. Wie ein riesiger Lampenschirm sorgt sie dafür, dass das harte Sonnenlicht jetzt nicht mehr direkt auf die Erde trifft, sondern zum einen abgeschwächt, zum anderen aber auch umgelenkt wird. Schatten entstehen dann, wenn Licht vornehmlich aus einer bestimmten Richtung auf ein Objekt trifft. Im Verhältnis zu deinem Motiv ist die Wolke nun eine viel größere Lichtquelle und befindet sich auch viel näher an deinem Motiv – das Resultat ist ein deutlich weicheres Licht mit weniger definierten harten Schatten.

Noch extremer ist dieser Effekt bei einer geschlossenen Wolkendecke. Achte mal an einem regnerischen Tag darauf: Es scheint überhaupt keine Schatten zu geben. Grund dafür ist die Tatsache, dass nun die gesamte Wolkendecke eine einzige riesige Lichtquelle ist. Bei einer geschlossenen Wolkendecke fällt Licht aus sämtlichen Richtungen auf dein Motiv, und wenn Licht aus allen Richtungen gleichmäßig stark auf ein Objekt trifft, gibt es keine Schatten.

Weiches Licht wird allgemein als vorteilhaft und schön angesehen, und auch mit künstlichen Lichtquellen lässt sich dieser Effekt erzielen – sogar noch viel einfacher, denn wenn du künstliche Lichtquellen verwendest, bist du völlig unabhängig von Wetter, Tageszeit und Ort.

Künstliches Licht nutzen

Künstliches Licht startet im Gegensatz zu natürlichem Licht bereits mit ein paar Vorbehalten ins Rennen – allen voran durch den mit dem Adjektiv „künstlich" behafteten unsympathisch anmutenden Namen. Etwas Natürliches ist schließlich etwas Künstlichem vorzuziehen, oder? Nicht unbedingt. In jeder Situation, in der du die volle Kontrolle behalten möchtest, kann die Natur mit ihren Launen und ihrer grundsätzlichen Unberechenbarkeit hinderlich sein.

Für ein YouTube-Studio – und sei es noch so improvisiert – ist eine kontrollierte Umgebung ein immenser Vorteil, denn nur in einer solchen lässt sich kontinuierlich mit einem gleichbleibenden Look und zeiteffizienten Abläufen arbeiten. Du möchtest schließlich nicht auf die Aufnahme eines neuen Videos verzichten möchten, weil du nur am Abend Zeit dafür findest, aber auf Tageslicht angewiesen bist, das normalerweise durch ein Fenster auf die Stelle fällt, an der du filmst.

Auch macht es sich nicht gut, wenn die Lichtverhältnisse an einem windigen Tag ständig wechseln, weil einzelne Wolken vor der Sonne vorbeiziehen. Im Idealfall sollte es so sein, dass du an deinem Filmset, zu jeder Tages- und Nachtzeit, im Winter wie im Sommer, bei Regen und bei Sonnenschein, stets ein identisches Lichtsetting zustande bringst.

Das verleiht deinen Videos einen einheitlichen Look und gibt dir die Möglichkeit, deine Lampen einzuschalten und sofort loszulegen. Damit das funktionieren kann, ist es erforderlich, Tageslicht entweder von deinem Filmset fernzuhalten oder mit den vorhandenen künstlichen Lichtquellen ausreichend überstrahlen zu können, damit es optisch keine Auswirkung auf den von dir gewählten Bildausschnitt hat. Schließe also die Rollläden oder verdunkle das Zimmer mit Vorhängen so weit, dass die Kamera nur noch das künstliche Licht „sieht".

Ein weiteres Vorurteil, mit dem künstliches Licht zu kämpfen hat und das sich leider nicht so einfach entkräften lässt wie der Name, besteht in den vermuteten Kosten, die damit in Verbindung gebracht werden. Hier ist es tatsächlich so, dass die billigsten Lösungen keine wirklichen Lösungen sind und dich auf längere Sicht mehr kosten werden, als würdest du sofort zu etwas Vernünftigem greifen.

Wichtig bei künstlichen Lichtquellen ist, dass diese im Verhältnis zum Objekt oder Subjekt, das beleuchtet wird, möglichst groß sind, um ein weiches Licht zu erzeugen. Aus diesem Grund kommen kompakte LED-Panels oder Dauerlichtlampen ohne Softbox nicht infrage – der Radius einer Softbox oder die Diagonale eines LED-Panels sollte mindestens 60 cm betragen, wenn man damit den Oberkörper einer an einem Tisch sitzenden Person brauchbar ausleuchten will.

Ich weiß, dass viele kleine LED-Panels unzähliger Hersteller im Umlauf sind und als Videolicht verkauft werden – das ist dann aber ein „Nutzlicht“ und kein schönes Licht. Die Anschaffung solcher Panels als Hauptlicht ist rausgeworfenes Geld. Wenn das Budget nur dafür reichen sollte: lieber nichts kaufen und warten, bis du genug gespart hast.

Richtig ausleuchten

Grundsätzlich gibt es drei Möglichkeiten, ein typisches YouTube-Setting auszuleuchten. Als typisches YouTube-Setting nehme ich an dieser Stelle mal eine Person, die an einem Tisch sitzend von vorn mit einer einzelnen Kamera gefilmt wird und bei der sich im Hintergrund noch sichtbare Elemente im Raum befinden.

In diesem Kapitel findest du weitere Settings, bei denen allerdings nicht mehr das Licht allein im Vordergrund steht, sondern allgemeine räumliche Begebenheiten und die daraus resultierenden technischen und inhaltlichen Möglichkeiten. Lass uns vorab aber ein paar Begriffe klären.

Lichtformer

Ein Lichtformer ist alles, was an einer Lampe angebracht wird, damit du das austretende Licht kontrollieren kannst. Das können zum Beispiel Reflektoren oder Softboxen sein.

- **Softbox** – Eine Softbox ist ein Lichtformer, der, wie der Name schon andeutet, dafür sorgt, dass Licht weich aus einer Lichtquelle austritt. Je größer eine Softbox im Verhältnis zum beleuchteten Objekt ist, desto weicher wird das austretende Licht empfunden. Die Aufgabe einer Softbox besteht darin, die eigentliche Lichtquelle in der verwendeten Lampe um ein

Vielfaches zu vergrößern. Eine solche Softbox wird vorn an der Lampe angebracht und sieht aus wie ein aufgespannter runder oder eckiger Schirm mit einer weißen Bespannung.

- **Diffusor** – Der Diffusor befindet sich vorn an der Softbox und übernimmt quasi die Rolle der Wolke aus meinem vorangegangenen Tageslichtbeispiel. Manche Lampen verfügen neben dem außen sichtbaren Diffusor auch noch über einen zusätzlichen kleineren Diffusor im Inneren der Softbox. Dieser Innendiffusor sorgt dafür, dass sich das Licht der Lampe erst einmal schön in der gesamten Softbox verteilt, bevor es vorn durch den äußeren Diffusor austritt.

Softboxen haben nämlich auf ihrer Innenseite eine reflektierende Beschichtung, die den Effekt des Innendiffusors zusätzlich unterstützt. Ohne Diffusoren würde das Licht der Lampe direkt und ungebremst hart auf das Motiv fallen. Bei LED-Panels werden manchmal Diffusoren mitgeliefert, die sich direkt vor der Fläche mit den einzelnen LED-Birnchen einschieben lassen.

Solche Diffusoren dienen nicht dazu, das Licht weicher zu machen, sondern sollen verhindern, dass in etwaigen Spiegelungen die einzelnen LEDs sichtbar sind. Es gibt zwar auch für einige LED-Panels Softboxen mit Diffusoren – diese sind aber rar gesät und meist umständlich anzubringen.

- **Wabenaufsatz** – Ein Wabenaufsatz ermöglicht es, das aus einer Softbox austretende Licht in seinem Abstrahlwinkel einzuschränken. Er wird meist mit einem Klettverschluss vor dem Außendiffusor einer Softbox angebracht. Je tiefer der Aufsatz ist, desto gerichteter ist das austretende Licht. Wabenvorsätze werden gern dazu verwendet, das Licht daran zu hindern, auch auf den Hintergrund eines seitlich angestrahlten Objekts zu fallen.

- **Reflektor** – Die Bezeichnung Reflektor ist ein bisschen irreführend, denn die Aufgabe eines Reflektors besteht an einer Lampe nicht etwa darin, Licht zu reflektieren, sondern dessen Austrittswinkel zu bestimmen. Folglich kannst du Reflektoren auch mit verschiedenen Gradangaben kaufen: 15°, 20°, 30° und so weiter. Reflektoren verfügen nicht über einen Diffusor, das austretende Licht ist also stets hart und direkt. Es gibt allerdings Wabengitter, die sich in einen Reflektor einsetzen lassen.

- **Mount** – Der Mount ist der Anschlussring, über den eine Softbox mit einer Lampe verbunden wird. Hier haben sich verschiedene Systeme etabliert, die natürlich zueinander nicht kompatibel sind. Der gängigste Anschlusstyp nennt sich BOWENS, und die von mir empfohlenen Lampen arbeiten damit. Ein großer Vorteil des BOWENS-Anschlusstyps besteht darin, dass du im Netz unzählige teils sehr günstige Lichtformer findest. Solange ein Lichtformer die nötige Größe hat und beim ersten Aufbau nicht gleich auseinanderfällt, hast du gute Karten, sofern dein Licht-Setup fest installiert irgendwo steht und du es nicht immer wieder auf- und abbauen musst – dann wird auch eine billige Softbox lange halten.

Eine einzelne Lichtquelle

Steht dir nur eine einzelne Lichtquelle zur Verfügung, lässt sich auch damit ein sehr schönes Licht erzeugen. Es ist keinesfalls zwingend erforderlich, mit zwei oder mehr Lichtquellen zu arbeiten – meine Devise lautet: so wenige Hauptlichtquellen wie möglich, aber so viele wie nötig. Unter einer Hauptlichtquelle verstehe ich solche, die den primären Bereich eines Settings ausleuchten. Dazu gehören die Akteure (also du) vor der Kamera sowie Dinge, die zum Beispiel vor dir auf dem Tisch stehen und im Video gezeigt werden sollen. Bei einem Tisch in normaler Größe und wenn nur mit einer einzelnen Kamera gearbeitet wird, kann ein solches Ein-Licht-Konzept durchaus aufgehen. Achte in so einem Fall darauf, dass die Lichtquelle ausreichend stark und groß ist.

▲ *Ausleuchtung mit nur einer Lichtquelle.*

Die beiden Hersteller Aputure und Godox sind durchaus empfehlenswert, da sie ein sehr gutes Preis-Leistungs-Verhältnis bieten. Mit beiden kannst du zudem Lichtformer mit Bowens-Anschluss bekommen und somit bei einem knapperen Budget auch günstigere Lichtformer nutzen. Ich habe sehr gute Erfahrungen mit einer Aputure-LS120D-Lampe mit einer 60-cm-Softbox gemacht.

Wohin mit der Lampe?

Stell die Lampe möglichst zentral und so nah wie möglich vor den Tisch und lass das Licht aus einem Winkel von etwa 60° von schräg oben einfallen. Ziele dabei mit der Diffusormitte auf den Bereich unter deinem Kinn. Solltest du dabei an einem Tisch mit einer hellen Oberfläche sitzen und dieser größtenteils frei von irgendwelchen Objekten sein, wird sich ein angenehmer Nebeneffekt bemerkbar machen, den du sehr gut dazu nutzen kannst, die Qualität der Ausleuchtung deutlich zu verbessern. Helle Flächen reflektieren das Licht, und von der Tischplatte reflektierendes Licht wird den Bereich unter deinem Kinn aufhellen.

Je nach Einfallswinkel und Intensität kann es nämlich vorkommen, dass unter deinem Kinn ein deutlicher Schatten auftritt. Auch wenn du eine Kappe trägst, wird der Schirm der Kappe einen Schatten auf dein Gesicht werfen, was nicht sehr vorteilhaft ist. Es ist also durchaus empfehlenswert, einen Tisch mit einer hellen Oberfläche für das Studio auszuwählen. Für einen Tisch mit einer dunklen Oberfläche kannst du dir eine helle Schreibtischunterlage besorgen. Solche Unterlagen sind aus mehreren Gründen praktisch – in Kapitel 3, „Das YouTube-Studio“, im Abschnitt „Der gute Ton“, findest du noch weitere gute Tipps dazu.

Hauptlicht positionieren

Bedenke bei der Positionierung des Hauptlichts – das oft *Key-Light* genannt wird –, dass dessen Licht auch auf Teile des Hintergrunds treffen kann. Wenn du das nicht willst, solltest du mit einem Wabenvorsatz arbeiten, da dieser das Licht sehr gerichtet aus dem Lichtformer austreten lässt. Andererseits kann es natürlich gewünscht sein, mit dem Key-Light sowohl Vorder- als auch Hintergrund auszuleuchten. In einem solchen Fall wird die Lichtsetzung – so nennt man die Positionierung von Lichtquellen – deutlich anspruchsvoller, und gerade Anfänger werden ständig den Effekt erleben, dass entweder der Vorder- oder der Hintergrund gut ausschaut, nicht aber beides. Hier hilft wirklich nur Herumprobieren – irgendwann wirst du ein Gefühl dafür bekommen, und dann wird dir das leichter und schneller von der Hand gehen.

Gleichmäßige Beleuchtung

Achte auf jeden Fall darauf, dass das Key-Light sowohl dich als auch die Tischfläche ausreichend und gleichmäßig beleuchtet, vor allem wenn Dinge auf dem Tisch gezeigt oder gesehen werden sollen. Sofern dazu noch eine weitere Kameraeinstellung genutzt wird – etwa von oben, auch *top-down* genannt –, muss das Licht für diese Kameraeinstellung ebenfalls ein brauchbares Resultat liefern. Sollte es partout nicht möglich sein, solche Detailansichten mit dem Key-Light zufriedenstellend auszuleuchten, bedeutet das aber noch lange nicht, dass die Anschaffung einer weiteren Lichtquelle nötig ist.

Detailaufnahmen separat filmen

Filme in einem solchen Fall die Detailaufnahmen einfach separat, und zwar nachdem du das eigentliche Video mit der Hauptkameraeinstellung aufgezeichnet hast. Tu bei diesem ersten Take ganz einfach so, als gäbe es noch eine weitere Kamera, und zeige das Produkt dieser imaginären Kamera, indem du es in eine bestimmte Richtung hältst und mit dem Finger auf Details zeigst. Nach Abschluss dieser Aufnahme baust du Kamera und Licht so um, dass du in einem zweiten Schritt die Detailaufnahmen mit dafür optimiertem Licht gestalten kannst.

Lass nun das zuvor gedrehte Video mit der Haupteinstellung auf deinem Smartphone laufen und filme parallel dazu die Detailaufnahmen. Da das ursprüngliche Video auf dem Smartphone läuft und du dich sprechen hörst, weißt du, wann du was genau in der Detailaufnahme zeigen musst, die du nun im zweiten Schritt filmst.

Wenn du dich dabei geschickt anstellst, wird das fertig zusammengeschnittene Video so aussehen, als wäre es gleich mit zwei Kameras aufgezeichnet worden und als hättest du für beide Kameraeinstellungen optimales Licht gehabt! Solche Tricks werden auch von gestandenen Vollprofis immer wieder angewendet – erlaubt ist, was gute Ergebnisse bringt.

Prägnante Schatten

Wenn nur mit einer einzelnen Lichtquelle gearbeitet wird, entsteht zwangsläufig ein prägnanterer Schatten, als wenn mehrere zur Verfügung stehen oder wenn mit Reflektoren gearbeitet wird. Ob ein solcher Schattenwurf gut oder schlecht ist, hängt auch vom Charakter des Videos ab. Geht es um technisches Equipment, die Vorstellung eines Produkts oder Ähnliches, ist eine ausgewogene, gleichmäßige Ausleuchtung der gesamten Spielfläche eine gute Idee.

Intime Themen wie etwa eine Romanbesprechung, sozialpolitische Themen etc. erlauben eine dramatischere Lichtsetzung.

Ideen adaptieren

Ich kann hier im Rahmen dieses Buchs unmöglich treffende Beispiele für alle Themen bieten, und der beste Tipp ist, sich solche Lichtstimmungen von anderen populären Kanälen abzuschauen, die entsprechende Themen behandeln. Es ist in jeder Hinsicht eine gute Sache, fremde Ideen zu adaptieren. Achte einfach darauf, mit möglichst weichem Licht zu arbeiten, damit die Grenzbereiche zwischen Licht und Schatten möglichst sanft ineinander übergehen.

Haarlicht

Die Bezeichnung *Haarlicht* kommt übrigens nicht von ungefähr: Bei Protagonisten mit Glatze solltest du auf ein solches Haarlicht verzichten.

Zwei Lichtquellen

Eine einzelne Lichtquelle genügt in mehr Fällen, als man denkt! Zwei oder noch mehr Lichtquellen können nützlich sein, wenn man weiß, wie sie eingesetzt werden.

Zusätzliches Haarlicht

Ein Haarlicht trifft meist von schräg hinten oben auf den Kopf der Person vor der Kamera. Es dient dazu, dieser eine leichte Lichtkontur zu verpassen, womit sie sich besser vor dem Hintergrund der Szene abhebt. Das ist besonders dann sinnvoll, wenn eine dunkelhaarige Person vor einem dunklen Hintergrund gefilmt oder fotografiert wird. Die verwendete Lichtquelle sollte möglichst punktuell auszurichten sein – eine Flächenlampe eignet sich da eher nicht, zumal diese auch ein Gegenlicht in Richtung Kamera streuen würde.

In einer Situation wie der hier abgebildeten langt dafür ein Standardreflektor an einer einfachen LED-Dauerlichtlampe wie der Aputure LS120D MkII. Es kommt dabei auf eine gute Balance zwischen Haupt- und Haarlicht an. Achte darauf, dass sich das Haarlicht erst dann im Frame (Bildausschnitt) bemerkbar macht, wenn man es ein- und ausschaltet. Oft wird ein solches Haarlicht zu stark eingestellt, und es wirkt zu prägnant.

▲ *Ausleuchtung mit zwei Lichtquellen.*

Hintergrundlicht

Ein Hintergrundlicht ist nicht zwingend notwendig – kann den Look eines Videos aber immens steigern. Es gibt keine Regel dazu, wann ein Hintergrundlicht benötigt wird und wann nicht – ein geschultes fotografisches Auge würde sofort beurteilen können, ob eine Szene ein solches braucht oder nicht. Wenn du mit Fotografie bislang nichts am Hut hattest, solltest du ein Standbild von deinem Setting machen. Nimm einfach eine kurze Sequenz auf und extrahiere ein Standbild oder erstelle einen Screenshot.

Schau dir das Foto dann an und frage dich, ob der Hintergrund generell zu hell oder zu dunkel ist oder ob es vereinzelte Stellen darin gibt, die zu hell oder zu dunkel sind. Einen unschönen Hintergrund solltest du nicht durch Dunkelheit zu verstecken versuchen. In einem solchen Fall solltest du lieber diesen bereinigen. Nur der im Frame sichtbare Teil des Raums muss ja einen aufgeräumten Eindruck machen – das sollte machbar sein. In Kapitel 3, „Das YouTube-Studio“, findest du Tipps zu alternativen Hintergründen, die zwar nicht optimal sind, in Einzelfällen aber eine schnelle Lösung bieten.

Dunkle Stellen im Hintergrund kannst du durch eine gezielte Lichtsetzung mit einer weiteren Lichtquelle aufhellen. Dazu lassen sich kleine LED-Flächenleuchten sehr schön einsetzen, da sie leicht versteckt werden können und sich oft auch noch über eine App auf

▲ *Ausleuchtung mit Haupt-, Haar- und Stimmungslicht.*

dem Smartphone fernsteuern lassen. Ein sehr gutes Beispiel stellen die MC-Lampen des Herstellers Aputure dar. Es gibt sie unter anderem als Vierer-Set mit Ladekoffer, und dank eingebauter Magnete finden sie auch an metallenen Oberflächen sicheren Halt. Ich nutze selber solche Lampen, allerdings als farbige Stimmungslichter, denn sie können neben verschiedenen Weißtönen auch das gesamte RGB-Farbspektrum abbilden.

Da sich auf dem Smartphone Szenen abspeichern lassen, muss ich die Lampen nur ein einziges Mal einstellen. Danach bringe ich sie vor einer Aufnahme in Position und lade in der App die entsprechende Szene; die Angaben zu Farbe und Intensität werden drahtlos an die Lampen gesendet. In der folgenden Abbildung siehst du einen LED-Leuchtstab als Stimmungslicht im Hintergrund.

Farbige Stimmungslichter

Gerade mit farbigen Stimmungslichtern neigt man schnell dazu, es zu übertreiben – mir selbst ist das auch schon passiert, und auch heute vergreife ich mich da gelegentlich, ich experimentiere einfach viel zu gern. Behalte im Hinterkopf, dass auch nicht farbiges Licht ein schönes Stimmungslicht sein kann. In jedem Fall solltest du – falls möglich – einen erfahrenen Fotografen zurate ziehen und diesem ein paar Standbilder deiner Lichtsettings zeigen.

Der gute Ton

In meinen Videoworkshops wundern sich die Teilnehmer immer wieder darüber, wie viel Zeit und Bedeutung ich dem Thema „Ton“ widme. Dabei ist es sehr einfach zu zeigen, welch wichtige Rolle Ton bei bewegten Bildern spielt – schalte einfach mal während des nächsten Heimkinoabends mitten in einer monumentalen Szene den Ton ab! Sofort fällt auch das dazugehörige Bild in sich zusammen. Ähnlich ist es, wenn man ein Filmepos über die eingebauten Lautsprecher eines Fernsehers hören muss – es wirkt einfach alles viel flacher, schwächer, man fühlt sich nicht in die Story hineingezogen.

In einer Filmproduktion gibt es je nach Szene häufig 30 und mehr Tonkanäle, auf denen sich das akustische Geschehen abspielt. Nicht selten sind die Stimmen der Protagonisten die einzigen „echten“ Klangquellen einer Filmszene, alle Umgebungsgeräusche – Schritte, ja sogar das Geräusch, das beim Abstellen eines Glases auf einem Tisch entsteht – werden oft erst im Rahmen der Nachbearbeitung hinzugefügt.

Man macht das, um Lautstärken genau bestimmen zu können und um Dingen, die in der Realität ein unpassendes oder zu wenig dramatisches Geräusch verursachen, zu mehr Präsenz und Glaubwürdigkeit zu verhelfen. Platzpatronen klingen nun mal anders als echte Munition – von Gummischwertern mal ganz zu schweigen.

Ein YouTube-Kanal hegt für gewöhnlich keine Hollywood-Blockbuster-Ambitionen, allerdings spielt guter Ton keine weniger bedeutende Rolle. Hierbei ist es jedoch wesentlich einfacher, die Erwartungen des Publikums zu erfüllen. In diesem Kapitel lernst du, welche Werkzeuge wie eingesetzt werden sollten und wie du selbst zum Beispiel als Sprecher das meiste aus diesen Werkzeugen herausholen kannst.

Bestmögliche Raumakustik

Der Einfachheit halber gehe ich in diesem Buch einmal davon aus, dass du dein YouTube-Studio in einem geschlossenen Raum einrichten wirst. Auch wird es in den meisten Fällen so sein, dass du nicht zwischen mehreren verschiedenen Räumen wählen können wirst. Oft muss das Arbeitszimmer dafür herhalten, manchmal eine Ecke im Schlafzimmer oder sogar der Keller oder die Garage. Für die grundsätzliche Tonqualität deiner Videos spielt die individuelle Raumakustik deines Studios eine ganz bedeutende Rolle. Je besser diese bereits ist, desto weniger Zeit, Mühe und auch Geld wirst du investieren müssen, um gute Ergebnisse zu erzielen.

Es ist auch wichtig, zu verstehen, dass ein einziger Raum unterschiedlich klingen kann, je nachdem, wo im Raum sich Schallquelle und Mikrofon befinden. Damit du dir ein Bild von der akustischen Beschaffenheit deines Studios machen kannst, setze oder stell dich an die Stelle, an der du bei der Aufnahme deiner Videos sitzen oder stehen wirst. Schnippe nun mit den Fingern oder klatsche in die Hände und achte darauf, was du hörst. Ist der Ton eher trocken, oder hörst du einen Halleffekt, wie er etwa in einer leeren Wohnung entsteht? Die Ursache für einen solchen Effekt ist der sogenannte Raumschall.

Dieser entsteht, wenn Schallwellen nicht nur auf direktem Weg von der Schallquelle bis zum Ohr (oder Mikrofon) gelangen, sondern auch über den Umweg reflektierender Flächen im Raum. Solche reflektierenden Flächen sind Fenster, Wände, Decken und Böden. Da Schallwellen, die über einen solchen Umweg auf das Ohr oder Mikrofon treffen, einen weiteren Weg zurücklegen müssen, treffen sie mit einer gewissen Verzögerung ein. Diese beträgt zwar nur wenige Millisekunden, wird aber als Halleffekt wahrgenommen und bei einer Sprecherstimme als unschön empfunden. Je größer die reflektierenden Flächen sind, desto mehr Raumschall entsteht, und je weiter diese reflektierenden Flächen von deinem Ohr oder dem Mikrofon entfernt sind, desto länger ist die Verzögerung, mit der Raumschall im Versatz zum Direktschall wahrgenommen wird.

Als Qualitätsreferenz für eine aufgenommene Sprecherstimme kann die eines Nachrichtensprechers im Radio oder Fernsehen gesehen werden. Diese klingt nicht nur in allen Lagen und Lautstärken sehr klar, satt und gut verständlich, du hörst dabei auch überhaupt keinen Raumschall. Dies wird größtenteils durch eine bereits optimierte Raumakustik im jeweiligen Studio erreicht. Die Technik, die dahintersteckt, nennt sich Akustikbau und kann Unsummen an Geld verschlucken – je nachdem, wie aufwendig die baulichen Maßnahmen sind, die zur Optimierung eines Raums erforderlich sind.

In einem YouTube-Studio müssen solche Kaliber natürlich nicht aufgefahren werden, aber es schadet nicht, sich die Klangcharakteristik einer solchen

Radiostimme bewusst zu machen. Die technischen Mittel, deine Stimme ebenfalls in solche Sphären zu lenken, sind unter der Voraussetzung einer guten Raumakustik gar nicht mal so teuer und kompliziert in der Anwendung – dazu später mehr.

Optimierung der Raumakustik

Auch ohne dass du ein professionelles Akustikbauunternehmen für dein YouTube-Studio-Projekt engagierst, kannst du entweder mit Lösungen aus dem Fachhandel oder sogar aus dem Baumarkt bereits in gehörigem Maße dazu beitragen, eine vielleicht suboptimale Raumakustik zum Besseren zu drehen. Da es sich bei deinem Studio nicht um den Aufnahmeraum eines Tonstudios handelt, wirst du dich bei deiner Arbeit auch nur mit einem verhältnismäßig kleinen Frequenzspektrum herumschlagen müssen, nämlich dem, in dem deine normale Sprechstimme liegt.

Der Frequenzbereich der menschlichen Stimme mit Obertönen beträgt etwa 80 Hz bis 12 kHz. In diesem Frequenzgang befinden sich Frequenzbereiche, die für Sprachverständlichkeit, Erkennbarkeit der Vokale und Konsonanten sowie für Brillanz und Wärme eine Rolle spielen. Aus der Sicht eines Tontechnikers ist damit bereits einiges an Kopfzerbrechen hinfällig, denn die „bösen“ Frequenzen liegen jeweils ober- und unterhalb dieses Bereichs. Besonders die Optimierung bzw. die Bändigung tiefer Bassfrequenzen hat so manchen Betreiber eines Tonstudios bereits in den Wahnsinn getrieben.

Um sich vor allem der Herausforderung bezüglich des Raumschalls stellen zu können, gibt es im Fachhandel verschiedene Lösungen in Form von zugeschnittenen Schaumstoffplatten mit einer Kantenlänge von 600 mm, meist aus Polyurethan. Diese dienen primär der Eindämmung bestimmter Frequenzen, und es gibt sie in verschiedenen Ausführungen. In ihrer sekundären Funktion bändigen sie durch die Absorbierung von Schallwellen aber auch den Raumschall, sofern du zwei Wände des Raums damit präparierst.

Dabei muss es sich nicht um gegenüberliegende Wände handeln, wie es oft dargestellt wird. Sehr gut eignen sich Elemente mit abgerundeten Noppen in einer Höhe von 70 mm oder mehr, die von der Optik an Eierkartons erinnern. Echte Eierpaletten, wie man sie auch heute noch in vielen Bandproberäumen antrifft, sind ungeeignet, weil sie fast gar keine absorbierende Wirkung haben. Bei einschlägigen großen Musikalienhändlern finden sich unter der Bezeichnung *Diffusoren* solche vorkonfektionierten Polyurethan-Elemente zu vernünftigen Preisen.

Zur Befestigung an der Wand wird ein Klebespray verwendet, der sich nicht ohne Rückstände entfernen lässt und bereits nach kurzer Zeit eine hohe Klebewirkung hat. In einer Mietwohnung würde ich vorher Gipsplatten an die Wand dübeln und die Diffusoren darauf kleben. Um eine sinnvolle Wirkung zu erzielen, sollten mindestens 70 % der freien Wandflächen abgedeckt sein.

Solltest du solche Maßnahmen scheuen, besteht die Möglichkeit, auf Kosten der Optik einen pragmatischeren Lösungsweg einzuschlagen und die Bereiche des Raums, die man später auf deinen Videos nicht sehen wird, mit Schall schluckenden Materialien zu füllen. Eine einfache, aber nicht dauerhafte Lösung besteht darin, eine oder mehrere Wäscheleinen durch den Raum zu spannen und einen dicken Vorhang daran zu befestigen, der auf dem Video nicht zu sehen ist und vor allem den Lampen nicht zu nahe kommt. Am Ende muss es funktionieren und nicht schön aussehen.

Möchtest du in deinen Videos ausschließlich sogenannte *Voiceovers* verwenden, also Nachvertonungen von Videos, auf denen man den Sprecher nicht sehen kann, ist ein Pkw ein tolles Aufnahmestudio für Stimmen, solange dieser an einem ruhigen Ort steht. Der enge Raum, die großen Sitzpolster und die Stoffbespannung am Dach sorgen für eine nahezu perfekte Akustik, und du musst dich nur mit Mikrofon, Aufnahmegerät und Kopfhörer ins Auto setzen. Das Mikrofon kannst du am Lenkrad befestigen.

Sollte dich die Polizei so sehen und fragen, was du da machst, ist es dir selbst überlassen, von einer neuen Testreihe für sprachgesteuertes Fahren zu sprechen und sie zu bitten, dich doch jetzt nicht weiter zu stören.

Worst-Case-Szenario

Was, wenn es dir nicht möglich ist, in einem akustisch halbwegs geeigneten Raum zu arbeiten? Auch dann gibt es eine Lösung. Sogenannte Bügelmikrofone werden direkt an der Wange platziert und von einem leichten Bügelsystem getragen, das wie eine umgekehrt aufgesetzte Brille auf den Ohren lastet. Da das Mikrofon sehr nah an der Schallquelle liegt, treffen bei einer solchen Mikrofonierung nur sehr wenige indirekte Schallwellen auf die Membran des Mikrofons. Der klare Nachteil liegt natürlich in der Optik, denn solche Mikrofone werden eher auf großen Bühnen als im YouTube-Studio angewendet. Mehr dazu im nächsten Abschnitt.

Welches Mikrofon?

Es gibt viele verschiedene Mikrofone für verschiedene Anwendungsbereiche, und nicht immer lassen sich diese anhand von äußerlichen Merkmalen klar zuordnen. Für ein YouTube-Studio sind drei Mikrofontypen am häufigsten anzutreffen:

1. Ansteckmikrofon
2. Sprechermikrofon
3. Richtmikrofon

Für den besonderen Fall einer schlechten Raumakustik aufgrund von Raumschall oder Störgeräuschen besteht noch die Möglichkeit des Einsatzes von Bügelmikrofonen. Grundsätzlich sollte die Aufnahme mit einem Mikrofon immer so nah wie möglich an der Quelle stattfinden. Da die Quelle im Fall eines YouTube-Studios in aller Regel dein Mund sein wird, muss das Mikrofon – egal welches – also so nah wie möglich an diese Schallquelle heran. Nur in dem Fall ist der Direktschall dieser Schallquelle an der Membran des Mikrofons so dominant, dass etwaige Störquellen (Raumschall, Klimaanlage, Lüftergeräusche etc.) keine oder eine nur sehr untergeordnete Rolle im Klangbild spielen.

Ein weiterer wichtiger Faktor bei Mikrofonen besteht in deren Richtcharakteristik. Diese bestimmt, aus welcher Richtung ein Mikrofon vornehmlich Schall empfängt. Die für die Zwecke in einem YouTube-Studio wichtigen Charakteristiken sind „Kugel“ und „Niere“.

Ansteckmikrofone

Die Bezeichnung *Ansteckmikrofon* ist abgeleitet von der Art der Befestigung des Mikrofons an der Kleidung des Protagonisten vor der Kamera. Die eigentlich korrekte Bezeichnung lautet *Lavalier-Mikrofon*. Ein Lavalier ist eine meist aus Juwelen zusammengesetzte Halskette, deren Namensgeberin eine gewisse Gräfin de La Vallière war (Louise Françoise de La Baume Le Blanc, Duchesse de La Vallière, 1644–1710). Erfunden hatte sie der Ingenieur Lou Burroughs in den Sechzigern, einer der Gründer des renommierten Mikrofonherstellers Electro-Voice.

Ein Ansteckmikrofon hat eine Kugelcharakteristik und fängt demnach Schall aus sämtlichen Richtungen auf. Die Faktoren, die sich negativ auf ein solches Mikrofon auswirken können, sind

- Raumschall,
- Störgeräusche durch Kleidung sowie
- Störgeräusche durch Berührung.

Wenn die Raumakustik über einen hohen Anteil an Raumschall verfügt, kommt die Verwendung eines solchen Mikrofons schon mal nicht infrage. Der Anteil an Störgeräuschen wird allein dadurch so hoch sein, dass die Tonqualität stark leidet und deine Zuschauer keine Freude an deinem Video haben werden. Gesellen sich auch noch zusätzliche Faktoren wie Lüftergeräusche, Klimaanlagen oder Straßenlärm dazu, rückt sämtliche Mühe, die du dir ansonsten mit deinem Video gegeben hast, in den Hintergrund.

Ist die Raumakustik unproblematisch und kommen dir lediglich andere Störquellen ins Gehege, kannst du versuchen, diese zu beseitigen: Eine Klimaanlage lässt sich meist deaktivieren, Lüfter an Geräten wie Lampen lassen sich oft für einen kurzen Moment deaktivieren (nicht vergessen, diese nach dem Dreh wieder einzuschalten), quengelnde Kinder mit Drohungen ruhigstellen (funktioniert nicht bei eigenen Kindern), und Straßenverkehr lässt sich vermeiden, indem man zu Zeiten produziert, in denen nichts oder nur wenig los ist.

Störgeräusche durch Kleidung und Berührung werden oft auch als „Körperschall“ bezeichnet, und auch hier kannst du recht gut gegensteuern.

Die gängige Art der Anbringung bei einem Ansteckmikrofon ist – wie der Name vermuten lässt – das Anstecken an die Oberbekleidung. Zu diesem Zweck werden Ansteckmikrofone mit einer kleinen Klammerhalterung ausgeliefert, die sich perfekt an dem Revers einer Anzugjacke anbringen lässt. In einem solchen Fall hat man nicht zu befürchten, dass Teile deiner Kleidung mit der Mikrofonkapsel in Berührung kommen.

Wichtig ist hierbei auch die Einhaltung der korrekten Entfernung zwischen Schallquelle – in diesem Fall deinem Mund – und der Mikrofonkapsel. Wenn du Daumen und kleinen Finger einer Hand maximal abspreizt, siehst du die optimale Entfernung. Neige den Kopf dazu leicht vor, denn wir neigen dazu, in den Brustbereich zu sprechen. Wird das Mikrofon zu weit oben angebracht, kann es zu Lautstärkenschwankungen kommen, wenn du beim Sprechen den Kopf bewegst.

Bei so ziemlich jeder anderen Oberbekleidung als einem Jackett wirst du improvisieren und darauf achten müssen, dass die Mikrofonkapsel weder Teile der Oberbekleidung touchiert noch bei Bewegungen von solchen touchiert oder gar verdeckt werden kann. Störgeräusche können auch durch klimpernden Schmuck entstehen – dieser muss dazu nicht einmal um den Hals getragen werden, auch Metallarmbänder wirst du bei jeder Handbewegung hören.

Ich sehe immer wieder, dass Ansteckmikrofone am Kragen eines T-Shirts befestigt werden. Ein sehr ungünstiger Ort dafür – und ja, auch in meinen Videos ist das ab und zu so zu sehen. Dies entspricht nicht der Regel bezüglich der optimalen Distanz zwischen Mund und Mikrofonkapsel, und der gesamte Unterkieferbereich mit Kinn steht zusätzlich als Barriere dazwischen. Da ein T-Shirt bei einer herkömmlichen mitgelieferten Befestigungsklammer keine bessere Option bietet und sich auch das Kabel nicht besser verstecken lässt, ist dies oft die einzige Möglichkeit.

Was du vielleicht nicht weißt: Ein Ansteckmikrofon lässt sich mit geeigneten Mitteln auch unter der Oberbekleidung verstecken. Damit das funktioniert, müssen ein paar Voraussetzungen erfüllt werden:

- Der über dem Mikrofon liegende Stoff darf nicht zu dick sein.
- Es darf nicht zu Reibungen zwischen Stoff und Mikrofonkapsel kommen.
- Die Befestigungsmethode darf weder die Haut noch die Kleidung schädigen.

Eine Lavalier-Halterung selber basteln

Es gibt im Handel professionelle Lösungen dafür – Bubblebee Invisible Lav Covers, Røde invisiLav, Rycote Undercovers, um nur mal ein paar zu nennen. Ich habe mir Ähnliches aus einem Material namens „Sugru“ aber auch schon selber gebastelt. Sugru ist eine Art Knetmasse, die für allerlei Reparaturen im Haushalt verwendet werden kann, es gibt sicherlich auch vergleichbare Produkte.

Wichtig ist, dass das Material nach einer Weile aushärtet. Ich formte mir eine flache Scheibe um ein Stück Trinkhalm herum mit jeweils zwei kleinen Löchern rechts und links. Das Stück Trinkhalm nutzte ich als Führungskanal für die Mikrofonkapsel und die beiden Löcher zur Befestigung einer dünnen Schnur, mit der ich mir die Scheibe so um den Hals hing, dass sie etwa in Brusthöhe lag.

1. Auf der Abbildung siehst du die benötigten Materialien. Das rote Stück Trinkhalm muss nur etwa so lang sein, dass die Kapsel ungefähr 3 mm herausragt, nachdem du sie von unten eingeschoben hast. Im Optimalfall ist der Durchmesser des Trinkhalms so weit bzw. so eng, dass sich der dickere Teil der Kapsel noch durchschieben lässt, aber genügend Halt hat. Sollte der Trinkhalm zu weit sein, kannst du mit etwas Klebeband auf der der Kapsel gegenüberliegenden Seite dafür sorgen, dass die Kapsel in Position bleibt.

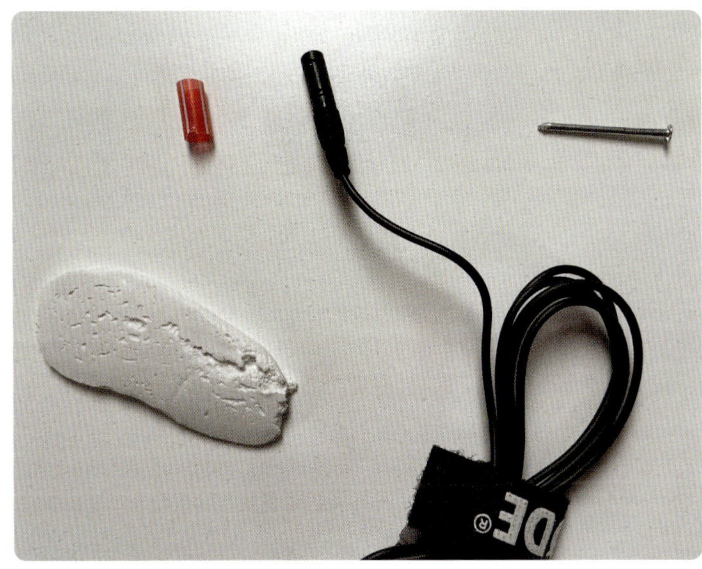

Benötigte Materialien.

2. Um die Scheibe zu formen, steckst du die Kapsel in den Trinkhalmschaft. Achte darauf, dass die Kapsel nicht durch das noch formbare Material verunreinigt wird. Zu den Seiten hin sollte die Scheibe, wie auf der Abbildung gezeigt, abfallen, damit keine deutlichen Kanten unter der Kleidung sichtbar sind.

Die geformte Scheibe.

3. Bohre nun mit einem Nagel zwei Löcher in die flach zulaufenden Seitenteile. Diese sollten groß genug sein, damit du eine dünne Schnur daran befestigen kannst, mit der du dir später die Scheibe mitsamt Mikrofon unter der Kleidung um den Hals hängst. Wähle die Länge der Schnur wie bereits geschrieben so, dass das Mikrofon in Höhe des Brustbeins hängt.

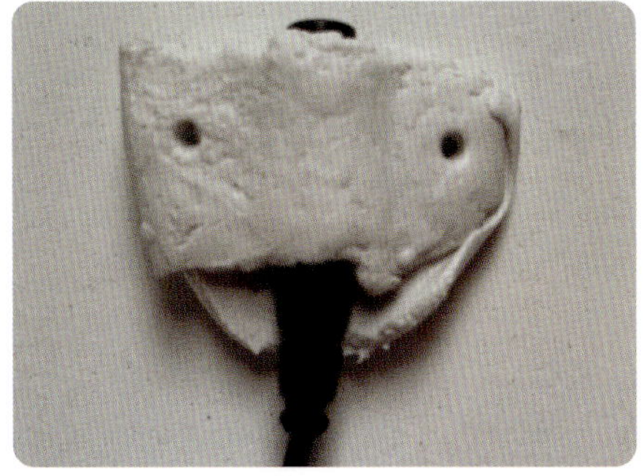

Zwei Löcher für die Halteschnur.

4. Anschließend ziehst du die Kapsel vorsichtig heraus, reinigst sie sofort und befreist sie von etwaigen Rückständen des Materials. Nachdem die Scheibe ausgehärtet ist, kannst du sie als Lavalier-Halterung unter der Kleidung nutzen. Die Kapsel darf dabei nicht zu weit herausragen, da sie sonst mit deiner Kleidung in Berührung kommen würde.

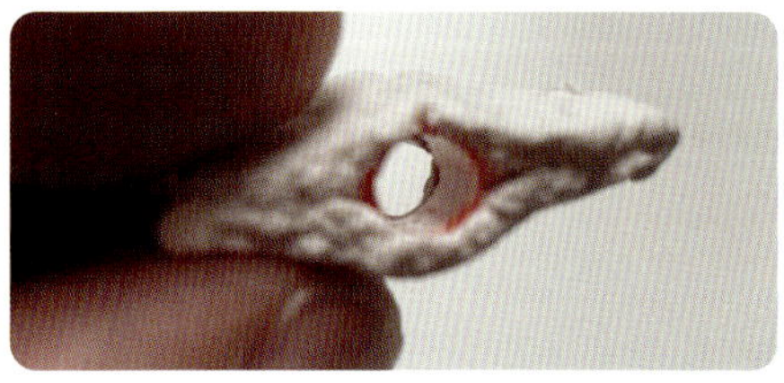

▲ *Die fertige Lavalier-Halterung.*

▼ *Der Schweizer Hersteller Audio Bauer Pro bietet für seine professionellen Lavalier-Mikrofone gleich ein ganzes Arsenal an Befestigungsmöglichkeiten. Auf der Abbildung siehst du ein VT-500 inklusive Zubehör.*

Vorsicht bei der Verwendung von Klebeband: Achte darauf, dass dieses hypoallergen ist – also maximal hautverträglich. Nimm auf keinen Fall Gaffer-Tape, sondern medizinisches Klebeband, um Kabel am Körper zu fixieren. Bestenfalls testest du die Hautverträglichkeit mit einem kleinen Streifen an einer empfindlichen Hautstelle, zum Beispiel in der Armbeuge.

Probiere verschiedene Kleidungsstücke und Befestigungsmethoden aus und finde ein paar Kombinationen, die funktionieren und zwischen denen du bei deinen Videos wechseln kannst.

Zur Befestigung von Ansteckmikrofonen an bzw. auf Kleidungsstücken gibt es noch ein paar andere Methoden, die ich dir an dieser Stelle auch gern zeigen möchte.

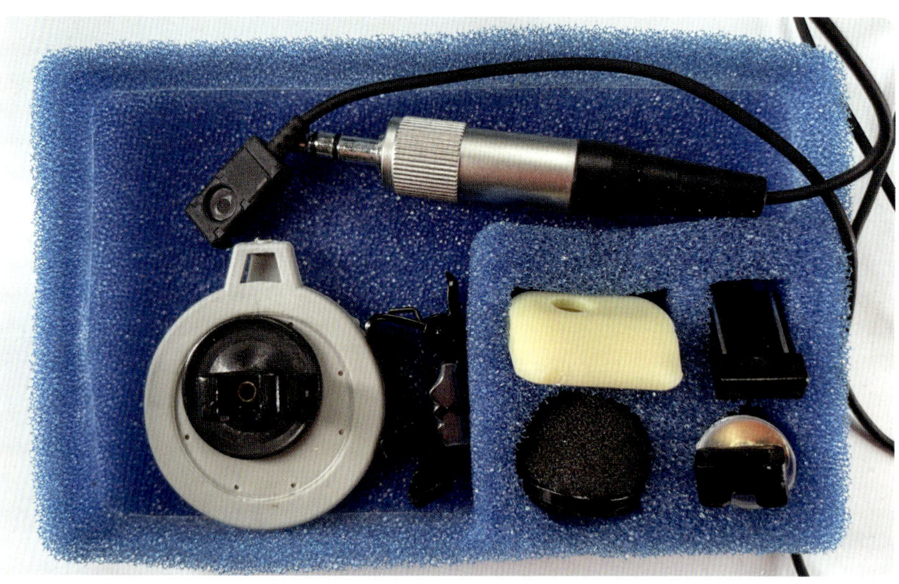

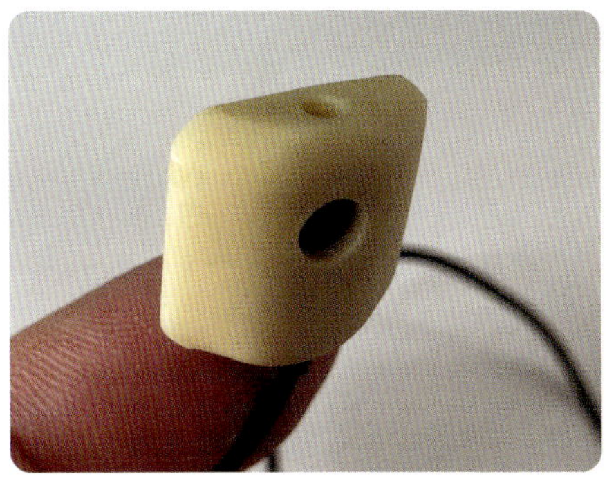

▲ *Auf dieser Abbildung siehst du die professionelle Variante meiner Eigenbau-Kapselhalterung. Da das VT-500 flach gebaut ist und die Kapsel an der Seite hat, braucht es bei dieser Variante ein Loch auf der Vorderseite, damit die Membran nicht abgedeckt wird. Diese Halterung wird mit vertikal verlaufenden Klebstreifen auf der Haut befestigt.*

▲ *Hier siehst du den Unterschied zwischen einer Røde-Kapsel (links) und der des VT-500 (rechts). Durch die flachere Bauweise und die nach vorn (vom Körper weg) gerichtete Membran ist das VT-500 besser vor Körperschall geschützt. Auch die Tonqualität ist deutlich besser, allerdings zahlt man etwa das Vierfache dafür – in meinen Augen kein Muss, vor allem nicht, wenn du gerade erst mit einem YouTube-Kanal anfängst. Ein Røde SmartLav ist meiner Meinung nach völlig ausreichend.*

▲ *Hier siehst du eine Halterung, die über zwei Nadeln in der Kleidung verankert werden soll. Ich verwende diese Halterung, wenn ich ein Lavalier an der Unterseite des Sonnenschutzes einer Baseballkappe befestige. Das Kabel führe ich dann unter der Kappe und am Nacken entlang. An normaler und vor allem hochwertiger Kleidung würde ich so etwas nie befestigen, da die beiden Nadeln sichtbare Spuren hinterlassen und die Löcher durch den Kabelzug nach einer Weile sogar größer werden.*

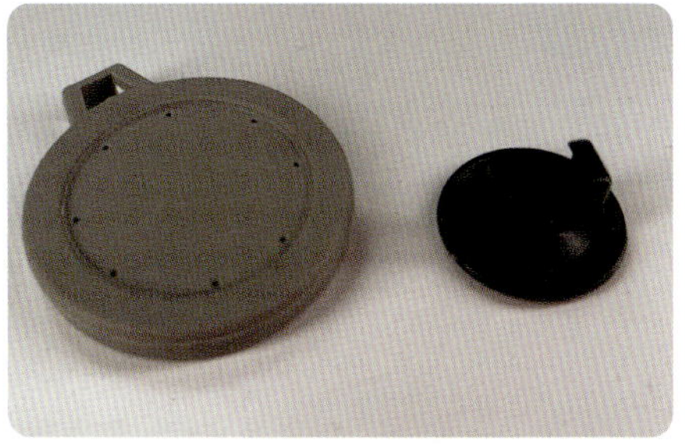

▲ *Wesentlich kleidungsschonender ist diese Variante. Bei der grauen Scheibe handelt es sich um einen Magneten, der an einer Schnur um den Hals gehängt werden kann. Auf der Rückseite der schwarzen Kapselhalterung befindet sich eine kleine Metallplatte. Während der Magnet unter der Kleidung getragen wird, lässt sich die Kapsel auf der Kleidung platzieren, die dann durch den Magneten durch die Kleidung hindurch gehalten wird.*

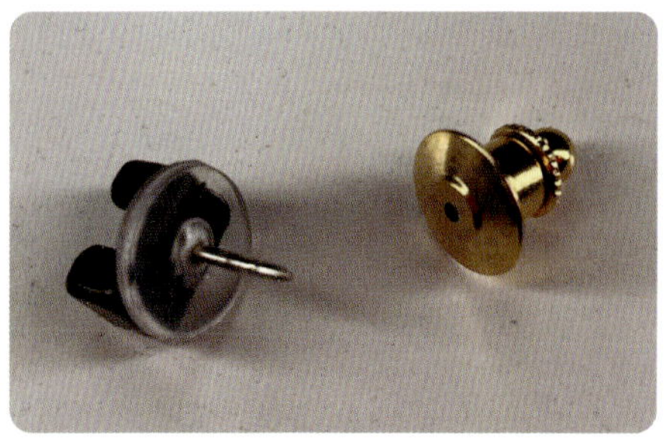

▲ *Diese Halterung ist dazu gedacht, die Kapsel wie einen Pin an der Kleidung zu tragen. Alternativ kann sie auch in Verbindung mit einem Knopfloch verwendet werden. Sorge bei der Mikrofonierung stets dafür, dass so wenig Kabel wie möglich zu sehen ist. Lass es in der Knopfleiste oder unter dem Revers verschwinden und denke auch an die Zugentlastungsschlaufe.*

Schau dir dazu folgende Abbildung an:

▲ *Ich führe das Kabel nach oben durch die Klemme und dann hinter der Klemme wieder nach unten. Sollte es eine Zugwirkung auf das Kabel geben, wirkt diese auf die Klammer und damit auf den Teil, der dem Befestigungspunkt am nächsten liegt. Røde-Klammern bieten hier noch ein feines Detail, das gern übersehen wird (nächste Abbildung).*

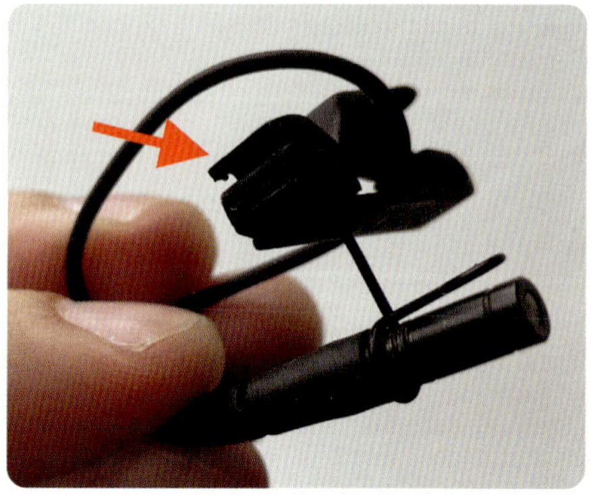

▲ *Wenn du das Kabel, nachdem du es von unten durch die Klammer geführt hast, in die markierte Rille drückst, ist es noch besser geschützt.*

YouTube-taugliche Ansteckmikrofone sind inzwischen sehr erschwinglich, und man muss auch bei günstigeren Varianten keine bedeutenden Abstriche hinsichtlich der Tonqualität machen. Die populärsten Lösungen basieren tatsächlich auf einer drahtlosen Übertragung, bei einigen bekommst du sogar gleich zwei Sender mit zwei Mikrofonen und einem Empfänger, was dir zusätzlich die Möglichkeit bietet, eine weitere Person – zum Beispiel für ein Interview – vor die Kamera zu holen.

Solche drahtlosen Systeme gibt es je nach Hersteller und Anzahl der Sender für 200 bis 350 Euro, wer etwas weiter nach China schaut, zahlt sogar unter Umständen noch weniger – muss sich aber auf Kompromisse hinsichtlich der Qualität gefasst machen. Aber selbst eine rein kabelgebundene Low-Budget-Variante kann vor allem am Anfang erst einmal ausreichen, und die bekommst du für unter 100 Euro (zum Beispiel ein Røde LavalierGo).

Sprechermikrofon

Mit Sprechermikrofon meine ich ein Mikrofon, das entweder auf einem Tischstativ oder einem Galgenstativ gut sichtbar und unmittelbar vor deinem Mund als Schallquelle positioniert ist – etwa so, wie man es von einem Radiosprecher kennt. Ein solches Mikrofon hat fast immer eine sogenannte Nierencharakteristik und empfängt somit hauptsächlich den Schall, der direkt in das Mikrofon hineingesprochen wird.

Machbar ist das natürlich nur dann, wenn deine Position statisch und bestenfalls an einem Tisch sitzend festgelegt ist. Da das Mikrofon stets sehr präsent im Blickfeld des Zuschauers ist, bekommt dein Video einen Podcast-Charakter, den man entweder mag oder nicht – das ist Geschmackssache. Da sich das Mikrofon sehr nahe an deinem Mund und damit an der Schallquelle befindet, rücken eventuelle Störgeräusche im Raum sehr in den Hintergrund und werden vom Zuschauer vielleicht auch gar nicht mehr wahrgenommen.

Auch klingt der Ton deiner Stimme deutlich satter und „basslastiger", was dem sogenannten Nahbesprechungseffekt geschuldet ist. Aus dem gleichen Grund klingen Radiomoderatoren so gut – auch sie haben das Mikrofon direkt am Mund. Da solche Mikrofone über eine viel größere Membran verfügen als Lavalier-Mikrofone, sind sie generell aufnahmefreundlicher, was tiefere Frequenzen angeht. Klanglich spricht also schon mal sehr viel für ein solches Mikrofon.

Als ich im Sommer 2020 meinen Live-Stream auf YouTube machte, verwendete ich dafür ein sehr günstiges Mikrofon des Herstellers Røde – das Podmic, abgeleitet vom Wort Podcast. Das Mikrofon kostete keine 100 Euro, und obschon ich als Musiker sehr heikel bin, was Tonqualität und Mikrofone angeht, war ich mehr als zufrieden damit. Ich kombinierte es mit einem Gelenkarm vom Typ PSA-1, ebenfalls vom Hersteller Røde, und später kam noch ein Schaumstoff-Popschutz hinzu.

Letzterer dient dazu, die beim Sprechen bestimmter Laute emittierten Windstöße abzufangen – etwa bei sogenannten Plosiven wie „T" und „P". Treffen solche auf die Membran des Mikrofons, entstehen unschöne Nebengeräusche, die sich eben durch

Zuhilfenahme eines solchen „Popschutz“ genannten Aufsatzes deutlich verringern lassen.

Um Störgeräusche weiter zu mindern und um nicht dein halbes Gesicht von einem Sprechermikrofon bedecken zu lassen solltest du noch eine weitere Technik anwenden. Sprich nicht direkt in das Mikrofon, sondern etwa in einem Winkel von 60° daran vorbei, während dein Mundwinkel etwa 8 cm davon entfernt ist. Auf diese Weise treffen noch weniger Windstöße auf das Mikrofon und man sieht wesentlich mehr von dir.

Vom Røde-PSA-1-Gelenkarm gibt es inzwischen übrigens ein weiterentwickeltes Modell PSA-1+, das sich vom Standardmodell darin unterscheidet, dass es schallgedämpfte Federn hat. Beim Standardmodell kann es passieren, dass die Federn Geräusche von sich geben, wenn du den Arm justierst. Ich hatte diesen immer in ein und derselben Position gelassen und nie bewegen müssen, hier musst du selber entscheiden, ob das für dich eine wichtige Ergänzung ist oder du darauf verzichten willst.

Ich habe erheblich teurere Studiomikrofone in meinem Arsenal, für YouTube oder meinen Live-Stream aber nie in Erwägung gezogen, etwas anderes als das günstige Podmic zu verwenden. Für meine „normalen“ YouTube-Inhalte ziehe ich es allerdings vor, andere Mikrofone zu nutzen – vor allem weil ich eben nicht statisch an einem Tisch sitze und gern die genaue Location variiere, an der ich bei meinen Videos sitze.

Richtmikrofone

Die am häufigsten verwendeten Mikrofone beim Film sind Richtmikrofone, die von einem „Ton-Angler“ an einer „Ton-Angel“ geführt und stets auf die gerade aktive Schallquelle gerichtet werden. Die Ton-Angel ist dabei nichts weiter als ein Teleskoparm aus leichtem Carbon, an dessen Ende sich ein Richtmikrofon in einer stoßgedämpften Mikrofonhalterung befindet. Für dein YouTube-Studio brauchst du wahrscheinlich keine Ton-Angel und auch niemanden, der dir diese hält und ausrichtet.

Stattdessen benötigst du ein Dreibeingalgenstativ mit einer möglichst großen maximalen Auszugshöhe, damit Stativ und Mikrofon beim Dreh nicht im Bild sind. Solche Galgenstative bekommst du schon für 50 Euro oder weniger bei Onlinemusikhändlern wie Thomann, Musicstore oder Musik-Produktiv.

Ein Richtmikrofon bietet dir die Möglichkeit, ohne ein sichtbares Mikrofon einen satten, störungsfreien Ton zu bekommen. Die Membran eines Richtmikrofons ist größer als die in einem Lavalier-Mikrofon, es werden also auch tiefere Frequenzen deiner Stimme natürlich eingefangen, und sie klingt bereits „von Haus aus“ satter und bedarf in der Hinsicht keiner oder nur geringfügiger Nachbearbeitung.

Wie der Name schon suggeriert, verfügt ein Richtmikrofon über eine mehr oder weniger stark ausgeprägte Richtcharakteristik – im Fachjargon spricht man von einer „Superniere“. Im Optimalfall werden von einem Richtmikrofon ausschließlich Schallquellen aufgenommen, die sich genau vor dem Mikrofon befinden. Vielleicht hast du schon mal in einem Agentenfilm gesehen, dass ein Gespräch mit einem solchen Mikrofon über eine große Distanz mitgehört werden kann. So weit die Theorie.

In der Praxis ist es dann aber doch so, dass sehr viele vor allem günstige Richtmikrofone diese Bezeichnung zu Unrecht tragen. Hier musst du gerade als Laie aufpassen, dich nicht vom Aussehen eines Mikrofons in die Irre leiten zu lassen, denn nicht jedes länglich gebaute, röhrenähnelnde Mikrofon hat tatsächlich eine brauchbare Richtcharakteristik. Auch die Bezeichnung Richtmikrofon ist an keinerlei Standards oder Vorgaben geknüpft, außer dass Schall vornehmlich aus einer bestimmten Richtung aufgenommen werden sollte. Ich empfehle dir also, verschiedene Mikrofone auszuprobieren – bei vielen Onlinehändlern ist es möglich, Ware bei Nichtgefallen zu retournieren.

Meiner persönlichen Erfahrung nach sind Richtmikrofone besser, je teurer sie sind – ein Umstand, der für andere Mikrofontypen so nicht unbedingt zutrifft. Ich kenne Richtmikrofone, mit denen tatsächlich über eine Distanz von 10 m auf einer belebten Straßenkreuzung ein in normaler Lautstärke geführter Dialog in guter Qualität eingefangen werden kann.

Für ein YouTube-Studio in einer akustisch unproblematischen Umgebung genügt ein erheblich einfacheres, günstigeres Modell, und da gibt es – mal wieder von Røde – eines, für das ich eine uneingeschränkte Kaufempfehlung aussprechen kann: das *VideoMic NTG*. Für weniger als 250 Euro bekommst du damit ein enorm vielseitiges, top verarbeitetes und sehr einfach zu bedienendes Tonwerkzeug. Du kannst es sogar direkt per USB an deinen Computer (Mac oder Windows-PC) anschließen und für Live-Streaming, Podcasts, Videotelefonie oder die Nachvertonung deiner Videos nutzen.

Du kannst es im Blitzschuh deiner Kamera befestigen und über ein mitgeliefertes 3,5-mm-Stereoklinkenkabel direkt an den Mikrofoneingang deiner Kamera anschließen. Zur Nutzung an einem über dir montierten Galgenstativ benötigst du lediglich ein längeres Kabel bis zur Kamera, oder du entscheidest dich für eine externe Tonaufnahmelösung, die ich dir später noch vorstellen werde.

Wie bei allen Mikrofonen sollte auch ein Richtmikrofon immer so nah wie möglich an der Schallquelle montiert werden. Je näher sich ein Mikrofon an der gewünschten Schallquelle befindet, desto eher trifft der Direktschall auf die Membran, und eventuelle Stör- und Nebengeräusche werden eliminiert. Auch wird dadurch der Raumschall außen vor gelassen.

Die Antwort auf die Frage zur empfohlenen Entfernung zwischen Schallquelle – also deinem Mund – und Mikrofon lautet also: „So nah wie möglich, so weit wie nötig.“ Schließlich soll man das Mikrofon ja nicht sehen können. Gerade Anfänger machen häufig den Fehler, bei der Wahl des Bildausschnitts viel zu viel Platz über dem Kopf zu lassen – als Faustregel gilt hier: eine gute Handbreit, nicht mehr und nicht weniger.

Sogar bei fertigen Kinofilmen kommt es immer wieder mal vor, dass ein Mikrofon für kurze oder sogar längere Zeit meist von oben ins Bild hineinragt. Damit dir das nicht passiert, verrate ich dir einen genial einfachen Trick: Klebe einfach einen Streifen rotes Isolierband um das äußere Ende des Richtmikrofons – der rote Ring wird sich vor allem bei dunklen Hintergründen gut sehen lassen. Besonders wenn du nur den kleinen rückseitigen Kamerabildschirm zur Bildkontrolle nutzt ist das ein wahrer Segen, denn ein dunkles Mikrofon auf einem dunklen Hintergrund lässt sich auf einem solch kleinen und oft auch noch stark spiegelnden Bildschirm kaum ausmachen.

Richte das Mikrofon nicht einfach von oben auf deinen Kopf, sondern von schräg oben auf dein Gesicht. Das Mikrofon sollte sich dabei etwa 20 cm über dir befinden und eben gerade so hoch, dass es nicht ins Bild hineinragt. Achtung: Wenn du die Halterung des Galgens nicht fest angezogen hast, kann es passieren, dass sich dieser mit der Zeit langsam, aber sicher der Schwerkraft geschuldet senkt und das Mikrofon doch noch ins Bild ragt – alles mir schon passiert, und das nicht nur ein Mal.

Je nachdem, wie weit du den Galgen ausziehen musst und wie schwer das Mikrofon am Ende des Galgens ist, solltest du an dessen anderem Ende ein Gegengewicht anbringen. Besonders Kondensatormikrofone – und Richtmikrofone sind fast immer Kondensatormikrofone – sind sehr empfindlich, was Stürze angeht. Eine Plastiktüte mit einem Buch ist ein tolles Gegengewicht – Technik muss funktionieren und nicht unbedingt gut aussehen.

Das Røde VideoMic NTG verfügt – wie viele andere Richtmikrofone auch – über einen eingebauten *Hochpassfilter*. Dieser wird über einen außen am Mikrofongehäuse befindlichen Schalter aktiviert. Ein Hochpassfilter dient dazu, besonders tiefe Frequenzen gleich bei der Abnahme zu ignorieren. Bei der Aufnahme einer Sprecherstimme passiert gewöhnlich nicht viel oder gar nichts unterhalb 80 Hz, viele Störgeräusche bewegen sich aber im Bereich unterhalb von 80 Hz, zum Beispiel Flugzeuge, das Rumpeln der Straßenbahn, Straßenverkehr generell, Trittschall. Da ist es doch ziemlich genial, wenn man dem Mikrofon sagen kann, das alles gar nicht erst an die Kamera oder an das Aufnahmegerät weiterzuleiten, oder?

Genau das macht eben dieser Hochpassfilter. Die deutsche Bezeichnung ist etwas unglücklich gewählt, denn ein Hochpassfilter lässt nicht nur hohe Frequenzen „passieren", also vorbei, sondern durchaus auch tiefe – aber eben erst ab einem bestimmten Wert. Da ist die englische Bezeichnung meiner Meinung nach besser gewählt; dort heißt dieser Filter *Low-Cut Filter*, weil er die tiefen Frequenzen beschneidet.

Einen Hochpassfilter erkennst du an einem Symbol, das eine auf der linken Seite abknickende Linie darstellt. An manchen Mikrofonen sind auch die Buchstaben *LC* für Low-Cut aufgedruckt. Häufig steht daneben der Frequenzwert, ab dem das einkommende Signal abgesenkt wird. Das Røde VideoMic NTG verfügt sogar über einen zweistufigen Hochpassfilter – einmal für 75 Hz und dann noch mal für 150 Hz. Die Einstellung, bei der das Signal bereits ab 150 Hz abgesenkt wird, ist für typische Frauenstimmen eine tolle Sache – grundsätzlich solltest du dir das Signal aber immer erst einmal anhören und von Fall zu Fall entscheiden. Zu diesem Zweck kannst du einen Kopfhörer direkt an den Klinkenausgang des Mikrofons anschließen und ganz ohne Kamera oder Aufnahmegerät einen Soundcheck machen.

Das Røde VideoMic NTG bietet aber noch mehr – so verfügt es über eine Funktion, mit der hohe Frequenzen betont werden können. Diese kann separat oder in Verbindung mit dem Hochpassfilter verwendet werden und eignet sich immer dann, wenn du dem Tonsignal zusätzliche Brillanz verleihen willst. Je nach Raumakustik und Stimme kann das eine deutliche Verbesserung bieten, es werden allerdings auch Schmatz- und Schnalzgeräusche verstärkt.

Der stufenlose Verstärkungsregler ist ein Drehknopf auf der Rückseite des Mikrofons, mit dem du den Ausgangspegel genau an dein Aufnahmegerät anpassen kannst. Es handelt sich um einen aktiven Regler, der einen großen Regelbereich hat. Er kann alles von Mikrofonpegel bis hin zu Kopfhörerpegel liefern, was besonders dann nützlich ist, wenn du die 3,5-mm-Buchse an der Seite des Mikrofons als Kopfhörerausgang verwendest. Dies funktioniert allerdings nur dann, wenn das Mikrofon als USB-Mikrofon an einem Computer – beispielsweise zur Nachvertonung eines Videos oder für eine Onlinekonferenz via Zoom, Skype oder Facetime – genutzt wird.

Der Regler an der Rückseite des VideoMic NTG verstärkt das Signal aktiv in verschiedenen Verstärkungsstufen, was zu einem saubereren Klang mit einem deutlich verbesserten Signal-Rausch-Verhältnis führt. Da diese Verstärkung normalerweise erst in der Kamera oder im externen Aufnahmegerät erfolgt, bekommst du durch die Vorverstärkung des Mikrofons ein deutlich rauschärmeres Signal, da die Vorverstärker vor allem in Kameras meist von sehr fragwürdiger Qualität sind.

Wenn du das Røde VideoMic NTG an einer Kamera oder einem externen Rekorder angeschlossen hast, empfehle ich dir, die Verstärkung deiner Kamera auf die niedrigste Stufe oder fast auf die niedrigste Stufe zu stellen und alle automatischen Verstärkungsregler an der Kamera oder am Rekorder auszuschalten, die eventuell aktiviert sind. Drehe dann, ausgehend von der niedrigsten Einstellung, den stufenlosen Verstärkungsregler am VideoMic NTG so weit auf, bis die Anzeige bei der Aufnahme der erwarteten Tonquelle gut ausgepegelt ist. Wie das genau geht und worauf du dabei achten musst, zeige ich dir auch noch. Doch zunächst zu einer weiteren Mikrofon-Art.

Bügelmikrofone

Bügelmikrofone genießen einen besonderen Status in der Veranstaltungstechnik, und dieser lässt sich meiner Meinung nach auch in die YouTube-Welt übertragen. Man kann es nicht treffender sagen als: „Sieht blöd aus, funktioniert aber." In der Veranstaltungstechnik werden diese Mikrofone immer dann bevorzugt, wenn der Protagonist eine große Bühne hat und diese auch nutzen will und ständig herumläuft. Der Bereich geht dann von Popkonzert bis Gospelprediger – eben

Situationen, in denen die Tontechnik nicht viel Einfluss nehmen kann.

Ein YouTube-Studio ist gegen eine riesige Showbühne ein sehr kontrollierter und kontrollierbarer Raum, und Bügelmikrofone sind schon alleine wegen der Optik eher ein No-Go. Dennoch gibt es Situationen, in denen ein Bügelmikrofon sehr wirksam sein kann – nämlich immer dann, wenn die Raumakustik in erheblichem Maße problematisch ist. Ein Bügelmikrofon ist so nah an der Schallquelle Mund wie kein anderes. Es hält zudem stets den exakt gleichen Abstand zu dieser Schallquelle.

Egal ob du den Kopf drehst oder bei einem Video vielleicht sogar kurz mit dem Rücken zur Kamera stehst, mit einem Bügelmikrofon hast du stets den gleichen Sound. Weil es so nah an deinem Mund sitzt, werden Störgeräusche im Raum (Klimaanlage, Raumschall etc.) nicht oder nur sehr begrenzt mit aufgenommen. Es spräche also viel für die Verwendung eines solchen Bügelmikrofons – die Optik macht dem allerdings einen gehörigen Strich durch die Rechnung, denn es sieht einfach immer ein wenig behämmert aus.

Preislich gibt es im Bereich der Bügelmikrofone eine weite Spanne. Neben Verarbeitungsqualität, Anschlussmöglichkeiten, Wetterfestigkeit und Tragekomfort spielt die verwendete Mikrofonkapsel eine sehr wichtige Rolle. Damit ein Bügelmikrofon sein volles Potenzial ausspielen kann, darf es sich dabei nicht einfach nur um ein in Mundwinkelnähe platziertes Lavalier-Mikrofon handeln. Tatsächlich gibt es Bügelhalterungen unter anderem auch von Røde, an denen sich ein herkömmliches Lavalier-Mikrofon befestigen lässt.

Das Problem dabei ist, dass dieses Lavalier-Mikrofon sehr viel empfindlicher ist als ein dediziertes Bügelmikrofon und somit mehr Raumschall aufnimmt. Auch werden Atmungsgeräusche, besonders der Nase, deutlich stärker abgenommen. Dedizierte Bügelmikrofone hingegen sind in brauchbarer Qualität recht teuer.

Ich nutze ein solches Bügelmikrofon des Schweizer Herstellers Audio Bauer Pro vom Typ *VT-Duplex Vocal* für um die 300 Euro – allerdings ausschließlich für Videoproduktionen und nicht für meinen YouTube-Kanal. Bei einem Videodreh in einer Fabrikhalle war es Gold wert, da ich den Sprecher perfekt abnehmen konnte, obwohl er neben einer recht lauten Maschine stand.

Wenn du ein solches Bügelmikrofon nutzen möchtest, achte unbedingt darauf, es nicht zu weit nach vorn ragen zu lassen. Ist es zu weit vorn, befindet es sich im direkten Luftausstoß von Mund und Nase. Als Anhaltspunkt kannst du eine zwei Finger breite Entfernung zum Mundwinkel nehmen. Wenn du auf der Wange nicht glatt rasiert bist, musst du zudem darauf achten, dass das Mikrofon nicht an den Barthaaren oder Bartstoppeln reibt, denn das gibt unschöne Geräusche. Fixiere das Kabel mit hautfreundlichem Klebeband im Nacken, denn es darf kein Zug auf dem Bügel lasten.

Tischmikrofone

Ein Tischmikrofon steht – wer hätte das gedacht – vor dir auf dem Tisch und ist so ziemlich die schlechteste Wahl für ein YouTube-Studio. Selbst wenn es sich dabei um ein hochwertiges Richtmikrofon handeln sollte, hat es stets etwas vom Look eines Nachrichtensprechers aus den Siebzigerjahren, und wenn du nicht gerade wie ein Klosterschüler mit vor dir auf dem Tisch gefalteten Händen dasitzt, wird sich jeder noch so kleine Stoß durch deine Hände oder deinen Schmuck, etwa Armreife und Ringe, auf den Tisch auch auf das Mikrofon übertragen. Zwar gibt es Tischstative mit einer sogenannten akustischen Entkopplung, diese sind dann aber entweder massiv, teuer, hässlich oder alles zusammen.

Wenn du in deinen Videos Produkte vorstellst, wird alles in deinen Händen näher am Mikrofon sein als dein Mund. Es werden also alle anderen Geräusche stärker abgenommen als deine Stimme – die Probleme dabei liegen, denke ich mal, auf der Hand. Tischmikrofone wie das Røde NT-USB Mini sind toll für Videokonferenzen und zum Nachvertonen von Videos – in einem YouTube-Studio haben sie nichts verloren.

Aufnahmegeräte

Bis jetzt bist du vielleicht davon ausgegangen, dass du das Mikrofon direkt an deiner Kamera anschließen wirst. Ob du damit zu einem guten Ergebnis kommen wirst, hängt stark von der verwendeten Kamera bzw. den darin verbauten Analog/Digital-Wandlern ab. Ein solcher A/D-Wandler ist ein elektronisches Bauteil deiner Kamera, der aus dem ankommenden analogen Tonsignal digitale Daten erzeugt, die gespeichert werden können. Die Qualität dieser Umwandlung ist jedoch selbst bei hochwertigeren Kameras erschreckend schlecht: Die Aufnahmen rauschen und haben nur noch wenig von der Dynamik des eigentlichen Signals.

▲ *Der Rekorder TASCAM DR-60D MK2.*

Gerade bei günstigeren Kameras ist es dann auch noch so, dass sie noch nicht einmal über einen dedizierten Mikrofoneingang verfügen, und viele teurere Modelle bieten keine Möglichkeit, einen Kopfhörer zur Audiokontrolle anzuschließen. Ohne Mikrofoneingang bist du dazu gezwungen, die – fast immer – grauenvollen internen Kameramikrofone zu nutzen, und ohne Kopfhörerausgang wird jede Aufnahme zum Blindflug, der nicht selten zu einer Bruchlandung führt, wenn du dir das aufgenommene Material später anhörst.

Einige wenige hochwertige Filmkameras ermöglichen gute bis sehr gute Tonaufnahmen, so etwa die Blackmagic-Design-Pocket-Cinema-Kameras. Bleibt also in den meisten Fällen wirklich nur die Verwendung eines zusätzlichen externen Audiorekorders – keine Sorge, das ist sehr einfach und sehr günstig.

Um dir eine Sorge vorweg zu nehmen: Einen guten Audiorekorder bekommst du schon für unter 100 Euro (Zoom H1n, TASCAM DR5X), einen sehr guten für um die 200 Euro (Zoom H4n Pro, TASCAM DR40X). Es gibt auch teurere, diese sind für ein YouTube-Studio aber völlig überqualifiziert.

Y-Kabel verwenden

Solltest du dich für einen Rekorder entschieden haben, der über XLR-Anschlüsse verfügt, aber keine Dual-Mono-Funktion hat, besorge dir ein kurzes Y-Kabel, von dem zwei Enden in jeweils einen Eingangskanal deines Rekorders gehen. Du kannst dann dein XLR-Mikrofonkabel an diesen Splitter anschließen und dessen Signal gleichzeitig an beide XLR-Eingänge des Rekorders schicken. Die Wahrscheinlichkeit, an einen XLR-fähigen Rekorder ohne Dual-Mono-Funktion zu geraten, ist allerdings eher gering – schau im Zweifelsfall noch mal genau in die Bedienungsanleitung oder schreibe den technischen Support des Herstellers an.

Auch bei der Verwendung eines externen Audiorekorders muss der Ton zusätzlich mit der Kamera aufgenommen werden. Dazu kannst du sogar die internen Mikrofone deiner Kamera oder ein sehr einfaches Aufsteckmikrofon wie zum Beispiel ein Røde VideoMic Rycote für um die 80 Euro nutzen. Der Zweck dieser zusätzlichen kamerainternen Tonaufnahme besteht darin, dass dein Videoschnittprogramm später diese Aufnahme benötigen wird, um den auf einem externen Aufnahmegerät mitgeschnittenen Ton mit dem Kamerabild synchronisieren zu können.

Bevor du dich für einen bestimmten externen Audiorekorder entscheidest, solltest du darauf achten, dass dieser über die passenden Anschlüsse für das Mikrofon verfügt, mit dem du arbeiten willst. Dabei wird zwischen zwei Anschlüssen unterschieden: XLR und 3,5-mm-Stereoklinke. Einen XLR-Anschluss findest du in der Regel bei hochwertigeren Mikrofonen und Rekordern. Lavalier-Systeme (Funk und kabelgebunden) sowie das von mir über den Klee gelobte Røde VideoMic NTG verwenden einen 3,5-mm-Klinkenanschluss, professionelle Richtmikrofone und Sprechermikrofone verfügen meist über einen XLR-Anschluss.

Bezogen auf YouTube, gibt es keinen „besseren“ Anschluss, die Unterschiede bei der Verwendung des einen oder anderen stecken eher in der Praxis als in der gewonnenen Tonqualität. Entscheidest du dich für einen Rekorder, der sowohl XLR als auch 3,5-mm-Klinkenkabel annimmt, wird es sich gewöhnlich um ein hochwertigeres Modell mit einem größeren Funktionsumfang handeln. Auch bist du mit einem solchen Gerät frei in der Wahl des verwendeten Mikrofons oder kannst dieses zu einem späteren Zeitpunkt ändern.

Fast alle externen Rekorder verfügen über eingebaute Stereomikrofone. Diese sind sehr gut geeignet, um einen Mitschnitt einer Band zu machen – für Sprecheraufnahmen in einem YouTube-Video kannst du diese eingebauten Mikrofone nicht verwenden.

Referenzton

Im Fachjargon nennt man den kameraintern aufgenommenen Ton „Referenzton“ , eben weil dieser der Videoschnittsoftware als Referenz dient, um externe Tonaufnahmen lippensynchron einbinden zu können.

Solltest du dich jemals gefragt haben, warum es den Knall einer Filmklappe am Filmset zu Beginn eines jeden Takes gibt – jetzt hast du die Antwort.

Dieser Knall ist auf sämtlichen Tonaufnahmen ein sehr prägnantes Tonsignal, das nicht nur von einer Videoschnittsoftware hervorragend erkannt werden kann – schaust du dir die Darstellung der Tonspuren in deiner Videoschnittsoftware in einer vergrößerten Ansicht an, wirst du den Knall der Klappe auch optisch leicht ausmachen können.

In einem YouTube-Studio brauchst du keine Filmklappe – da genügt es, wenn du zu Beginn der Aufnahme für die Kamera sichtbar laut in die Hände klatschst. Warum „für die Kamera sichtbar“? Weil du auf diese Weise sogar dann die Tonspur deiner externen Aufnahme mit dem Video synchronisieren kannst, wenn aus welchem Grund auch immer die kameraseitige Aufnahme – also der Referenzton – unbrauchbar ist oder ganz einfach fehlt.

Stimmen immer aus der Mitte

Bei Kinofilmen, Nachrichtensendungen, ja sogar in der Musik verhält es sich genauso: Die Hauptstimme kommt immer „aus der Mitte“. Wenn du zu Hause im Wohnzimmer ein 2.1- oder 5.1-Dolby-Sourround-System hast, wirst du Stimmen stets aus der mittleren Box hören – es sei denn, es ist gewollt, dass diese von woanders gehört werden. Nimm deine Stimme also stets in Mono auf – übrigens auch dann, wenn du mit einer weiteren Person vor der Kamera sitzt. Mach dann bloß nicht den Fehler, euch rechts und links auf die Stereokanäle zu verteilen. Sprich mir nach: „Stimmen immer aus der Mitte.“

Erstens nehmen sie den gesamten Schall im Raum auf, also auch diejenigen Schallquellen, die du im fertigen Video nicht hören willst, und zweitens sollte eine Sprecherstimme im Stereopanorama – also im vom Zuschauer beim Betrachten deines Videos wahrgenommenen Klangbild – aus der Mitte kommen.

Besonders beim Anschluss über XLR kann es sein, dass das Tonsignal deiner Stimme nur auf dem rechten oder linken Stereokanal aufgezeichnet und somit auch nur im rechten respektive linken Lautsprecher gehört wird. Wenn dein Aufnahmegerät einen XLR-Anschluss hat, wird es ganz sicher auch noch einen weiteren XLR-Anschluss haben, nämlich jeweils einen für den rechten und den linken Stereokanal. Damit deine Stimmaufnahme trotzdem auf beiden Kanälen links und rechts gleich laut zu hören ist, gibt es drei Möglichkeiten, von denen zwei bereits während der Aufnahme angewandt werden können, sofern das verwendete Gerät dies erlaubt.

Speichern auf SD-Karten

Als Speichermedium kommen bei externen Rekordern fast immer SD-Karten zum Einsatz; bei den kleineren Geräten sind es Micro-SD-Karten, bei den größeren SD-Karten im Standardformat. Anders als für Videoaufnahmen müssen Speichermedien im Audiobereich nicht sonderlich schnell sein. Der Geschwindigkeitsvorteil einer schnellen (und damit teureren) Karte macht sich lediglich bei der Übertragung auf den Schneidecomputer bemerkbar.

Datenmenge bei Audioaufnahmen

Auch ist das Datenaufkommen bei Audioaufnahmen deutlich geringer als bei Video. Hier ein Beispiel:

Im gezeigten Beispiel wird von einem Stereosignal ausgegangen, deswegen zwei Kanäle (ein linker und ein rechter). Die Datenrate ist die Auflösung respektive Abtastrate, ein Wert von 44,1 kHz entspricht CD-Qualität und ist auch heute noch gängig. Für eine YouTube-Produktion ist es anders als bei Musikproduktionen unnötig, hier eine höhere Abtastrate zu verwenden, da sich mit dieser nur die Dateigrößen ohne hörbaren Unterschied erhöhen. Wenn du jetzt auch noch bedenkst, dass nach dem erfolgten Upload auf YouTube der Ton ohnehin komprimiert wird, könntest du sogar bereits bei der Aufnahme ein komprimiertes Format wählen, um noch mehr Platz zu sparen und den Datentransfer bei der Übertragung zum Schnittcomputer zu beschleunigen.

Das gängigste komprimierte Format ist MP3, und viele Rekorder bieten die Möglichkeit, in diesem

Berechnen der Datenmenge

((Auflösung × Samplefrequenz × Kanäle) × Zeit) : (8 × 1.024 × 1.024) = Ergebnis in MByte

Beispiel:

Dauer der Aufnahme: 3 Minuten + 15 Sekunden = 3 × 60 s + 15 s = 195 s

Datenrate: 44.100 × 16 × 2 = ~1.411.000

1.411.000 Bit × 195 s = 275.145.000 Bit

275.145.000 : (8 × 1.024 × 1.024) = ca. 33 MByte

Man kann also sagen, dass eine Minute Stereoton im WAV-Format und in CD-Qualität etwa 10 MByte an Daten kostet.

Format aufzuzeichnen. Wähle also entweder WAV/16 Bit/44,1 kHz oder MP3/16 Bit/192 kbps, wobei WAV eine etwas bessere Qualität bietet und MP3 den deutlich geringeren Speicherverbrauch.

Dual-Mono-Aufnahme

Bei einer Dual-Mono-Aufnahme wird der Rekorder angewiesen, das Audiosignal des einen Kanals bei der Aufnahme auf den anderen Kanal zu spiegeln. Einige Aufnahmegeräte haben dafür einen bestimmten Eingang reserviert, und meist befindet sich an diesem auch der Aufdruck *Mono*. Wird also nur an diesem XLR-Eingang ein Mikrofon angeschlossen, „weiß" der Rekorder, dass dieses Signal trotzdem auf beiden Kanälen gespeichert werden soll.

Bei einigen Rekordern musst du in den Aufnahmeeinstellungen eine solche Dual-Mono-Aufnahme aktivieren und den zu verwendenden XLR-Eingang festlegen.

Beim TASCAM DR-60D MK2 wählst du im Menü die Dual-Mono-Funktion sowie den zu verwendenden Eingang aus, in diesem Fall Kanal 1. Eine LED auf der Gehäusevorderseite informiert zusätzlich über den aktiven Aufnahmemodus. Achtung: Bei einigen Geräten ist es möglich, den Aufnahmepegel des zweiten Kanals herabzusenken. Setze diesen Wert auf 0 dB, damit beide Kanäle (links und rechts) auf der Aufnahme gleich laut sind.

Dual-Mono in der Nachbearbeitung

Wenn alle Stricke reißen oder du vergessen hast, die Dual-Mono-Funktion zu aktivieren, wirst du auf der Aufnahme einen stummen Kanal haben. Tückisch ist, dass dir das erst auffallen wird, wenn du die Aufnahme mit einem Kopfhörer oder Stereolautsprechern abhörst. Eigentlich müsste dir das auch schon vor der Aufnahme aufgefallen sein, da du ja stets über einen Kopfhörer einen Soundcheck vor der Aufnahme machen solltest. Es besteht in einem solchen Fall aber die Möglichkeit, den Fehler in der Nachbearbeitung wieder geradezurücken. Je nach Videoschnittsoftware ist der Prozess einfacher oder komplizierter, in der von mir favorisierten Videoschnittsoftware *DaVinci Resolve* besteht die einfachste Variante darin, einen Rechtsklick auf die Tonspur zu machen und diese einfach als *Dual-Mono* zu definieren.

Aufnahmepegel einstellen

Der beste Rekorder und das beste Mikrofon sind nutzlos, wenn mit falschen Einstellungen aufgenommen wird. Sofern du nicht mit einem 32-Bit-Float-Rekorder arbeitest, musst du vor jeder Aufnahme sicherstellen, dass das ankommende Signal, das vom Mikrofon auf den Rekorder trifft, nicht zu stark oder zu schwach ist. Doch damit nicht genug, auch der Aufnahmepegel muss so gewählt werden, dass er weder zu stark noch zu schwach ist. Was jetzt vielleicht kompliziert klingt, ist im Grunde genommen recht einfach.

Jedes Mikrofon kann Schall erst ab einer gewissen und nur bis zu einer gewissen Grenze abgenommen. Dies wird durch die Empfindlichkeit des Mikrofons bestimmt – es gibt hochsensible Mikrofone und solche, die erst ab einem ordentlichen Schallpegel zufrieden sind. Erstere sind eher Kondensatormikrofone und damit solche, mit denen du in deinem YouTube-Studio arbeiten wirst. Bei Letzteren handelt es sich um sogenannte dynamische Mikrofone, die man eher im Live-Musik-Bereich zur Abnahme lauter Schallquellen antrifft. Einige Kondensatormikrofone haben einen sogenannten Pad-Schalter. Wird dieser aktiviert, senkt eine interne Elektronik die Empfindlichkeit des Mikrofons um einen bestimmten Dezibelwert ab; meist sind das Werte zwischen 10 und 30 dB, je nach Mikrofon.

Wenige Mikrofone besitzen zusätzlich einen eingebauten Verstärker, der die Empfindlichkeit des Mikrofons verstärken und damit leisere Schallquellen besser abnehmen kann. Ich muss schon selber lachen, aber auch hier geht mal wieder mein Lob an das Røde VideoMic NTG – und nein, ich werde von Røde nicht dafür bezahlt, dass deren Produkte hier so häufig genannt werden. Der Hersteller bietet einfach sehr durchdachte Lösungen zu erschwinglichen Preisen. Das VideoMic NTG hat nicht nur einen solchen Verstärker, du findest daran auch noch eine stufenlose Regelung für diesen Verstärker. Wie toll das in der Praxis ist, verrate ich dir gleich. Zusammengefasst, gibt es also Mikrofone, die sich bereits so einstellen lassen, dass sie das Signal einer bestimmten Schallquelle optimal an einen daran angeschlossenen Rekorder weitergeben können.

Bei Digitalrekordern verhält es sich ähnlich: Damit eine Aufnahme glückt, muss das einkommende Signal entweder verstärkt oder abgesenkt werden. Ist das einkommende Signal zu stark, kann es zu unschönen Verzerrungen kommen. Ist es zu schwach, wird die Aufnahme später ein mehr oder weniger deutliches Rauschen aufweisen. Damit weder der eine noch der andere Fall eintritt, kannst du an deinem Rekorder den Aufnahmepegel justieren. Diesen Prozess nennt man „aussteuern".

Einige Geräte – vor allem die günstigen – kannst du so einstellen, dass sie die Aussteuerung automatisch vornehmen. Davon solltest du unbedingt die Finger lassen, es sei denn, du willst die im Hintergrund rauschende Klimaanlage in jeder deiner Sprechpausen dramatisch verstärkt hören. Um den Aufnahmepegel korrekt einzustellen, solltest du zunächst die Empfindlichkeit des Eingangs auf Minimum stellen. Bei XLR-Eingängen kannst du häufig auch definieren, was für ein Gerät daran angeschlossen ist – auf der folgenden Abbildung siehst du das in Form von Schiebeschaltern, bei anderen Geräten wird diese Umstellung im Menü vorgenommen.

▲ *Hier erkennst du drei verschiedene Schalterstellungen: LINE, MIC und MIC Phantom.*

Was ist ein Mikrofonpegelsignal?

Die Einstellung MIC ist für den direkten Anschluss von Mikrofonen ohne Vorverstärker. Dies geschieht fast immer über ein XLR-Kabel. Der Mikrofonpegel ist das schwächste aller Audiosignale, ein Monosignal mit sehr niedrigem Pegel, normalerweise zwischen –60 und –40 dBU. Damit mit einem solchen Signal etwas geschehen kann, musst du es irgendwie auf einen Pegel anheben, mit dem Geräte wie Digitalrekorder oder Mischpulte arbeiten können. Digitalrekorder und Mischpulte haben dazu einen Vorverstärker, um den Mikrofonpegel eines Mikrofons auf den sogenannten Line-Pegel zu bringen.

Was ist ein Line-Pegelsignal?

Ein Line-Pegelsignal hat bereits die nötige Intensität, um digital weiterverarbeitet werden zu können. Wird der XLR-Eingang deines Audiorekorders also auf *Line-Level* geschaltet, bedeutet das nichts anderes, als dass dieser das einkommende Signal nicht noch weiter verstärkt. Auf diese Weise könntest du zum Beispiel einen mit *Line-Out* beschrifteten Ausgang eines Plattenspielers mit deinem Digitalrekorder verbinden und deine Schallplattensammlung digitalisieren.

Die Einstellung MIC+Phantom

Mit *Phantom* ist die sogenannte Phantomspeisung gemeint. Was mystisch klingt, ist in Wahrheit nichts als eine Spannungsversorgung von 48 V, die einige Kondensatormikrofone zum Betrieb benötigen. Nicht selten haben Kondensatormikrofone eine kleine Batterie an Bord, meist vom Typ 1,5 V AA oder AAA, andere wiederum verfügen über einen eingebauten, nicht auswechselbaren Akku (das Røde NTG-4+, das VideoMic NTG u. a.), der in regelmäßigen Abständen geladen werden sollte. Solche Mikrofone mit Selbstversorgung brauchen keine Stromspeisung durch den Rekorder.

Solltest du mit einem Mikrofon arbeiten, das keine eigene Stromspeisung hat und das Phantomspeisung für den Betrieb benötigen (ein Blick ins Handbuch sei an dieser Stelle unbedingt empfohlen), kannst du in der Einstellung *MIC+Phantom* diese dazuschalten. Achte darauf, wann du diese Funktion nutzt – in der Regel passiert nichts, wenn ein Mikrofon Phantomspeisung abkriegt ohne sie zu brauchen, es gibt aber auch Mikrofone, die das übelnehmen und kaputtgehen. Die Funktion für ein Dazuschalten einer Phantomspeisung findest du auch unter der Bezeichnung +48 V, 48 V, Phantom, Phantom Power oder PP.

Korrekt aussteuern

Jetzt, da der Eingang deines Rekorders richtig konfiguriert ist, zeige ich dir, wie du das aufzunehmende Signal korrekt aussteuerst. Egal ob dein Mikrofon per 3,5-mm-Klinke oder XLR-Kabel am Rekorder angeschlossen ist – du solltest erst einmal einen Blick in das Handbuch des Rekorders werfen, da ich hier unmöglich eine universelle Anleitung dazu geben kann, wie du deinen Rekorder für eine Aufnahme vorbereitest. Vergewissere dich auch vorab, das gewünschte Aufnahmeformat (zum Beispiel WAV 16 Bit 44,1 kHz) gewählt zu haben.

Meist ist es so, dass du mit einmaligem Druck auf die Aufnahmetaste dem Gerät zu verstehen gibst, dass du aufnehmen möchtest. Wenn du – und das empfehle ich dringend – einen Kopfhörer an deinem Aufnahmegerät angeschlossen hast, solltest du über diesen nun bereits etwas hören können. Setze ihn aber noch nicht auf, sondern schau zunächst auf den Bildschirm des Rekorders. Darauf sollte eine Balkenanzeige zu sehen sein, wenn du mit dem Finger auf das angeschlossene Mikrofon tippst. Wenn dem so ist, weißt du schon mal, dass das Mikrofon korrekt angeschlossen und eingeschaltet ist.

Setze den Kopfhörer sicherheitshalber noch immer nicht auf, sondern fang an, einen Text zu sprechen. Für einen solchen Soundcheck empfehle ich dir, einen Text vorzubereiten, der etwa 20 Sekunden andauert und nicht nur aus „Test, Test, eins-zwo-drei …" besteht. Ich habe mir dafür einen Text auf meinem Smartphone abgespeichert, den ich vorlese. Der ist zwar unsinnig, enthält aber besondere Laute, anhand deren ich hören kann, ob zum Beispiel S-Laute unschön zischen oder Plosive, also Laute wie „P" oder „T", von der Dynamik her aus dem Rahmen fallen und ich das Mikrofon ein wenig anders platzieren sollte, weil Luftstöße bei diesen Lauten direkt auf die Membran treffen. Meinen persönlichen „Soundcheck-Text" findest du im Kasten.

Soundcheck-Text

„Herzlich willkommen zur dreißigjährigen Zusammenkunft der Zipfelzupfer! Probieren Sie bei der Parkplatzsuche, die Pöller nicht umzufahren, sondern zu umfahren. Von potenzsteigernden Auspuff-Soundtests ist Abstand zu nehmen, sonst droht sofortiger Zipfel-Entzug!"

Die Balkenanzeige gibt Aufschluss darüber, wie gut oder wie schlecht das über das angeschlossene (oder eingebaute, je nachdem, welches du verwenden willst) Mikrofon ankommende Signal empfangen wird. Diese Balkenanzeige ist je nach Gerät und Bildschirm entweder farbig oder monochrom. Bei einer farbigen Anzeige ist es meist so, dass es einen grünen, einen gelben und einen roten Bereich gibt. Bevor du nun mit dem Soundcheck beginnst, stell die Eingangsempfindlichkeit des Aufnahmegeräts auf Minimum. Da sich die Geräte stark in der Bedienung unterscheiden, kann ich hier nur auf die jeweilige Bedienungsanleitung verweisen.

Sprich nun den Text in das Mikrofon und beobachte den Pegelbereich dabei. Mit „Pegelbereich“ ist der Bereich gemeint, in dem sich die Balken der Anzeige bewegen, wenn Schall auf die Mikrofonmembran trifft. Tut sich gar nichts, erhöhe die Eingangsverstärkung deines Aufnahmegeräts, während du weiter den Text sprichst. Irgendwann sollte die Pegelanzeige zum Leben erwachen (es sei denn, das Mikrofon ist falsch angeschlossen, nicht eingeschaltet, oder dessen Ausgangslautstärkeregler – soweit vorhanden – ist zu weit runtergedreht). Achte dabei darauf, in gleicher Lautstärke und Entfernung zum Mikrofon zu sprechen wie später bei der Aufnahme deiner Videos auch.

Die Balkenanzeige auf dem Bildschirm des Aufnahmegeräts wird Pegelanzeige genannt. Auch wenn sich die Bildschirme auf den Aufnahmegeräten in Größe und vor allem Anordnung der einzelnen Elemente stark unterscheiden, wirst du dich mit der Zeit auch auf einem neuen Gerät schnell zurechtfinden, denn die wichtigsten Anzeigen haben meist große Gemeinsamkeiten. Auf den folgenden Bildern siehst du den Bildschirm eines Digitalrekorders des Herstellers TASCAM (Modell DR-05). Ich nutze diesen Rekorder, um damit Umgebungsgeräusche in Stereo aufzunehmen, er verfügt aber auch über einen 3,5-mm-Klinkeneingang, an den sich Empfänger von Funkmikrofonen und das beliebte Røde VideoMic NTG anschließen lassen. Über XLR-Eingänge verfügt dieser sehr kompakte und günstige Rekorder nicht.

Auf dieser erstenAufnahme siehst du in der Mitte des Bildschirms die Pegelanzeige. Beim genaueren Hinsehen wirst du ein kleines nach unten weisendes Dreieck sehen (etwa unter dem Buchstaben H der Zeitanzeige darüber). Dieses markiert den Idealbereich des Pegelausschlags. Rechts auf dem Bildschirm kannst du zudem eine numerische Anzeige des Eingangspegels erkennen – dieser ist mit –31 dB sehr

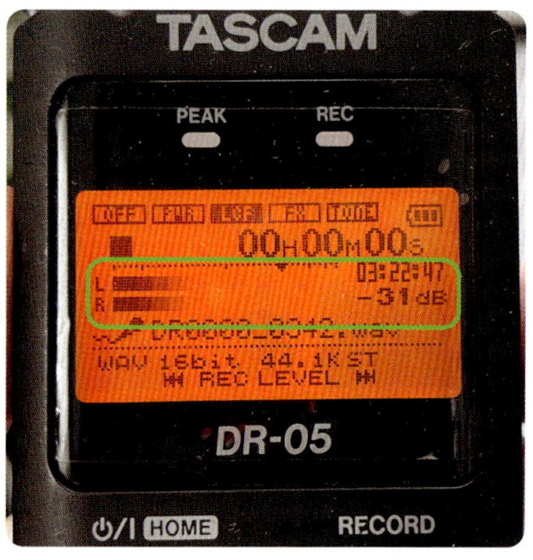

▲ *Die Pegelanzeige.*

niedrig. Würdest du mit einem solchen Signal aufnehmen, müsste das Signal in der Nachbearbeitung deutlich verstärkt werden, was zu Qualitätsverlust in Form von Rauschen führen würde.

Auf folgender Abbildung befindet sich der Eingangspegel im Idealbereich unterhalb der kleinen Dreiecksmarkierung. Das einkommende Signal darf sich dabei ruhig auch rechts und links von dieser Markierung bewegen, sollte aber grundsätzlich diese als Mittelwert haben. Die numerische Anzeige nennt den Wert –13 dB, und vielleicht fragst du dich jetzt, warum der Richtwert nicht bei 0 dB liegt. Die Ursache dafür liegt in einem grundsätzlichen Unterschied zwischen einer analogen Aufnahme, zum Beispiel auf Band, und einer digitalen Aufnahme, wie auf einem solchen Rekorder.

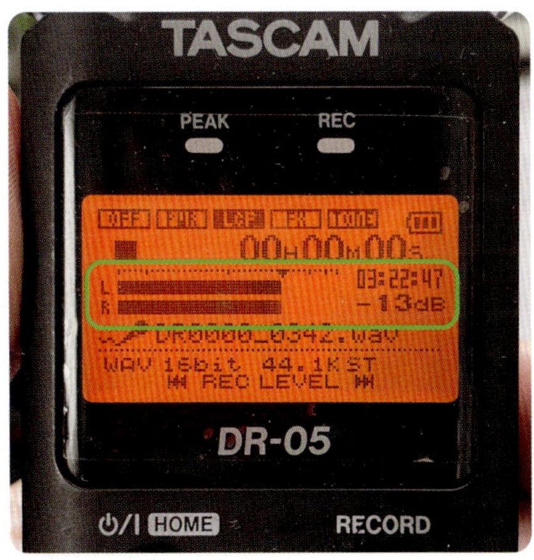

▲ *Der Eingangspegel im Idealbereich.*

Bei einer analogen Aufnahme ist es wichtig, dass der Eingangspegel der aufzunehmenden Schallquelle möglichst das gesamte zur Verfügung stehende Spektrum ausfüllt. Stell dir das vor wie ein Glas, das bis zum Rand mit Öl gefüllt ist. Dieses Öl ist Rauschen, während das Tonsignal, das du aufnehmen möchtest, aus Wasser besteht. Wenn du nun anfängst, Wasser in das Glas zu kippen, wird dieses das Öl verdrängen. Je mehr Wasser du in das Glas schüttest (je höher der Pegel der aufzunehmenden Schallquelle ist), desto weniger Öl und damit Rauschen wird auf der Aufnahme zu hören sein, denn das Wasser verdrängt es.

Und da die Dichte von Öl höher als die von Wasser ist, wird es sogar nicht schlimm sein, wenn das Glas am Ende ein bisschen übervoll ist – es wird schon nicht so schnell überlaufen. Bei Bandaufnahmen war ein solcher Effekt sogar häufig erwünscht, da eine dadurch entstehende leichte analoge „Übersteuerung" des aufzunehmenden Signals eine angenehme, warme, analoge Verzerrung verursachte und den Klang satt und warm erscheinen ließ. Bei einer analogen Aufnahme war der Punkt 0 dB tatsächlich nicht am Ende der Pegelanzeige, er definierte den Punkt, ab dem mit einer Verzerrung des Signals zu rechnen war. Oft ging die Pegelanzeige jenseits der 0-dB-Grenze noch etwas in den positiven dB-Bereich (dB steht für Dezibel), und Tontechniker wussten, wie weit sie eine Aufnahme je nach Signalquelle, Aufnahmegerät und verwendetem Band „pushen“ konnten.

Bei einer analogen Aufnahme musste man demnach das Signal so laut wie möglich aufzeichnen, ohne zu sehr in den positiven dB-Bereich zu geraten.

Ganz anders laufen die Dinge im digitalen Zeitalter. Hier ist die 0-dB-Grenze absolut verpflichtend, denn in der digitalen Aufnahmetechnik gibt es keine angenehm klingende analoge Verzerrung. Stell dir diese 0-dB-Grenze also am besten wie eine Betonwand vor. Geht das Signal über die 0-dB-Grenze hinweg, kann man die Aufnahme vergessen, da digitale Verzerrung einfach nur fürchterlich tönt. Gleichzeitig bieten (gute) digitale Aufnahmegeräte ein sehr geringes Eigenrauschen.

Ein solches Eigenrauschen wird von den Signalverstärkern im Aufnahmegerät verursacht, und je nach Qualität des Aufnahmegeräts kann dieses bereits auf niedrigster Stufe hörbar sein. Grundsätzlich ist das Eigenrauschen eines Digitalrekorders aber wesentlich leiser, als das bei einem Tonbandgerät der Fall ist, bei dem Störgeräusche sowohl durch die Vorverstärker als auch durch das verwendete Tonband entstanden.

Aus diesem Grund wird bei einer digitalen Aufnahme mit deutlich niedrigeren Pegeln gearbeitet – schließlich hat man erst ab einer höheren Signalverstärkung in der Nachbearbeitung mit störendem Rauschen zu kämpfen. Wie auf den Abbildungen ersichtlich, liegt der optimale Pegelbereich bei einer Digitalaufnahme bei –12 dB. Dieser Wert stellt eine Art Standard dar und findet sich so auf sehr vielen Digitalrekordern und auch digitalen Mischpulten. Im High-End-Bereich triffst du sogar auf den Wert –18 dB.

Der große Vorteil bei dieser Vorgehensweise besteht darin, dass das aufgenommene Signal mehr Luft nach oben bekommt, wodurch ein dynamischeres Signal aufgezeichnet werden kann. Man spricht von einer dynamischen Aufzeichnung, wenn der Unterschied zwischen leisen und lauten Pegeln möglichst groß ist. Das öffnet für die Ton-Nachbearbeitung viele wichtige Türen, so zum Beispiel für die Arbeit mit Kompressoren und Equalizern. Dazu findest du in Kapitel 5, „Nachbearbeitung“, weitere Tipps und Informationen.

Auf der nächsten Aufnahme ist der Eingangspegel deutlich zu hoch; erkennbar einmal an der abgeschnitten dargestellten Pegelanzeige und zusätzlich an der rot aufleuchtenden PEAK-LED. Die numerische Anzeige steht bei 0 dB, die Aufnahme wäre nicht verwertbar. In der untersten Zeile auf dem kleinen Bildschirm siehst du den Hinweis, dass bei diesem Gerät die Empfindlichkeit des Vorverstärkers über die *Titel zurück-* respektive *Titel vor*-Tasten geregelt werden kann. Du würdest in diesem Fall also die *Titel zurück*-Taste so oft drücken, bis sich das Eingangssignal bei einem Wert um –12 dB einpegelt. Und an dieser Stelle auch nochmals zur Erinnerung:

Diese Einstellungen musst du machen, während du einen Testtext aus genau der Entfernung und in genau der Lautstärke ins Mikrofon sprichst wie später bei der eigentlichen Aufnahme. Es schadet auch rein gar nichts, eine Testaufnahme zu machen und diese gründlich abzuhören, denn oft werden Störgeräusche oder eine ungünstige Akustik im Raum erst dann festgestellt.

▲ *Hier ist der Eingangspegel deutlich zu hoch.*

Tipp! Schalldämpfende Unterlage

Wenn du in deinen Videos Produkte vorstellst und dabei an einem Tisch sitzt oder stehst, dann verpasse diesem Tisch eine schalldämpfende Unterlage. Solche gibt es im Handel für Bürobedarf – ich habe eine aus Gummi, 4 mm dick und 40 cm × 30 cm groß. Sie reicht vollkommen, damit ich Dinge auf dem Tisch abstellen kann, ohne dass es jedes Mal laut „Tock" macht. Und solltest du trotzdem einmal etwas hörbar darauf abstellen, ist der Ton viel basslastiger und wird vom Hochpassfilter abgefangen. Toll, oder?

Audiosignal abhören

Jetzt habe ich dir verschiedene Mikrofone gezeigt und erklärt, wie und nach welchem Prinzip sie funktionieren. Auch kennst du Aufnahmegeräte und weißt, wie sie bedient werden. Was noch fehlt, ist die „Abhöre" – ein paar Lautsprecher und ein guter Kopfhörer. Es ist in der Praxis nämlich unmöglich, die Qualität einer Tonaufnahme nur anhand der optischen Pegelanzeige des Rekorders zu beurteilen. Ein gutes Ergebnis erreichst du nur, wenn du das Signal bereits vor der Aufnahme unter Zuhilfenahme eines guten und geeigneten Kopfhörers kontrollierst und bei der Nachbearbeitung des Videos zumindest ebenfalls einen solchen benutzt. Wichtig sind auch ein paar gute Lautsprecher, und beides muss gar nicht mal so teuer sein, wie dir meine Empfehlungen zeigen werden.

Kopfhörer

Als Kopfhörer nutze ich zur Kontrolle des Tons am Set sowie bei der Nachbearbeitung einen Sennheiser HD 25. Der Hersteller Sennheiser ist einer der großen Namen, wenn es um hochwertiges Audioequipment geht, spielt allerdings auch in einer gehobenen Preisklasse. Es gibt jedoch einen ganz hervorragenden Kopfhörer, der mit etwa 120 Euro sehr erschwinglich ist und seit bald 40 Jahren in nahezu unveränderter Form von Tontechnikern selbst an professionellen Filmsets getragen und genutzt wird.

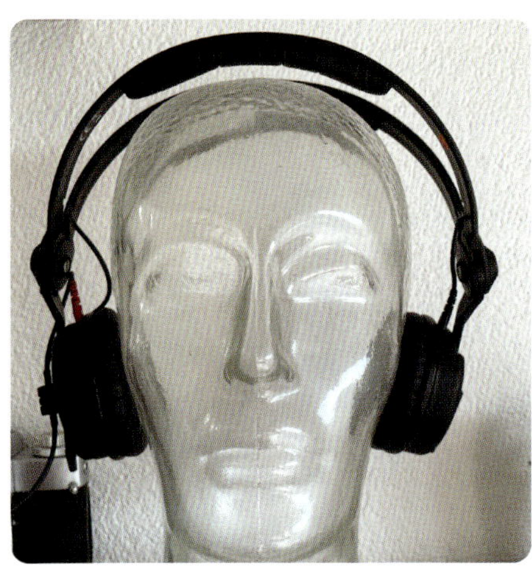

▲ *Der Sennheiser HD 25 ist seit Mitte der Achtzigerjahre fast unverändert.*

Der HD 25 ist aber nicht nur sehr günstig, er zeichnet sich natürlich auch durch seinen Klang und seinen Tragekomfort aus. Solche professionellen Monitorkopfhörer (sie heißen so, weil damit ein Monitoring, also eine Überwachung des Tonsignals stattfindet, im Gegensatz zu Hi-Fi-Kopfhörern, die den Musikgenuss steigern sollen) verfügen über einen sehr linearen Frequenzgang. Das bedeutet, dass der HD 25 im Gegensatz zu einem normalen Hi-Fi-Kopfhörer das Tonsignal unverfälscht wiedergibt – also ohne eine eigene Klangfärbung hinzuzufügen.

Es gibt diesen Kopfhörer in verschiedenen Ausführungen, die sich allerdings nur durch die Länge des Kabels

Gnadenlos ehrliches Abbild

Der Sennheiser HD 25 liefert dir ein gnadenlos ehrliches Abbild des aufgenommenen oder aufzunehmenden Signals. Während ein Hi-Fi-Kopfhörer oft durch das Betonen oder Absenken bestimmter Frequenzen versucht, dir ein möglichst sattes Hörerlebnis zu bieten, gibt der HD 25 alles exakt so weiter, wie es aufgenommen wurde oder wie der Ton im Raum oder on Location klingt. Ein unverzichtbares Werkzeug also.

▲ *Der Doppelbügel wird über dem Kopf getragen.*

und des Ohm-Werts unterscheiden. Der Ohm-Wert bestimmt, wie stark das Tonsignal sein muss, mit dem der Kopfhörer gespeist wird. Für die Anwendung in deinem YouTube-Studio solltest du die 75-Ohm-Version kaufen. Übrigens ist der HD 25 auch so richtig schön nachhaltig: Wirklich jedes Einzelteil kannst du separat nachkaufen und den Kopfhörer im Falle eines Falles selber reparieren. Da er sehr robust ist und aus hochwertigen Komponenten gebaut wird, dürfte es dir aber schwerfallen, ihn kaputt zu kriegen.

Monitorlautsprecher

Anders als in der Musikproduktion, bei der Schallquellen (einzelne Instrumente) auch im Stereopanorama platziert werden, sind Monitorlautsprecher für dein YouTube-Studio kein absolutes Muss. Das gilt vor allem dann, wenn deine Stimme und vielleicht noch eine Hintergrundmusik die einzigen Schallquellen darstellen. Wie bei einem Monitorkopfhörer verfügen gute Monitorlautsprecher ebenfalls über die Fähigkeit, ein möglichst unverfälschtes Klangbild wiederzugeben.

Da zu diesem Zweck brauchbare Monitorlautsprecher ebenfalls nicht teuer sind (wir reden hier von Monitorlautsprechern für ein YouTube-Studio und nicht in einem Tonstudio, in dem der Preis dafür kaum Grenzen nach oben kennt) und das Tragen eines auf den Ohren aufliegenden oder die Ohren umschließenden Kopfhörers über längere Zeit unangenehm sein kann (besonders im Sommer), solltest du die Anschaffung von Monitorlautsprechern in Betracht ziehen. Dazu möchte ich dir zwei Produkte zeigen, die ich beide selbst kenne und genutzt habe oder noch nutze.

Der Hersteller Mackie ist schon sehr lange am Markt, bietet aber erst seit wenigen Jahren sogenannte Prosumer-Geräte, also solche, die auf anspruchsvolle Amateure und Semiprofis zielen. Schau dir hier das Lautsprechermodell Mackie CR5-XBT einmal an.

▲ *Der Mackie-CR5-XBT-Lautsprecher: tolles Design, guter Sound und viele Funktionen.*

Mit einem Paarpreis von unter 250 Euro bekommst du sehr viel Sound fürs Geld. Der Anschluss der Lautsprecher erfolgt wahlweise über Cinch- oder Klinkenkabel, Letzterer sowohl *balanced* als auch *unbalanced*, was bei den kurzen Kabelstrecken am Schreibtisch aber keine große Bedeutung hat. Die Lautsprecher bieten zusätzlich einen Bluetooth-Betrieb, der allerdings nur zum Musikhören genutzt werden sollte, da eine Bluetooth-Übertragung stets mit einer gewissen Latenz (Verzögerung) erfolgt und es so passieren kann, dass Stimme und Lippenbewegung am Bildschirm nicht synchron wiedergegeben werden. Sehr praktisch der 3,5-mm-Kopfhörerausgang an der Vorderseite eines der beiden Lautsprecher. Wird dieser mit einem Kopfhörer verbunden, wird die Ausgabe über die Lautsprecher automatisch stummgeschaltet.

Als zweites Set möchte ich dir vom Hersteller Presonus das Modell Eris E4.5BT empfehlen. Ich nutze selber diese Lautsprecher, um damit meine YouTube-Videos zu bearbeiten, und sie sind wirklich toll – vor allem wenn man den Preis von knapp 200 Euro pro Paar bedenkt. Auch hier besteht die Möglichkeit, die Lautsprecher per Bluetooth zum Musikhören anzusteuern, neben einem Kopfhörerausgang gibt es auf der Vorderseite eines der beiden Lautsprecher zusätzlich noch einen 3,5-mm-AUX-Klinkeneingang, über den eine zusätzliche Tonquelle angeschlossen werden kann.

Die Hauptanschlüsse sind auch hier auf der Rückseite der Lautsprecher und mit denen von Mackie deckungsgleich. Zwar hast du bei den Presonus-Lautsprechern Klangregler auf der Rückseite, mit denen sich Bässe und Höhen an die akustischen Verhältnisse in deinem Raum anpassen ließen – diese würde ich aber in Nullstellung belassen, da du dir damit allenfalls das neutrale Klangbild verfälschst.

▲ *Das Modell Presonus Eris E4.5BT.*

Mir ist völlig klar, dass ich dem Thema Ton in diesem Buch einen vielleicht unerwartet hohen Stellenwert gebe. Mit wachsender Erfahrung im Rahmen deiner YouTube-Produktionen wirst du aber ganz sicher merken, dass das genau richtig ist.

Das improvisierte Studio

Als ich mit meinem YouTube-Kanal anfing, war ich mir dessen nicht bewusst, dass ich gerade mit einem YouTube-Kanal anfing. Dieser Satz ergibt mehr Sinn, als es jetzt vielleicht scheint – andererseits hast du ja bereits den Entschluss gefasst, einen YouTube-Kanal zu starten oder wenigstens in Erwägung zu ziehen, sonst würdest du dieses Buch nicht lesen. Jedenfalls handelte mein allererstes auf YouTube veröffentlichtes Video von einem Trick, den ich zufällig herausgefunden hatte, mit dem sich ein Problem in einer Software umgehen ließ, das sehr viele Nutzer Tag für Tag in den Wahnsinn trieb.

Das Video ist inzwischen nicht mehr online, die Resonanz darauf war damals jedoch riesig – und das, obschon ich das Video mit dem Smartphone stümperhaft aus der Hand gefilmt hatte und die Kamera eigentlich nur auf den Computerbildschirm hielt, während ich erklärte, was zu tun war. Die ganze Aktion war völlig improvisiert und doch erfolgreich, denn sie diente einem ganz klaren Zweck und erfüllte diesen offenbar mit Bravour. Das liegt jetzt etliche Jahre zurück.

Inzwischen hat das Produktionsniveau auf YouTube einen gewaltigen Sprung nach vorn gemacht, und auch die Ansprüche der Konsumenten deiner Videos sind erheblich gestiegen. Das bedeutet jedoch keinesfalls, dass du dir ein richtiges Studio bauen musst, um deine Videos zu produzieren. Ich schreibe es so oft in diesem Buch und auch an dieser Stelle: Es kommt darauf an, mit den Inhalten deiner Videos zu überzeugen und dafür zu sorgen, dass Besucher deines Kanals so viel Zeit wie möglich auf deinem Kanal oder zumindest auf YouTube verbringen.

Besonders zu Beginn einer Karriere oder – besser – einer Laufbahn als YouTube-Creator wirst du dich vielleicht erst einmal vorsichtig herantasten wollen. Dein „Studio" wird eine Ecke in deinem Arbeitszimmer sein, vielleicht sogar der Küchentisch. Mit ein paar wenigen Hilfsmitteln kannst du auch in so einem improvisierten YouTube-Studio überzeugende Videos produzieren.

Unter einem improvisierten YouTube-Studio verstehe ich ein nicht permanentes. Sämtliche oder die meisten Komponenten dafür müssen vor einem Dreh geholt und aufgebaut werden, du musst jedes Mal die Einstellungen von Licht, Kamera und Ton zumindest überprüfen, wenn nicht sogar neu vornehmen. Auch ist der Ort, an dem du produzierst, nicht zwingend dafür optimiert und muss gegebenenfalls jedes Mal hergerichtet werden, indem du Vorhänge oder Rollos schließt und Möbel umstellst.

Als ich im Sommer 2020 während des COVID-Lockdowns sonntagmorgens meinen YouTube-Live-Stream „Nicks Neues!“ produzierte, musste ich zum Leidwesen meiner Freundin und meines Schlafs jeden Sonntagmorgen um sieben Uhr aufstehen, frühstücken und danach das halbe Wohnzimmer umbauen, da ich für diese Live-Sendung – bei der Zuschauer übrigens sogar anrufen konnten – ein anderes Setting nutzen wollte als für meine normalen Beiträge auf YouTube.

Ich hielt das sage und schreibe 25-mal durch, also ein halbes Jahr lang – und ich würde das ganz sicher nicht wieder so machen. Nicht nur wegen der geopferten Sonntagmorgen – es war jedes

▲ *Kleckern statt klotzen – mein Live-Studio.*

Mal extrem mühsam und zeitaufwendig, und das Equipment litt auch unter dem ständigen Auf- und Abbau. Hinzu kam, dass ich keine Kompromisse eingehen wollte und einen viel größeren Aufwand betrieb, als eigentlich nötig gewesen wäre. Du siehst hier ein Bild meines Live-Studios mit zwei Kameras (davon eine auf einem Roboter-Slider, der immer seitlich hin- und herfuhr), jeder Menge hochwertigem Studiolicht, Bildmischer, Kontrollmonitoren, Digitalmischpult für den Ton, mit digitalem Videoplayer, programmierbaren Steuerpulten und so weiter.

Sehe ich heute Bilder von diesem Megaaufbau, muss ich lachen – auch weil die ganze Sache nie den Erfolg brachte, den ich mir erhofft hatte.

Wenn dir angesichts der abgebildeten Materialschlacht schwindelig sein sollte, kann ich dich aber beruhigen: Für dein improvisiertes YouTube-Studio brauchst du einen Bruchteil dessen, was dort zu sehen ist. Das, was ich dir im Folgenden nahelegen werde, ist dann aber auch wirklich Pflicht. Wie bereits im Abschnitt „Stilmittel Videolicht" geschrieben, beruhen sämtliche Produktempfehlungen ausschließlich auf eigenen Erfahrungen – ich bekomme keinerlei Gratifikation dafür. Auch verzichte ich auf die Nennung bestimmter Kameras, da die Wahl der Kamera oder der Kameras unabhängig davon sein sollte, ob du ein professionelles oder ein improvisiertes Studio nutzen willst.

Kamerastativ

Solltest du bereits ein Kamerastativ für Fotografiezwecke besitzen und ist dieses groß und stabil genug, um die von dir für deine Videoproduktionen verwendete Kamera samt Objektiv zu tragen, kannst du es im Fall eines improvisierten YouTube-Studios ausnahmsweise auch für Videozwecke nutzen. Deutlich besser ist die Verwendung eines Stativs mit einem Videokopf. Als „Kopf" wird der Teil des Kamerastativs bezeichnet, der zuoberst sitzt und an dem die Kamera – auf einer einschieb- oder einsteckbaren Bodenplatte befestigt – arretiert wird.

Die Besonderheit eines Videokopfs besteht darin, dass dieser auch bei einem lateralen Schwenk stets horizontal ausgerichtet bleibt. Stellen wir uns dazu einmal vor, dein Kopf wäre die Kamera und dein Hals der Stativkopf. Mit einem Videostativkopf kannst du deinen Kopf nur nach oben und unten schwenken oder horizontal zur Seite drehen – ein Schrägstellen des Kopfs (so, dass sich Ohr und Schulter auf einer Seite näherkommen) ist damit nicht möglich.

Der Stativkopf eines Fotostativs hingegen lässt sich dank eines Kugelgelenks in alle Richtungen drehen und schwenken. Aus diesem Grund werden solche Stativköpfe auch Kugelköpfe genannt.

▲ *Ein Videokopf – hier das Modell Mike des Herstellers 3legged Thing . Dieses Stativ samt Kopf eignet sich hervorragend für spiegellose Hybridkameras wie die Fujifilm X-S10.*

Da du bei einer Videoaufzeichnung den Horizont immer gerade haben willst, hilft dir ein Videostativkopf enorm dabei, indem er sich gar nicht erst seitlich kippen lässt. Damit der Horizont gerade ist, wird beim Aufstellen des Stativs mithilfe einer im Stativkopf eingelassenen Libelle (Wasserwaage) sichergestellt, dass dieses absolut gerade steht.

▲ *Draufsicht auf die im Kopf eingelassene Libelle – ist das Luftbläschen in der Mitte, steht das Stativ gerade.*

Produktempfehlungen Stative

Budget-Lösung: Sirui SH-15 (250 Euro) oder Sirui SH-25 (270 Euro)

Günstige Komplettlösung, bestehend aus einem stabilen Dreibeinstativ und einem gedämpften Videokopf mit Kamerabefestigungsplatte und Hebelarm. Der Widerstand der Dämpfung lässt sich über ein Einstellrad stufenlos ändern. Der Aufpreis zur größeren Variante ist nicht überschaubar – da lohnt sich das Upgrade.

Goldesel-Lösung: 3legged Thing Mike mit Airhead-Kopf (800 Euro)

Sehr leichtes Carbonstativ, ohne Videokopf auch für Fotokugelköpfe verwendbar. Kann zum Einbeinstativ umfunktioniert werden. Sehr stabil, tolle Verarbeitung, kommt weit runter bis in Bodennähe, da sich die Beine abspreizen lassen. Dämpfung lateral nicht so wirksam wie vertikal.

Für große Kameras empfehle ich unbedingt das Sirui SH-25.

Stative mit Videokopf sind in der Regel teurer als reine Fotostative, was auch daran liegt, dass es sich bei Videostativen eher um Produkte handelt, die anspruchsvolleren Zwecken dienen. Es gibt bereits sehr günstige Videoköpfe, die allerdings nicht über eine sogenannte Dämpfung verfügen. Die Dämpfung sorgt dafür, dass du bei jeder Neige- und Schwenkbewegung einen leichten Gegendruck verspürst, dem du verdankst, dass es am Anfang und Ende deines Schwenks nicht zu Rucklern kommt. Auch kannst du mit einem gedämpften Stativkopf viel präzisere und ruhigere Bewegungen machen.

Ansteckmikrofon

Für ein improvisiertes YouTube-Studio empfehle ich dir grundsätzlich die Verwendung eines Funkansteckmikrofons, da ein solches viel schneller und einfacher in Betrieb genommen werden kann als ein Richtmikrofon oder ein Tischmikrofon. Auch hast du damit nicht auch noch ein zusätzliches Stativ im Raum oder auf dem Tisch stehen. Du kannst dich frei bewegen und fließend vom Aufbau in den Dreh übergehen. Es gibt günstigere Lösungen als ein Ansteckmikrofon, da du aber bereits hinsichtlich der Location, in der du produzierst, Abstriche machst und Kompromisse eingehst, solltest du dies nicht auch noch bei der Tonqualität tun.

Ist die Akustik in deinem improvisierten Studio eher schlecht, solltest du dir einen anderen Ort suchen – immerhin besteht einer der wenigen Vorteile eines improvisierten YouTube-Studios darin, dass du dir ziemlich frei einen Ort dafür suchen kannst. Wenn es gar nicht anders geht, wirst du mit einem Bügelmikrofon arbeiten müssen, das dann ebenfalls wie ein Ansteckmikrofon mit der Sendeeinheit der Funkstrecke verbunden wird.

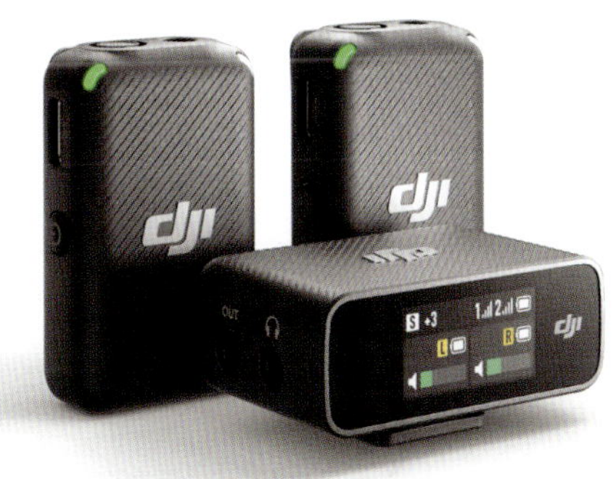

▲ *Doppelt gerüstet mit dem DJI-Mic-Set.*

Moderne Lösungen sind inzwischen sogar so aufgebaut, dass im Sender bereits ein Mikrofon eingebaut ist. Du steckst dir also den Sender ans Shirt oder ans Revers und musst gar kein zusätzliches Ansteckmikrofon anschließen. Allerdings sind diese Sender jetzt auch nicht so winzig, dass sie kaum auffallen.

▲ *Nicht gerade unauffällig: DJI-Sender mit eingebautem Mikrofon.*

Bei einigen Herstellern fallen die Sender mit eingebautem Mikrofon zugunsten einer höheren Batteriekapazität größer aus (Beispiel DJI), in jedem Fall verfügen die Sender sämtlicher mir bekannten Modelle und Hersteller aber über einen zusätzlichen 3,5-mm-Klinkenanschluss – du kannst also dennoch ein Ansteckmikrofon damit verwenden. Was allen Modelle gemeinsam ist: Du musst sie nur einschalten, sie verbinden sich selber mit dem Empfänger, und du kannst sofort loslegen.

Der Empfänger wird ebenfalls über ein 3,5-mm-Stereoklinkenkabel mit dem Mikrofoneingang deiner Kamera verbunden und lässt sich in deren Blitzhalterung befestigen. Solltest du tatsächlich mit deinem Smartphone als Kamera filmen wollen, brauchst du bei der DJI-Variante noch nicht einmal den Empfänger mit dem Smartphone zu verbinden – eine kostenlose Kamera-App des Herstellers erkennt den oder die Sender/Mikrofone als drahtlose Bluetooth-Mikrofone.

Produktempfehlungen Ansteckmikrofone

Budget-Lösung: Deity Pocket Wireless, Sender und Empfänger (200 Euro)

Bewährter Hersteller mit viel positiven YouTube-Reviews. Die Geräte gewinnen keinen Designerpreis, verrichten aber zuverlässig ihren Dienst.

Besser: DJI Mic, 2 Sender und 1 Empfänger (325 Euro)

Ebenfalls bewährter Hersteller, hauptsächlich wegen seiner Drohnen bekannt. Bessere Übertragungsqualität, vor allem in Räumen mit potenziellen Störsendern. Absolutes Plus ist das Ladecase, in dem Sender und Empfänger nicht nur transportiert und aufbewahrt, sondern auch geladen werden.

Optional: Røde Lavalier GO (50 Euro)

Ansteckmikrofon zum Anschluss an die Sender von beiden oben aufgeführten Varianten.

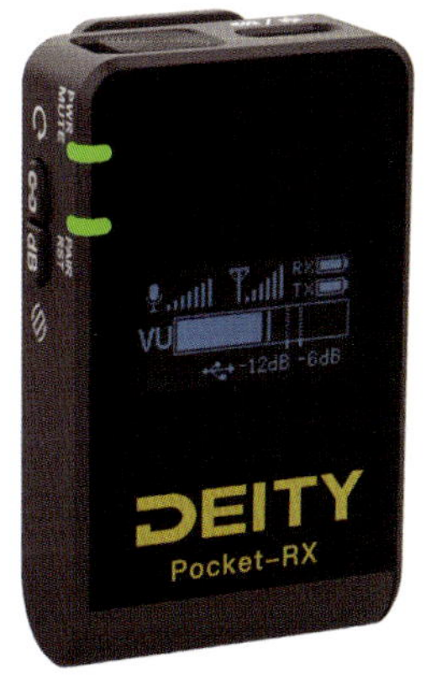

Wenn du (erst mal) nur einen Sender mit eingebautem Mikrofon brauchst, ist das Deity-Set eine gute Wahl.

Meist bekommst du ein Set, bestehend aus zwei Sendern/Mikrofonen und einem Empfänger, einige Hersteller bieten auch Sets mit nur einem Sender/Mikrofon. Achte dennoch darauf, in Zukunft einen weiteren Sender mit Mikrofon dazukaufen zu können.

Was ist mit Licht?

Gute Frage – und schnell beantwortet. In einem improvisierten Studio solltest du, wenn es denn eben geht, mit Tageslicht arbeiten und den Ort für die Aufnahmen auch danach auswählen. Natürlich wäre es besser, mit einer oder zwei Lampen zu arbeiten, aber das sorgt sofort für einen immens höheren Zeit- und Geldaufwand. Schlechtes Licht ist teurer als gutes Licht, denn zum einen verhunzt dir schlechtes Licht deine Aufnahmen, und zum anderen wirst du es früher oder später gegen etwas Vernünftiges austauschen und somit am Ende deutlich mehr Federn lassen, als hättest du gleich in etwas Nachhaltiges investiert.

Auch kann man Licht nicht mal eben aufbauen und damit arbeiten, selbst wenn das in der Werbung und von einigen auf YouTube so dargestellt wird. Solltest du also dazu gezwungen sein, mit einem improvisierten Studio auszukommen, ist das der vielleicht sauerste Apfel, in den du beißen musst.

Such dir einen Ort im Haus, der eine große Fensterfront hat oder einen Raum mit einem großen Fenster, und positioniere dich so, dass sich dieses Fenster nicht hinter dir, sondern vor dir und hinter der Kamera befindet. Ich habe eine solche Szene in einem 3-D-Licht-Simulationsprogramm nachgebaut – schau dir dazu die nachfolgenden beiden Abbildungen an.

▲ *Die Kamera steht direkt vor dem Fenster. Eine helle Tischoberfläche (zum Beispiel eine Auflage) hilft zusätzlich, das durch das Fenster einfallende Licht zu reflektieren.*

▲ *Das Ergebnis ist ein verblüffend schönes Licht. Einzig der Hintergrund kommt je nach Raumgröße nicht so gut zur Geltung – und manchmal macht dir auch mitten in der Aufnahme eine Wolke einen Strich durch die Rechnung, wenn sie sich vor die Sonne schiebt und damit deine Belichtungseinstellungen an der Kamera über den Haufen wirft.*

Das kompakte Studio

Improvisation ist immer mit Kompromissen verbunden – schön, wenn du einen Ort gefunden hast, an dem du dir ein einfaches, aber permanentes YouTube-Studio einrichten kannst. Wie groß oder klein dieser Ort sein muss, hängt einzig und allein vom Platzbedarf ab, den du für die Erstellung deiner Videos hast.

Der mit Abstand größte Vorteil eine dauerhaften Studioinstallation ist der, dass du nicht jedes Mal erst Material zusammensuchen, aufbauen und neu einstellen musst. Das spart sehr viel Zeit und Nerven, und es verhilft deinen Videos auch zu einem durchgängigen Look – denn das Licht-Setup solltest du so wählen, dass du unabhängig vom Tageslicht immer die gleichen Lichtverhältnisse in deinem Studio und damit in deinen Videos gewährleisten kannst. Das wiederum ermöglicht dir, Kameraeinstellungen nicht nachjustieren zu müssen – das Licht ist schließlich immer konstant.

Je nach Raumakustik kannst du auch mit einem Richtmikrofon arbeiten und ersparst dir damit weitere wertvolle Zeit – du musst dich nicht um das Laden der Funkstrecken kümmern, kein Ansteckmikrofon und keinen Sender an deiner Kleidung befestigen, und du musst auch nicht prüfen, ob der Ton durch diese behindert wird. Ein Richtmikrofon ist permanent angeschlossen und bezieht seine Stromversorgung dauerhaft über die Phantomspeisung, die durch das XLR-Kabel geliefert wird.

Die Dinge, die viel Platz wegnehmen, stehen normalerweise hinter oder neben der Kamera: Lichtstative, das Mikrofonstativ, das Kamerastativ – das bedeutet, dass die eigentliche Spielfläche – also der Platz, an dem du dich während der Aufzeichnung deiner Videos befindest – mitten in einem Zimmer sein kann. Solltest du für deine Videos einen Tisch benötigen, reicht möglicherweise ein zusammenklappbarer Stehtisch, der schnell hervorgeholt und aufgebaut ist. Denkbar ist in einem solchen Fall auch eine Befestigung der Videolichter an der Zimmerdecke. Es gibt dafür besondere Halterungen, die direkt an Decken oder Wänden befestigt werden können.

Auf der folgenden Abbildung (Seite 128 oben) siehst du wieder eine Lichtsimulation, diesmal mit zwei einfachen 60-cm-Softboxen ❶ und ❷, hinter denen sich Lampen im Stil einer Godox FV200 verbergen – diese kosten im Handel unter 500 Euro. Die Kamera ❸ steht ebenfalls in dieser Ecke, das ganze System nimmt also verhältnismäßig

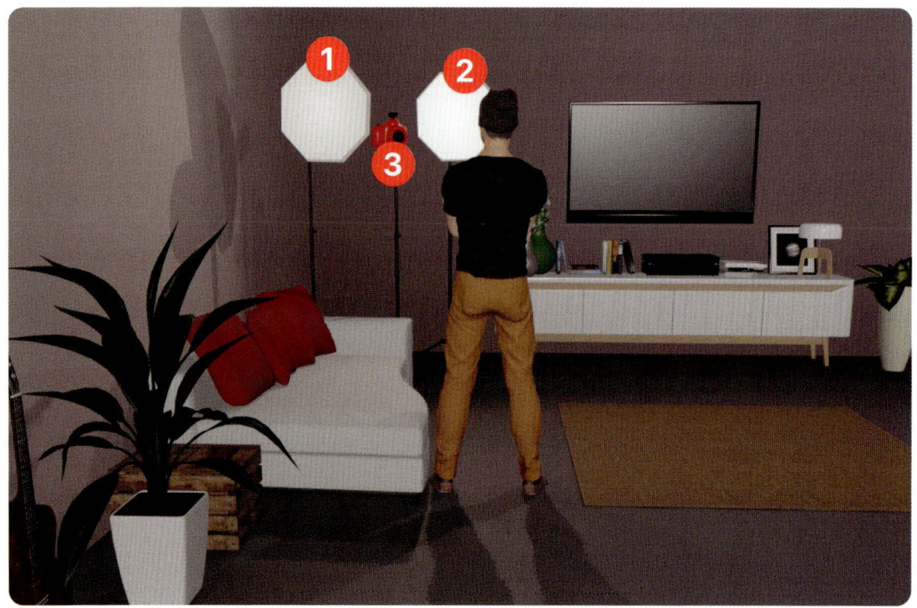

▲ *Platzsparendes Dauer-Setup, bestehend aus zwei Lampen und einer Kamera.*

Produktempfehlungen Licht

- **Budget-Lösung**: Godox FV200 (489 Euro) und Godox FW6060 Softbox (45 Euro)
- **Coole Kinder kaufen**: Godox SL300II (600 Euro) und Godox CS-65D Softbox (99 Euro)

▼ *Das Ergebnis kann sich sehen lassen.*

wenig Platz weg und könnte dauerhaft so stehen bleiben. Bei der Verwendung eines Richtmikrofons käme noch ein Mikrofonständer mit Galgen dazu, der entweder auch in der Ecke aufgebaut oder zumindest geparkt werden kann – fertig verkabelt, versteht sich.

Sollten sich wie im Beispiel Fenster hinter dir befinden, achte darauf, dass sie vom Winkel her nicht so stehen, dass sich dein Licht-Setup in ihnen spiegelt. Da du so dicht vor den beiden Lampen stehst, werden diese dein Gesicht ausreichend aufhellen, auch wenn es draußen sonnig ist. Je stärker dein künstliches Licht ist, desto weniger spielt das Umgebungslicht im Raum eine Rolle.

Die Godox-Lampen lassen sich noch dazu über eine Funkfernbedienung fernsteuern – bei den größeren Lampen liegt diese bei, für die kleinen Modelle muss sie separat für 25 Euro erworben werden. Eine solche Fernsteuerung ist eine große Erleichterung, wenn du selber vor der Kamera stehst und so dein Bild auf einem Monitor sehen und dabei die Lampen einstellen kannst. Du kannst es auch zunächst einmal nur mit einer einzigen Lampe probieren – eine zweite kannst du jederzeit bei Bedarf dazukaufen.

Das professionelle Studio

Schluss mit lustig, jetzt geht es ans Eingemachte, denn du hast dich für ein professionelles YouTube-Studio entschieden. Allein die Tatsache, dass du dazu einen dedizierten Raum – also einen, der für nichts anderes genutzt wird – zur Verfügung hast, wird dir die Arbeit bereits in erheblichem Maße erleichtern. Du wirst ein Studio haben, das stets innerhalb weniger Minuten voll einsatzbereit sein wird. Du wirst sämtliche Einstellungen – Kamera, Licht, Ton – so belassen können, wie sie einmal als optimal befunden festgelegt wurden, und somit auch spontane Videos produzieren können oder solche, mit denen du aus Gründen der Aktualität so früh wie möglich auf dein Publikum zugehen willst.

Aufbau mit Greenscreen

Je nach Größe ermöglicht dir dieser Raum auch eine effiziente und technisch korrekte Nutzung eines Greenscreen, denn dafür brauchst du viel Platz und viel Licht. Ich habe in der Abbildung oben mal einen solchen Aufbau realisiert. Allein zur gleichmäßigen Ausleuchtung des Greenscreens benötigst du im Optimalfall vier Lampen (❺, ❻, ❼, ❽). Lampe ❽ steht auf einem Bodenstativ hinter dir, die anderen hängen im gezeigten Beispiel

▲ *Greenscreen – viel Aufwand für wenig Nutzen.*

an Deckenaufhängungen, damit deren Stative nicht im Bildausschnitt gesehen werden können.

Der Greenscreen selbst besteht im gezeigten Beispiel aus einer Hintergrundrolle ❹ in der Farbe Techgreen (es kann auch ein ähnliches, anderes Grün sein), die an einem mobilen Hintergrundsystem ❸ befestigt ist. Damit die Rolle gerade hängt, benötigst du noch einen sogenannten Abschlussstab. Das ist eine Gewichtstange, die am unteren Ende des Hintergrundpapiers befestigt wird und dieses durch ihr Gewicht nach unten zieht. Solche Hintergrundsysteme bekommst du günstig bei Amazon – achte darauf, dass es eine 3,60 m breite Papierrolle aufnehmen kann, denn die Standardbreite von 2,72 m könnte zu schmal sein, wenn du ausreichend vom Hintergrund entfernt stehen willst.

Die Hintergrundlampen für den Greenscreen sind vom Hersteller Godox, Typ FV200, bei den Softboxen habe ich im Beispiel zwei mit dem Durchmesser 90 cm (❺, ❼), eine mit den Maßen 95 × 90 cm ❻ und eine mit einem Durchmesser von 60 cm am Boden ❽ aufgebaut. Wie gesagt, es geht grundsätzlich auch mit weniger Licht, aber das Ergebnis wird ebenfalls entsprechend sparsam. Im Beispiel steht unsere Protagonistin ❶ an einer Theke ❷ – hier musst du selber wissen, was du zur Präsentation benötigst.

▲ *Ein gleichmäßig ausgeleuchteter Greenscreen und eine völlig unabhängige Ausleuchtung des Vordergrunds sind neben den richtigen Kameraeinstellungen das A und O.*

Es ist unbedingt nötig, dass zwischen deinem Rücken und dem Greenscreen so viel Abstand ist wie in diesem Modell – einerseits, damit sich vom Greenscreen reflektierendes Licht nicht an deiner Kleidung und deiner Haut (den Wangen) bemerkbar macht, andererseits muss gewährleistet sein, dass sämtliches für die Ausleuchtung des Greenscreen bestimmtes Licht auch wirklich nur diesen trifft.

Hast du jetzt immer noch Lust auf Greenscreen?

Falls nicht: Es geht viel einfacher und noch dazu günstiger.

Aufbau ohne Greenscreen

Schau dir einmal die Abbildung mit dem graublauen Hintergrund an. Mir persönlich sagt so etwas viel mehr zu, zumal es in diesem Fall gar nicht erst zu Greenscreen-Peinlichkeiten kommen kann. Der Aufbau für ein solches Lichtsetting ist zudem sehr einfach, wie du der folgenden Abbildung entnehmen kannst.

Die Protagonistin ❶ steht an einer Theke ❷. Von den vier starken Lampen inklusive dazugehöriger Lichtformer (Softboxen) ist nur noch eine einzige geblieben – mit einem sogenannten Snoot-Aufsatz inklusive farbiger Folie ❹, die für einen Farbakzent auf dem

▲ *Interessante Hintergründe und Lichtstimmungen ohne Greenscreen.*

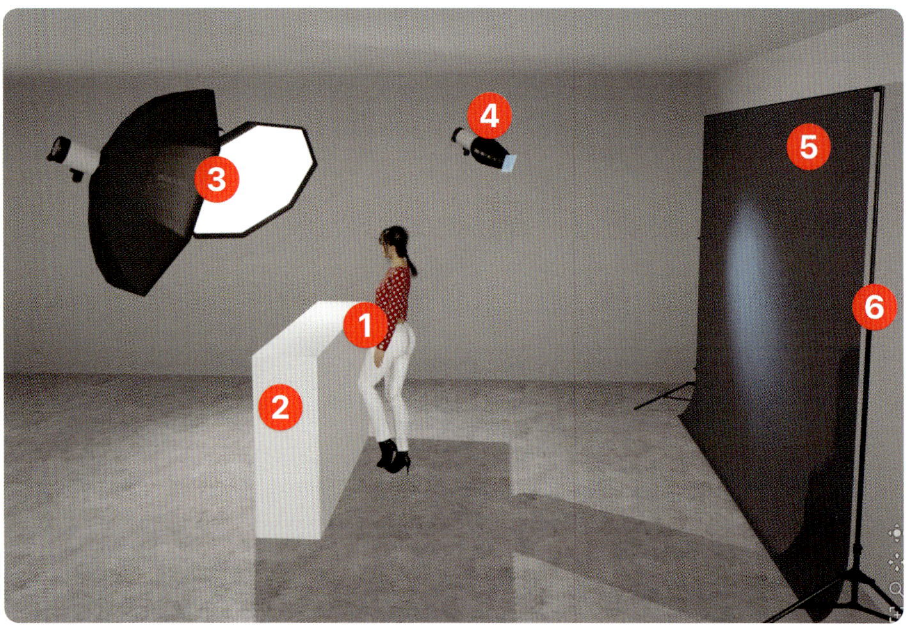

▲ *Viel einfacher – viel besser?*

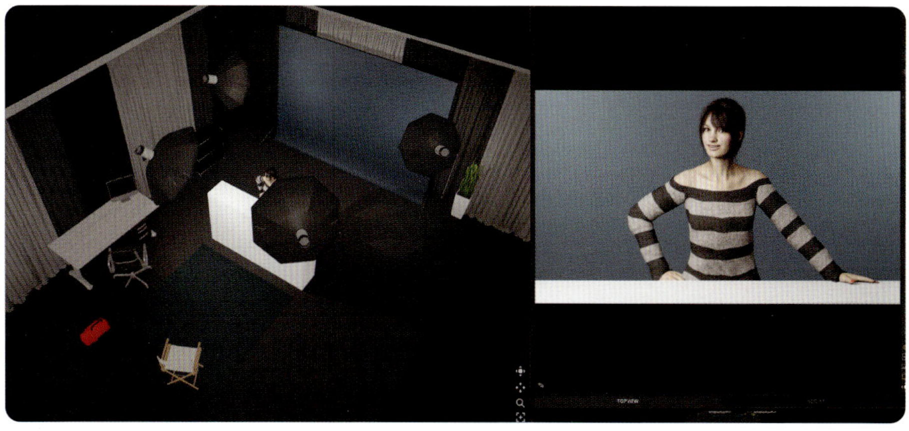

▲ *Voll ausgestattet mit Akustikvorhängen, Teppichboden, Schreibtisch und anderem Mobiliar, wird aus dem Studio ein vollwertiger Produktionsort für höchste Ansprüche.*

Hintergrund sorgt. Achte bei der Folie auf Hitzebeständigkeit – auch LED-Lampen werden heiß. Geblieben sind die beiden Hauptlichter ❸, bei denen es sich um Godox SL300II handelt – jeweils mit einer 120-cm-Softbox für herrlich weiches Licht.

Das Hintergrundsystem ❻ ist das gleiche, nur die Papierrolle ❺ ist in diesem Beispiel grau. Dir stehen viele Farben zur Verfügung, und bei einem Preis um die 120 Euro pro Rolle (11 m Papier befindet sich in der Regel darauf) könntest du sogar dazu übergehen, bestimmte Farben für jeweils unterschiedliche Themen zu verwenden. Mein Lieblingsanbieter für Hintergrundpapier ist Savage.

In einem solchen Studio würde ich dafür sorgen, dass die Akustik stimmt – wie und mit welchen Mitteln das geht, hatte ich dir ja bereits verraten. Fest an der Decke installierte Richtmikrofone wären hier das optimale Werkzeug – am besten gleich zwei davon, damit du dich auf der verhältnismäßig großen Bühne frei bewegen kannst und deine Stimme an jedem Punkt optimal eingefangen wird.

Lass dich beim Bau eines solchen Studios am besten von einem Fachmann beraten – hier ins Detail zu gehen, würde den Rahmen bei Weitem sprengen. Hinzu kommt, dass Räumlichkeiten und Ansprüche sehr unterschiedlich ausfallen – eine pauschale Lösung kann es nicht geben.

Mobile Lösungen

Manche Themen erfordern ein Maximum an Mobilität, und auch wenn die Möglichkeiten hier sehr stark begrenzt sind, möchte ich der Vollständigkeit halber auch darauf zu sprechen kommen.

Ich habe diesen Abschnitt absichtlich nicht „Das mobile Studio" genannt, weil ich unter einem solchen eher einen Ü-Wagen verstehen würde. Ein Ü-Wagen ist ein Übertragungswagen vom Fernsehen – jene komischen Fahrzeuge mit großen Satellitenschüsseln auf dem Dach, die bei Großveranstaltungen zu sehen sind. Als YouTuber wirst du vielleicht das Thema Reisen haben und viel unterwegs sein, oder du engagierst dich politisch und berichtest von Demonstrationen, indem du zeigst, wie man sich möglichst effizient mit Superkleber auf eine Autobahn klebt. In solchen Fällen ist das Smartphone die beste Wahl, denn dieses vereint quasi unter einem Dach jeden Arbeitsschritt im Rahmen der Produktion eines YouTube-Videos.

▲ *Hersteller DJI bietet mit dem OM5 den aktuell besten Smartphone-Gimbal.*

Von kleinen LED-Lichtpanels rate ich dir ab – sie machen nicht wirklich schönes Licht, wenn sie stark genug eingestellt sind, um dich sehen zu können. „Schönes“ Licht ist „weiches“ Licht, und solches gibt es nur mit großen Lichtquellen – das kann ein solches Panel nicht erfüllen.

Tontechnisch bist du mit der bereits vorgestellten Lösung des Herstellers DJI sehr gut unterwegs, da sich diese Mikrofone ohne weiteres Zubehör mit dem Smartphone verbinden und nutzen lassen.

Damit du das Smartphone nicht in der Hand halten musst, gibt es verschiedene Tischstative. Meiner Meinung nach die beste Lösung ist eine Gimbal-Tischstativ-Kombination. Ein Gimbal ist der Nachfolger der Schwebestative und stellt einen Tragegriff dar, an dem dein Smartphone befestigt wird und bei dem kleine Elektromotoren und Sensoren dafür sorgen, dass das Smartphone stets ruhig und ohne zu verwackeln ausgerichtet bleibt.

Mit einem optional erhältlichen Klappständer lässt sich ein solcher Smartphone-Gimbal wie das Modell OM5 des Herstellers DJI auf einen Tisch stellen. Eine kostenlose Software ermöglicht dir zudem, dich selbst zu filmen, während der Gimbal dein Gesicht stets in der Bildmitte hält – eine tolle Sache, wenn du als One-Man-Show unterwegs bist.

In Verbindung mit einer Action-Kamera und einem leistungsstarken Tablet wie einem iPad Pro bist du so auch unterwegs in der Lage, Videoinhalte für einen YouTube-Kanal zu erstellen, nachzubearbeiten und hochzuladen.

KAPITEL 4

PRODUKTION

Eine der zahlreichen Grundsatzfragen bei der Planung eines Konzepts für einen YouTube-Kanal besteht darin, ob du mit nur einer Kamera oder mit mehreren Kameras arbeiten willst. Je nach Budget beantwortet sich die Frage meist von selbst, denn wenn dir nur eine Kamera zur Verfügung steht, sind die Möglichkeiten dahin gehend ohnehin eingeschränkt. So ganz stimmt das aber auch wieder nicht, denn mit nur einer einzigen Kamera lässt sich zumindest eine weitere Einstellung in der Nachbearbeitung faken. Mehr dazu findest du im Abschnitt zu den „Jump-Cuts".

Eine oder mehrere Kameras?

Wenn dir mehrere Kameras zur Verfügung stehen, bedeutet das nicht zwingend, dass du auch mehrere Kameras bzw. Kameraeinstellungen nutzen solltest. Sind die dir zur Verfügung stehenden Kameras grundverschieden, käme auf dich ein unter Umständen hoher Mehraufwand in der Nachbearbeitung zu – sich stark unterscheidende Kameras erzeugen Aufnahmen, die sich ebenfalls stark in Farbgebung und Kontrasten unterscheiden. Diese Aufnahmen müsstest du in der Nachbearbeitung aufwendig aufeinander abstimmen, damit der Betrachter nicht bei jedem Kamerawechsel einen gänzlich anderen Bildstil zu sehen bekommt.

Da du für YouTube-Videos besonders als Anfänger keine fernsehtauglichen Kameras und Objektive benötigst, stünde dir noch nicht einmal eine große Investition ins Haus, wenn du von Anfang an mit zwei Kameras starten wolltest. Es gibt mittlerweile sehr passable Einsteigerkameras mit mehr als ausreichenden Videofunktionen, die du mit geeignetem Objektiv neu für um die 500 Euro bekommen kannst. Da sich der Markt auf diesem Gebiet schnell ändert, gebe ich an dieser Stelle keine direkten Produktempfehlungen, in Kapitel 3, „Das YouTube-Studio", unter „Kameras und Objektive" findest du aber eine Auflistung an empfohlenen Anforderungen. Selbst ein modernes Smartphone kann für erweiterte Kameraperspektiven herhalten.

Es kann, wie vorhin angedeutet, aber auch durchaus Vorteile haben, mit nur einer einzelnen Kamera zu arbeiten. Gerade dann, wenn du kein fest eingerichtetes YouTube-Studio hast, sondern jedes Mal alles aufbauen, einrichten und anschließend wieder abbauen musst, bedeutet das Arbeiten mit nur einer einzigen Kamera auch weniger Aufwand bei den Vorbereitungen. Auch in der Nachbearbeitung ist es in der Regel einfacher, Material einer einzelnen Kamera zu schneiden.

Andererseits hinterlässt eine Produktion mit zwei oder mehr Kameras beim Zuschauer deutlich mehr Eindruck. Unbewusst wirkt dein Video dadurch oft professioneller, und deine Aussagen bekommen mehr Gewicht und eine höhere Glaubwürdigkeit, auch wenn das rational betrachtet natürlich Quatsch ist. Außerdem gibt es Videogenres, bei denen eine zweite Kamera unumgänglich ist. Das sind meist Videos, in denen bestimmte Abläufe und Prozesse bei der Bedienung eines Geräts für den Betrachter verständlich und nachvollziehbar dargestellt werden müssen.

▲ *Beispiel einer Top-Down-Ansicht.*

Ich musste neulich eine Reparatur an einer E-Gitarre vornehmen und war froh, ein Video auf YouTube gefunden zu haben, in dem ich detailliert sehen konnte, wie ein elektronisches Bauteil verlötet werden muss. Für die Gitarristen unter den Lesern: Ich musste an einer Les Paul ein Volumen-Poti austauschen. Der YouTuber hatte das gelöst, indem er neben der normalen Kameraansicht von vorn noch eine weitere Kamera so montiert hatte, dass sie von oben herab auf den Tisch filmte, an dem er saß. Eine solche auch *Top-down-View* genannte Kameraeinstellung ist bei solchen Videos absolut wichtig, da diese Aufnahmen nur sehr umständlich nachträglich gefilmt und eingesetzt werden können.

Wenn du erst mal nur mit einer einzelnen Kamera arbeiten willst oder musst und trotzdem auf eine Top-Down-Ansicht nicht verzichten kannst, filmst du zunächst alles aus der normalen Kameraperspektive. Danach (und bevor du irgendetwas am Licht-Setup veränderst) baust du das Set um und setzt dich erneut an den Tisch, diesmal mit der Kamera über dir und auf den Tisch zeigend. Lass nun die zuvor getätigte Aufnahme auf deinem Smartphone so laufen, dass du Bild und Ton verfolgen und analog dazu die Handgriffe oder Produktdetails für die Top-Down-Kamera zeigen kannst. Das hat den Vorteil, dass du später in der Nachbearbeitung Filmmaterial der Top-Down-Kamera zur Verfügung hast, das perfekt zu den Sequenzen der Hauptkamera passt.

Dank einer zweiten Kamera hast du jedoch die Möglichkeit, sowohl direkt in die Hauptkamera zu sprechen als auch zu zeigen, was du genau machst. Dabei passen die von der Top-down-Kamera gefilmten Sequenzen perfekt zu dem, was du sprichst.

Technisch lässt sich eine solche Top-Down-Ansicht mit einfachen Mitteln realisieren. Es gibt zum einen Kamerastative mit einem sogenannten Galgen, der sich zu 90° abklappen lässt. Solche Kamerastative sind recht teuer, und meist ist der Galgen – also der horizontale Stab, der über den Tisch ragt und an dem die Kamera befestigt wird – nicht lang genug. Eine viel günstigere Alternative stellt ein Lichtstativ mit Galgen dar.

▲ *Ein Lichtstativ mit Galgen.*

Neben einem deutlich günstigeren Preis (ein Lichtstativ wie das auf der Abbildung gezeigte bekommst du bereits für etwa 200 Euro) hat ein solches Lichtstativ mit Galgen noch weitere Vorteile:

- Du kannst günstig Rollen dazukaufen, mit denen sich deine Top-Down-Ansicht sehr komfortabel ausrichten lässt.
- Du kannst ein Gegengewicht befestigen, damit Stativ und Kamera stabil stehen. Oft ist ein solches Gegengewicht bereits dabei. Auf der Abbildung besteht es aus einer Tasche, in der eine Wasserflasche als Gegengewicht Platz hat.
- Solche Lampenstative lassen sich in der Regel viel höher ausfahren als ein Kamerastativ.
- Der Galgen eines solchen Lampenstativs ist deutlich länger als der eines Kamerastativs. Dadurch ist gewährleistet, dass du die Kamera perfekt zentral über dem Tisch anbringen kannst. Auch steht das Stativ seitlich weit genug versetzt und ist somit nicht störend im Bild.

■ Auch wenn ich dir das empfehlen würde, benötigst du zur Befestigung einer kompakten Kamera keinen extra Kamerakopf. Am Ende des Galgens befindet sich ein sogenannter Lampenzapfen. Dieser lässt sich oft herausnehmen und umgekehrt wieder einstecken, und an diesem anderen Ende befindet sich eine ¾-Zoll-Schraube, die genau in das Gewinde an der Unterseite deiner Kamera passt. Mit einer Unterlegscheibe kannst du für zusätzliche Stabilität sorgen. Wie gesagt, nicht die beste Lösung, aber es funktioniert, und du sparst einiges an Geld.

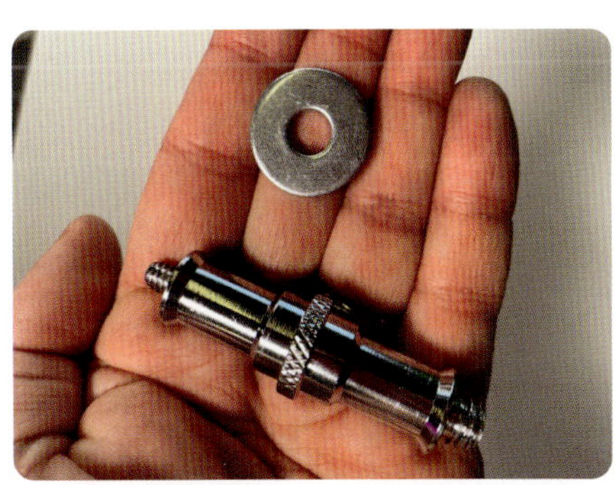

▲ *Die Unterlegscheibe sorgt für zusätzliche Stabilität und entlastet das Gewinde im Kamerabody.*

Eine Kameraeinstellung, die man immer öfter auf YouTube sieht, ist die Bystander-Ansicht. Ein „Bystander" ist jemand, der dabei ist, also irgendwo im Raum steht und aus dieser Perspektive die Handlung verfolgt. Für gewöhnlich schaust du dabei nie in diese Kamera.

▲ *Beispiel aus der Perspektive des Bystanders.*

Einerseits eignet sich die Bystander-Perspektive sehr gut dazu, eine mögliche Monotonie zu brechen, die bei der Verwendung von nur einer einzigen Kameraeinstellung auftreten kann. Andererseits kannst du sie dazu nutzen, Schnitte zu kaschieren. Anders als bei einer Top-Down-Perspektive fällt es in der Bystander-Perspektive erheblich mehr auf, wenn sich Farbgebung und Kontraste beider Einstellungen unterscheiden. Ich würde dir also dazu raten, hier zwei identische Kameras zu verwenden oder auch solche, die aufgrund eines gleichen oder sehr ähnlichen Sensors entweder schon von Haus aus keine großen Look-Unterschiede zeigen oder bei denen sich die Unterschiede mit vertretbarem Aufwand in der Nachbearbeitung angleichen lassen.

Wichtig bei der Arbeit mit zwei oder mehr Kameras ist, dass du das aufgenommene Material später in der Nachbearbeitung gut zusammenführen kannst. Am einfachsten geht das, indem du zu Beginn der Aufnahme, wenn alle beteiligten Kameras bereits laufen, so in die Hände klatschst, dass dies in sämtlichen Kameraperspektiven sichtbar und auf den Tonaufnahmen aller beteiligten Kameras und Audiorekorder hörbar ist. Hierzu mehr im Abschnitt „Der gute Ton" weiter oben.

Nur dann kannst du das Material in der Nachbearbeitung synchronisieren, und das entweder manuell und optisch über die Handbewegung, wenn du in die Hände klatschst, oder automatisiert über den auf sämtlichen Aufnahmen enthaltenen akustischen Impuls des Klatschens.

Zusammenfassend lässt sich also festhalten, dass in aller Regel eine einzelne Kamera ausreicht. Kommt eine weitere ins Spiel, sollte diese vom Bildlook her identisch oder sehr ähnlich zur Hauptkamera sein. Auf allen Kameras sollte auch der Ton mitgeschnitten werden – selbst dann, wenn ein externer Audiorekorder verwendet wird. Klatsche zu Beginn eines jeden Takes für alle Kameras sichtbar in die Hände, um das gesammelte Material später in der Nachbearbeitung zusammensetzen (synchronisieren) zu können.

Stil- und Hilfsmittel

In diesem Abschnitt geht es um die Frage, wie sich ein YouTube-Video durch den Einsatz mehrerer Kameraansichten (nicht zwingend mehrerer Kameras) für den Betrachter interessanter gestalten lässt. Gehen wir mal von einem typischen YouTube-Set aus, bei dem du an einem Tisch sitzt und über ein Produkt sprechen willst. Die Haupteinstellung wird also dich, den Tisch und das auf dem Tisch stehende Produkt zeigen – nur mal so als Beispiel.

▲ *Ein typisches YouTube-Set.*

Würdest du nun das gesamte Video mit nur dieser einen Kameraeinstellung filmen, würde das auf die Dauer für den Betrachter langweilig werden.

Das Gehirn will ständig beschäftigt werden, und je weniger auf dem Bildschirm passiert, desto mehr sinkt die Aufnahmefähigkeit und die Bereitschaft, aktiv und aufmerksam zuzuhören.

Mit einer weiteren Kamera würde sich dir die Möglichkeit bieten, ab und zu die Ansicht zu wechseln und damit den Langeweile-Zähler im Kopf des Betrachters wieder auf null zu setzen. Eine beliebte und bereits angesprochene Kameraeinstellung ist die Bystander-Perspektive, die, wie im vorangegangenen Abschnitt erwähnt, den Eindruck schenkt, man würde nicht direkt vom Protagonisten angesprochen, sondern stünde nur als Zuschauer mit im Raum.

▲ *Jetzt in Bystander-Perspektive.*

Mit nur einer einzigen Kamera im Arsenal ist eine solche Einstellung nicht möglich. Wenn aber deine Kamera in der Lage ist, im 4K-Format zu filmen und du deine Videos im FHD-Format hochlädst, besteht die Möglichkeit, in der Nachbearbeitung eine weitere Kameraeinstellung zu faken, also künstlich herzustellen, indem du gelegentlich ganz einfach in dein 4K-Material hineinzoomst. Das sieht dann so aus wie auf der folgenden Abbildung.

▲ *Nachträglich in den Film hineinzoomen.*

Auf diese Weise kannst du mit nur einer einzigen Kamera für eine deutliche Variation auf dem Bildschirm sorgen, die die Aufmerksamkeit des Betrachters immer wieder neu gewinnt und zusätzlich dafür sorgt, dass man sich sogar noch direkter angesprochen fühlt als bei der normalen Einstellung.

Ein solches Hineinzoomen ist ebenfalls nützlich, wenn man sich direkt an den Betrachter richten will oder wenn es thematisch oder inhaltlich etwas persönlicher wird. Das einfachste Beispiel dafür ist die Begrüßung zu Beginn respektive die Verabschiedung am Ende deines Videos. Auch der Moment, in dem du den Zuschauer dazu aufforderst, deinen Kanal zu unterstützen, eine Bewertung abzugeben oder den

Kanal zu abonnieren, bekommt mit einer so intimen Bildeinstellung noch einmal mehr Gewicht.

Aufpassen solltest du bezüglich der Häufigkeit, mit der du zwischen der normalen und der herangezoomten, vergrößerten Ansicht wechselst. Ein zu häufiger Wechsel bringt Unruhe rein, ich habe die Erfahrung gemacht, dass eine Dauer von sechs bis zehn Sekunden zwischen den einzelnen Einstellungen ein gutes Mittelmaß darstellt. Ein geeigneter Moment für einen solchen Wechsel ist auch immer dann gegeben, wenn du ein neues Thema anfängst. Experimentiere damit und achte vor allem – wie bei so vielem –beim Schauen von YouTube-Videos deiner Vorbilder darauf, wie sie dies anwenden.

Eine solche nachträgliche Vergrößerung des Bildausschnitts dient aber auch einer Technik, die man immer häufiger auf YouTube sehen kann und die dazu dienen soll, Videos drastisch zu kürzen und Informationen sehr komprimiert zu präsentieren. Gemeint sind sogenannte *Jump-Cuts* . Bei einem Jump-Cut werden in der Nachbearbeitung alle längeren Pausen zwischen Sätzen ganz einfach herausgeschnitten. Das Video springt so regelrecht von Aussage zu Aussage, und je nachdem, wie viel sich der Protagonist während des Videos bewegt, sind diese Sprünge auch mehr oder weniger deutlich sichtbar. Viele YouTuber kaschieren diese Sprünge dann damit, dass sie jeweils zu einer anderen Ansicht wechseln – also von „normal“ zu „hineingezoomt“ und zurück.

Ob solche Jump-Cuts eine gute Sache sind oder nicht, hängt hauptsächlich vom Thema deines Kanals, des Videos und der angesprochenen Zielgruppe ab. Ich beobachte das häufig bei Produktrezensionen, die sich an ein jüngeres (ungeduldigeres?) Publikum richten. Mir persönlich ist ein solches Dauerfeuer an Information viel zu unpersönlich, und es fehlt mir die menschliche Komponente.

Für mich ist dies das genaue Gegenteil von solchen Videos, in denen „äh“ das am meisten gebrauchte Wort ist oder in denen sich der Mensch vor der Kamera in schier nicht enden wollenden Sätzen gespickt von leeren Worthülsen und – oft in die Irre leitenden – Nebensätzen, die, hört man genau hin und versucht man, deren Aussage zu folgen (was stark abhängig von den rhetorischen Fähigkeiten) gerne auch mal ins Leere führen, wobei …

Genau so etwas meinte ich.

No-Gos und Jugendschutz

Ich werde hier nicht den Moralapostel machen – das nimmt mir eh keiner ab –, trotzdem gibt es ein paar sogenannte No-Gos, die nicht zwingend etwas mit Moral zu tun haben müssen, aber trotzdem um jeden Preis vermieden werden sollten. Lies dir bitte ebenfalls die Hinweise und Ausführungen bezüglich Urheberrecht in diesem Abschnitt durch – auch wenn es fürchterlich trockener Stoff ist.

Die Plattform YouTube sieht sich völlig zu Recht stark kritisiert, weil es den Betreibern nicht gelingt, deren Besucher vor negativen Inhalten jeglicher Art zu schützen. Inzwischen ist man wenigstens so weit, bereits beim Hochladen von Videos ein paar automatisierte Erkennungstechniken anzuwenden, die die Darstellung von Pornografie und derber Gewalt blockieren sollten. Leider klappt auch das nicht immer. Bei der unglaublichen Menge an Material, das jede Minute auf YouTube hochgeladen wird, kann nicht erwartet werden, dass „echte Menschen" dieses sichten und manuell prüfen.

YouTube ist extrem bemüht, den Laden sauber zu halten, und geht rigoros gegen solche vor, die sich nicht an die Regeln halten. Schlimmstenfalls droht Rausschmiss auf Lebenszeit inklusive ersatzloser Löschung aller Inhalte, von Klagen ganz abgesehen. Beachte hierzu auch meine Hinweise bezüglich YouTube-Monetarisierung in Kapitel 7, „Erfolgreiches Selbstmarketing".

Jugendschutz in den Medien

Bei allen Videos musst du unbedingt darauf achten, dass die Vorschriften zum Jugendschutz in den Medien, insbesondere der Jugendmedienschutz-Staatsvertrag (JMStV) und das Jugendschutzgesetz (JuSchG) beachtet und eingehalten werden. Da Kinder und Jugendliche als leicht beeinflussbar und unerfahren im Umgang mit Unternehmen gelten, werden sie nach deutschem Recht besonders geschützt. Aus diesem Grund darf dein Video keine Inhalte enthalten, die geeignet sind, die Entwicklung von Kindern und Jugendlichen oder ihre Erziehung zu einer eigenverantwortlichen und gemeinschaftsfähigen Persönlichkeit ernsthaft zu gefährden oder zu beeinträchtigen.

Ich schätze die Leser dieses Buchs jetzt nicht so ein, als müsste man ihnen sagen, dass Pornografie und Gewaltdarstellungen auf YouTube nichts verloren haben. Es besteht aber auch bei nicht eindeutigen und nicht bewussten Verstößen die Gefahr, von anderen Nutzern falsch verstanden und angeschwärzt zu werden – jeder Nutzer kann (und sollte) entsprechende Inhalte auf YouTube melden, was sehr einfach geht und auch Beachtung findet. Ich habe selber schon ein paarmal Beiträge gemeldet und innerhalb weniger Stunden Bescheid bekommen, dass diese gelöscht wurden.

Wortwitz und Zweideutigkeiten

Worauf ich hinauswill: Nicht jeder ist in der Lage, Wortwitz, Zweideutigkeit, Satire und eine fremde, von der eigenen abweichende Meinung zu verstehen geschweige denn zu akzeptieren. Abseits der dringenden Empfehlung, keine ohnehin unangemessenen oder sogar verbotenen Inhalte hochzuladen, rate ich dir unbedingt auch dazu, von allzu provokanter Gangart abzusehen. Das gilt vor allem für gesellschaftlich sensible Themen. Natürlich gehören auch solche dorthin – es gleich ganz zu lassen, würde nur diejenigen nähren, in deren Interesse das wäre. Studiere einfach vorher sehr genau andere, vergleichbare Kanäle und lerne, wie diese solche Themen aufbereiten und im späteren Verlauf in den Kommentaren managen.

Hinzu kommt, dass YouTube selbst inzwischen sehr empfindlich auf potenziell missverständliche Inhalte reagiert. Da ist man inzwischen so drauf, dass lieber etwas gelöscht und der Ersteller verwarnt wird, als dass man sich näher mit den Vorwürfen beschäftigt. Es findet keine Zensur statt, aber in manchen Bereichen eine fast schon panische Angst davor, etwas Falsches durch die Prüfmechanismen sickern zu lassen. Ich hoffe also, dass diejenigen, die es betreffen könnte, gut im „Zwischen-den-Zeilen-Lesen“ sind.

Du planst einen Kanal zum Thema Staubsaugerroboter? Sei auch da nicht unbesorgt – die Menge an besserwissenden Klugscheißern und „aktiv Andersdenkenden“ ist schier erdrückend.

Es gibt aber auch weniger heikle Fettnäpfchen und Unachtsamkeiten, die dazu führen können, dass man dich bzw. deine Arbeit auf deinem YouTube-Kanal nicht ernst nimmt oder nicht in dem Maße würdigt, wie es vielleicht verdient wäre.

Zielgruppengerechtes Outfit

Als ich über Stilfindung schrieb, betonte ich mehrfach, wie wichtig es ist, dass du auf deinem Kanal du selbst bleibst, authentisch und nahbar. Das gilt auch für dein Outfit, das zielgruppen- und themengerecht sein sollte. Du solltest dich für dein Publikum auf keinen Fall verkleiden – es ist keine Showbühne, auf die du dich da begibst. Ich kann dir angesichts der möglichen Themenvielfalt an dieser Stelle keine Beispiele nennen, aber ich denke, du wirst wissen, was ich meine und wie ich das meine. Mit deinem Outfit transportierst du immer eine Message, und je neutraler diese ausfällt, desto weniger wirst du Gefahr laufen, zu polarisieren.

Unruhestifter in deiner Umgebung

Gerade im Fall eines improvisierten Studios solltest du darauf achten, dass im Blickfeld der Kamera keine Unordnung herrscht. So viel Zeit sollte immer sein, den Bereich, den deine Zuschauer im Video sehen werden, dafür herzurichten – und wenn du einfach alles in den Bereich hinter der Kamera wirfst, wo man das Chaos nicht sehen kann. Es schadet nicht, eine kurze Sequenz deiner Szene zu filmen und sie vor dem eigentlichen Dreh auf mögliche Unruhestifter im Bildausschnitt zu kontrollieren.

Urheber- und Persönlichkeitsrechte

Achte bei deinen Beiträgen unbedingt darauf, dass es zu keinen Verstößen gegen Urheberrechte kommt. Das Geringste, was dir in einem solchen Fall passieren kann, ist eine Sperrung der Monetarisierung deiner Videos. Das bedeutet, dass etwaige Werbeeinnahmen durch YouTube-Werbung nicht dir, sondern teilweise oder ganz dem Rechteinhaber zugesprochen werden. Es kommt aber auch immer häufiger zu teuren Abmahnungen bis hin zu Strafverfahren, und das oftmals wegen vermeintlicher Bagatellen.

Solltest du in deinen Videos Musik, Bilder oder Clips fremden Ursprungs verwenden, vergewissere dich sehr genau, inwieweit dies zulässig ist oder gegen bestehende Gesetze verstoßen könnte. Unzählige Anwaltskanzleien haben sich darauf spezialisiert, Urheberrechtsverletzungen auf YouTube ausfindig zu machen. Sollten auch nur die leisesten Zweifel bestehen, ob du einen Song, eine Grafik, ein Bild oder einen Clip in einem deiner Videos verwenden darfst oder nicht, verzichte lieber darauf.

Urheberrechtlich geschütztes Material

Zusammenstellungen von und Ausschnitte aus lustigen Videos oder eine Coverversion eines Musikstücks sind bei YouTubern besonders beliebt. Allerdings besitzt jeder Schöpfer eines Werks die Urheberrechte an diesem Werk. Ohne die Zustimmung des Rechteinhabers darf das Werk nicht bearbeitet oder verbreitet werden. Die Verwertungsrechte an den Musikstücken liegen oft auch bei den Plattenfirmen. Wer hier nicht die entsprechenden Lizenzen und Erlaubnisse einholt, riskiert Abmahnungen und Schadensersatzforderungen.

Creative-Commons-Inhalte

Auch bei der Verwendung von Creative-Commons-Inhalten solltest du vorsichtig sein. In den meisten Fällen ist die Nutzung nur erlaubt, wenn bestimmte Voraussetzungen erfüllt sind, z. B. die Nennung des Rechteinhabers respektive Urhebers. Viele der Creative-Commons-Inhalte sind auch nicht für die kommerzielle Nutzung freigegeben. Hier solltest du besonders aufmerksam sein, denn YouTube platziert Werbung in deinen Videos und auch neben deinen Videos – und dies stellt eine kommerzielle Nutzung der Inhalte dar.

Verwendung fremder Videoclips

Wenn du Videoclips in deinen eigenen Videos verwendest, musst du zuerst die nötigen Rechte vom Urheber einholen. Ohne seine Zustimmung darf keines seiner Werke verwendet werden. Das bedeutet auch, dass kein Filmclip bearbeitet (z. B. geschnitten) oder öffentlich zugänglich gemacht werden darf (z. B. eingebettet auf der Homepage). Wenn du dennoch Clips von Dritten in deinen eigenen Videos verwendest, setzt du dich dem Risiko einer kostspieligen Abmahnung durch den Urheberrechteinhaber aus. Entgegen der landläufigen Meinung ist die Länge des verwendeten Clips nicht wichtig. Selbst sehr kurze Ausschnitte oder Teile von z. B. Filmwerken sind nach der höchstrichterlichen Rechtsprechung (BGH, Urteil vom 20.12.2007 – I ZR 42/05) bereits urheberrechtlich geschützt.

Creative Commons (CC)

Creative Commons (CC) ist eine international tätige gemeinnützige Organisation, die kostenlose Lizenzen für Urheber bereitstellt, die ihre Werke der Öffentlichkeit zugänglich machen. Diese Lizenzen helfen dem Urheber, anderen die Nutzung seines Werks unter bestimmten Bedingungen im Voraus zu gestatten.

Es gibt sechs CC-Kernlizenzen, die erlauben, das Material auf unterschiedliche Weise zu nutzen.

Ausführliche Informationen zu CC findest du im Netz, zum Beispiel auf Wikipedia unter dem Suchbegriff „Creative Commons“.

Musiktitel verwenden

Musikstücke sind ebenfalls Werke im Sinne des § 2 UrhG und unterliegen daher dem Urheberrecht. Dabei muss zwischen der Komposition des Musikstücks und dem Text, falls vorhanden, unterschieden werden. Komponist und Textdichter sind häufig nicht ein und dieselbe Person, wodurch es mehrere Urheber gibt. Wenn mehrere Personen ein Stück komponiert haben, sind sie Co-Autoren und damit ebenfalls Urheber.

Sobald du einen Titel in deinen Videos verwenden willst, musst du daher die nötigen Rechte vom Urheber einholen. Konkret bedeutet das, dass du vor jeder Nutzung, Vervielfältigung (z. B. Anfertigung einer Kopie), Aufführung (z. B. im Rahmen eines Live-Streams auf deinem Kanal) etc. seiner Werke die entsprechenden Rechte vom Urheber einholen musst.

Das gilt auch, wenn nur ein kleiner Ausschnitt der Musik verwendet wird. Die Gewährung von Rechten erfolgt in der Regel im Rahmen von schriftlichen Lizenzverträgen. Ich empfehle dir, alle Verträge immer schriftlich festzuhalten bzw. aufzubewahren, damit du die einzelnen Vereinbarungen im Streitfall belegen kannst.

Oft haben die Urheber die Verwaltung der Rechte an Dritte weitergegeben, z. B. an die GEMA, sodass dort die Erlaubnis zur Nutzung oder Verwertung eingeholt werden muss. Alternativ kann auch GEMA-freie Musik verwendet werden. Das gilt zum Beispiel für Musik, die unter einer Creative-Commons-Lizenz (CC-Lizenz, siehe oben) veröffentlicht wurde, oder aber der jeweilige Komponist der Musik ist seit mehr als 70 Jahren verstorben.

Aufgepasst!

GEMA-frei heißt in diesem Fall nicht lizenzfrei. Vielmehr gibt es auch für Musik, die die unter einer Creative-Commons-Lizenz veröffentlicht wurde, entsprechende Lizenzbedingungen. Diese unterscheiden sich je nach Art der CC-Lizenz. Unter anderem muss der Name des Urhebers genannt werden. Außerdem sind nicht alle Musikstücke auch für die kommerzielle Nutzung freigegeben. Wenn du die Musik kommerziell nutzen möchtest, musst du sicherstellen, dass eine kommerzielle Nutzung für das jeweilige Musikstück nicht ausgeschlossen ist.

Fotos und Bilder

Fast alle Fotos und Bilder sind durch das Urheberrecht geschützt. Daher brauchst du auch die Zustimmung des Urhebers, d. h. des Fotografen, Malers oder Designers. Das gilt zumindest, wenn der Urheber noch nicht seit mindestens 70 Jahren verstorben ist.

Urheber können ihre Urheberrechte entweder selbst verwalten oder sie von Dritten verwalten (einräumen und verfolgen) lassen. Ähnlich wie die GEMA Urheberrechtsansprüche für Musik verwaltet, kümmert sich die VG Bild Kunst um die Rechte von bildenden Künstlern. Deshalb solltest du dich immer an den Urheber selbst oder die ihn vertretende Institution wenden, wenn du entsprechende Rechte für deine Videos benötigst. Lass dir die Rechte immer schriftlich geben, damit du im Streitfall einen schriftlichen Nachweis vorlegen kannst.

Auch bei der Verwendung von Fotos aus Datenbanken solltest du vorsichtig sein. Achte zum einen darauf, dass du immer die richtige Lizenz wählst. Es gibt Lizenzen für die einmalige Nutzung durch ein Unternehmen, aber auch Lizenzen, die für den gesamten Konzern gelten und auch kommerziell (und damit auf YouTube) genutzt werden können. Andererseits bieten Datenbanklizenzen keinen hundertprozentigen Schutz. Wenn der Datenbankanbieter selbst nicht alle erforderlichen Rechte vom Urheberrechteinhaber erhalten hat, kann er sie nicht nachträglich auf dich übertragen. In einem solchen Fall hast du keine Rechte erworben und bist trotz der scheinbar erworbenen Lizenz haftbar.

Wenn du Dritte mit der Erstellung der Inhalte beauftragt hast oder die Fotos, Plakate und Bilder anderer Personen verwenden möchtest, brauchst du auch dann die entsprechenden Rechte der Urheberrechteinhaber. In diesem Fall solltest du dringend dafür sorgen, dass eine ausdrückliche Onlinenutzung der Fotos, Poster und Bilder mit dem Fotografen vertraglich vereinbart wird. Der Fotograf sollte dir außerdem schriftlich versichern, dass er alle notwendigen Rechte selbst eingeholt hat oder einholen wird. Er muss zum Beispiel auch die Rechte von den Modellen seiner Bilder oder den Eigentümern der fotografierten Orte einholen.

Besondere Vorsicht ist bei Fotos geboten, die du lediglich über eine Suchmaschine gefunden hast. Du darfst sie ebenfalls nicht ohne die Zustimmung des Urheberrechteinhabers verwenden. Wenn der Urheberrechteinhaber nicht ermittelt werden kann, gilt das Gleiche wie bei fehlender Zustimmung. Im Fall eines Rechtsstreits kannst du dich nicht damit rausreden, dass es nicht möglich war, den Urheber zu identifizieren.

Alternativ gibt es natürlich auch Fotos und Grafiken, die unter der Creative-Commons-Lizenz veröffentlicht wurden und oft kostenlos sind. Bitte achte auf die entsprechenden Lizenzbedingungen der CC-Lizenzen. Die Rechte werden nur gewährt, wenn du dich an die angegebenen Lizenzbedingungen hältst, wie z. B. die Nennung des Urhebers.

Ich kann und darf an dieser Stelle keine Rechtsberatung machen und möchte – muss – ausdrücklich darauf hinweisen, dass alles, was ich hier geschrieben habe, auf meinen eigenen Erfahrungen und Recherchen auf dem Gebiet beruht. Die rechtlich sicherste Lösung ist daher, hauptsächlich Inhalte zu verwenden, die du selbst erstellt hast. In diesem Fall bist du der Urheber und hast keine Probleme mit den Urheberrechten Dritter. Auch in diesem Fall müssen jedoch die Persönlichkeitsrechte abgebildeter Personen beachtet werden.

Kennzeichnung von Werbung

Wenn du Produkte bekannter Marken im Video zeigen oder Produkte bekannter Marken im Rahmen deines Videos verwenden willst, solltest du vorsichtig sein. Werbung muss immer eindeutig als solche erkennbar sein und deutlich von den anderen Inhalten in deinen Videos getrennt werden. Tust du das nicht, kann das schnell zum Vorwurf der Schleichwerbung führen, denn es ist verboten, sogenannte „werbliche Darstellungen von Produkten oder Produktplatzierungen" im Video nicht mit der für kommerzielle Inhalte vorgeschriebenen Kennzeichnung zu versehen. Je nach Inhalt deines Videos kann eine solche illegale Werbung schlimmstenfalls wettbewerbsrechtliche Sanktionen oder Geldbußen nach sich ziehen.

Zum Glück ist so eine Kennzeichnung sehr einfach: Blende in einer Bildecke „Werbung" oder „Bezahlte Werbung" ein, und du bist aus dem Schneider. Als bezahlte Werbung gilt übrigens bereits, wenn dir ein Hersteller ein Produkt für ein Video kostenlos überlassen hat. Rein rechtlich reicht es nicht, an einer Stelle im Video mündlich darauf hinzuweisen, dass du das Produkt für den Test geschenkt bekommen hast – auch wenn viele das in ihren Videos so machen.

Bezahlte Werbung

Du musst es uns mitteilen, wenn du von einem Dritten Leistungen erhalten hast, um dein Video zu erstellen. Wir blenden dann einen Hinweis für die Zuschauer ein, dass dein Video bezahlte Werbung enthält.

☐ Mein Video enthält bezahlte Werbung wie Produktplatzierungen, Sponsorships oder Empfehlungen

Wenn du dieses Kästchen anklickst, bestätigst du, dass die bezahlte Werbung unseren Werberichtlinien und allen geltenden Gesetzen und Vorschriften entspricht. Weitere Informationen

▲ *YouTubes eigenes Kennzeichnungssystem.*

YouTube bietet auch selbst eine Möglichkeit, Werbung als solche zu kennzeichnen. Du kannst bereits beim Hochladen eines Videos oder auch später auf der YouTube-Studio-Oberfläche unter *Bezahlte Werbung* einen Haken bei *Mein Video enthält bezahlte Werbung wie Produktplatzierungen, Sponsorships oder Empfehlungen* setzen. YouTube blendet dann am Anfang deines Videos einen entsprechenden Hinweis ein. Wenn du diesen Auswahlpunkt nicht sofort sehen kannst, musst du eventuell auf *Weitere Informationen* klicken.

Markenrechte beachten

Wenn du Marken, Logos oder Designs Dritter verwenden möchtest, solltest du das Markenrecht beachten. Der Inhaber einer Marke hat das ausschließliche Recht, seine Marke zu benutzen. Er kann sich wehren, wenn seine Marke oder ein ähnliches Zeichen, bei dem Verwechslungsgefahr besteht, in deinen Videos verwendet wird. Daher ist es in der Regel rechtswidrig, fremde Marken und Logos zu verwenden, um die eigenen Produkte oder Dienstleistungen durch deren Bekanntmachung in der Öffentlichkeit zu bewerben.

Das gilt nach den §§ 14 und 15 des Markengesetzes insbesondere dann, wenn der Markeninhaber diese Produkte oder Dienstleistungen selbst anbietet. Ich verwende in vielen meiner Videos das Markenlogo des Kameraherstellers Fujifilm, habe dafür aber tatsächlich die Erlaubnis.

Wenn du ein Produkt gekauft hast und es in einem Video bewirbst und beschreibst, handelst du grundsätzlich im Einklang mit geltenden Gesetzen. Allerdings solltest du darauf achten, dass von dir im Video getätigte Behauptungen, Schilderungen und Ergebnisse auch überprüfbar sind. Andernfalls kann der Markeninhaber kostenintensive Abmahnungen aussprechen, wenn angebliche Fakten veröffentlicht werden, aber nicht belegt werden können.

Kameraeinstellungen

Wenn du dir den Luxus eines fest eingerichteten YouTube-Studios leisten kannst, wirst du dich wahrscheinlich nur ein einziges Mal mit dem Thema Kameraeinstellungen beschäftigen müssen und diese danach so belassen wollen. Der große Vorteil einer solchen kontrollierten Studioumgebung besteht ja darin, dass du theoretisch nur einen Hauptschalter aktivieren müsstest und sofort mit der Aufnahme loslegen könntest. Natürlich sieht das in der Praxis meist anders aus, und es schadet nicht, zumindest die Grundprinzipien bei der Wahl der korrekten Kameraeinstellungen zu kennen, und genau diese möchte ich dir in diesem Abschnitt vermitteln.

Grundsätzliches

Gerade dann, wenn du jemand bist, der sich so gar nicht für Fotografie und Video interessiert, sich gezwungenermaßen aber wegen des YouTube-Kanals mit der Materie auseinandersetzen muss, können die Menübildschirme an deinen Kameras fürchterlich unübersichtlich und unverständlich wirken. Die Kunst besteht darin, zu wissen, was wirklich für dich und deinen Anwendungsbereich relevant ist und was nicht. Ich kann dir an dieser Stelle nur grundsätzliche Empfehlungen geben, da jedes Kameramenü anders aufgebaut ist und jede Kamera die eine oder andere Eigenart hat, die marken- oder modellspezifisch ist. Trotzdem werden dir die folgenden Angaben, Tipps und Tricks zu guten ersten Ergebnissen verhelfen und eine solide Basis bilden, von der aus du mit eigenen Erfahrungen und eigener Recherche weiteres Wissen anhäufen wirst.

Auflösung und Seitenverhältnis

Die Auflösung ist so ziemlich die elementarste aller Einstellungen. Sie bestimmt, aus wie vielen einzelnen Mosaikstückchen die Einzelbilder deiner Videos bestehen. Je mehr Mosaiksteinchen vorhanden sind, desto feiner sind die Details in deinen Videos, und desto besser sieht es aus, wenn man es auf einem großen Bildschirm anschaut. Es gibt etliche verschiedene Auflösungen, aber uns interessieren für unser YouTube-Studio nur zwei davon:

1. Full-HD oder FHD (3.840 × 2.160 Bildpunkte)

2. 4K oder UHD (1.920 × 1.080 Bildpunkte)

Bei YouTube kannst du Videos allerdings auch noch in verschiedenen weiteren Auflösungen hochladen:

- 240p: 426 × 240 Pixel
- 360p: 640 × 360 Pixel
- 480p: 854 × 480 Pixel
- 720p: 1.280 × 720 Pixel
- 1.440p: 2.560 × 1.440 Pixel

Die geringste Auflösung von Videos auf YouTube beträgt demnach 426 × 240 Pixel, die höchste 3.840 × 2.160 Pixel. In der Praxis ist alles unter 720p (häufig auch als SD bezeichnet) absolut inakzeptabel, und glücklicherweise gibt es kaum noch Kameras, die in dem Bereich unterwegs sind.

Wenn du irgendwann mal im Segelboot zu den Azoren unterwegs bist und lediglich ein Satellitentelefon für die Datenübertragung zur Verfügung hast, solltest du selbst dann immer in der höchsten zur Verfügung stehenden Auflösung filmen und das Material abschließend beim Export aus deinem Videoschnittprogramm auf ein kleines Format bringen, damit ein Hochladen deines Videos auch unter widrigen Bedingungen trotzdem möglich wird.

In aller Regel genügt für einen normalen YouTube-Kanal auch im Jahr 2022 noch immer eine FHD-Auflösung als Ausgabeformat. Ich schreibe hier bewusst „Ausgabeformat" und nicht „Aufnahmeformat".

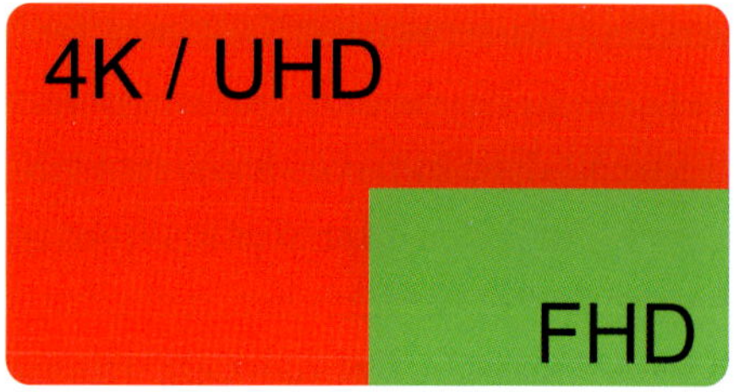

▲ *Größenvergleich der Bildflächen.*

Es ist wichtig, zu verstehen, dass du deine Videos durchaus in einer höheren Auflösung produzieren kannst als die, die du verwendest, wenn du sie später auf YouTube veröffentlichst. Nehmen wir mal an, dass du deine Videos auf YouTube im FHD-Format veröffentlichst. Wenn du sie trotzdem im 4K-Format filmst und bearbeitest und erst am Schluss von 4K auf FHD herunterrechnen lässt, wird das Ergebnis ein sichtbar schärferes Bild sein, als wenn du von vornherein nur im FHD-Format produziert hättest. Du hast also bereits einen ersten Qualitätsvorteil einzig dadurch, dass du die Filmaufnahmen in einer fast viermal höheren Auflösung gemacht hast.

Die Voraussetzung für diese Arbeitsweise ist natürlich, dass deine Kamera im 4K-Format filmen kann und dein Schnittcomputer über ausreichend Kraftreserven verfügt, Material in dieser hohen Auflösung zu verarbeiten.

Der für mich größte Vorteil, in einer höheren Auflösung zu filmen (z. B. 4K) als der, in der ich das Video später veröffentliche, besteht darin, dass ich in der Nachbearbeitung Ausschnittvergrößerungen machen kann, ohne dafür einen Qualitätsverlust in Kauf nehmen zu müssen.

Schau dir noch einmal die Abbildung mit dem kleineren grünen im großen roten Feld an. Wenn das rote Feld den von dir tatsächlich gefilmten Bildausschnitt zeigt, könntest du nachträglich im Videoschnittprogramm virtuelle Kamerafahrten machen, indem du in das Bild hineinzoomst und dann diesen gezoomten (vergrößerten) Bildausschnitt z. B. seitlich verschiebst. Das lässt sich schriftlich kaum so erklären, dass es alle verstehen – deswegen an dieser Stelle der Verweis auf YouTube: Gib als Suchbegriffe „fake camera movement keyframes“ ein, und du wirst zahlreiche Beiträge finden, in denen diese Technik gezeigt wird.

Es gibt wenige Gründe, Videos für YouTube mit einem anderen Seitenverhältnis als 16:9 zu filmen – eine Ausnahme stellen die „YouTube Shorts“ dar, zu denen du in Kapitel 7, „Erfolgreiches Selbstmarketing“, ausführliche Informationen und Tipps findest.

Dateigröße und Videolänge

Die maximal zulässige Videogröße (Dateigröße) beträgt auf YouTube 128 GByte und die maximale Videolänge 12 Stunden. Ein solches Video mit einer Länge von 11 Stunden, 53 Minuten und 12 Sekunden wurde beispielsweise von der Gemeindeverwaltung Bad Hongrebe hochgeladen und zeigt, wie einfach es ist, die Formulare für den Bauantrag eines Pkw-Einstellplatzes im Einklang mit der Landesbauordnung auszufüllen.

Dateiformate

Moderne Kameras arbeiten mit hocheffektiven Kompressionsmethoden, die unter anderem dafür sorgen, dass die Dateigrößen nicht explodieren und auch gängige Speichermedien wie SD-Karten verwendet werden können. Die beiden gängigsten Videoformate, mit denen du zumindest am Anfang zu tun haben wirst, sind QuickTime (MOV) und MPEG-4 (MP4/M4V).

QuickTime (MOV)

Das QuickTime-Containerformat von Apple ist das am häufigsten verwendete Dateiformat für Videodateien. Dieses vielseitige Format kann mehrere verschiedene Bearbeitungscodecs verwenden. Zu den beliebtesten gehören Apple ProRes, Apple Intermediate Codec und Uncompressed (unkomprimiert). Fast alle Kameras nutzen inzwischen einen h.264-Codec, und auch dessen Nachfolger h.265 ist immer häufiger vertreten und bietet eine noch effektivere Datenkompression. Diese beiden sind die mit Abstand am häufigsten verwendeten Codecs, weil YouTube und übrigens auch Vimeo sie bevorzugen. Sowohl h.264 als auch vor allem h.265 bieten ein gutes Gleichgewicht zwischen Komprimierung und Bildqualität. Dateien, die h.264 oder h.265 verwenden, sind nur einen Bruchteil so groß wie die ursprünglichen MOV-Dateien, aus denen sie entstanden sind.

MPEG-4 (MP4/M4V)

Das MPEG-4-Format wird häufig für die Verbreitung von Videoinhalten auf Smartphones und anderen internetfähigen Smart-Devices verwendet. Es wird auch von vielen Consumer- und Prosumer-Videokameras als Aufnahmeformat eingesetzt. Oft werden MPEG-4-Dateien in einen QuickTime-Container verpackt und haben dadurch die Dateiendung *.mov*, sie können aber auch als MP4- oder M4V-Dateien erscheinen. Was aber versteht man unter einem Container?

Container

Alle digitalen Dateien, die du auf deinem Computer öffnest, sind so codiert, dass der Computer weiß, wie er mit ihnen umgehen soll. Dein PC oder Mac muss zum Beispiel den Unterschied zwischen deinen Microsoft-Word-Dateien und deinen Videodateien kennen. So weiß dein Computer, welche Programme oder Anwendungen er verwenden soll, damit du sie bearbeiten kannst. Im Videobereich sind Container eine Möglichkeit, dem Computer zu sagen, dass es sich um eine Videodatei und nicht um ein Word-Dokument handelt. Nehmen wir an, du schreibst ein Buch und hast schon viele Seiten geschrieben. Du würdest sie wahrscheinlich in ein Verzeichnis stecken, um sie zu ordnen und leicht wiederzufinden. Im Grunde genommen stellt der Ordner einen Container dar, und die Seiten sind die Codecs. Der Container sagt dem Computer, wie er mit den Codecs darin umgehen soll.

Was nehme ich denn jetzt?

Der Unterschied zwischen MOV und MP4 ist nicht sehr groß. Das MOV-Format wurde von Apple speziell für die Verwendung mit QuickTime entwickelt, hat sich dann aber auch irgendwann in der Windows-Welt durchgesetzt. MP4-Dateien wurden als internationaler Standard entwickelt, sodass dieser Dateityp auch heute noch verbreiteter ist als MOV.

Ein Unterschied ist, dass MP4-Videodateien in der Regel auf eine geringere Größe komprimiert werden. Sie eignen sich in erster Linie besser für das Streaming und überall dort, wo eine höchstmögliche Bildqualität nicht vordergründig wichtig ist.

MOV-Dateien wurden speziell für die Videobearbeitung entwickelt. Sie sind in der Regel größer, und es bleibt ein großer Teil der Daten (Bildinformationen) im Video erhalten.

Für Mac-Benutzer ist MOV genauso einfach zu benutzen wie MP4. Beides sind verlustbehaftete Dateiformate, sodass in der Regel eine Komprimierung stattfindet, egal für welches Format du dich entscheidest. MOV-Dateien können eine geringere Komprimierung aufweisen und sind daher besser geeignet, um qualitativ hochwertige Videos während des Bearbeitungsprozesses zu erhalten.

Mit Blick auf YouTube halte ich in den meisten Anwendungsbereichen die qualitativen Unterschiede zwischen .MP4 und .MOV für nicht gewichtig genug, um hier dem einen oder anderen Format aufgrund dessen den Vortritt zu geben. Da ich mit Macs arbeite und neben meinen YouTube-Videos auch andere Videoprojekte durchführe, bei denen die Bildqualität sehr wichtig ist, nutze ich MOV. Wenn du mit einem Windows-System arbeitest und nur für YouTube produzierst, bist du mit MP4 gut unterwegs. Grundsätzlich kann man aber auf beiden Systemen – Mac und PC – mit beiden Formaten arbeiten.

Bildrate

Die Bildrate bestimmt, aus wie vielen Einzelbildern eine Sekunde Film besteht. Das Minimum für eine flüssige Darstellung sind gerundet 24 Bilder pro Sekunde. Die Bildrate hat einen großen Einfluss auf den Stil und die Wahrnehmung eines Videos. Unterschiedliche Bildraten führen zu unterschiedlichen Wahrnehmungen, und bei der Wahl der Bildrate müssen oft mehrere Faktoren berücksichtigt werden, z. B. wie detailliert Bewegungen in deinem Video aussehen sollen oder ob du Techniken wie Zeitlupen oder Bewegungsunschärfeeffekte einsetzen willst.

Hollywoodfilme zum Beispiel werden in der Regel mit 24 Bildern pro Sekunde gefilmt, da diese Bildrate dem entspricht, wie wir die Welt sehen, und durch die natürliche Bewegungsunschärfe einen sehr filmischen Look erzeugt. Wenn du mit deiner Hand schnell herumfuchtelst, siehst du diese nicht scharf und detailliert, sondern eben mit der natürlichen Bewegungsunschärfe, die im Gehirn entsteht, weil es von den Augen nicht genügend scharfe Einzelbilder bekommt, um den Bewegungsablauf deiner Hand scharf darzustellen.

Live-Videos oder Videos mit viel Bewegung, wie z. B. Sportereignisse, Kampfszenen in Filmen oder Mitschnitte von Computerspielen, haben oft höhere Bildraten, weil im Bildausschnitt viel auf einmal passiert. Mit einer höheren Bildrate bleiben die Bewegungen flüssig und die Details scharf.

Zunächst einmal gibt es so etwas wie die beste Bildrate nicht. Wie bereits erwähnt, führen verschiedene Bildraten zu unterschiedlichen Ergebnissen. Um die beste – oder sagen wir mal lieber die geeignetste – auszuwählen, musst du dich für die Option entscheiden, die am besten zu dem passt, was du erstellen willst.

Es gibt eine Menge Kontroversen darüber, welche Bildwiederholrate das beste Seherlebnis bietet, und es gibt Untersuchungen, die für so ziemlich jede Bildwiederholrate sprechen. Ungeachtet der Kontroverse zeige ich dir vier Dinge, die du bei der Wahl der Bildrate beachten solltest.

Stil/Realismus

Die Bildrate eines Videos hat einen großen Einfluss auf das Aussehen und den Charakter eines Videos, was wiederum bestimmt, wie realistisch das Video wirkt. Dieses hängt unmittelbar damit zusammen, wie wir die Welt natürlich sehen.

Lass mich das Beispiel mit der fuchtelnden Hand noch einmal etwas anders aufgreifen: Wenn wir Bewegungen sehen, wie z. B. eine Person, die einen Ball wirft, oder ein Auto, das vorbeifährt, sehen wir ein gewisses Maß an Bewegungsunschärfe. Im Idealfall ahmt die von dir gewählte Bildrate diese natürliche Bewegungsunschärfe nach, damit das Erlebnis so realistisch wie möglich wirkt. Wenn du eine zu hohe Bildrate wählst, sieht alles unnatürlich aus, und das Video leidet unter dem sogenannten Seifenoper-Effekt. Wenn du mal „Verbotene Liebe" oder „Marienhof" im TV geschaut hast, tust du mir leid, weißt aber vielleicht, was ich meine.

Seifenoper-Effekt

Seifenoper-Effekt bedeutet, dass das Video bei Bewegungen zu viele Details zeigt, was es unnatürlich aussehen lässt. Wenn du hingegen eine zu niedrige Bildrate wählst, stottert die Bildwiedergabe. Um herauszufinden, welche Bildrate für dich bzw. dein Projekt am besten geeignet ist, schauen wir uns mal ein paar gängige Optionen und ihre Verwendung an.

- **24/25 Bilder pro Sekunde** – Das ist für Filme und Fernsehsendungen die Mindestgeschwindigkeit, die für die Aufnahme von Videos als Standard festgelegt wurde und bei der eine realistische Bewegung erhalten bleibt. Auch wenn ein Film mit einer höheren Bildrate gedreht wird, wird er oft mit 24 Bildern pro Sekunde produziert und angezeigt. Die meisten Spielfilme und Fernsehsendungen werden mit 24 fps oder 25 fps gedreht und angezeigt (fps steht für *frames per second*, also Bilder pro Sekunde). Eine Bildrate von 25 fps ist zudem optimal auf unser europäisches Stromnetz abgestimmt, das mit einer Frequenz von 50 Hz arbeitet – somit lässt sich verhindern, dass Lichtquellen im Video flackern oder flimmern.

- **30 Bilder pro Sekunde** – Das ist seit den Anfängen des Fernsehens der Standard und wird auch heute noch häufig verwendet, obwohl die Produzenten auf die ästhetischeren 24 fps oder 25 fps umsteigen. Videos mit viel schneller Bewegung, wie z. B. Sport, profitieren oft von den zusätzlichen Bildern pro Sekunde.

  Die genauen Gründe, die für die Verwendung von 30 Bildern pro Sekunde sprechen, sind zu kompliziert, um sie hier auszubreiten. Sie haben hauptsächlich mit Fernseh- und Stromstandards In den USA zu tun, die vor langer Zeit festgelegt wurden. In den USA arbeitet das Stromnetz mit 60 Hz, weswegen eine Bildrate von 30 fps optimal ist, weil so die Wahrscheinlichkeit flimmernder Lichtquellen im Video minimiert wird. Häufig entsprechen 30 fps auch der Standardeinstellung einer Kamera, wenn du sie neu kaufst.

  Computermonitore und Displays von älteren Smartphones arbeiten mit einer Bildrate von 60 fps – Videos, die mit 30 fps gefilmt wurden, können auf solchen Anzeigegeräten etwas besser wiedergegeben werden. Ähnlich sieht es bei modernen Fernsehgeräten mit einer Bildrate von 120 fps aus. Die Bildraten 120 fps und 60 fps sind sauber teilbar durch die 30 fps des aufgenommenen Materials.

- **60 oder mehr Bilder pro Sekunde** – Bildraten jenseits der 30 fps werden hauptsächlich für Zeitlupenvideos verwendet. Da sich die Technologie ständig weiterentwickelt, können selbst günstigere Kameras heute bereits Bildraten von 60 fps bei einer Auflösung von 4K bieten. Wenn du planst, eine bestimmte Szene deines YouTube-Videos später als Zeitlupe laufen zu lassen, solltest du diese bereits mit einer höheren Bildrate filmen. Soll eine Szene mit halber Geschwindigkeit laufen, werden aus 10 Sekunden zum Beispiel 20 Sekunden.

Damit das Video in der Zeitlupe nicht stockt, benötigst du in diesem Fall mindestens doppelt so viele Einzelbilder pro Sekunde. Wenn dein Filmprojekt mit 25 Einzelbildern produziert wird, musst du also die Kamera auf 60 fps stellen, damit du am Ende mindestens 500 Einzelbilder pro Sekunde hast, die du für die 20 Sekunden Zeitlupensequenz benötigst.

Mit noch höheren Bildraten wie z. B. 120 fps lassen sich noch detailreichere Zeitlupen filmen – eine tolle Sache für B-Roll-Material, um etwa den Bewegungsablauf einer Maschine zu zeigen.

Verschlusszeit

Bei Videoaufnahmen ist die Verschlusszeit die Zeitspanne, in der jedes einzelne Bild belichtet wird – das ist in der Regel nur ein Bruchteil einer Sekunde, z. B. 1/48 Sekunde oder 1/60 Sekunde.

In der Fotografie besteht das Ziel des Fotografen oft darin, Bewegungen einzufrieren und gestochen scharfe Bilder zu machen. Bewegt sich das Motiv, wird dies mit kurzen Verschlusszeiten erreicht, die zwischen 1/250 und 1/8000 Sekunde liegen.

Bei Videos ist das anders. Zwar kannst du auch hier mit kurzen Verschlusszeiten Bewegungen auf jedem Einzelbild „einfrieren“, was zu sehr scharfen Einzelbildern führt, bei der Wiedergabe mit normalen Bildraten kann eine solche Bewegung jedoch hyperrealistisch wirken und dem Betrachter ein sehr unruhiges, unnatürliches Bild vermitteln. Viel ansprechender ist eine gewisse Bewegungsunschärfe, die dem

Empfehlung zu Bildraten

Ich nutze für meine YouTube-Videos eine Wiederholrate von 25 Bildern pro Sekunde, Zeitlupen filme ich mit 60 Bildern pro Sekunde, sitze aber meist nur recht statisch vor der Kamera. Wenn deine YouTube-Videos viel Bewegungsdynamik beinhalten, solltest du mit höheren Bildraten experimentieren und selber schauen, was dir am besten gefällt.

Höhere Bildraten verursachen höhere Datenmengen und beanspruchen den Prozessor deiner Kamera mehr, was sich in einer höheren Betriebstemperatur bemerkbar machen kann. Bei starker Beanspruchung kann es zur Überhitzung der Kamera kommen, weswegen sich diese oft einfach abschaltet und erst weiterverwendet werden kann, nachdem sie abgekühlt ist.

Video einen natürlicheren, filmischeren Look verleiht. Die Problematik ist hier ähnlich wie bei der Bildrate im vorangegangenen Abschnitt.

Die 180°-Regel

In der Filmindustrie gibt es eine Faustregel, die oft verwendet wird, um eine natürlich wirkende Bewegungsunschärfe in Videos zu erreichen: die „180°-Regel“. Diese Regel besagt, dass die Verschlusszeit 1/Bildrate × 2 betragen sollte. Bei einer Bildrate von 25 Bildern pro Sekunde beträgt die richtige Verschlusszeit also 1/50 Sekunde. Bei einer Bildrate von 30 Bildern pro Sekunde wäre eine 180°-Verschlusszeit 1/60 Sekunde.

Das mit den 180° ist von analogen Filmkameras abgeleitet, die einen sogenannten Drehverschluss hatten – eine Scheibe mit einer Öffnung, die vor dem Film rotierte und die im Normalfall nur zur Hälfte ausgefüllt war (deswegen 180°). Da digitale Foto- und Videokameras keinen Drehverschluss verwenden, sind einige Verschlusszeiten möglicherweise nicht verfügbar – wenn deine Kamera z. B. keine Verschlusszeit von 1/48 Sekunde bietet, wäre 1/50 Sekunde die beste Wahl für Aufnahmen mit 24 Bildern pro Sekunde.

Für Aufnahmen mit 25 Bildern pro Sekunde wählst du eine Verschlusszeit von 1/50 Sekunde, und für Aufnahmen mit 30 Bildern pro Sekunde nimmst du eine Verschlusszeit von 1/60 Sekunde.

Vorsicht bei Greenscreen-Anwendungen, denn dafür benötigst du besondere Einstellungen für Verschlusszeit und Bildrate. Mehr dazu gibt es im Abschnitt „Greenscreen: richtig oder gar nicht!“.

Blende

Eine Verschlusszeit von 1/50 Sekunde ist verhältnismäßig lang und lässt entsprechend viel Licht auf den Bildsensor. Um die Lichtmenge in den Griff zu bekommen, damit deine Aufnahmen nicht überbelichtet sind, kannst du die Blendeneinstellung nutzen, um bereits im Objektiv die Menge an Licht zu verringern, die auf den Sensor trifft.

Der Nachteil an dieser Methode ist jedoch, dass du die Blendeneinstellung nicht mehr als kreatives Werkzeug einsetzen kannst, denn eine möglichst offene Blende ermöglicht dir eine schöne Unschärfe des Hintergrunds (siehe hierzu auch den Abschnitt „Kameras und Objektive“ in Kapitel 3, „Das YouTube-Studio“.

Variable ND-Filter

Abhilfe schaffen in diesem Fall sogenannte variable ND-Filter. Ein variabler ND-Filter (ND steht für *Neutral Density*) reduziert die Lichtmenge, die in die Kamera gelangt.

Während ein fixer ND-Filter eine bestimmte Lichtmenge blockiert, kannst du mit variablen ND-Filtern die Lichtmenge anpassen, sodass du nicht ständig zwischen den einzelnen Filtern wechseln musst. Beim Filmen kannst du mit einem solchen Filter sogar mit ein bisschen Übung während eines Schwenks von einem hellen in einen dunklen Bildbereich oder umgekehrt die Belichtung nachführen, indem du am Filter drehst und dessen Einstellung so an die sich im Bildausschnitt ändernden Lichtverhältnisse anpasst.

Achtung: Wenn du über die Minimal- und Maximaleinstellungen hinausgehst, können die beiden übereinanderliegenden Schichten im Filter anfangen, sich gegenseitig zu stören. Dadurch entsteht ein Muster, das einem Kreuz oder einem X ähnelt. Dieses X tritt bei allen variablen ND-Filtern auf, unabhängig von Marke, Hersteller oder Preis, da der Lichtwinkel zwischen den beiden Glasschichten zu unterschiedlich wird. Um dies zu vermeiden, solltest du sicherstellen, dass du dich zwischen Minimal- und Maximal-Markierung des Filters befindest, und die Ringe nicht über ihren Wert hinaus drehen.

▲ *So sieht ein variabler ND-Filter aus.*

Ich verwende günstige variable ND-Filter des Herstellers K&F vom Typ ND2-ND400, die preislich um 60 Euro liegen. Es gibt wesentlich teurere, deren Vorteile mir nicht deutlich genug sind bei dem, was ich damit mache. Einen leichten Farbstich kann ich in der Nachbearbeitung mit ganz wenigen Handgriffen korrigieren – einer der häufigsten Kritikpunkte bei günstigen Filtern.

Achte beim Kauf darauf, dass der Filter auf das Objektiv passt, mit dem du filmen wirst. Fast jedes Objektiv hat ein Filtergewinde, dessen Durchmesser du oft auf der Innenseite des Objektivschutzdeckels findest.

Autofokus

Der Autofokus deiner Kamera sorgt dafür, dass Objekte und Subjekte vor der Kamera scharf erscheinen. Bei professionellen Filmproduktionen kennt man keinen Autofokus, weil man sich dort nicht auf irgendeine Automatik verlassen will – da wird manuell fokussiert. Anders aber in einem YouTube-Studio, denn meist bist du als One-Man-Show unterwegs und kannst dich, während du vor der Kamera sitzt, nicht auch noch um die Schärfeeinstellungen kümmern.

Ein verlässlicher Autofokus sollte ein wichtiges Auswahlkriterium beim Kamerakauf sein, und wie du bereits in Kapitel 3, „Das YouTube-Studio", gelesen hast, können das einige Hersteller besser als andere. Ich persönlich habe so richtig schlechte Erfahrungen nur mit älteren Fujifilm- (X-H1 und älter) und mit Panasonic-Kameras gemacht, Sony und Canon sind unerreichte Spitzenreiter auf diesem Gebiet.

Da du meist nicht mit geringen Schärfentiefen arbeiten wirst (Blenden jenseits f/4), solltest du keinen Augenautofokus nutzen, sondern dich auf eine normale Gesichtserkennung beschränken. Der Augenautofokus beansprucht zusätzlich den Kameraprozessor und kann bei Videoaufnahmen eher für Fehlerkennungen sorgen.

ISO-Einstellung

Der Sensor in deiner Kamera ist lichtempfindlich und hat in der Regel einen festen Wert X, der diese Lichtempfindlichkeit definiert. Man spricht hier auch vom „nativen" ISO-Wert, der je nach Kamerahersteller und Modell unterschiedlich sein kann. Nun gibt es aber Situationen, in denen das vorhandene Licht trotz offener Blende und möglichst langer Verschlusszeit nicht ausreicht (eine Verschlusszeit von 1/50 Sekunde ist vor allem in der Fotografie grundsätzlich eher eine lange Verschlusszeit). Der Bildsensor nimmt das Bild zwar auf, es ist aber viel zu dunkel.

Anders als es häufig erklärt wird, dient ein Verstellen des ISO-Werts nicht dazu, die Lichtempfindlichkeit des Kamerasensors zu verändern – diese ist fixiert. Du kannst aber durch Erhöhen des ISO-Werts deine Kamera anweisen, das aufgenommene Bild sofort im Anschluss an die Aufnahme Einzelbild für Einzelbild bereits in der Kamera digital aufzuhellen. Moderne Kameras stellen sich dabei gar nicht mal so blöd an, und solange man es mit dem ISO-Wert nicht übertreibt, leidet auch die Bildqualität nur in einem erträglichen Rahmen.

Grundsätzlich sollte der ISO-Wert deiner Kamera aber bei ISO 100 bis ISO 400 eingestellt sein, damit du die bestmögliche Bildqualität ohne Rauschen erzielst. Da Bildrate, Verschlusszeit und Blendeneinstellung meist vorgegeben sind, bleibt dir oft nur ein Verstellen des variablen ND-Filters (bei zu viel Licht) oder ein Erhöhen des ISO-Werts (bei zu wenig Licht), um die Belichtung zu regeln.

Weißabgleich

In Zeiten, in denen die meisten Kameras über einen automatischen Weißabgleich verfügen, könnte man meinen, dass die Einstellung des Weißabgleichs für Videos vernachlässigt werden kann, aber das darfst du auf keinen Fall, denn ein falscher Weißabgleich lässt sich in der Nachbearbeitung nur dann korrigieren, wenn man im RAW-Format gefilmt hat.

Der Weißabgleich ist eine Einstellung, die die Farbempfindlichkeit der Kamera an die vorherrschende Farbe des Lichts anpasst. Das kann natürliches Licht sein (das „kühler" und blau wahrgenommen wird), Kunstlicht in Innenräumen (das meist „wärmer" und rötlich ist) oder Leuchtstoffröhrenlicht (das zu einem Grünstich neigt). Im Wesentlichen geht es also darum, einen Farbabgleich vorzunehmen, um sicherzustellen, dass deine Kamera Farben aufnimmt, die für das menschliche Auge natürlich wirken – oder manchmal auch unnatürlich, wenn das der Effekt ist, den du in deinem Video erzielen willst.

Die Farbtemperatur ist für den Weißabgleich von entscheidender Bedeutung, da alle Lichtquellen einen bestimmten Wert – in Kelvin (K) ausgedrückt – auf der Farbtemperaturskala haben (die nach ihrem Erfinder, dem Mathematiker und Physiker William Kelvin, Kelvinskala benannt ist).

Auf der Kelvinskala hat jede Lichtart eine numerische Temperatur – je niedriger die Zahl, desto wärmer die Lichtquelle, und je höher die Zahl, desto kühler die Lichtquelle. Hier sind die ungefähren Farbtemperaturwerte für typische Lichtverhältnisse:

- bedeckter Himmel: 9.000 bis 10.000 K
- Schatten: 6.500 bis 8.000 K
- Sonnenlicht: 6.000 K
- Leuchtstoffröhrenbeleuchtung: 4.000 bis 5.000 K
- kitschige Sonnenaufgänge und Sonnenuntergänge: 3.000 bis 4.000 K
- Beleuchtung im Haushalt: 2.500 bis 3.500 K
- Kerzenlicht: 1.000 bis 2.000 K

Das menschliche Auge und das Gehirn gleichen automatisch die Farbtemperatur des Lichts aus, das auf ein Objekt fällt. Wenn du von hellem, blau gefärbtem Sonnenlicht zu gedämpfter, warmer Innenraumbeleuchtung wechselst, stellt sich dein Auge automatisch auf die andere Lichtfarbe ein und verändert deine Wahrnehmung entsprechend.

Leider können selbst die teuersten Kameras nicht automatisch das tun, was das menschliche Auge kann, also müssen wir unseren Kameras zeigen, was sie in einer bestimmten Szene als Weiß erkennen sollen. Bei wärmeren Farbtemperaturen fügen Kameras mehr Blau hinzu, während sie bei kühleren Farbtemperaturen mehr Gelb ergänzen. Bei Videoaufnahmen ist es wichtig, den Weißabgleich manuell vorzunehmen, um die besten und genauesten Ergebnisse zu erzielen.

Manueller Weißabgleich für Video

Der manuelle Weißabgleich ist eine Einstellung, die es dir ermöglicht, die Kamera hinsichtlich der verwendeten Beleuchtung anzupassen. Sie ist auch die bevorzugte Methode von Profi-Filmemachern und relativ einfach zu bewerkstelligen.

Du nutzt dafür in der Regel eine Graukarte und rufst an deiner Kamera die Funktion zum manuellen Weißabgleich auf. Das genaue Prozedere ist von Kamera zu Kamera unterschiedlich; meist will die Kamera, dass du eine Graukarte abfotografierst, wobei sie für sich den Weißwert abspeichert und alle anderen Farben dahin gehend justiert. Um zu bestimmen, was unter den gegebenen Umständen weiß ist, muss der Elektronik in deiner Kamera ein weißes Objekt unter dem Licht gezeigt werden, bei dem du filmen wirst. Das ist der Weißabgleich deiner Kamera, und idealerweise solltest du ihn jedes Mal durchführen, wenn sich die Lichtverhältnisse ändern.

Achte bei der Positionierung der Graukarte darauf, dass sie ruhig gehalten wird, dass die primäre Lichtquelle, die du ausbalancieren willst, die einzige Beleuchtung ist, die auf die Karte fällt, und dass sie keine Reflexionen aufweist. Wenn die Karte versehentlich bewegt wird, während die Kamera den Weißabgleich durchführt, kann es sein, dass du unerwünschte Lichtreflexe aufnimmst. Bei hellem Tageslicht

▲ *Für meine Fujifilm-Kameras reichen sogar solche kleinen Karten. Es gibt sie bis zum A4-Format.*

kommt es zudem vor, dass die Weißkarte überbelichtet ist. Nimm in einem solchen Fall eine Graukarte zur Hand und nutze diese anstelle der weißen.

Es ist wie gesagt sehr wichtig, den Weißabgleich bei jeder Veränderung der Lichtsituation neu vorzunehmen, denn in der Nachbearbeitung lässt er sich nicht wirklich korrigieren.

Greenscreen: richtig oder gar nicht!

Greenscreen ist für mich ein regelrechtes Unwort, und ich rate von ihm ab, wann immer du auf ihn verzichten kannst. Das muss hier gleich zu Anfang stehen, damit du verstehst, warum ich im nachfolgenden Text eher negativ und wenig ermutigend klinge.

Der Begriff *Greenscreen* ist sicherlich auch vielen geläufig, die mit Videotechnik nichts am Hut haben – so, wie Photoshop ebenfalls unter Nicht-Fotografen ein Begriff ist. Die meisten wissen, dass man damit tricksen und sich oder auch irgendwelche Gegenstände in andere Szenerien hineinsetzen kann, doch wie genau so etwas funktioniert, ist meist nicht bekannt. Das Prinzip sollte aber spätestens dann verstanden sein, wenn man es nutzen möchte oder wenn man verstehen will, warum Leute wie ich davon abraten.

Bei einer Greenscreen-Aufnahme steht der Akteur vor einer gleichmäßig grünen Wand und hält, sagen wir mal, einen Vortrag. Dies wird mit einer Kamera gefilmt, und die daraus entstandene Datei wird auf den Computer kopiert. Lädt man diesen Clip in ein Videoschnittprogramm, sieht man zunächst auch nur ganz normal eine Person, die vor einer grünen Wand einen Vortrag hält.

Interessant wird es erst, wenn dem Videoschnittprogramm gesagt wird, es möge doch diesen bestimmten Grünton, den der Hintergrund im Clip hat, ganz einfach ignorieren und gar nicht erst darstellen. Plötzlich sieht man nur noch den Akteur, und was eben noch grün war, ist jetzt schwarz – das Programm ignoriert schließlich den Grünton des ursprünglichen Hintergrunds.

Bei Videoschnittprogrammen ist zudem grundsätzlich alles, das „so richtig schwarz" ist, transparent. Unter „richtig schwarz" verstehe ich einen RGB-Wert von 0,0,0.

Wenn wir jetzt ein Foto auf eine Videospur unter der Spur mit unserem Protagonisten schieben, wird dieses hinter dem Sprecher sichtbar – denn der ursprüngliche Hintergrund wird ja durch das Schnittprogramm ignoriert und durchsichtig, sprich transparent dargestellt. Und weil darunter etwas liegt, das nicht „so richtig schwarz“ ist, wird es (in diesem Fall das Foto) sichtbar.

Die Tränen der Rührung kannst du dir an dieser Stelle aber gleich wieder von der Backe wischen, denn so einfach wie eben dargestellt ist das nicht. Es ist nicht annähernd so einfach. Und weil es eben so ganz und gar nicht einfach ist, sieht es in den meisten Fällen einfach nur extrem schlecht, billig, stümperhaft aus – das kann nicht im Sinne deiner YouTube-Videos sein. Um die vielen Hürden zu verstehen, werde ich ein solches Greenscreen-Setting mal von hinten nach vorne aufschlüsseln.

Greenscreen-Arten

Zuhinterst steht er da, der Greenscreen. Meist handelt es sich dabei um ein Hintergrundpapier aus dem Fotobereich in der Farbe Techgreen (Hersteller Savage). Eine solche Rolle misst in der Regel etwa 270 cm in der Breite, und darauf aufgerollt sind 11 m starkes Papier. Es gibt sie auch schmaler und breiter (bis 360 cm). Diese Rolle wird entweder auf ein mobiles Trägersystem montiert oder fix an einer Wand befestigt. Mobile Trägersysteme gibt es bereits für unter 300 Euro, sie bestehen aus zwei Stativen mit einer Querstange.

Alternativ gibt es Stoffhintergründe, von denen aber nur die elastischen etwas taugen, da Stoff dazu neigt, zu knittern – und ein zerknitterter Greenscreen kann nicht benutzt werden. Wer nicht so viel Platz hat, kann auch einen faltbaren Greenscreen-Hintergrund nehmen, wobei ich hier ebenfalls immer mit einer zerknitterten Oberfläche zu kämpfen hatte und es selten wirklich funktionierte.

Vom Hersteller Elgato gibt es eine interessante Lösung in zwei Varianten – eine zur Deckenmontage wie eine Beamer-Kinoleinwand und eine, die aus einem Metallgehäuse vom Boden hochgezogen werden kann. Beide sind von sehr guter Qualität und recht günstig in der Anschaffung. Das Teure beim Greenscreen ist das Licht – dazu später mehr.

CHROMAKEY-FARBTON

Die folgenden Farbwerte sind nicht etwa offizielle Greenscreen-Werte, sondern solche, mit denen ich in der Vergangenheit am besten arbeiten konnte.

- Pantone 354c
- RGB 0-171-57
- Hex 00AB39

Absolut wichtig bei der Auswahl eines Greenscreen-Hintergrunds ist, dass dessen Grünton möglichst nahe an den Farbwerten (siehe Kasten Seite 167) liegt.

Dir mag auch der Begriff *Bluescreen* geläufig sein – da passiert in der Regel genau das Gleiche. Die Entscheidung, ob Blue- oder Greenscreen, liegt grundsätzlich darin, dass ein Greenscreen besser mit Digitalkameras funktioniert und der Grünton eine höhere Helligkeit aufweist und sich von Software leichter rausrechnen lässt. Ein Bluescreen kann in einer düsteren Umgebung besser funktionieren und wird bei Filmproduktionen immer dann verwendet, wenn Nachtszenen gedreht und mit solch einem Effekt versehen werden sollen. Auch das Rauschverhalten und damit die Bildqualität sind mit einem Greenscreen etwas besser.

Damit ein nachträglich eingefügter Hintergrund glaubhaft wirkt und man nicht schon aus dem Augenwinkel heraus sieht, dass ein Greenscreen genutzt wird, muss der Hintergrund mit der gleichen Brennweite und aus der gleichen Perspektive fotografiert oder gefilmt worden sein wie der Vordergrund. Auch müssen Lichtverhältnisse, Schattenrichtungen und Lichtfarbe (Kelvin-Wert) exakt mit den Einstellungen des Vordergrunds übereinstimmen.

Zuletzt darf der Hintergrund auch nicht gestochen scharf sein, sondern sollte einen realistischen Schärfeabfall abbilden, wie er entstehen würde, wenn der Protagonist tatsächlich an diesem Ort und mit diesem Hintergrund gefilmt worden wäre. Ich kann nur eindringlich an dich, lieber Leser, appellieren: Lass es sein und verwende die Zeit und das Geld lieber, um die Inhalte deiner Videos zu optimieren.

Das Hintergrundlicht

Nehmen wir mal an, du hast dir einen Greenscreen-Hintergrund gekauft, und er hängt jetzt hinter dir an der Wand. Dieser Greenscreen sollte mindestens zwei Meter hinter der Stelle hängen, an der du bei deinen Videos sitzen wirst, denn erstens braucht der Greenscreen sein eigenes Licht (und davon recht viel), zweitens darf von dir kein Schatten darauf fallen, und drittens darf vom Greenscreen kein grünes Licht auf deine Schultern und Gesichtsseiten reflektiert werden.

Das Hintergrundlicht für den Greenscreen muss sehr gleichmäßig sein, und das ist nur zu bewerkstelligen, wenn ausreichend Lampen mit passenden Lichtformern die Ausleuchtung des Hintergrunds ausschließlich übernehmen. Diese stehen seitlich vom Hintergrund jeweils für die obere und die untere Hälfte des Greenscreens. LED-Flächenleuchten sind ungeeignet, da sie keine gleichmäßige Lichtverteilung über den Hintergrund ermöglichen, sondern mittig eher hell sind und zu den Rändern abdunkeln. Zur korrekten Ausleuchtung eines 272-cm-Hintergrunds benötigt man mindestens vier Lampen vom Typ Aputure LS120D MkII mit je einer Aputure Light Dome Mini Softbox (oder vergleichbar).

Um die gleichmäßige Ausleuchtung deines Greenscreen-Hintergrunds zu überprüfen, gibt es eine sehr gute App namens *Green Screener*, die es ermöglicht, über die Smartphone-Kamera eine Messung vorzunehmen. Auf dem Smartphone-Bildschirm wird dir dann in Echtzeit angezeigt, wie gleichmäßig die Ausleuchtung ist und wo nachgebessert werden muss.

Mache zudem ohne Hauptlicht Aufnahmen davon, wie du an der Stelle sitzt oder stehst, an der du dich später bei den Videoaufnahmen befinden wirst. Auf deinen Wangen und Schultern darf es keinen grünen Farbstich geben. Sollte sich ein Farbstich zeigen, musst du weiter von der Greenscreen-Wand weg. Zwar lässt sich eine solche Einfärbung durch das Hauptlicht entschärfen – das ist aber schwierig und funktioniert nie zu 100 %.

Haare unschöööön

Die beste Frisur für einen Greenscreen-Effekt ist eine Fleischmütze (Vollglatze) – gerade bei lockigeren Haaren wird es für die Schnittsoftware ziemlich unmöglich, den Greenscreen in den Randbereichen vernünftig rauszurechnen. Das Ergebnis ist ein grüner Schein in den Übergangsbereichen zwischen Haaren und Greenscreen.

Kleidung und Schmuck

Wenn mit Greenscreen-Technik gearbeitet wird, sind grüne Kleidungs- und Schmuckstücke für den Protagonisten vor der Kamera tabu – diese Bereiche würden ebenfalls transparent dargestellt. Würdest du ein Hemd im gleichen Grünton tragen wie der Greenscreen, würde man nur deine Hände sehen können. Auch reflektierender Schmuck ist tabu, denn darin kann sich der Greenscreen spiegeln, und das würde bei Ohrschmuck zum Beispiel sehr seltsam aussehen. Brillenträger aufgepasst: Nicht selten spiegelt sich der Greenscreen in der Kameralinse oder im Teleprompter, und dieser grüne Fleck kann dann wiederum auf den Brillengläsern auftauchen und für „Löcher“ im Gesicht des Protagonisten sorgen. Immer noch Lust auf Greenscreen? Weiter geht’s.

Deko, Produkte und Accessoires

Was für die Kleidung gilt, gilt auch für deinen Tisch – Dinge, die darauf stehen oder die von dir im Rahmen eines Videos präsentiert werden: kein Grün, keine reflektierenden Flächen!

Balance zwischen Hauptlicht und Hintergrundlicht

Bei der Arbeit mit Greenscreen kommt es sehr auf eine optimale Balance zwischen Hintergrund- und Hauptlicht an. Das Hauptlicht darf keinen Schatten auf den Greenscreen werfen, muss aber trotzdem um etwa eine Belichtungsstufe heller sein als das Hintergrundlicht. Diese Aufgabe ist alleine kaum zu bewältigen, und spätestens jetzt sollte man sich die Hilfe eines fachkundigen Filmers oder Fotografen suchen, der beim Ausleuchten helfen kann.

Kameraeinstellung für den Greenscreen

Falsche Kameraeinstellungen sind der von mir am meisten beobachtete Fehler bei Greenscreen-Projekten auf YouTube. Um zu wissen, was richtig und was falsch ist, musst du wissen, welche Rolle Verschlusszeit und Bildrate deiner Kamera spielen. Die Bildrate bestimmt, aus wie vielen Einzelbildern eine Sekunde Video besteht. Wenn du dich vor der Kamera bewegst, kommt es immer wieder vor, dass eine Bewegung – zum Beispiel deiner Hand – über mehrere Einzelbilder verteilt stattfindet. Je schneller eine Bewegung ist, desto ungenauer kann sie von nur 25 Einzelbildern dargestellt werden, denn zwischen den Einzelbildern passiert ja auch was. Ein Wert von 25 Einzelbildern ist für normale Videoaufnahmen in unseren Breitengraden Standard – mehr dazu im Abschnitt „Kameraeinstellungen".

Ein Greenscreen wird vom Computer Einzelbild für Einzelbild herausgerechnet. Damit das gut funktioniert, muss jedes dieser Einzelbilder so klar wie möglich sein – eine Bewegungsunschärfe, die unter normalen Umständen zugunsten einer kinematografisch anmutenden Darstellung wünschenswert ist, wäre im Fall eines Greenscreens Ursache einer sehr unsauberen Darstellung. Dort, wo Bewegungsunschärfe das Einzelbild unscharf erscheinen lässt, findet die Software, mit der der Greenscreen herausgerechnet werden soll, nicht genügend Bildinformationen, um saubere Arbeit zu leisten.

Das äußert sich dann darin, dass besonders bei schnelleren Handbewegungen zum Beispiel ein grüner Saum entlang der Kanten sichtbar wird. Besonders in Verbindung mit dem weiter oben bereits angesprochenen Frisurenproblem drückt das einem Video ganz schnell den Amateurstempel auf.

Um das zu verhindern, muss die Kamera sowohl mit vielen Einzelbildern pro Sekunde als auch mit einer kurzen Verschlusszeit (oder bei professionellen Filmkameras mit einem spitzeren Verschlusswinkel) arbeiten. Idealerweise würde ein Video mit 120 fps (Einzelbildern) pro Sekunde aufgenommen, dann in eine 30-fps-Timeline importiert und um den Faktor 4 beschleunigt.

Bei normalen Bewegungen vor der Kamera (Sprecher) können 50 fps ausreichen, aber auch dann bedarf es einer kürzeren Verschlusszeit von 1/125 Sekunde und damit deutlich mehr Licht als bei 1/50 Sekunde bei 25 fps. In eine 25-fps-Timeline importiert, wird die Sequenz schließlich um den Faktor 2 beschleunigt. In beiden Fällen muss dann auch der Ton auf einem externen Rekorder aufgezeichnet werden!

Man muss sich also wirklich mehrmals die Frage stellen, ob Greenscreen sein muss oder nicht. Es macht sicher Spaß, damit zu experimentieren, und wer den Greenscreen als Spielerei in seine Videos einbauen möchte, kann sicher mit den Qualitätseinschränkungen leben. Einfache Greenscreen-Effekte gehören auf der Gaming-Plattform Twitch zum absoluten Standard – dort sind dann aber die Protagonisten nur als kleine Bild-in-Bild-Einblendung am Bildschirmrand zu sehen. Glaubwürdige Vollbild-Greenscreen-Anwendungen verlangen nach einer gehörigen Investition in Licht und Know-how – am Ende musst du selber entscheiden, ob sich das für deinen Kanal lohnt. Keine technische Spielerei kann über einen schlechten Inhalt hinwegtäuschen.

Produktionsschritte

Der erste Schritt bei der Planung eines Videos ist also die Recherche zum Thema. Da wird gegoogelt, mit Kollegen gesprochen, ausprobiert – und manchmal erniedrige ich mich sogar dazu, ein Handbuch zu lesen.

Recherche

Wichtigste Informationsquelle für mich ist aber YouTube selbst – etwas Besseres könnte ich mir nicht vorstellen. Ich lerne auf YouTube nicht nur von anderen, ich kann auch in den Kommentaren zu den jeweiligen Videos Reaktionen und Fragen der Zuschauer sehen und das Wissen darüber ebenfalls in die Planung zu meinem Video einbeziehen.

Es geht dabei keinesfalls darum, Inhalte zu kopieren – fremdes Wissen, Ideen, Erfahrungen und Methoden zu adaptieren, ist die Essenz des Lernens.

Wir lernen, indem wir fremde Erfahrungen mit den eigenen verschmelzen lassen. Hierbei gilt wieder, nie einer einzelnen Quelle zu vertrauen und alles auch dann zu hinterfragen, wenn es aus der Sicht anderer völlig klar zu sein scheint. Hüte dich ebenfalls davor, als Fachidiot wichtige Basics zu übergehen im Glauben, der Zuschauer deines Videos würde diese ja bereits kennen. Ein tolles Hilfsmittel dafür zeige ich dir jetzt.

Texte schreiben

Ja, du hast richtig gelesen: Du sollst zu jedem deiner Videos einen Text schreiben – ganz so, wie du vor der Kamera sprechen würdest. Auch wenn es den Anschein hat: Kaum einer der erfolgreichen YouTuber setzt sich wirklich einfach mal so spontan vor die Kamera und macht sein Ding. Sicher hast du schon den einen oder anderen für sein souveränes Auftreten vor der Kamera bewundert und dich gefragt, ob dir das wohl auch mal so gelingen würde. Ich versichere dir – hinter dieser lockeren Spontanität steckt viel mehr Arbeit, als es den Anschein hat.

Dadurch, dass du einen Text schreibst, setzt du dich sprachlich viel intensiver mit dem Thema auseinander und bekommst eine klare Übersicht darüber, wie du deine Zuschauer verständlich und mit System durch das Video leitest. Lies diesen Text immer wieder selber und ergänze Stellen, an denen beim Zuschauer Unklarheit aufkommen könnte. Unterteile deine Texte in Abschnitte und gib jedem dieser Abschnitte eine eindeutige Überschrift.

Versuche bereits während des Schreibens, vor Augen zu haben, wie du mithilfe von „B-Roll" – das sind Detailaufnahmen, Einblendungen von Bildern, Diagrammen etc. – dein Video ausschmücken und dem Zuschauer wertvolle Hilfestellungen und Anregungen geben kannst. Nimm im Text Bezug darauf. Schreibe Sätze wie „… und wie du hier in der Detailaufnahme gerade sehen kannst …" Spare dir komplizierte Beschreibungen im Text, schließlich wird es ja im Video gezeigt.

Der Text, den du im Video sprichst, sollte das, was du im Video zeigst, unterstützen – und umgekehrt.

Stößt du beim Verfassen des Texts auf Hürden wie etwa Verständnisprobleme, weißt du genau, wo du deine Recherche noch weiter verfeinern und eventuell eine weitere Meinung einholen solltest. Würdest du dich stattdessen einfach vor die Kamera setzen und drauflossprechen, könntest du dich selbst in eine Sackgasse bugsieren. Mit einem komplett vorgefertigten Text passiert dir das nicht.

Lies deinen Text wieder und wieder, bis du davon überzeugt bist, kein Detail ausgelassen und alles auch für diejenigen verständlich erklärt zu haben, die keine Kenner auf dem Gebiet sind, von dem dein Video handelt.

Spickzettel erstellen

Erinnerst du dich, dass ich schrieb, du solltest die einzelnen Segmente deines Videos mit aussagekräftigen Überschriften versehen? Genau diese notierst du dir jetzt auf einem großen Zettel, den du bei der Aufnahme ganz in der Nähe der Kamera anbringst. Ergänze diesen Zettel mit Hinweisen aller Art, die dir während des Drehs als Hilfestellung und Wegweiser durch das Video dienen. Wenn du deinen Text vor dem Dreh oft genug und nach Möglichkeit laut gelesen hast, wirst du feststellen, dass du viel gelassener vor der Kamera sitzen wirst.

Schließlich kennst du deinen Text, hast die Aussprache von Fachbegriffen geübt, und es klebt ein Zettel mit wichtigen Hilfestellungen und einer klaren Struktur an der Kamera. Mit einer solchen Vorbereitung wirst du mit etwas Übung genau die Souveränität vor der Kamera an den Tag legen wie deine Vorbilder auf YouTube – denn die machen das genauso. Deine Zuschauer werden die klare Struktur und das Weglassen Hunderter „ääääh“ und „ööööh“ zu schätzen wissen.

Check vor dem Dreh

Ich gehe an dieser Stelle mal davon aus, dass dein Studio fertig eingerichtet, die Lampen und Mikrofone korrekt ausgerichtet und Kameras richtig eingestellt sind. Bevor du vor die Kamera trittst und mit der Aufnahme beginnst, solltest du ein paar Dinge beachten,

Materialbeschaffung

Markiere als Nächstes die Stellen im Text, in denen du Bezug auf etwas nimmst, das an dieser Stelle im Video gezeigt werden soll. Gibt es darunter Dinge, die du besser vorab beschaffst, fotografierst, filmst, weil die Gefahr besteht, keinen Zugriff darauf zu bekommen? Falls ja, besorge diese Materialien, um nicht in die Situation zu geraten, im Video zwar auf etwas hingewiesen zu haben, dieses aber schlussendlich nicht zeigen zu können.

In der Nachbearbeitung werden dir die im Text markierten Stellen dabei helfen, das benötigte B-Roll-Material zusammenzustellen. Dazu später mehr.

die dir die Arbeit vor der Kamera erheblich vereinfachen können.

Sorge für eine Umgebung, in der du konzentriert arbeiten kannst. Je nachdem, wo und wie du lebst, musst du die Aufnahmetermine so planen, dass sie zu Zeiten stattfinden, an denen du allein zu Hause bist, der Verkehr auf der Straße vor dem Haus nicht auf hohem Niveau ist und bei den Nachbarn nicht gerade gefeiert wird. Haustiere sind sehr sensibel und spüren sofort, wenn du wegen des bevorstehenden Drehs angespannt bist. Es ist gut möglich, dass sie unruhig sind, Lärm verursachen oder dich ganz einfach nur daran hindern, voll konzentriert bei der Sache zu sein. Wenn du es perfekt machen willst, verzichtest du eine Stunde vor dem Dreh auf Alkohol, Kaffee, Milch und zuckerhaltige Getränke. All das steigert den Speichelfluss, was sich wiederum negativ auf deine Sprecherstimme auswirken kann. Aktiviere die Stummschaltung auf deinem Mobiltelefon und schalte die Türklingel aus.

Überprüfe die Kameras: Befindet sich eine Speicherkarte darin? Verfügt diese über ausreichend freie Kapazität? Die verbleibende Aufnahmezeit kannst du normalerweise auf dem rückseitigen Kamerabildschirm ablesen. Vergewissere dich, dass die Aufnahmeeinstellungen richtig sind und dass die Kameras entweder permanent mit Strom versorgt werden oder die Akkus voll sind.

Gerade spiegellose Kameras haben bei hohen Auflösungen und/oder Bildraten (4K, 60 fps) einen enormen Stromverbrauch. Vergewissere dich davon, dass entweder der Autofokus aktiviert und in der Lage ist, dein Gesicht dauerhaft scharf zu stellen, oder dass der manuelle Fokus auf exakt den Punkt justiert wurde, an dem du später stehen wirst. Wenn ich meine Videos alleine mache, benutze ich zur Einstellung des manuellen Fokus einen Puppenkopf auf einem Lampenstativ.

Schau noch einmal gründlich in den Spiegel und frage dich, ob du wirklich in dem Batikshirt vor die Welt treten möchtest, und überprüfe die Nasenlöcher nach Zeugs, das da zwar reingehört, aber besser ungesehen bleibt. Ich musste schon ein paarmal ein Video neu drehen, weil eine abstehende Haarsträhne, ein verdrehter Hemdkragen oder (kreisch!) ein Popel in der Nase eine Veröffentlichung unmöglich gemacht haben. Kein Witz. Alles schon passiert.

Vergiss zu Beginn der Aufnahme nicht, für alle beteiligten Kameras gut sichtbar in die Hände zu klatschen – warum, hast du im Abschnitt „Eine oder mehrere Kameras?“ bereits gelernt.

◀ *Darf ich vorstellen: meine Fokus-Assistentin.*

Und ... Kamera ab!

Es ist gerade für einen Anfänger völlig normal, dass – sobald die rote Aufnahmelampe an der Kamera erleuchtet – das Gehirn erst mal einen Neustart macht. Ein Text, der eben noch gesessen hat, will plötzlich partout nicht mehr fehlerfrei über die Lippen kommen. In einer solchen Situation ist es sehr wichtig, dass du dir solche Ausfälle erlaubst und sie vielleicht sogar mit Humor nimmst. Sofern du nicht sparsam mit Speicherplatz oder Akkuleistung umgehen musst, stoppe die Aufnahme nicht bei jedem Fehler, sondern lass sie einfach durchlaufen – vielleicht ergibt sich ja sogar ein lustiger Versprecher, den du am Ende des Videos einbauen kannst und dem Zuschauer damit ein bisschen den Menschen zeigst, der da vor der Kamera steht.

So etwas wird in der Regel als sehr sympathisch aufgenommen, mach dir da keine Sorgen. Ein gelegentlicher Versprecher mitten im Video ist ebenfalls überhaupt kein Problem und muss nicht rausgeschnitten werden – du bist ja nicht in den 20.00-Uhr-Nachrichten, und selbst dort passiert so etwas immer wieder und wird charmant überspielt.

Nutze deinen Spickzettel und versuche nicht, das zu kaschieren – ich persönlich finde es auch überhaupt nicht verwerflich, wenn ein YouTuber ab und zu auf einen Zettel mit Notizen schaut – im Gegenteil: Das zeigt, dass sich da jemand vorbereitet hat und bestmöglich abliefern will. Achte mal bei meinen Videos darauf, und du wirst sehen, wie ich bei komplexeren Themen immer wieder mal zur Seite auf mein iPad schaue.

Passiert dir ein größerer Patzer, behalte auch nach dem fünften, zehnten, fünfzehnten Mal die Nerven und halte für einen Moment inne, atme durch und beginne den letzten Satz vor deinem Patzer noch mal. So etwas lässt sich in der Nachbearbeitung mit einem Jump-Cut oder einem Schnitt auf eine andere Kameraperspektive sehr leicht beheben.

Lass am Anfang und Ende deines Videos ein paar Sekunden Platz, damit du in der Nachbearbeitung sanft ein- und ausblenden kannst, und zwar auch dann, wenn du das gar nicht vorhast. Etwas wegschneiden geht immer – halte dir bei den Aufnahmen so viele Optionen wie möglich offen.

Nachdem die Aufnahme der Hauptkamera(s) im Kasten ist und noch bevor du irgendetwas abbaust oder verstellst, nimm eine etwa zehn Sekunden lange Sequenz auf, in der du in verschiedenen Posen vor der Kamera sitzt und vielleicht das Produkt oder einen zum Video passenden Gegenstand in der Hand hältst. Halte jeweils ein bis zwei Sekunden still, dann ändere die Pose. Aus diesen zehn Sekunden wirst du später ein Titelbild für dein Video in Form eines Standbilds extrahieren können, das in Licht und Farbgebung genauso aussehen wird wie das Video selbst – schließlich wurde es ja unter den gleichen Bedingungen aufgenommen wie das Video.

Qualitätskontrolle

Schau dir schließlich das Video ein paarmal an und beurteile deine Performance ehrlich und nach Möglichkeit aus der Sicht eines Besuchers deines Kanals. Sei dabei nicht zu gnadenlos dir selbst gegenüber. Gerade am Anfang klingt die eigene aufgenommene Stimme immer komisch, und selbst kleine, unbedeutende Fehler werden dir extrem auffallen, weil du eben weißt, wann du sie begangen hast, und jedes Mal nur darauf wartest, sie zu sehen.

Solange du nicht ganz offensichtlich Mist gebaut hast: Sei stolz auf dich. Es mag nicht perfekt sein, aber du gehörst immerhin zu den ganz wenigen Menschen auf der Welt, die sich mutig vor eine Kamera und damit vor ein potenzielles Millionenpublikum setzen. Die absolute Mehrheit deiner Kritiker wird nicht zu denen gehören.

Sollte das Video so gar nicht deinen Vorstellungen entsprechen oder bist du dir sicher, es besser machen zu können – play it again, Sam. Die Lampen sind noch immer aufgebaut und eingestellt, die Kamera steht auch noch, das Mikrofon ist bereit – also auf ein Neues, aber ohne das Alte zu löschen. Ich kenne das aus der Musikproduktion. Wenn erst mal eine halbwegs akzeptable Aufnahme geglückt ist, werden die weiteren Versuche nicht selten deutlich besser, weil der Musiker im Hinterkopf nicht mehr dem Stress ausgesetzt ist, unbedingt abliefern zu müssen. Man hätte ja zur Not bereits etwas Verwertbares.

Manchmal ist auch ganz einfach der Wurm drin, und mit jedem Versprecher, jedem neuen Versuch, wirst du nur noch nervöser, ärgerst dich über dich selbst, und die gesamte Konzentration ist dahin. So etwas passiert selbst den YouTube-Legenden, und das einzige Mittel dagegen ist eine Pause. Schnapp dir den Hund, geht eine Stunde raus, setz dich auf den Balkon und halte die Nase in die Sonne. Nach einem solchen Break gelingen die Dinge in der Regel viel besser.

Materialbeschaffung: B-Roll

Nachdem deine persönliche Qualitätskontrolle das Video abgenickt hat, schau es ein weiteres Mal an und notiere dir die Stellen, an denen du auf B-Roll-Material verweist. B-Roll-Material ist ein extrem wichtiger Baustein, und ich muss diesem etwas mehr Bedeutung schenken – und das solltest du auch.

In der Videoproduktion ist B-Roll-Material das sekundäre Videomaterial, das außerhalb des primären (oder A-Roll-)Filmmaterials aufgenommen wird. Es wird oft mit dem Hauptmaterial zusammengeschnitten, um die Geschichte zu untermauern, dramatische Spannung zu erzeugen oder Details zu zeigen und zu verdeutlichen.

Die Bezeichnung *B-Roll* stammt aus der Zeit, als Kinofilme noch auf analogem Film aufgezeichnet wurden – eben auf Filmrollen. Auf der A-Rolle wurde mit der Hauptkamera die Haupthandlung gefilmt, während die B-Rolle für ergänzende, begleitende Aufnahmen verwendet wurde. Später beim Videoschnitt wurden die Aufnahmen der Haupthandlung mit eben solchem B-Roll-Material ergänzt.

A-Roll-Material ist also die Hauptaufnahme, auf die du dich konzentrieren willst. A-Rolls zeigen das Hauptmotiv der Szene, während B-Rolls zusätzliches Material sind, das alles andere zeigt. Eine Geschichte, die nur aus A-Rolls besteht, könnte unausgewogen und langweilig wirken; deshalb sind B-Rolls wichtig.

Arten von B-Roll-Material:

- Stimmungsvolle Aufnahmen von Drehorten oder Objekten.

- Detailaufnahmen von Objekten oder Personen.

- Eine weitere, beobachtende Kameraperspektive (in die der Protagonist nie schaut).

- Einleitende Aufnahmen (sogenannte Opening Shots).

- Nachstellungen von Ereignissen, über die gesprochen wird.

- Behind-the-Scenes-Material, auch kurz BTS genannt, bei dem du dein Studio und die eingesetzte Technik zeigst.

- Stock-Videos (mehr dazu im weiteren Text).

- Fotos mit oder ohne Animation.

Es gibt viele Möglichkeiten, B-Roll-Filmmaterial zu verwenden, unter anderem:

- Du kannst damit Stimmungen erzeugen oder verstärken.

- Du erhältst damit Flexibilität im Schnittprozess.

- Du kannst erklärende Detailaufnahmen einfügen.

- Du kannst Charaktere oder Schauplätze einführen.

- Zur Auflockerung der Monotonie.

- Lücken oder Fehler in der Nachbearbeitung überdecken.

Wenn du planst, was du filmen willst, und deinen Plan für die Vorproduktion zusammenstellst, ist es wichtig, dass du dir Zeit nimmst, um ausreichend B-Roll-Material aufzunehmen. Das Letzte, was du willst, ist, dass du beim Schneiden und in der Nachbearbeitung feststellst, dass du, oder auch dein Gesprächspartner, etwas beschreibst, das eigentlich auf dem Bildschirm hätte zu sehen sein sollen.

B-Roll-Material nachdrehen

Wenn du in Form einer One-Man-Show deine Videos alleine planst, drehst und nachbearbeitest, kann es gut möglich sein, dass du solches B-Roll-Material auch im Anschluss an die Aufnahmen für dein Hauptvideo nachdrehst. Das ist immer dann sinnvoll, wenn du ohne ein festes Skript arbeitest und zu einem bestimmten Thema teilweise oder vollständig improvisierst.

Möglicherweise hast du zum Zeitpunkt der Aufnahme des Hauptvideos auch noch keinen Zugang zu dem Material, das du als B-Roll einblenden möchtest. Auch dann kannst du dieses Material erst zu einem späteren Zeitpunkt produzieren.

Plane im Voraus

Berücksichtige, was dein Hauptmaterial ist, und baue darauf auf. Wenn du z. B. eine Person in ihrem Haus interviewst, solltest du Aufnahmen vom Eingang und Ausgang sowie von der Umgebung und dem Raum machen. Erstelle eine Liste mit den Must-haves und den Nice-to-haves, um sicherzustellen, dass du die ganze Geschichte erzählen kannst.

Drehorte vorher anschauen

Bei aufwendigeren Projekten empfehle ich dir, die Drehorte vorab einmal anzuschauen. Nimm dazu eine Kamera mit – das kann auch dein Smartphone sein. Du hast vielleicht nur ein paar Minuten Zeit, um gute B-Roll-Aufnahmen zu machen, also solltest du den Drehort vorher auskundschaften, um genau zu planen, wie du die alternativen Aufnahmen bekommst, die du willst. Du weißt dann auch, welche spezielle Ausrüstung du brauchst, etwa wenn der Drehort dunkel oder der Raum klein ist.

Mehr Material als genug aufnehmen

Nimm verschiedene Blickwinkel auf und nimm mehr Material als genug auf –egal ob du nur einen Testbericht über ein Produkt produzieren willst oder einen ganzen Urlaubsdokumentarfilm, der dann auf YouTube veröffentlicht werden soll. Es besteht zudem die Möglichkeit, Videoclips von Dienstanbietern zu verwenden, die solche im Internet inklusive der dazu nötigen Lizenz vertreiben. So, wie man Bildmaterial von professionellen Agenturen für Webseiten, Flyer oder Blogbeiträge kaufen kann, so gibt es solche Angebote auch schon länger für Videofilmer.

Diese Angebote sind meist an ein Abonnement gebunden und relativ teuer, wenn du nur hier und da mal eine kurze Sequenz benötigst. Auch gibt es noch verhältnismäßig wenig europäische Inhalte, was besonders bei Landschaftsaufnahmen sofort auffällt. Bei einigen Anbietern wie zum Beispiel *Videoblocks* findest du aber immer mehr Aufnahmen auch von deutschen Städten, zum Beispiel Berlin.

Auf der Abbildung siehst du das Angebot an Videomaterial beim Anbieter *Storyblocks*. Die Qualität ist in fast allen Fällen sehr gut, vieles ist sogar in einer 4K-Auflösung vorhanden. Besonders Drohnenaufnahmen europäischer Großstädte sind für nicht professionelle Drohnenpiloten immer schwieriger zu realisieren bzw. mit hohen Auflagen und damit einhergehenden Kosten verbunden.

Wie du auf der Abbildung ebenfalls sehen kannst, lässt sich das Material auch gefiltert suchen; so kannst du zum Beispiel nur solches anzeigen las-

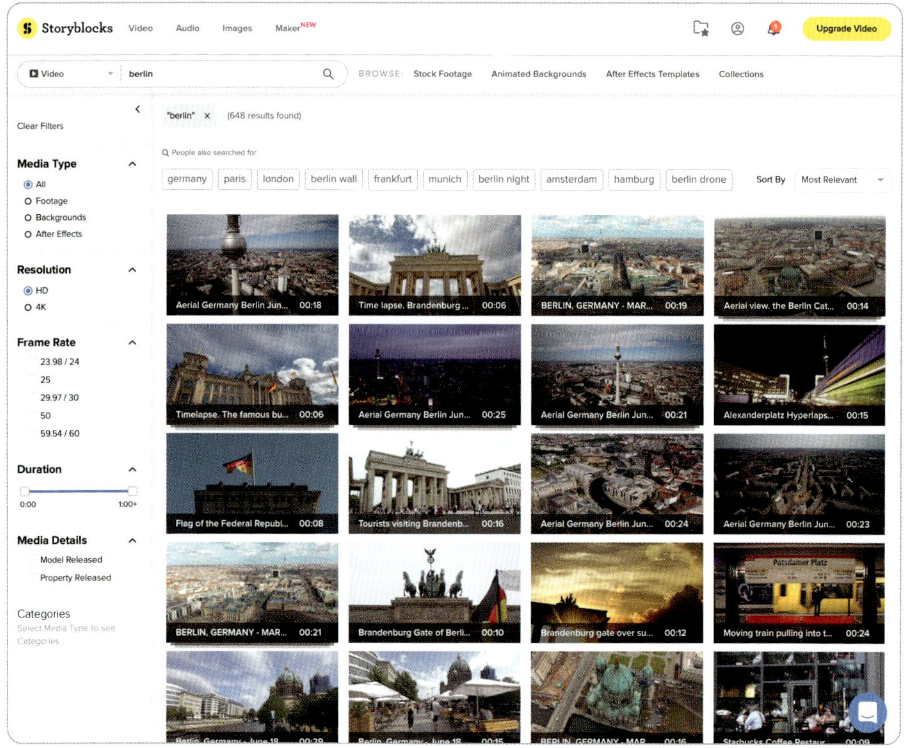

▲ *Storyblocks ist einer von vielen Anbietern kostenpflichtiger Videosequenzen.*

sen, das im 4K-Format vorhanden ist oder dessen Dauer innerhalb eines bestimmten Rahmens liegt.

Die Kosten belaufen sich bei Storyblocks je nach Art des Abonnements zwischen 7 Euro für ein „Basic Video“-Abo und 15 Euro für ein „Unlimited Video“-Abo. Beim günstigsten Abo bist du bei der Videoauflösung auf HD beschränkt und darfst maximal fünf Videos pro Monat herunterladen – was meiner Meinung nach für die meisten YouTube-Kanäle besonders zu Beginn ausreichen sollte.

Verwenden darfst du das Material sowohl zu kommerziellen als auch zu nicht kommerziellen Zwecken. Kündigst du das Abo, darfst du lediglich keine neuen Videos mehr mit bereits heruntergeladenen Sequenzen veröffentlichen – dessen solltest du dir vor allem dann bewusst sein, wenn du solche Sequenzen in ein Intro -oder Abspannvideo integrieren willst.

Eine solche Beschränkung gilt bei allen mir bekannten Anbietern von Videos wie auch Musiktiteln für Videoproduktionen, und es ergibt auch irgendwie Sinn, denn sonst könnte man ja über

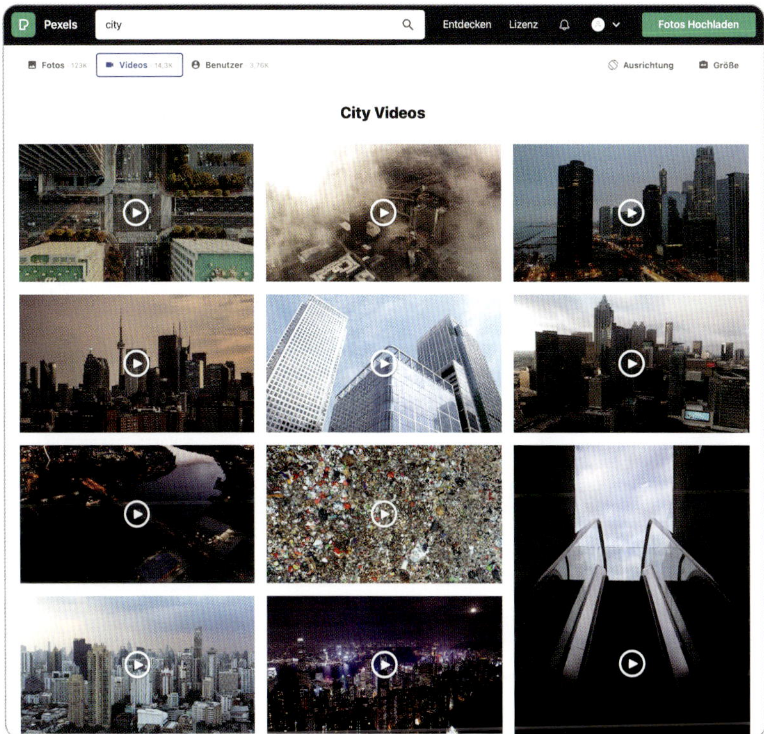

▲ *Auf www.pexels.com findest du eine beachtliche Anzahl an qualitativ hochwertigen Videoclips.*

ein paar Monate hinweg jede Menge Material herunterladen, das Abo kündigen und das Material dann trotzdem weiternutzen.

Wenn dir das zu teuer ist gibt es zum Glück aber auch kostenlose Alternativen. Eine davon ist die Website Pexels.com – und das Angebot wird mit der Zeit immer besser und umfangreicher.

Die Kontributoren auf *Pexels* sind Videofilmer, die ihr Material dort unentgeltlich für andere zur freien Verwendung zur Verfügung stellen. Als Gegenleistung musst du ihren Namen bei einer Verwendung des Materials noch nicht einmal nennen – auch darfst du das heruntergeladene Material kürzen, anders zusammenschneiden oder in der Farbgebung an deine Bedürfnisse anpassen. Einzig verkaufen darfst du das Material nicht, wohl aber im Rahmen kommerzieller Produktionen – und damit wären wir dann wieder beim Thema YouTube – nutzen.

Diejenigen, die dort ihr Material zur Verfügung stellen, werden bei entsprechender Qualität von Besuchern der Seite kontaktiert und eventuell für kommerzielle Produktionen gebucht.

Das kostenlos zur Verfügung gestellte Material ist also eine Art Portfolio.

Selber machen!

Du kannst dir aber auch eine eigene Datenbank an möglichem B-Roll-Material anfertigen – ganz allgemeine Motive wie zum Beispiel Landschaftsaufnahmen, Regentropfen, die ein Fenster herunterlaufen, deine Hände, wie sie auf einer Tastatur tippen, und natürlich allerlei allgemeine Motive aus deinem besonderen Themen- und Fachgebiet, da fallen dir jetzt bestimmt schon ein paar Möglichkeiten ein.

Kamerawinkel zum Experimentieren

Lass mich dir mal vier verschiedene Kamerawinkel zum Experimentieren zeigen. Sie werden dir helfen, Abwechslung in deine B-Roll-Aufnahmen zu bekommen.

- **Weitwinkel** – Dies ist oft eine Einführungsaufnahme, ein sogenannter *Opening Shot*, die dein Motiv in seiner Umgebung zeigt. Weitwinkelaufnahmen helfen, den Betrachter in die Szene hineinzuversetzen und zu erklären, wo eine Handlung gerade stattfindet. Wenn du zum Beispiel ein YouTube-Video über ein Theaterprojekt in deiner Stadt planst, kannst du als B-Roll mit Weitwinkelaufnahme das Gebäude von außen zeigen, den Veranstaltungsraum, die Bühne – alles, was dem Zuschauer dabei hilft, zu verstehen, wo die gezeigte Handlung gerade stattfindet. Solche Weitwinkelaufnahmen werden oft auch als Totale bezeichnet, weil sie die Szene im Ganzen zeigen.

- **Mittel** – Diese Aufnahme zeigt ein Motiv (ein Objekt oder eine Person) aus einer mittleren Entfernung. Bei deinen YouTube-Videos wird diese Einstellung meist auch diejenige sein, mit der du dich selbst hauptsächlich filmst. Bei B-Roll bietet sie dir die Möglichkeit, ein Produkt, einen Gegenstand oder auch eine Person im Kontext zum Umfeld zu zeigen. Man sieht also zum Beispiel eine Person, die in einem Büro an einem Computer sitzt und etwas schreibt.

- **Nahaufnahmen** – Die Nahaufnahme ist die Perspektive, die die Details zeigt. Besonders dann, wenn du dich auf deinem YouTube-Kanal mit Produkt-Reviews beschäftigst oder die Anwendung eines Produkts erklärst, dienen Nahaufnahmen dazu, wichtige Abläufe und Details besser vermitteln zu können. Sie können etwa die Verarbeitungsqualität eines Produkts zeigen oder die Aufmerksamkeit des Betrachters auf einen ganz bestimmten Bereich lenken.

Nahaufnahmen machen

Bei Personen tragen Nahaufnahmen dazu bei, den Charakter zu zeigen, indem sie Intimität vermitteln und Nuancen hervorheben, die sonst vielleicht übersehen werden. Wenn ich Interviews filme, ist ein Pflicht-B-Roll immer eine Nahaufnahme der Hände dieser Person.

- **Nutze den Ken-Burns-Effekt** – In Dokumentarfilmen wird dieser Effekt gern angewendet, wenn ansonsten statische Objekte wie Fotos, Landkarten oder Dokumente durch Nahaufnahmen, Schwenks und Neigungen animiert, sprich bewegt, erscheinen. Solange du genug B-Roll-Material hast, gibt es unzählige Möglichkeiten, wie du ein Produkt, einen Handlungsablauf oder eine Geschichte erzählen und zeigen kannst. Es gibt aber noch einen weiteren sehr wichtigen und nützlichen Grund, immer für genug B-Roll zu sorgen.

B-Roll zum Kaschieren von Schnitten

Ich erinnere mich bei diesem Thema immer an einen Dreh, den ich vor Jahren mal für ein kleines Unternehmen hier in der Schweiz machte. In der Schweiz wird bekanntlich Schweizerdeutsch gesprochen – das ist eine Mischung aus Afrikaans, Suaheli und Fränkisch, also kein Deutsch. Allerdings wird im Marketing meist eine in Hochdeutsch benannte Abwandlung davon verwendet, die je nach Sprecher durchaus verstanden werden kann. Fairerweise muss aber auch gesagt werden, dass Hochdeutsch in der Schweiz eine Fremdsprache ist und sich besonders ältere Semester schwertun, wenn sie plötzlich auf Hochdeutsch reden müssen. Noch dazu vor laufender Kamera.

Das Video, das ich für die Firma aufnehmen sollte, war mit einer Länge von drei Minuten geplant, und der Protagonist sollte einfach nur kurz etwas zu einem bevorstehenden Firmen-Event sagen. Klingt einfach, oder?

Es sollte den ganzen Nachmittag dauern – mit jedem weiteren Versprecher nahm die Konzentrationsfähigkeit des Protagonisten ab und dessen Wut auf sein eigenes Versagen zu, denn er wollte jedes Mal neu beginnen und alles in einem Take aufnehmen. Eine tolle Stimmung am Set. Die Rettung war mein B-Roll-Material, denn dieses ermöglichte mir, den Protagonisten jeweils nur kurze Teile aufnehmen zu lassen und diese nachträglich so aneinanderzuschneiden, dass der Zuschauer des YouTube-Videos das später nicht bemerken würde.

An jedem Schnittpunkt blendete ich einfach B-Roll-Aufnahmen des Gebäudes, der Büroräume, der Mitarbeiter bei der Arbeit, einer Drohnenaufnahme des Areals etc. ein. B-Roll-Material ist also auch ein hervorragendes Mittel, um Schnitte für den Zuschauer des Videos unbemerkt im Hintergrund geschehen zu lassen.

Achte doch mal abends vor dem Fernseher darauf, wie vielfältig B-Roll-Material in den verschiedensten Genres untergebracht wird: bei einem journalistischen Beitrag in den Nachrichten, bei Dokumentarfilmen, Interviews und natürlich auch bei Filmen. „Bewusstes Schauen“ ist eine großartige Lernmethode.

Intro und Outro

Ich schäme mich noch heute für mein erstes YouTube-Intro-Video – es ist ein herrliches Beispiel dafür, wie man das auf wirklich gar keinen Fall machen sollte. Leider könnte ich es an dieser Stelle nur beschreiben und nicht zeigen, weswegen ich mich in den folgenden Zeilen nur damit befassen werde, was richtig ist und praktiziert werden sollte.

Das Intro

Der Wiedererkennungswert spielt auch auf YouTube eine wichtige Rolle und ergibt sich aus der Summe verschiedener Komponenten. In Kapitel 7, „Erfolgreiches Selbstmarketing“, gehe ich darauf näher ein. Ein Intro-Video dient als Markenzeichen und sollte kurz und prägnant den Kanalnamen, den Namen des Protagonisten und vielleicht ein Schlüsselwort enthalten, das neuen Zuschauern zusätzlich das Grundthema des Kanals vermittelt. Ich halte es für unnötig, darin auch noch das jeweilige Thema des Videos zu nennen – das ist Aufgabe des Titelbilds, dem ich in diesem Buch im Kapitel „Aussagekräftige Titelbilder erstellen“ einen eigenen Bereich widme.

Das Intro-Video kann dem Zuschauer bereits die Lust nehmen, den anschließenden eigentlichen Beitrag zu schauen! Aus diesem Grund gleich zu Beginn vielleicht ein sehr nützlicher Tipp in Bezug auf Intro-Videos: Du brauchst nicht zwingend eines.

Es ist sogar weit besser, ohne Intro-Video direkt zur Sache zu kommen, als dem Zuschauer mit einem überlangen und schlechten Intro wertvolle Lebenszeit zu nehmen. Seitdem es möglich ist, am stationären Computer über die [→]-Taste auf der Tastatur fünf oder zehn Sekunden (je nach Einstellung) vorzuspulen, werden die meisten Intros so oder so übersprungen und allenfalls von neuen Zuschauern angeschaut. Es lohnt sich also gar nicht, zu viel Zeit und Mühe in die Erstellung eines Intro-Videos zu stecken. Hast du dich dennoch dazu entschlossen, dann versuche, folgende Punkte zu berücksichtigen.

Nicht länger als fünf Sekunden

Mein erstes Intro-Video hatte eine Länge von sage und schreibe 33 Sekunden – kein Witz. Noch dazu bestand es aus einer sich wiederholenden Grafik mit überlagerten Bildern, Text und hektischer Musik. Mir rollen sich noch immer die Fußnägel nach hinten auf, wenn ich daran denke. Mein aktuelles Intro ist fünf Sekunden lang, und sogar dabei erwische ich mich selber, gelegentlich auf die Vorspulen-Taste zu drücken, wenn ich mir eines meiner Videos noch mal anschaue. Da die ersten 30 Sekunden die wichtigsten sind und der Zuschauer innerhalb der ersten zehn Sekunden für sich entscheidet, ob er einem Video gegenüber positiv oder negativ eingestellt ist, sollte das Intro dem nicht im Weg stehen. Mir persönlich gefallen witzige Intros gut. Wenn der Zuschauer beim Intro schon mal lachen oder wenigstens grinsen muss, ist das kein schlechter Einstieg.

Musik und Lautstärke

Auch gibt es einige Tabus, die man keinesfalls brechen sollte. So sollte die Musik des Intros auf gar keinen Fall merklich lauter oder leiser sein als der Rest des Videos. Das passiert zum Beispiel dann gerne, wenn du dir für das Intro (lizenzfreie) Musik von einer Internetplattform wie *Artlist.io* herunterlädst und diese in dein Intro einbaust. Solch professionell gemasterte Tracks haben meist viel mehr Dampf als der Ton deines Videos und hauen deinen Zuschauern erst mal ordentlich einen auf die Mütze, gefolgt von einem viel leiseren Sprecherton.

Wer dir dann noch wohlgesinnt ist, wird die Lautstärke hochdrehen, um dich zu verstehen. Wehe, wenn zum Ende ein Outro-Video mit der gleichen natürlich wieder viel lauteren Musik kommt!

Die Wahl der Intro-Musik kann ebenfalls von Bedeutung sein – hier solltest du dich nicht vom eigenen Geschmack leiten lassen, sondern etwas möglichst Neutrales wählen, es sei denn, du sprichst eine bestimmte Zielgruppe an, die sich mit deiner Musikauswahl identifizieren kann – etwa ein Kanal über Motorsägen mit einer Titelmelodie vom aktuellen Entombed-Album. Ich persönlich habe ein Abonnement beim bereits genannten Anbieter *Artlist.io* und damit Zugriff auf sehr viele verschiedene Genres und Titel, und oft wähle ich einfach mal einen anderen Titel für mein Intro- und Outro-Video. Das schafft einerseits Abwechslung, ist andererseits dann wieder nicht sehr dienlich, wenn es um das Thema Wiedererkennungswert geht.

Keep it simple and smart

Viele erfolgreiche YouTuber sind inzwischen dazu übergegangen, statt eines Intro-Videos nur ganz kurz ein Logo mit einem Soundeffekt einzublenden – auch das ist sicherlich eine Variante, über die es sich nachzudenken lohnt. Gerade bei Kanälen, die technische Anleitungen bieten, kommt der Besucher oft zu deinem Video, weil er oder sie jetzt in diesem Moment eine Antwort oder Lösung für ein Problem braucht. Ich merke in so einer Situation an mir selber, dass ich Intro und Einleitung überspringe, nicht selten ungeduldig werde und mir ein „Komm zur Sache!“ entgleitet.

Intro nicht zwingend am Anfang

Eine beliebte Praxis ist die, das Intro nicht bereits ganz am Anfang des Videos laufen zu lassen. Stattdessen begrüßt du den Zuschauer zuerst und sagst in ein, zwei knappen Sätzen, worum es im Video gehen wird. Wenn du das geschickt anstellst, hast du ab der ersten Sekunde gleich die volle Aufmerksamkeit des Zuschauers. Er weiß sofort, worum es im Video gehen wird, wie das Setting des Videos ist, er bekommt einen kurzen Vorgeschmack auf die Bild- und Tonqualität und wird auch eher das darauffolgende Intro ganz anschauen, weil das Interesse bereits voll geweckt wurde. Da die ersten 30 Sekunden extrem wichtig sind, kannst du auf diese Weise auch etwas „Zeit schinden“ – im folgenden Abschnitt erfährst du, warum diese 30 Sekunden von so großer Bedeutung sind.

Ich selbst mache es mal so, mal so – mein Kanal ist aber paradoxerweise auch kein perfektes Beispiel, da ich viel zu viel experimentiere und damit gegen viele meiner eigenen Regeln und Tipps verstoße, die ich in diesem Buch weitergebe.

Das Outro

Du kennst das aus dem Kino: Am Ende des Films kommt der Abspann, und sofort teilt sich das Publikum in zwei Gruppen. Die einen verlassen fluchtartig den Saal, weil sie aufs Klo müssen oder vor dem Parkscheinautomaten nicht anstehen wollen, die anderen bleiben in aller Ruhe sitzen und schauen sich den Abspann an oder ordnen hastig ihre Klamotten. Genauso zweigeteilt werden auch die Zuschauer deiner Videos sein, es sei denn, du bietest ihnen etwas, das sie auch im Anschluss an den eigentlichen Inhalt deines Videos noch unterhält oder interessiert.

Bei Kinofilmen werden neben dem eigentlichen Abspann in einem kleinen Fenster häufig sogenannte Outtakes gezeigt: Szenen mit lustigen Missgeschicken, Versprechern und Pannen oder zusätzliche Bonussequenzen. Wenn du selbstsicher genug bist, könntest auch du solche Szenen zeigen – das macht dich sympathisch und nahbar, denn viel zu viele YouTuber nehmen sich selbst viel zu ernst. Da YouTube aber einen sehr großen Wert darauf legt, dass Besucher der Plattform möglichst viel Zeit dort verbringen, werden am Ende deines Videos Vorschläge eingeblendet. Mithilfe dieser Videovorschläge möchte YouTube deine Zuschauer dazu bewegen, weitere Zeit mit weiteren Videos auf der Plattform zu verbringen. Du selbst hast keine Kontrolle darüber, welche Videos dort vorgeschlagen werden.

Es besteht aber die Möglichkeit, bereits vorher während der letzten 20 Sekunden deines Videos eigene Videovorschläge einzublenden, und dabei bestimmst alleine du, was da gezeigt wird. Diese 20 Sekunden werden auch als Endbildschirm bezeichnet, und dem ist in diesem Buch ein eigener Teil in Kapitel 6, „Upload“, gewidmet. Dort würde dann auch das Outro untergebracht werden.

Der erste Eindruck zählt

Wie so oft im Leben gilt auch auf YouTube: Der erste Eindruck zählt. Während wir Menschen bereits nach etwa vier Sekunden für uns statuieren, ob wir jemanden mögen oder nicht, dauert es auf YouTube für gewöhnlich etwas länger, bis der Zuschauer für sich erfasst hat, ob er dein Video weiterschauen möchte oder nicht. Wenn mal davon ausgegangen werden kann, dass Bild- und Tonqualität den Zuschauer nicht sofort in die Flucht schlagen, sind es in der Regel etwa 30 Sekunden, die entscheidend sind.

Wichtige 30 Sekunden

Diese ersten 30 Sekunden sind übrigens auch dafür ausschlaggebend, ob der Aufruf dieses Videos von YouTube gezählt wird oder nicht. Klickt ein Nutzer dein Video vor Ablauf der ersten 30 Sekunden weg, hat das auch eine negative Auswirkung auf deinen Stand bei YouTube, denn dort bekommt dein Video sofort Minuspunkte. Ohne den tatsächlichen Inhalt zu kennen, geht YouTube davon aus, dass entweder einer oder alle der folgenden Faktoren zutreffen:

- Der Titel des Videos ist irreführend.
- Das Titelbild des Videos ist irreführend.

- Die Beschreibung des Videos entspricht nicht dem Inhalt.
- Die Bildqualität ist unter Niveau.
- Die Tonqualität ist unter Niveau.

Ob deine Videos überhaupt erst mal gesehen werden, hängt besonders bei einem neuen, noch unbekannten Kanal ohne Gefolgschaft davon ab, ob, wie oft und wem diese zum Beispiel auf der YouTube-Titelseite zum Anschauen vorgeschlagen werden. YouTube und Google stammen aus dem gleichen Konzern, und YouTube nutzt dein Suchverhalten auf Google und YouTube, um zu lernen, welche Themen und Inhalte für dich von Interesse sein könnten. Wenn du zum Beispiel ein paarmal bei YouTube nach Goldhamstern gesucht hast, wird YouTube dir immer mehr Videos zum Thema Goldhamster vorschlagen. Unter diesen Vorschlägen werden sich sowohl Videos von bereits etablierten, erfolgreichen YouTube-Kanälen als auch von neuen, aufstrebenden befinden.

Wenn YouTube feststellt, dass deine Videos oft nicht länger als 30 Sekunden angeschaut werden, wird YouTube diese seltener potenziellen Zuschauern als Vorschlag anbieten – der Platz für solche Vorschläge ist schließlich stark begrenzt. Da es YouTube einzig und allein darauf ankommt, dass Nutzer möglichst lange auf YouTube verweilen und möglichst viele Videos (und damit Werbung) anschauen, stehen sämtliche Inhalte, die auf Nutzer eher negativ wirken, unter einem schlechten Stern und werden von YouTube viel weniger oder gar nicht weiterempfohlen. Aus diesem Grund ist es sehr wichtig, den Zuschauer wenigstens 30 Sekunden bei der Sache zu halten.

Viele YouTuber vergeuden aber genau diese wichtigen ersten 30 Sekunden mit Belanglosigkeiten wie einem viel zu langen Intro, einer ausschweifenden Begrüßung oder einer unklaren Aussage dazu, was genau das Thema des Videos ist und wie es behandelt wird. Bedenke, dass die meisten Zuschauer bereits einen oder mehrere Werbespots schauen mussten, bevor dein Video überhaupt losgeht! Wenn dann noch erst ein langatmiges Intro-Filmchen läuft, ist der Geduldsfaden bei vielen bereits sehr gespannt, wenn nicht sogar gerissen.

Ich beobachte immer häufiger, dass YouTuber das eigentliche Intro-Filmchen erst zu einem späteren Zeitpunkt im Video laufen lassen und davor kurz und knapp ein paar überzeugende Worte an den Zuschauer richten, die diesem gleich zu Beginn die Bestätigung vermitteln sollen, mit dem Klick auf das Video das Richtige getan zu haben. Ich finde diese Taktik sehr gut – obschon ich einen YouTube-Premium-Account habe, der mich von sämtlicher Werbung auf YouTube befreit –, und ich wende diese Taktik auch selbst in meinen Videos immer wieder mal an. Übrigens muss der Zuschauer tatsächlich mindestens 30 Sekunden eines Videos geschaut haben, ohne mit den Pfeiltasten auf der Tastatur vorzuspringen, damit das als Zugriff gezählt wird.

In jedem Fall solltest du die ersten 30 Sekunden deiner Videos dazu nutzen, den Zuschauer neugierig auf mehr zu machen. Handelt es sich um ein Produkt, zeige Ergebnisse, die durch Verwendung dieses Produkts entstanden sind. Geht es um die Lösung eines bestimmten Problems, nenne das Problem und bringe den Zuschauer dazu, sich verstanden zu fühlen. Erzeuge Gefühle, Erinnerungen, Wünsche und vor allem den Bedarf, dein Video zu schauen – und vermeide überflüssige Floskeln.

Ganz schlecht ist zum Beispiel, gleich zu Anfang darum zu bitten, den Kanal zu abonnieren und die Benachrichtigungsglocke zu aktivieren. Das ist, als würdest du im Restaurant um Zahlung per Vorkasse gebeten – geht wirklich gar nicht. Auch im Interesse der Einhaltung der „Zehn-Minuten-Schmerzgrenze", auf die ich im nächsten Abschnitt zu sprechen komme, solltest du in deinen Videos so schnell wie möglich zur Sache und damit zu dem Inhalt kommen, den sich der Zuschauer von seiner Zeitinvestition verspricht. Lass mich versuchen, das anhand von einem Beispiel zu verdeutlichen.

Mit einer solchen Einleitung in ein Video sind die wichtigen ersten 30 Sekunden perfekt überbrückt. Du schaffst eine vertraute Atmosphäre, indem du das Problem benennst, zu dem sich der Besucher deines Videos eine Hilfestellung verspricht. Danach bestätigst du, dass er dazu auch die gesuchte Hilfestellung bekommen wird. Schließlich wirfst du noch ein zusätzliches, unerwartetes Goodie in den Raum, das sich der Besucher durch das Anschauen des Videos verdienen muss.

30 Sekunden Überzeugungskraft

„Du hast dich doch sicher auch schon einmal gefragt, warum es oft so schwierig ist, Frauen in der Sauna anzusprechen – in diesem Video zeige ich dir, dass es ganz einfach gehen kann, und du bekommst sogar noch einen Bonustipp zum Thema ‚Brustvergrößerung durch Handauflegen'! Mein Name ist Max Mustermann, und MUSTERMAX ist mein Kanal!"
(Es folgt ein Zehn-Sekunden-Intro.)

Die zehn Sekunden Intro-Video danach vergehen schnell, und weil sich der Zuschauer bereits im Stuhl zurückgelehnt hat, wird er das Intro meist auch nicht überspringen wollen, weil er sich dazu wieder aus der bequemen Lage herausbegeben müsste. Keinesfalls solltest du das Goodie erst am Ende des Videos präsentieren oder gar in deiner Einleitung etwas wie „… und wenn du das Video bis zum Ende schaust, verrate ich dir auch noch …“ erwähnen, denn damit bewirkst du bestenfalls, dass der Zuschauer bis ans Ende deines Beitrags vorspult.

Bei sehr kurzen Videos – unter einer Laufzeit von zwei Minuten – sollte auch deine Einleitung entsprechend kurz sein.

Manchmal ist es hilfreich, hintereinander mehrere Versionen eines Intros aufzunehmen – dann kannst du später in der Nachbearbeitung entscheiden, welche dir am besten gefällt.

Die Zehn-Minuten-Schmerzgrenze

Das Nutzerverhalten auf YouTube hat sich in den vergangenen Jahren deutlich verändert, und das in vielerlei Hinsicht. In diesem Buch gehe ich an verschiedenen Stellen näher darauf ein. Der Besucher hat auf der Plattform YouTube besonders bei gängigeren Themen die Wahl aus einer unfassbaren Vielzahl an verschiedenen Videobeiträgen. Auf welchen Beitrag er schließlich klickt, um diesen anzuschauen, ist von verschiedenen Faktoren abhängig:

- Titelbild
- Bekanntheitsgrad des Kanals
- Anzahl Abonnenten des Kanals
- Anzahl Likes des Videos
- Dauer des Videos

Die Reihenfolge dieser Auflistung basiert dabei nicht auf der grundsätzlichen Bedeutung der einzelnen Punkte, denn da hat jeder Besucher der Plattform so seine eigenen Prioritäten. Gerade aus diesem Grund ist es von großer Bedeutung, bei möglichst vielen der gelisteten Punkte zu glänzen. Unmittelbaren Einfluss hast du als Creator aber nur auf die Punkte „Titelbild“ und „Dauer des Videos“.

Auch in diesem Punkt lohnt es sich, sich einmal das eigene Nutzerverhalten vor Augen zu führen: Wenn du zwei Videos zur Auswahl hast, die versprechen, dass du nach dem Anschauen weißt, wie man Wasser kocht – klickst du zuerst auf das, dessen Länge mit 5:20 Minuten angegeben wird, oder auf das, dessen Laufzeit 8:50 Minuten beträgt? Es würde mich sehr wundern, wenn du dich für das längere Video entscheidest. Die aktuelle Schmerzgrenze bei YouTube-Videos liegt bei etwa zehn Minuten, die ideale Länge irgendwo zwischen drei und fünf Minuten.

Natürlich gibt es Themen, die sich nicht mal eben in wenigen Minuten abhandeln lassen. Das ist dem potenziellen Zuschauer aber meist auch klar, und konkurrierende Beiträge anderer YouTuber dürften beim gleichen Thema ebenfalls eine bestimmte Länge haben. An dieser Stelle möchte ich aber von einem Szenario ausgehen, in dem sich die Zehn-Minuten-Regel anwenden lässt, ohne dass Inhalt und Qualität des Beitrags darunter leiden müssen.

Ich selbst hatte vor allem in der Vergangenheit Tipps und Ratschläge zu diesem (und anderen) Themen oft mit Bravour ignoriert – wenn du dir ältere Beiträge von mir anschaust, wirst du sehen, dass mein Fokus ganz klar darauf lag, möglichst viel Information an den Mann oder die Frau zu bringen. Dabei wäre es sehr viel besser gewesen, komplexere Themen in mehrere Videos aufzuteilen, anstatt den Betrachter mit einer Informationsflut zu erschlagen, die manchmal sogar die 20-Minuten-Schwelle überschritt. Ich muss schmunzeln, wenn ich heute in solche Videos von mir reinschaue, und nicht selten entgleitet mir bei meinen eigenen Videos – und natürlich auch bei denen anderer – ein ungehaltenes „Komm zur Sache!“.

Wie also solltest du bei der Planung eines Videos vorgehen, damit du nicht denselben Fehler begehst?

Sofern du dich dazu entschlossen hast, deine Videos zu skripten, erstelle zunächst einmal eine Liste der Kapitel, in die sich das Thema deines Videos aufteilen ließe – ganz so, als hättest du vor, anstelle eines Videos einen Beitrag für ein Fachmagazin zu schreiben. Notiere dir dann zu jedem dieser Kapitel Stichwörter, an denen du dich bei der Aufnahme entlanghangeln kannst. Es ist übrigens völlig in Ordnung, Moderationskarten zu nutzen. Solche Stichworte helfen dir, nicht vom Thema abzuschweifen und eine geordnete Struktur beizubehalten.

Viele Schreibprogramme bieten die Möglichkeit, sich die Lesezeit eines Texts anzeigen zu lassen. Ich arbeite zum Beispiel mit der App *Bear*. Diese App ist für Windows, Mac, Android und iOS erhältlich und bietet neben einer sehr aufgeräumten Oberfläche ein ablenkungsfreies Verfassen von Texten sowie die Möglichkeit, sich die Wortanzahl und die Lesezeit anzeigen zu lassen. Da sie auf allen gängigen Plattformen verfügbar ist, hast du zudem sämtliche Texte immer dabei, kannst auch mobil an einem Text weiterschreiben und die Arbeit dann zu Hause am Computer fortsetzen. Texte werden über verschiedene Cloud-Systeme mit allen Geräten, auf denen du Bear nutzt, abgeglichen.

Wenn du dir also die Vorgabe gesetzt hast, ein Acht-Minuten-Video zu machen, kannst du mit einer solchen App ziemlich genau auf diese Vorgabe hinarbeiten. Natürlich spielt deine Lesegeschwindigkeit auch eine Rolle, im Großen und Ganzen sind diese Angaben aber sehr genau.

Aber auch Teleprompter-Programme sind in der Lage, dir genau anzuzeigen, wie lange ein bestimmter Text bei der von dir eingestellten Geschwindigkeit braucht, um einmal komplett durchzulaufen. Mehr Infos zur Arbeit mit einem Teleprompter findest du im Abschnitt „Geheimwaffe Teleprompter“ in diesem Buch.

Solltest du zu denjenigen gehören, die sich spontan vor die Kamera setzen und einfach drauflosreden, empfehle ich dir trotzdem dringend, wenigstens mit Moderationskarten zu arbeiten

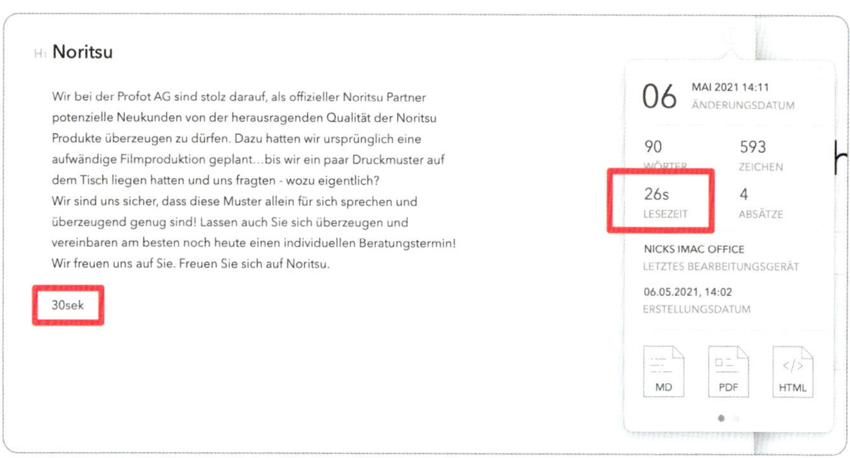

▲ *Mit Bear verfasster Text für einen Werbeclip. Links die Vorgabe, rechts die von Bear geschätzte Lesezeit.*

◀ *Das tatsächliche Video hat eine Länge von 30 Sekunden und entspricht somit genau der Kundenvorgabe. Die Schätzung von Bear war sehr akkurat.*

und damit eine flüssige Linie beizubehalten. Lass auch dabei alles weg, was nicht unbedingt gesagt oder gezeigt werden muss, und mach ein paar Probedurchläufe, bei denen du dich mit dem Smartphone aufnimmst. Schau dir diese Durchläufe an, achte auf die Zeit und notiere dir Stellen, an denen gekürzt werden kann.

Verzichtbares

Wie ich bereits im vorangegangenen Abschnitt bemängelte, begehen viele YouTuber den Fehler, zu Beginn ihrer Videos den Zuschauer ausschweifend zu begrüßen. Was im ersten Gedanken einer grundsätzlichen Anstandsregel entsprechen mag, entpuppt sich in der Realität als einer der Punkte, von denen YouTube-Nutzer am meisten genervt sind. Mach doch einmal selbst den Test und schau, wie viele Sekunden oder sogar Minuten es bei Videos auf YouTube dauert, bis es endlich mal zur Sache geht. YouTube ist die zweitgrößte Suchmaschine nach Google, und die mit Abstand meisten Besucher landen auf YouTube, weil sie auf der Suche nach einer konkreten Information sind. Ich hämmere oft genervt auf der [Pfeil rechts]-Taste auf meiner Tastatur herum, um möglichst schnell zu der Stelle im Video zu springen, an der es für mich interessant wird.

Wenn du unbedingt Anstandsformen in deinen Videos unterbringen willst, dann setze diese an den Schluss deiner Videos, indem du dich zum Beispiel dafür bedankst, dass der Zuschauer das Video bis zum Ende geschaut hat.

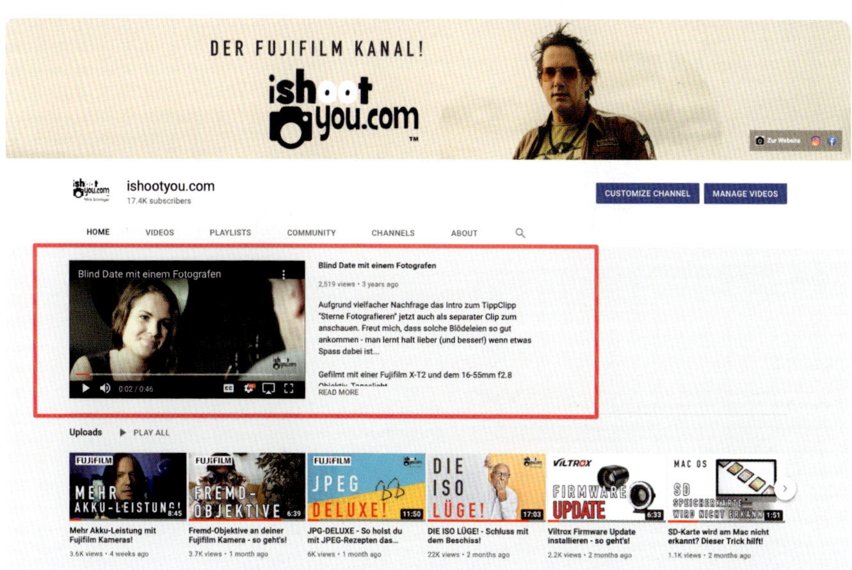

▲ *Begrüßungsvideo auf der Titelseite meines YouTube-Kanals.*

Ebenfalls überflüssig ist eine Vorstellung deiner Person oder deines Kanals – nutze dafür die Möglichkeit, auf der Titelseite deines Kanals auf YouTube ein Begrüßungsvideo zu platzieren.

Darüber hinaus besteht die Möglichkeit, im Register *KANALINFO* auf deiner Kanalseite alle nötigen Informationen unterzubringen, die einen Besucher deines Kanals interessieren könnten.

Zum Thema „Kanalinfo“ findest du in Kapitel 7, „Erfolgreiches Selbstmarketing“, einen ganzen Abschnitt, „Die Kanalbeschreibung“.

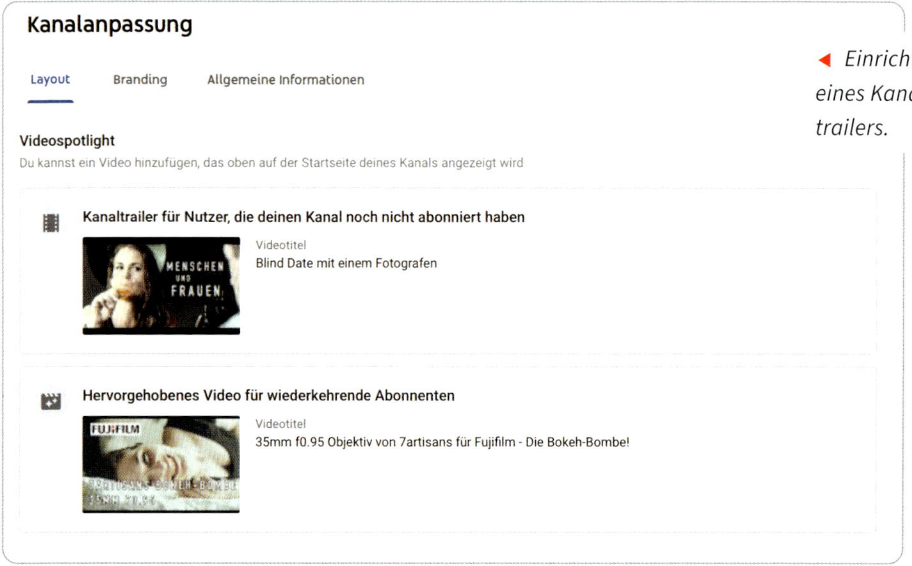

◀ *Einrichtung eines Kanaltrailers.*

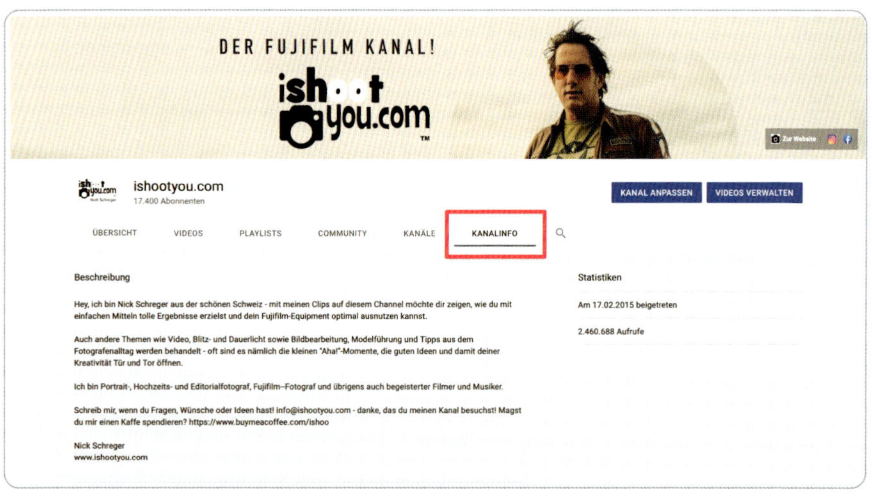

▲ *Das Register KANALINFO.*

KAPITEL 5

NACHBEARBEITUNG

Die Notwendigkeit einer Nachbearbeitung des Video- und Tonmaterials stellt für die meisten Nutzer eine so große Hürde dar, dass sich viele gar nicht erst dazu aufraffen können, das Projekt „Mein YouTube-Kanal“ überhaupt in Angriff zu nehmen. Fakt ist, dass an einer Nachbearbeitung kein Weg vorbeiführt – und sei es nur das Trimmen am Anfang und Ende deiner Videos. Es ist aber machbar, und je mehr du dich mit dem Thema beschäftigst und damit die Möglichkeiten entdeckst, die dir eine Nachbearbeitung bietet, desto mehr Freude wird es dir auch bereiten. Ich kenne inzwischen viele Menschen, die mittlerweile in dem Punkt sogar fitter sind als ich – und denen ich irgendwann mal die ersten Kniffe gezeigt hatte.

Hardware

Rein theoretisch könntest du heute einzig und allein mit einem guten Smartphone den gesamten Produktions-Workflow abdecken, und das in einer Qualität, die in den meisten Fällen zumindest das Prädikat „ausreichend“ bekäme. Von der Onlinerecherche über das Verfassen von Texten, das Filmen selbst sowie die Erstellung von Infografiken und Abbildungen bis hin zum Videoschnitt, das alles geht mit einem aktuellen Smartphone. Aus Praxissicht wäre das natürlich Masochismus, schon allein wegen des für eine sinnvolle Nachbearbeitung viel zu kleinen Bildschirms. Wesentlich vernünftiger ist da die Anschaffung eines geeigneten Schnittcomputers.

Zu meinen Anfängen brauchte man schweineteure Videoschnittkarten, die als zusätzliche Hardware in die Computer eingebaut werden mussten, denn die Rechenleistung eines normalen PCs oder auch Macs war im Vergleich zu heute unterirdisch. Wer aktuell mit Videoschnitt (und Video allgemein) beginnt, tut dies unter paradiesischen Bedingungen, das schon mal vorweg.

Computer und Speichermedien

Es gilt auch nicht mehr unbedingt die Regel, dass nur ein Computer mit angebissenem Apfel dieser Aufgabe vollumfänglich gewachsen sei. Zwar gibt es nach wie vor deutliche Vorteile bei einem Mac, wer aber gewillt ist, genauso viel in einen PC zu investieren, und sich diesen von einem Fachmann zusammenstellen lässt, wird ebenfalls sehr gut damit arbeiten können.

Ein aktueller Mac ist so, wie man ihn bestellt, bereits voll und ganz Videoschnitt-ready – und das auch in den unteren Preisklassen. Ein Mac kommt mit viel weniger RAM-Speicher zurecht, weil das System allgemein wesentlich effizienter mit Ressourcen umgeht. Insbesondere die neueren Mac-Computer mit Prozessoren der M-Generation sind ausgesprochen leistungsstarke und zuverlässige Systeme, die meist ohne lästige Treiberinstallationen und Konfigurationsorgien abliefern. Auch kommen sie meist gänzlich ohne Lüfter aus, was für ein sehr angenehmes Arbeitsklima sorgt.

Ein Windows-PC hat nicht selten gleich mehrere Lüfter, die je nach Prozessorauslastung und Zimmertemperatur extrem laut sein können. Das hat bei einem Mac natürlich seinen Preis, aber selbst der ist in den vergangenen Jahren attraktiver geworden – wenn man mal von ein paar exotischen Modellen und Zubehören absieht. Viele gute Programme für kreatives Arbeiten gibt es entweder nur für den Mac, oder sie laufen darauf besser. Ausnahme: Adobe Premiere Pro (Stand Sommer 2022).

Aber auch ein moderner PC muss sich nicht mehr schämen, wenn es um Videoschnitt geht. Hier ist es nur wichtig, entweder bei einem Händler zu kaufen, der PCs explizit für Videoschnittaufgaben vorkonfektioniert, oder einen solchen von einem Fachmann zusammenstellen zu lassen. Bei einem Windows-PC kann es vorkommen, dass bestimmte Kombinationen von Chipsatz, Motherboard, Grafikkarten, Soundkarte, Speichermodulen und sonstigen Komponenten und auch Software nicht oder nicht optimal miteinander korrelieren.

Da braucht es das Fachwissen eines erfahrenen Insiders, und ich kenne wirklich etliche Fälle, in denen es mit PCs Marke Eigenbau zu Problemen gekommen ist. Eine häufig anzutreffende Annahme ist, dass ein hochgezüchteter Gamer-PC mit Sicherheit auch für anspruchsvollen Videoschnitt geeignet sein müsste. Dem ist aber nicht so. Auf der Seite *www.tonfilmer.com* von Siegfried Fock findest du sehr ausführliche und toll recherchierte Beiträge zu diesem Thema mit vielen wichtigen Informationen und Tipps.

Grundsätzlich sollte man bei einer Neuanschaffung im Jahr 2022 oder später zum Zwecke des Betreibens eines YouTube-Kanals einen Rechner und die dazugehörigen Komponenten wie Monitor und Grafikkarte wählen, die zur Bearbeitung von 6K-Material in der Lage sind. Auch wenn du aktuell noch nicht planst, in einer höheren Auflösung als FHD (Full-HD, 1.920 × 1.080 Bildpunkte) zu arbeiten, etabliert sich 4K-Material auf YouTube immer mehr, und dieses wird von YouTube tatsächlich auch bevorzugt, wenn es um das Pushen deiner Inhalte geht.

Aber auch FHD-Material sieht deutlich besser aus, wenn es ursprünglich in einer 4K-Auflösung gefilmt und erst im letzten Schritt der Nachbearbeitung auf FHD als Ausgabeformat heruntergerechnet wird. Erinnerst du dich an den Abschnitt zu den Kameraeinstellungen? Dort findest du noch weitere gute Gründe, zumindest bei der Produktion mit einer höheren Auflösung zu arbeiten.

Auch sollten Grafikkarte und Monitor in der Lage sein, mindestens 4K mit 60 Hz anzeigen zu können. Dazu brauchst du einen 60-Hz-fähigen Displayport oder HDMI-2.0-Anschlüsse.

Ein 8K-Monitor ist aktuell im Sommer 2022 noch immer sehr teuer und leistungshungrig – ich halte einen solchen in absehbarer Zeit erst mal nicht für notwendig. Die Tendenz auf YouTube zeigt weiterhin auf 4K, und es wird noch eine ganze Weile dauern, bis sich eine 6K-Auflösung auf YouTube etabliert hat.

Eine sehr wichtige Komponente im Videoschnittcomputer sind die Festplatten. Diese sollten nach Möglichkeit schnelle, fest im Computer verbaute SSD-Laufwerke sein. Langsame mechanische Festplatten haben bei aktuellen Dateiformaten und Datenraten kaum mehr eine Chance, mit den Anforderungen mitzuhalten. Externe Festplatten sind auch eine Option, dort sollte es sich allerdings ebenfalls um schnelle SSD-Platten handeln (SSD = *Solid State Disc*) – an die schwindelerregende Geschwindigkeit einer eingebauten schnellen SSD-Festplatte kommen diese allerdings niemals heran.

Ich habe für dieses Buch mal ein paar Geschwindigkeitsmessungen gemacht. Auch du kannst solche Messungen an deinem Computer und mit deinen bereits vorhandenen Laufwerken vornehmen. Von Blackmagic Design gibt es dazu eine kostenlose Software für macOS und Windows mit dem Namen *Blackmagic Disk Speed Test*.

1. Starte das Programm und verbinde das Laufwerk, das du überprüfen möchtest, mit dem Computer. Bei einer externen Festplatte nutze am besten das Kabel, das mit der Platte geliefert wurde, und verbinde dieses direkt mit dem Computer anstatt über einen USB-Hub oder einen Adapter.

2. Klicke dann auf das kleine Zahnradsymbol zwischen den beiden großen zirkularen Anzeigen im Programmfenster. Es öffnet sich ein Kontextmenü (siehe Abbildung).

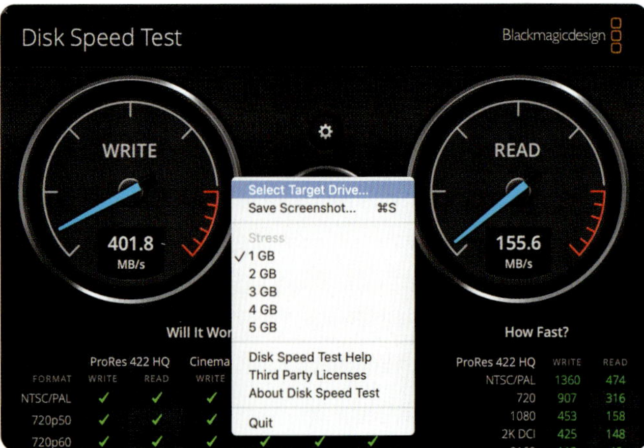

▸ *Wähle hier das zu prüfende Laufwerk aus.*

3. Gleich der oberste Punkt *Select Target Drive* ermöglicht dir die Auswahl des zu prüfenden Laufwerks. Wähle vorher darunter den Wert *1 GB* aus und starte den Test über den Button *Speed Test Start*. Zunächst wird sich der Zeiger in der linken Anzeige bewegen und darüber Aufschluss geben, mit welcher Geschwindigkeit sich Daten auf das zu testende Laufwerk schreiben lassen.

   Achtung! Diese Werte sind bei den ersten Messungen oft noch etwas niedriger.

   Nachdem 1 GByte an Daten auf die Festplatte geschrieben wurde, wird der Zeiger in der rechten Anzeige aktiv, und du siehst, wie schnell Daten vom ausgewählten Laufwerk gelesen werden können. Auch hier braucht es zwei bis drei Durchläufe, bevor die Anzeigen konstante Werte liefern.

4. Im unteren Bereich des Programmfensters kannst du sehen, für welche Art von Videoprojekten die Festplatte im Zusammenspiel mit deinem Computer geeignet ist. Hier ein paar Beispielmessungen von meinen Systemen.

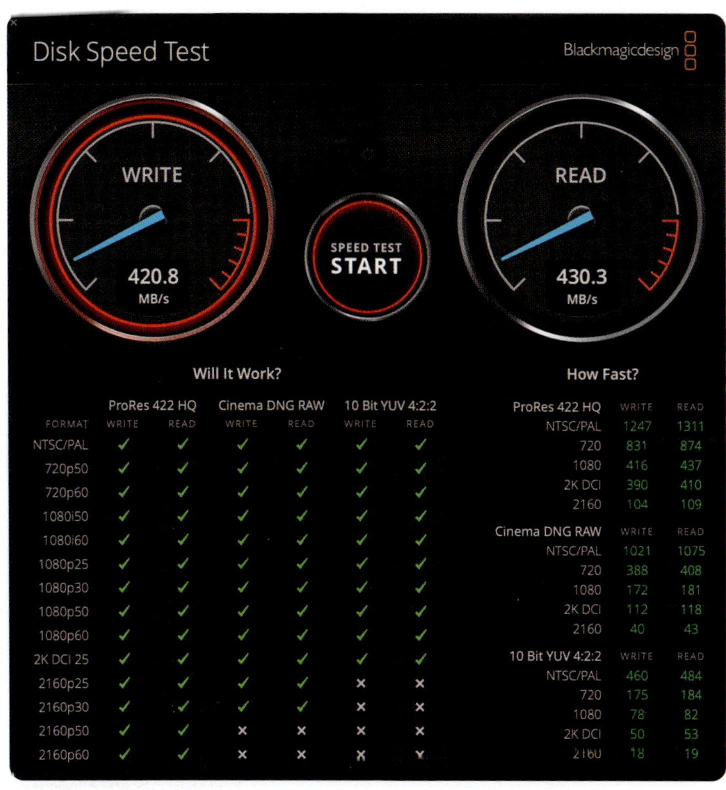

◀ *Apple iMac i7 – Sandisk XTREME SSD 1TB.*

Apple iMac i7 – mechanische Festplatte mit 7.200 U/min im Schneckentempo.

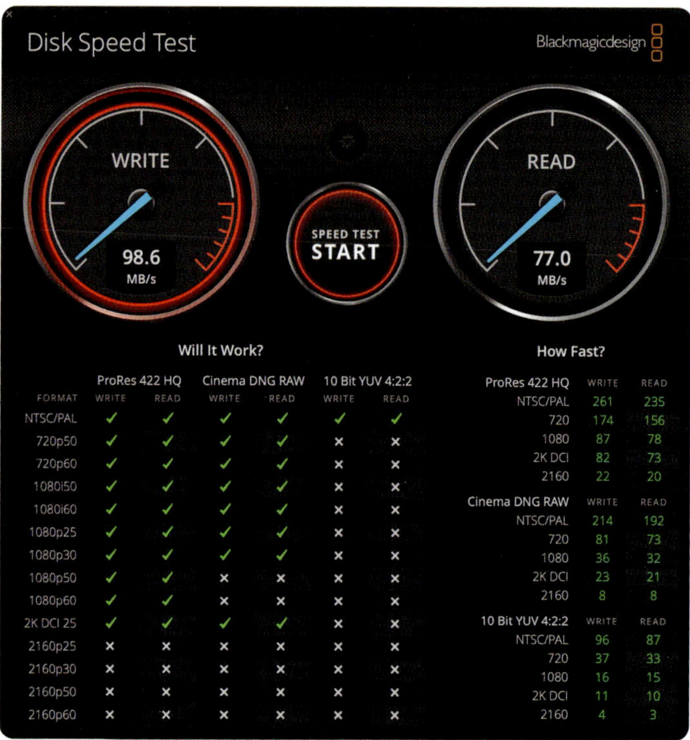

Apple Mac Mini M1 – mit rasend schneller interner SSD.

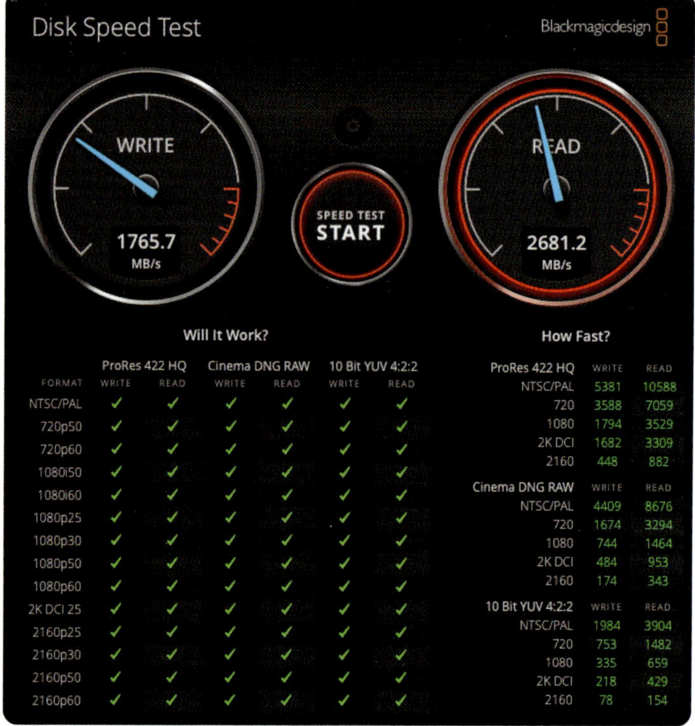

Wie unschwer zu erkennen ist, sind interne SSD-Speicher die mit Abstand leistungsstärkste Variante. Um in den Genuss dieses erheblichen Geschwindigkeitsvorteils zu kommen, schneide ich meine Videos stets auf einer der internen Festplatten und nutze externe Speicher ausschließlich für temporäre Backups, zum Datentransfer oder als Langzeitspeicher.

▲ *Der Hardwarecontroller Contour Shuttle-Pro V2.*

Eingabegeräte

Eine Tastatur und die Maus sind auch für anspruchsvollere Videoschnittprojekte völlig ausreichend. Es gibt aber drei sehr komfortable Eingabegeräte, die ich dir kurz vorstellen möchte, denn sie erleichtern die Arbeit wirklich sehr.

Den Controller Contour ShuttlePro V2 gibt es bereits seit etlichen Jahren – und das auch in einer deutlich günstigeren, wenngleich abgespeckteren Version (als Contour ShuttleXpress für knapp 50 Euro). Bei beiden Controllern handelt es sich um eine ergonomische Zusatztastatur, in deren Mitte sich ein sogenanntes *Jog-Wheel* befindet. Dieses Drehrad besteht aus einem äußeren Kranz und einer inneren Drehscheibe. Der äußere Kranz lässt sich um etwa 25° nach rechts oder links drehen; lässt man ihn los, springt er wieder in die Mittelposition zurück.

Die innen liegende Drehscheibe lässt sich unendlich nach links und rechts drehen und ermöglicht ein sehr genaues Vor- und Zurückspulen innerhalb der Timeline im Schnittprogramm. Die Timeline ist die Zeitleiste des Videoprojekts, an dem du gerade arbeitest. Die Vertiefungen auf der Drehscheibe sind für die Fingerkuppen gedacht, und durch Drehung springst du Einzelbild für Einzelbild vor oder zurück. Das ist immer dann nützlich, wenn du punktgenau schneiden musst.

▲ *Contour ShuttleXpress.*

Beim äußeren Drehkranz ist es dann so, dass du, je nachdem, wie weit du diesen in eine Richtung drehst, schneller oder langsamer vor- bzw. zurückspulen kannst. Die frei belegbaren Tasten machen den Griff zur eigentlichen Computertastatur oft überflüssig, und so arbeitest du mit dem Shuttle in der einen und der Maus in der anderen Hand. Die Pro-Version ist mit einem Preis von knapp 100 Euro doppelt so teuer, bietet dafür aber mehr Tasten und liegt dank höherem Gewicht stabiler auf dem Tisch.

Meiner Meinung nach ist die günstigere Variante völlig ausreichend, was aber auch daran liegen kann, dass ich mir nie die Belegung der vielen Tasten des Pro merken konnte. Zwar besteht bei der Pro-Variante die Möglichkeit, kleine beschriftete Papieretiketten unter die transparenten Kappen der Tasten zu legen – ich nutze das aber nie.

Der Anschluss erfolgt bei diesen beiden Controllern über USB.

In einer ganz anderen Liga spielt hingegen der Blackmagic Design DaVinci Resolve Speed Editor – nicht nur wegen der Länge des Namens. Wie dieser bereits vermuten lässt, ist der Speed Editor ausschließlich für die Verwendung mit der Videoschnittsoftware *DaVinci Resolve* gedacht. Es ist tatsächlich nicht möglich, diesen mit anderen Programmen zu nutzen. Preislich schlägt er mit satten 380 Euro zu Buche, und es stellt sich berechtigt die Frage: Ist es das wert? Die kurze Antwort: absolut, aber unter einer wichtigen Bedingung.

Der Hersteller Blackmagic Design mag tolle Videokameras für wenig Geld verkaufen und eine nahezu perfekte Schnittsoftware sogar verschenken. Du solltest aber wissen, dass dies nicht die einzigen Produkte in deren Portfolio sind. Ebenfalls von Blackmagic Design sind – neben deutlich teureren Kameras und Broadcast-Equipment – sehr hochwertige und auch sehr teure Controller für Colorgrading und Tonbearbeitung in DaVinci Resolve. Da ist der Speed Editor ein reines Schnäppchen.

Unter welcher Bedingung dieser „absolut empfehlenswert“ ist?

Unter der Bedingung, dass du ihn auch in vollem Umfang nutzt!

Was einfach klingt, ist in der Praxis gar nicht so schnell umgesetzt. Der Speed Editor vereinfacht deinen Nachbearbeitungs-Workflow nämlich nur dann, wenn du dich erst einmal intensiv mit dessen Bedienung auseinandergesetzt hast.

Blackmagic Design DaVinci Resolve Speed Editor.

Aus diesem Grund würde ich dir empfehlen, vor dem Kauf ein paar YouTube-Videos zu diesem Controller zu anzuschauen und anhand der darin gezeigten Möglichkeiten – aber auch Einschränkungen – für dich und deine Bedürfnisse zu eruieren, ob du damit einen ausreichenden Vorteil bekommst, der die doch recht hohe Investition rechtfertigt.

Für mich war sofort klar, dass ich dieses Teil haben wollte – ich nutze den Controller aber auch abseits meines YouTube-Kanals. Profitiere ich auch für meinen YouTube-Kanal davon? Auch „ja", aber nur, weil ich gelernt habe, viele Funktionen zu nutzen. Ich kenne Menschen, die lediglich etwa 10 % des Funktionsumfangs des Speed Editor innerhalb ihres Workflows anwenden, Funktionen, die sich auch per Tastaturkommando steuern ließen. In einem solchen Fall ist der Speed Editor ein viel zu teures Jog-Wheel, und eines der beiden zuvor vorgestellten Produkte wäre weitaus geeigneter.

Wenn du gar nicht erst mit DaVinci Resolve arbeitest, kommt der Speed Editor wie bereits geschrieben grundsatzlich nicht infrage. Arbeitest du dich gerade erst in DaVinci Resolve ein, würde ich an deiner Stelle auch noch mit einer solchen Anschaffung warten, bis du dir wirklich sicher bist, dauerhaft damit arbeiten zu wollen.

Für mich ist der Speed Editor zum unverzichtbaren Werkzeug geworden, und er wird seinem Namen wirklich gerecht – sowohl das grobe Zusammenstellen eines ersten Rohschnitts als auch Frame-genaue Feinarbeit gehen damit sehr flott von der Hand, und für einige Funktionen gibt es nicht einmal ein Tastaturkürzel – diese sind ausschließlich über den Speed Editor abrufbar. Ein Zufall oder ein Kaufanreiz?

Software

Als ich 2004 mit dem Videoschnitt anfing, waren die Programme dafür nicht annähernd so anwenderfreundlich und zugänglich wie heute. Das lag wohl auch daran, dass sich damals nur verhältnismäßig wenige Nutzer rein hobbymäßig mit diesem Thema befassten. Ich arbeitete damals noch mit Adobe Premiere Pro CS1 und produzierte Lehrfilme und Dokumentationen aus dem Bereich Luftfahrt.

Nun bin ich seit etlichen Jahren Mac-Nutzer, Premiere Pro kam mir seitdem nicht mehr auf den Computer – wohl auch, weil ich in der von Apple entwickelten und vertriebenen Videoschnittsoftware *Final Cut Pro* eine sehr flinke und intuitive Alternative gefunden hatte. Da es für Final Cut Pro auch sehr viele kostenlose und kostenpflichtige Erweiterungen gibt, etwa für Titel und Übergänge, war ich lange sehr zufrieden damit.

DaVinci Resolve

Dann kam *DaVinci Resolve*. Im Jahr 2009 wurde das Entwicklerteam von Blackmagic Design aufgekauft, und seitdem wird die Software immer besser und auch immer beliebter. Das in Australien ansässige Unternehmen war bis vor einigen Jahren hauptsächlich für preiswertes und dennoch sehr brauchbares Videoequipment bekannt. In den Anfängen von DaVinci Resolve handelte es sich noch nicht um ein vollwertiges Programm für den Videoschnitt, sondern für Farbkorrekturen auf sehr hohem Niveau. Über die nächsten Jahre wurde Blackmagic Design zu einem sehr ernst zu nehmenden Ausstatter für angehende und auch professionelle Videofilmer. Im Abschnitt „Kameras und Objektive“ stellte ich dir bereits ein paar Produkte dieses Herstellers vor – nun ist DaVinci Resolve als Videoschnittlösung an der Reihe.

Inzwischen ist aus DaVinci Resolve eine vollumfängliche, sehr leistungsstarke Komplettlösung für wirklich alle Belange des modernen Videoschnitts geworden. Erhältlich für Windows und macOS, gewinnt das Programm täglich Tausende neuer Nutzer und ist auf bestem Wege, selbst Adobe Premiere Pro und Final Cut Pro über kurz oder lang den Rang abzulaufen. Und das Beste daran ist vielleicht, dass DaVinci Resolve kostenlos erhältlich ist und in dieser kostenlosen Variante bereits mehr als genug an Bord hat, um YouTuber glücklich zu machen.

Selbst wenn du dich irgendwann aus welchem Grund auch immer für die kostenpflichtige Version *DaVinci*

▲ *DaVinci Resolve ist auf dem besten Weg, die beliebteste Videoschnittkomplettlösung zu werden.*

Resolve Studio entscheidest, würde dich diese Entscheidung um gerade einmal 270 Euro ärmer machen. Wohlgemerkt, wir reden hier über ein Schnittprogramm, mit dem Hollywood-Blockbuster produziert werden. Wo ist der Haken?

Eine Software, die sehr viel kann, hat es schwer, übersichtlich und intuitiv zu bleiben. Zwar gab es hier in letzter Zeit sehr deutliche Verbesserungen – die Lernkurve bleibt zu Beginn aber nach wie vor etwas steil. Hinzu kommt, dass die Software noch immer nicht in deutscher Sprache verfügbar ist. Wer im Englischunterricht nicht dauernd meditiert hat, wird sich schnell zurechtfinden – aber eben nicht auf Anhieb. Soll heißen: Man muss schon wollen, wird aber sehr dafür belohnt – ich würde nie wieder mit einer anderen Software arbeiten wollen.

Gab es anfänglich noch sehr wenige Informationsquellen in deutscher Sprache, so sieht es auf diesem Gebiet inzwischen schon ganz anders aus. Wer sich auf YouTube ein wenig umschaut, findet zahlreiche gute Quellen, und wer ein bisschen investieren kann und will, besucht entweder einen der vielen guten Workshops, die inzwischen auch im deutschsprachigen Raum angeboten werden, oder besorgt sich einen Onlineworkshop, von denen auch immer mehr in deutscher Sprache existieren.

▲ *Zu jedem Programmmodul von DaVinci Resolve gibt es vom Hersteller sehr gute Lehrvideos.*

Wenn Englisch keine Kopfschmerzen verursacht, gibt es vom Hersteller Blackmagic Design selber hervorragendes Lehrmaterial in Form von Videos und sehr ausführlichen und hervorragend aufgemachten Handbüchern im PDF-Format. Letztere gehören wirklich zum Besten, was ich bisher gesehen habe.

Das offizielle Benutzerhandbuch zu DaVinci Resolve im PDF-Format ist mit über 3.500 Seiten mehr als doppelt so dick wie das Onboard-Benutzerhandbuch einer Boeing 737-900. Ich habe mir die Dokumentationen zu DaVinci Resolve auf meinem iPad abgelegt und kann darauf bequem über Suchbegriffe, Lesezeichen und persönliche Notizen schnell und einfach die Antworten zu meinen Fragen finden. Mir würde im Traum nicht einfallen, auch nur Teile davon auszudrucken.

Seit etwa zwei Jahren nutze ich nun schon fast ausschließlich DaVinci Resolve für meine YouTube-Videos und bin sehr zufrieden damit. Fairerweise sei aber gesagt, dass mir DaVinci Resolve in Bezug auf meinen YouTube-Kanal keine Vorteile gegenüber Final Cut Pro oder anderen etablierten Programmen bietet – ich brauche für meine Videos meist nur einen elementaren Funktionsumfang, und diesen würde ich mit jeder gängigen Schnittsoftware bekommen. Da ich mich aber auch

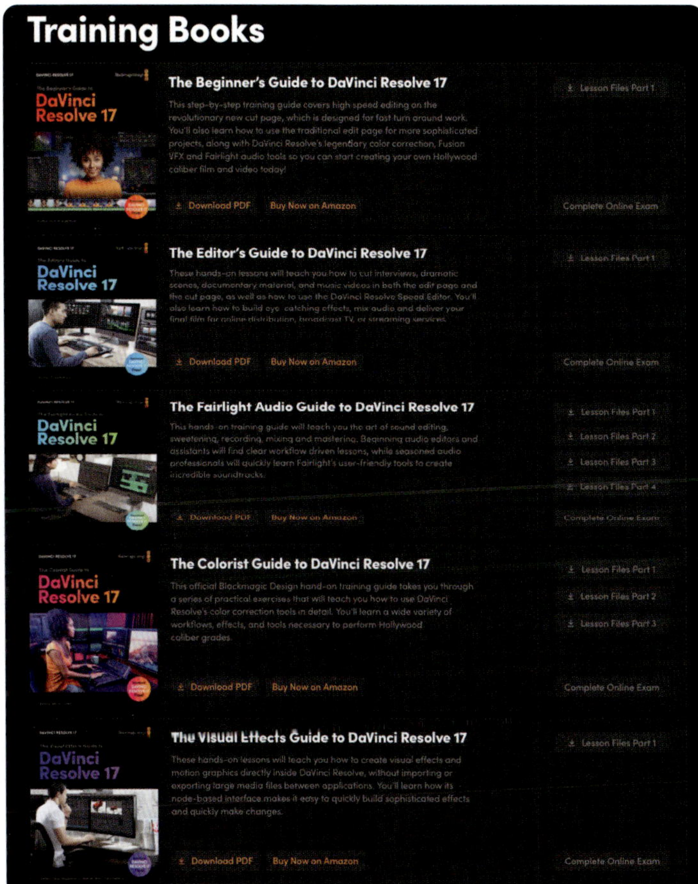

◀ *Zusätzlich zum über 3.500 Seiten starken Benutzerhandbuch gibt es vom Hersteller noch weiteren Lesestoff – als Download sogar kostenlos.*

abseits meines YouTube-Kanals mit Filmprojekten beschäftige, habe ich schlicht keine Lust, parallel mit zwei Programmen zu arbeiten – also nutze ich ausschließlich DaVinci Resolve.

Nachfolgend stell ich einige Alternativen vor.

Adobe Premiere Pro

Das letzte Mal arbeitete ich mit *Premiere Pro* von Adobe im Jahr 2015. Als ich das Programm für die Recherchen zu diesem Buch sieben Jahre später erneut installierte, war mir sofort wieder klar, warum ich mich mit Apples *Final Cut Pro* und später mit *DaVinci Resolve* so wohlfühle. Auf mich wirkt Premiere Pro wie ein schwerfälliger, mit Funktionen völlig überladener Gigant. Der Versuch, möglichst viel an Informationen und Werkzeugen auf den Bildschirm zu packen, ist hier eindeutig gelungen. Texte sind bei einer hohen Bildschirmauflösung dementsprechend winzig, und wenn ich längere Zeit an einem Projekt arbeite,

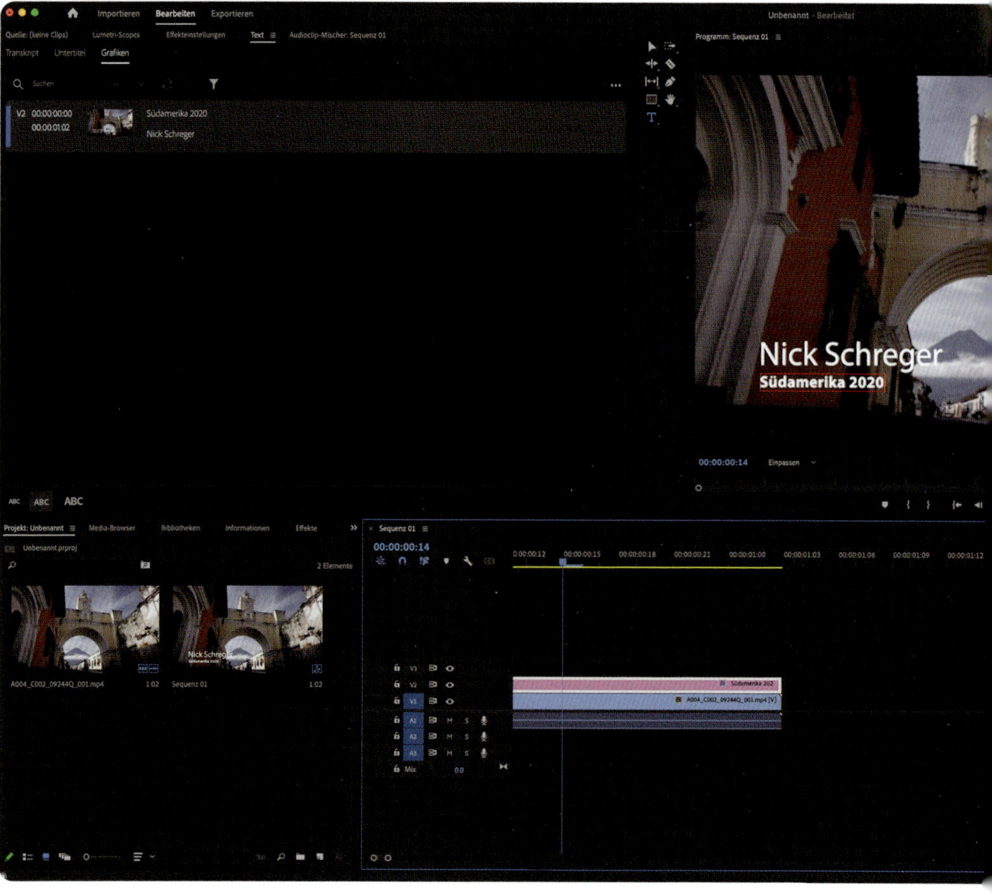

▲ *Premiere Pro von Adobe ist teuer, dafür aber schön unübersichtlich.*

merke ich, wie ermüdend das wirkt. Das lässt sich auch nicht in den Einstellungen anpassen.

Anders als bei DaVinci Resolve brauchst du bei Premiere Pro ein zusätzliches Programm namens *After Effects*, sobald Spezialeffekte ins Spiel kommen. Willst du in Premiere Pro einem Clip einen solchen Effekt verpassen, muss dieser von Premiere Pro nach After Effects übertragen, dort bearbeitet und am Schluss wieder an Premiere Pro überstellt werden. Das klingt nicht nur mühsam, das ist es auch – zumal After Effects so ganz und gar nicht intuitiv zu bedienen ist.

Wenn man bedenkt, dass Premiere Pro nur als Abonnement verfügbar ist und dieses allein schon stolze 24 Euro im Monat kostet, du ohne After Effects wahrscheinlich nicht auskommen wirst und dafür nochmals 24 Euro im

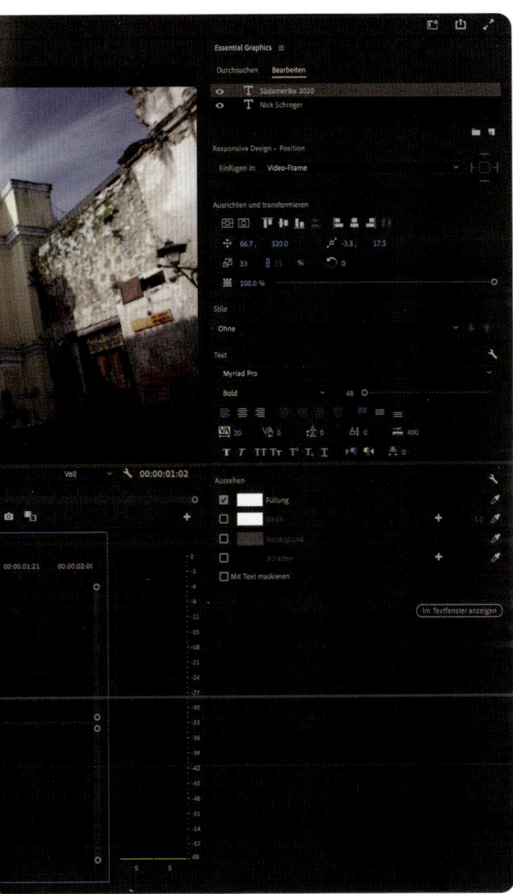

Monat zahlen müsstest, würde dich die Entscheidung, mit Adobe-Produkten zu arbeiten, fast 600 Euro im Jahr kosten. Bei DaVinci Resolve zahlst du nichts bzw. etwa 300 Euro einmalig für die uneingeschränkte Vollversion – inklusive kostenloser Updates, und das auch bei vollen Versionssprüngen.

Apple Final Cut Pro

Apples In-House-Lösung *Final Cut Pro* hat sich in den vergangenen Jahren drastisch verbessert und versucht jetzt, ganz gezielt professionelle Anwender anzusprechen. Ich schreibe „versucht", weil das nicht so recht in der Form gelingen will, wie man sich das in den oberen Konzernetagen vorstellt und wünscht. Anders als die Musikproduktionssoftware Logic Pro wird Final Cut Pro noch immer nicht wirklich ernst genommen – und das, obschon aus rein technischer Sicht für den anspruchsvollen professionellen Anwender kaum Wünsche offenbleiben. Das war nicht immer so, und gerade als es bei Final Cut Pro bedeutende Änderungen und Verbesserungen gab, betrat DaVinci Resolve die Spielfläche und gräbt Final Cut Pro, Premiere Pro und anderen gewaltig den Boden unter den Füßen weg.

Dabei ist Final Cut Pro, abgesehen davon, dass es das Programm nur für Apple-Computer gibt, auch für Anfänger sehr zugänglich, denn es gibt alleine auf YouTube unzählige Kanäle mit wertvollen Tipps und Tricks dazu – viele auch in deutscher Sprache.

Ich selbst habe lange und gerne mit Final Cut Pro gearbeitet und viel Geld in nötige und unnötige (seufz) Programmerweiterungen gesteckt. Zwar verfügt Final Cut Pro bereits über beachtliche Bordmittel, die Titel und Spezialeffekte sind jedoch recht spärlich und wirken nicht wirklich zeitgemäß. Ein toller Anbieter von Zusatz-

▲ *Final Cut Pro ist die Apple-eigene Videoschnittlösung für ambitionierte Amateure und Profis.*

modulen ist Pixel Film Studios – nach dem, was ich dort schon investiert habe, müsste in deren Büros ein gerahmtes Porträt von mir hängen. Da sich diese Zusatzmodule nicht in DaVinci Resolve nutzen lassen, liegt dieses Kapital nun brach. Ich habe aber auch sehr viele Lehren daraus gezogen und für Erweiterungen zu DaVinci Resolve viel weniger Geld ausgegeben.

Für mich bleibt *DaVinci Resolve* das Mittel der Wahl – die Software bietet mir alles, was ich brauche, sie läuft hervorragend auf meinen Macs, da sie die neuen M-Prozessoren voll unterstützt, und es gibt unglaublich viele nützliche Wissensquellen dazu im Netz. Bereits in der kostenlosen Variante wirst du sehr wahrscheinlich ausnahmslos alles finden, was du für deinen YouTube-Kanal brauchst. Der einzige Grund dafür, dass ich mit der kostenpflichtigen Studio-Version arbeite, ist der, dass ich diese Lizenz kostenlos zu einer meiner Blackmagic-Kameras Pocket Cinema Camera 4K dazubekommen hatte.

Apps für den Videoschnitt

Ich schrieb es an anderer Stelle schon: Rein theoretisch könntest du den gesamten YouTube-Kanal mit einem guten, aktuellen Smartphone bewirtschaften – inklusive Nachbearbeitung. In der Praxis wäre das völliger Unfug – etwas anders sieht es da schon mit einem leistungsstarken Tablet aus. Ich habe in den Ferien schon Videos auf meinem Apple iPad Pro bearbeitet und war jedes Mal überrascht, wie gut das ging.

LumaFusion

Ich nutze dafür die App *LumaFusion* des Entwicklers LumaTouch, eine App, die bereits viele Auszeichnungen bekommen hat und weltweit bei Vloggern, Journalisten und Dokumentarfilmern im Einsatz ist. Besonders mit einer Maus und dem Apple-Pencil-Eingabestift lässt sich damit sehr gut arbeiten, und es sind alle nötigen Werkzeuge bereits an Bord, um Bild und Ton zu optimieren und Titel und Übergänge einzubauen. Die App kostet einmalig etwa 20 Euro, für weitere 20 Euro kann man ein Zusatzmodul erwerben, über das ein direkter Export eines in LumaFusion angefangenen Projekts in die Schnittsoftware *Final Cut Pro* erfolgen kann. Was der Hersteller nicht verrät: Das funktioniert so auch mit *DaVinci Resolve*, und damit ist der Erwerb des Zusatzmoduls für mich sehr lohnenswert, denn nun kann ich unterwegs – zum Beispiel während eines Langstreckenflugs – eine SSD-Platte mit Videodaten an mein iPad anschließen, in LumaFusion bereits einen kompletten Rohschnitt eines Films zusammenstellen und diesen dann nach meiner Rückkehr an einem Desktop-Mac abschließen.

Für Besitzer eines Mac mit Prozessor der M-Generation bietet LumaFusion noch ein besonderes Extra: Die App läuft auch hervorragend auf Macbook Pro, iMac, Mac Studio, Macbook Air,

▲ *LumaFusion für iOS – nüchtern, aber sehr leistungsstark.*

Mac Pro und Mac Mini – also auf sämtlichen Desktop- und mobilen Computern, solange diese, wie gesagt, einen M-Prozessor haben. So lassen sich Projekte ohne den Erwerb eines Zusatzmoduls zwischen iPad und Desktopcomputer transferieren. Mit Macs mit alten Intel-Prozessoren ist das leider nicht möglich.

Der aufmerksame Leser wird festgestellt haben, dass ich in Bezug auf LumaFusion immer nur von einem iOS-Gerät schrieb, und so ist es leider auch: Diese App gibt es nur für das Apple iPad oder iPhone, eine Android-Version ist nicht geplant. Es gibt aber eine Alternative sowohl für Android als auch iOS.

PowerDirector

PowerDirector des Herstellers Cyberlink ist für Android, iOS, Windows und macOS verfügbar, an dieser Stelle beschränke ich mich aber auf die App für Mobilgeräte. PowerDirector würde theoretisch auch auf einem Android-Smartphone laufen, wie beim iPhone wäre aber auch das aufgrund des kleinen Bildschirms eine Zumutung, und so bliebe nur die Nutzung eines Android-Tablets. Ich konnte PowerDirector lediglich auf meinem iPad Pro testen und muss sagen, die App hat mich positiv überrascht. Sie ist sehr intuitiv zu bedienen und kommt mit einer beachtlichen Menge an Titeln und Effekten.

▲ *PowerDirector von Cyberlink spricht mit seiner sehr intuitiv gehaltenen Benutzeroberfläche eindeutig auch den Anfänger an.*

Die Menge an eingebauten Effekten brauchst du allerdings auch, um mit PowerDirector zu arbeiten, denn anders als bei LumaFusion besteht hier keine Möglichkeit, ein angefangenes Projekt später am Mac oder PC weiterzubearbeiten – und das nicht einmal in der Desktopversion der Software. Ich finde das sehr schade, und für mich ist das ein absolutes Ausschlusskriterium. Da ein Monatsabo mit etwa 6 Euro noch recht human in die Brieftasche haut, empfehle ich dir, als Erstes PowerDirector auszuprobieren. Wenn dir die App für deine Bedürfnisse ausreicht (und sie bietet eine Menge), bleibe dabei.

Adobe Premiere Rush

Als drittes Werkzeug zur mobilen Videobearbeitung darf natürlich *Premiere Rush* von Adobe nicht fehlen. Die Benutzeroberfläche ist irgendwo zwischen LumaFusion und PowerDirector angesiedelt, und ich muss sagen, dass mir die Titelvorlagen bei Premiere Rush deutlich besser gefallen. Bei PowerDirector macht sich dann doch bemerkbar, dass es ein Produkt aus Fernost ist.

Wie der Name suggeriert – „in a rush" bedeutet „in Eile" –, ist die App zur schnellen, unkomplizierten Bearbeitung gedacht, und das geht damit auch wirklich sehr gut von der Hand.

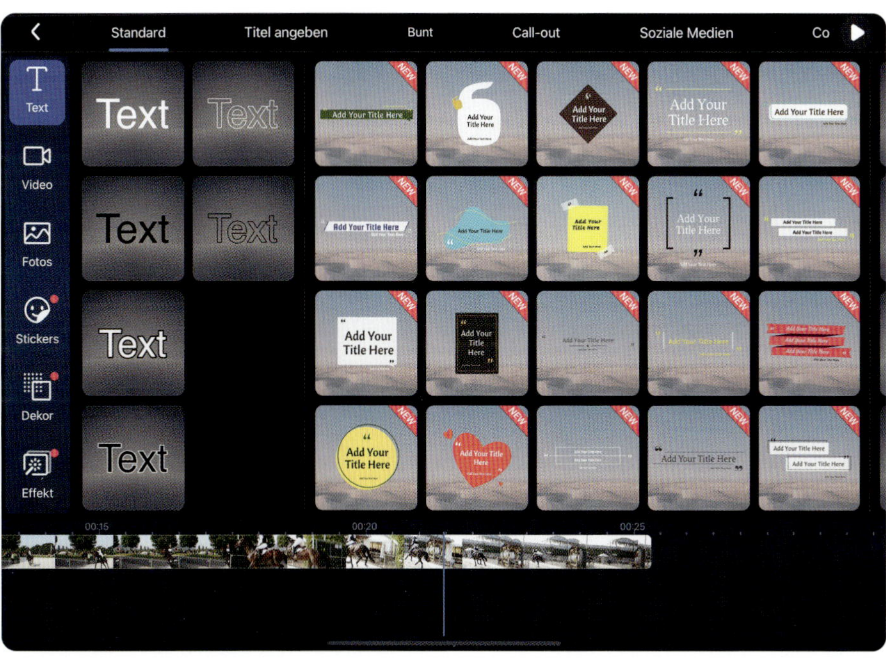

▲ *Material in Hülle und Fülle.*

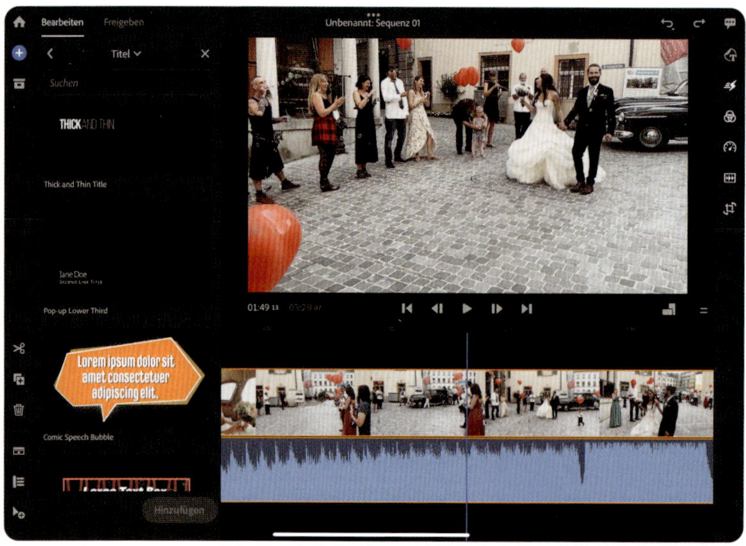

◀ *Aufgeräumt und dennoch intuitiv: Premiere Rush von Adobe.*

Wer am Desktop mit Premiere Rush oder sogar Premiere Pro von Adobe arbeitet, wird seine in Adobe Premiere Rush erstellten Projekte mit den Desktopversionen weiterbearbeiten können – allerdings nur, wenn der dazu verfügbare Cloud-Speicher ausreicht, denn ein Export als XML-Datei wie bei LumaFusion ist bei Premiere Rush nicht möglich.

Ich gerate mit meinen Fotoprojekten bei der Adobe-Cloud bereits an meine Grenzen, und ich verfüge über 1 TByte Cloud-Speicher bei Adobe. Mit den standardmäßigen 100 GByte Cloud-Speicherplatz dürftest du mit Videoprojekten sehr schnell an deine Grenzen stoßen. Ebenfalls zu bedenken ist die Geschwindigkeit deiner Internetverbindung sowie eventuelle Kosten für mobilen Datentransfer.

Unterm Strich bleibt also ein Beigeschmack, was das mobile Editieren von Videomaterial angeht. Am besten steht man meiner Meinung nach als Apple-User da – *LumaFusion* erlaubt eine sehr zielgerichtete Zusammenstellung eines Rohschnitts mit anschließendem Export nach *Final Cut Pro* (macOS) sowie *DaVinci Resolve* (Windows/macOS) zur weiteren, detaillierten Bearbeitung. Ebenso steht es um Adobes *Premiere Rush*. Die restlichen Alternativen sind allesamt zwar sehr ernst zu nehmende mobile Videoschnittlösungen, dürften für den anspruchsvollen Nutzer jedoch aufgrund ihrer Sackgassen-Eigenschaft ein ewiger Kompromiss bleiben. Gut möglich, dass sich in Zukunft der Funktionsumfang der genannten Apps dahin gehend ändert – du solltest dich also auf jeden Fall auch bei den Herstellern erkundigen, ob die Möglichkeiten zum Projektexport zwischenzeitlich überarbeitet wurden.

Kürzen, kürzen, kürzen

Wenn du meinen Rat befolgst und für jedes deiner Videos einen Text schreibst, hast du dank der Überschriften und Stichworte nicht nur eine tolle Struktur, an der du dich bei der Aufnahme des Videos entlanghangeln kannst, du weißt auch stets, wie lang dein fertiges Video am Ende in etwa sein wird. Lies deinen Text, lass eine Stoppuhr mitlaufen und streiche nach jedem Durchgang gnadenlos Passagen heraus, die ohne wirklichen Mehrwert für den Zuschauer sind. Ich muss mir das auch nach Jahren noch immer selbst auf die Fahnen schreiben.

Wenn es dir bereits vor der Aufnahme gelingt, deinen Text optimal zu kürzen, wirst du das nicht mehr später in der Nachbearbeitung machen und dort etwa mit Jump-Cuts arbeiten müssen, die du bereits in Kapitel 4, „Produktion", kennengelernt hast. Hier eine Auflistung dessen, was oft deutliches Kürzungspotenzial bietet:

- **Wiederholungen**: Achte auf Signalwörter und -floskeln wie „wie gesagt" und „wie bereits gesagt". Es ist meist nicht nötig, etwas auf diese Art in deinen Videos zu wiederholen. Wenn der Zuschauer etwas nicht verstanden hat, kann und wird er das Video zurückspulen und sich selber die Stellen noch einmal ansehen, die er ein weiteres Mal erklärt haben möchte.

- **Ausschweifende Einleitungen und Vorstellungen**.

- **Langatmige Passagen**, in denen etwas gezeigt wird, das du genauso gut weglassen könntest. Bestes Beispiel dafür ist das Auspacken eines Produkts – lege lieber sofort den gesamten Lieferumfang übersichtlich auf den Tisch und zeige so, was alles dabei ist.

- **Kanalwerbung**: Nutze dafür das Begrüßungsvideo auf deiner Kanalseite. Ein Werbespot zu deinem Kanal, den du in jedes deiner Videos einbaust, wird die Zuschauer allenfalls nerven. Die beste Werbung sind deine Videos, und wer eines davon schaut, hat dich ja bereits gefunden. Hiermit ist allerdings nicht der Hinweis oder die Bitte an deine Zuschauer gemeint, dass sie deinen Kanal abonnieren und eine Bewertung oder einen Kommentar hinterlassen sollen – das gehört an passender Stelle in jedes deiner Videos.

- **Unterthemen**: Wenn du in deinem Video ausführlicher auf ein bestimmtes Segment eingehen musst, frage dich, ob es nicht viel besser wäre, diesem Segment ein eigenes Video zu spendieren. Du kannst dann an gegebener Stelle das Thema kurz ansprechen und auf das ausführlichere Video zu diesem einen Prozess, Konfigurationsschritt, zu einer komplexen Funktion oder ähnlich verweisen. Damit schlägst du zwei Fliegen mit einer Klatsche – du hast noch ein weiteres Video und damit Content auf deinem Kanal, und du langweilst den Anteil der Zuschauer des aktuellen Videos nicht, die sich nicht so detailliert für ein bestimmtes Unterthema interessieren.

Selbstredend sollte das Video mit der ausführlicheren Erklärung zusammen mit dem anderen Video veröffentlicht werden und zu Beginn einen Verweis auf das „eigentliche" Video haben, zum Beispiel: „In diesem Video zeige ich dir ausführlich, wie du die Grillfunktion an deinem neuen ‚Hellburn 2000'-Backofen nutzt. Solltest du mein Video zu diesem tollen Ofen noch nicht gesehen haben, empfehle ich dir, das zuvor anzuschauen – klicke dazu einfach hier oben hin." An dieser Stelle blendest du eine aktive Infokarte ein – wie das geht, erfährst du in Kapitel 6, „Upload".

Nachbearbeitung mit System

Sind die Aufnahmen im Kasten, willst du wahrscheinlich am liebsten sofort mit dem Schnitt anfangen – hier lohnt es sich, von Anfang an Ordnung in das Projekt zu bringen und jedes Video als eigenständiges Projekt zu sehen.

Speichern mit System

Das aufgenommene Material wirst du auf verschiedenen Datenträgern verteilt vor dir auf dem Tisch liegen haben: SD-Speicherkarten mit dem Videomaterial der Kameras, eine Micro-SD-Speicherkarte mit den Tonaufnahmen, Standbilder auf der Festplatte deines Computers und so weiter.

Oben siehst du eine Skizze meines Speicher-Setups. Da die eingebauten SSD-Laufwerke meines Computers die schnellste Speichermöglichkeit darstellen, befinden sich sämtliche Projekte, an denen ich aktuell arbeite, darauf. Der extreme Geschwindigkeitsvorteil meiner internen Laufwerke macht sich vor allem dann bemerkbar, wenn ich mit „nicht optimierten" Videodateien arbeite. Dazu später mehr.

Eine weitere schnelle externe SSD-Platte ist ebenfalls immer mit meinem Schnittcomputer verbunden. Darauf lagere ich Zusatzmaterial aus, das ich zwar immer wieder für laufende Produktionen benötige, für das jedoch keine sehr hohe Datenübertragungsrate notwendig ist, weil die benötigten Dateien von dort nur einmal in die jeweiligen Projektverzeichnisse kopiert werden.

Daten, die ich dort auslagere, sind zum Beispiel Musiktitel für Hintergrundmusik, Vorlagen für Titelbilder,

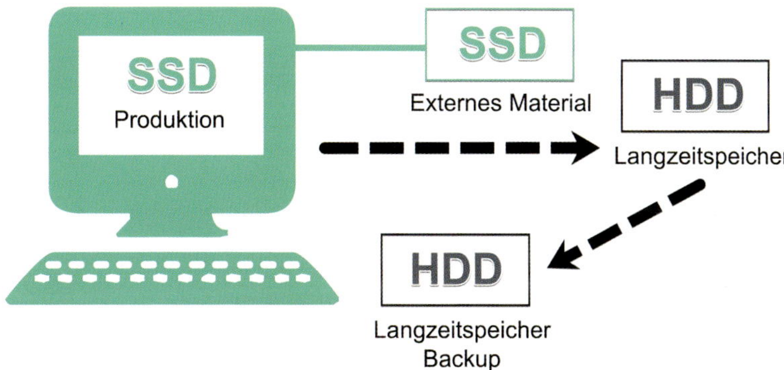

▲ *Mein Speicher-Setup.*

Soundeffekte, allgemein verwendbares B-Roll-Material, Textvorlagen und so weiter – quasi eine Art Kramkiste, aus der ich mich immer wieder mal für Projekte bediene, an denen ich gerade arbeite. Warum auf einer externen SSD-Platte? Damit ich diese bei Bedarf auch an einem anderen Computer nutzen kann, falls ich mal woanders an einem Video arbeiten sollte – etwa in den Ferien am iPad.

Die gestrichelten schwarzen Linien symbolisieren Verbindungen, die nicht dauerhaft bestehen, sondern nur bei Bedarf. Backups sind extrem wichtig, und so mache ich am Ende eines Arbeitstags immer ein Backup meiner laufenden Projekte. Am Mac nutze ich dafür die Software *Get Backup Pro*. Einmal eingerichtet, überwacht sie für mich zuvor definierte Verzeichnisse, merkt, wenn etwas verändert wurde, und sichert dann diese veränderten oder neu hinzugekommenen Dateien auf ein externes Backup-Laufwerk. Ich kann für jeden Backup-Vorgang auch einen Zeitplan definieren, und da das Backup-Laufwerk meist angeschlossen ist, erfolgen diese Backups dann jeden Abend völlig automatisch.

Ich empfehle dir aus eigener Erfahrung wirklich sehr, deine Backups von so einer Software managen zu lassen, denn es spart sehr viel Zeit, wenn immer nur die veränderten Dateien gesichert werden. Mir ist schon so mancher Fehler unterlaufen, indem ich manuell versuchte, selektive Backups zu machen. Spare also nicht an einem zuverlässigen Programm für die Datensicherung.

Eher sparen kannst du hingegen bei der Wahl der dafür verwendeten Festplatten – das müssen nämlich keine teuren, schnellen SSD-Festplatten sein. Ich nutze dafür aktuell mechanische Serverfestplatten mit einer Kapazität von 4 TByte vom Typ WD Red Plus des Herstellers Western Digital. Solche Festplatten sind normalerweise dazu gedacht, in ein Gehäuse eingebaut zu werden. Bei mir stecken sie in einer Dual-Dockingstation des Herstellers Delock, die bei Bedarf per USB-3-Kabel an den Computer angeschlossen werden kann.

Allerdings ist nur eine der beiden Langzeit-Backup-Platten immer in der Dockingstation – die zweite wird lediglich einmal im Monat eingesetzt. Dann nämlich erfolgt ein Backup der täglich aktualisierten Backup-Platte. Nach Abschluss des „Backup-Backups" – doppelt hält schließlich besser – wird diese zweite Backup-Platte außerhalb unseres Hauses im Keller der Eltern meiner Freundin gelagert.

Ich weiß, dass viele inzwischen mit sogenannten NAS-Systemen arbeiten – das sind professionelle Backup-Lösungen, in deren Gehäuse mehrere Festplatten im Verbund arbeiten und Daten effizient und sicher verwalten. Es spricht auch nichts dagegen, mit einer solchen Lösung zu arbeiten – im Gegenteil: Sie sind schnell, sicher und sehen weit besser aus als eine SATA-Dockingstation mit aufrecht darin steckender Einbaufestplatte.

Ein solches System hat aber auch seinen Preis – wenn du den zahlen kannst und willst, schau dir Angebote des Herstellers SYNOLOGY an. Ich kenne viele Fotografen und Videofilmer, die darauf schwören. Das Modell DS220j mit 2 x 4-TByte-Serverfestplatten kostet um die 400 Euro und wird über das LAN-Netzwerk angeschlossen. Nachteil: Die gesamte Datensicherung ist an einem einzigen Ort gespeichert.

Ordnung mit System

Bevor du nun Daten auf deinen Computer überträgst, erstelle am besten zunächst mal ein Projektverzeichnis. Mac-Nutzer sollten vermeiden, diese Projekte innerhalb eines Verzeichnisses zu speichern, das über die iCloud gesichert wird. Das hohe Datenaufkommen würde den Cloud-Speicher schnell füllen und mit dem hohen Datentransfer die Internetverbindung lahmlegen. Ich habe mir folgende Struktur angeeignet:

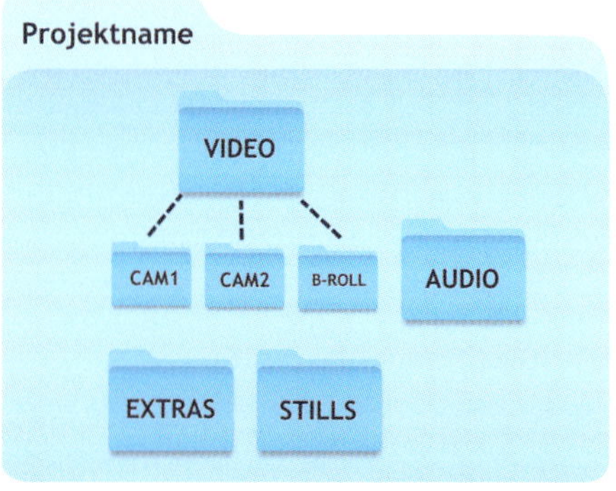

▲ *Lege deine Daten geordnet ab.*

Verzeichnisstrukturen

Wie du siehst, packe ich nicht einfach alles Material in ein einziges Verzeichnis, sondern erstelle vor dem Übertragen der Dateien eine ganz bestimmte Verzeichnisstruktur. Das Projektverzeichnis benenne ich so, dass ich auch nach ein paar Monaten anhand des Namens sofort weiß, was sich darin befindet. Darin erstelle ich ein Verzeichnis *Video* und darin wiederum für jede am Projekt beteiligte Kamera Unterverzeichnisse. Auch das so wichtige B-Roll-Material bekommt sein eigenes Unterverzeichnis.

Es folgen Verzeichnisse für das Audiomaterial (Tonaufnahmen) sowie für Stills und Extras. Unter *Stills* versteht man beim Video unbewegte Einzelbilder – also zum Beispiel ein Foto, das du in deinem Video einblenden willst. Auch Screenshots, Zeichnungen und Diagramme fallen darunter. Das *Extras*-Verzeichnis wird mit all dem Material gefüllt, das zu keinem der anderen passt – etwa mit dem Skript für das Video, mit Textdateien, Skizzen für den technischen Aufbau, Voreinstellungen für Kameras und so weiter.

Achte zudem bei allen Kameras und Tonaufnahmegeräten darauf, dass vor jedem Dreh Datums- und Uhrzeiteinstellungen aller beteiligten Geräte exakt aufeinander abgestimmt werden. Bei professionellen High-End-Geräten wird mit einem sogenannten Timecode gearbeitet. Das funktioniert dann in etwa so, dass eine spezielle Digitaluhr am Set entweder drahtlos oder per Kabel mit allen Geräten verbunden ist, auf denen aufgezeichnet wird. Alle diese Geräte bekommen von der Uhr permanent ein auf die Hundertstelsekunde genaues Zeitsignal gesendet. Dadurch ist gewährleistet, dass jede Aufnahme in der Nachbearbeitung zeitlich exakt den anderen Aufnahmen entsprechend eingeordnet werden kann.

Für dein YouTube-Studio genügt es, wenn die Uhren auf allen beteiligten Geräten exakt gleich gehen, damit es innerhalb deiner Verzeichnisstruktur keine Unordnung gibt. Wenn eine solch ordentliche Dateiverwaltung zur Gewohnheit geworden ist, wirst du viel Zeit sparen und bei Projekten, die mit mehreren Kameras gefilmt wurden, schnell die zu bestimmten Takes dazugehörigen Clips und Tonaufzeichnungen finden.

Mit Proxy-Dateien arbeiten

Wenn es darum geht, ob jemand in 4K-Auflösung oder doch lieber nur in FHD arbeiten soll, höre ich oft das Argument, dass der verwendete Schnittcomputer zu schwach und somit nicht in der Lage sein würde, 4K-Material zu verarbeiten. Das ist aber in den seltensten Fällen wirklich ein Problem, denn es gibt einen Trick oder vielmehr eine Funktion in allen gängigen Videoschnittprogrammen, die dir dabei hilft, dagegen anzugehen. Der Schlüssel zum Glück heißt hier *Proxy-Datei*.

Eine Proxy-Datei ist eine Art Platzhalter, mit dem du während des gesamten Schneideprozesses arbeiten kannst, ohne deinen Computer übermäßig zu beanspruchen. Diese Dateien können wahlweise bereits während des Dateiimports angefertigt werden, oder du importierst erst einmal die Videodateien in voller Auflösung und lässt anschließend die dazugehörigen Proxy-Dateien erstellen. Bei einer Proxy-Datei handelt es sich um ein für die Datenverarbeitung optimiertes Abbild einer Datei, die in ihrer Originalfassung viel zu groß und ressourcenhungrig für den Computer wäre.

Wenn bei oder nach dem Datenimport von allen Videodateien verkleinerte Proxies angefertigt werden, kannst du mit diesen auch auf einem schwächeren Computer problemlos arbeiten. Die schwerfälligen Originale werden erst wieder benötigt, wenn du dein abgeschlossenes Videoprojekt am Ende der Bearbeitung exportieren möchtest.

Die Erstellung von Proxy-Dateien kann je nach Material und Computerleistung lange dauern – der Zeitaufwand lohnt sich aber auf alle Fälle, und du kannst in der Zwischenzeit mit dem Hund spazieren gehen oder Klavier spielen lernen.

Ein weiterer wichtiger Vorbereitungsschritt besteht darin, Material, das in einem stark komprimierten Format aufgenommen wurde, entweder bereits vor dem Import in ein unkomprimiertes Format umzuwandeln oder diese Umwandlung als ersten Schritt vor Beginn der Nachbearbeitung im Schneideprogramm vorzunehmen. Dies ist vor allem dann unbedingt notwendig, wenn das aufgenommene Material im h.265-Codec (auch unter der Bezeichnung HEVC bekannt) vorliegt.

HEVC

Es handelt sich dabei um eine sehr effiziente Methode zur Datenkompression, die es überhaupt erst möglich macht, 10-Bit-Aufnahmen mit kleinen spiegellosen Kameras wie der Fujifilm X-T4 zu machen. Gleiches gilt für den Vorgänger h.264, auch wenn neuere Computer hier deutlich weniger Probleme haben sollten, zumal h.264 nur 8-Bit-Material beinhalten kann.

Wenn du also Videomaterial in deinem Videoschnittprogramm nutzen willst, das in einem dieser komprimierten Codecs vorliegt (zum Beispiel von einer Action-Kamera), dann wandle dieses zunächst in ein unkomprimiertes Format um (Apple ProRes für Final Cut Pro oder Resolve auf einem Mac, DNxHD 145 für Premiere Pro oder Resolve auf einem Windows-PC).

Da es sich dabei um unkomprimierte Daten handelt, werden die Videodateien nach der Umwandlung um ein Vielfaches größer sein – trotzdem wird dein Computer viel weniger Arbeit mit ihnen haben, weil er nun nicht mehr Einzelbild für Einzelbild dekomprimieren muss, bevor du mit einem Videoclip arbeiten kannst. Dies ist einer der häufigsten Fehler, den Anfänger beim Videoschnitt begehen und sie glauben lässt, ihr Computer sei zu langsam.

In der Regel kannst du diesen Arbeitsschritt innerhalb der von dir verwendeten Videoschnittsoftware erledigen lassen. Es gibt aber auch externe Tools, mit denen sich das vor dem Import erledigen lässt. Für den Mac empfehle ich die Software *EditReady*, Windows-User können den *Adobe Encoder* nutzen.

Kompressionscodecs wie h.264 oder h.265 sind für Ausgabedateien gedacht, nicht um damit zu schneiden.

Titel und Einblendungen

Wenn du gerade deine ersten Gehversuche im Videoschnitt machst, sind die zur Verfügung stehenden Möglichkeiten zur optischen Verzierung deiner Videos extrem verlockend. Wenn ich mir heute meine ersten Videos anschaue, bin ich nicht selten fassungslos, was mir mal gefallen hat. Im folgenden Abschnitt zu den Effekten werde ich darauf noch genauer eingehen – hier erst einmal etwas zu Titeln und Einblendungen.

Titel und Lower-Thirds

Im Videoschnitt versteht man unter einem Titel Text, der auf dem Bildschirm gezeigt wird. Das kann tatsächlich ein Titel sein, also recht bildschirmfüllend, oder aber auch eine Auflistung von technischen Spezifikationen eines Produkts, von dem dein Video handelt. Beliebt sind auch sogenannte *Lower-Thirds*, was übersetzt so viel wie „unteres Drittel" bedeutet. Ein Lower-Third ist meist die Anzeige eines Namens, und wie der Name schon sagt, geschieht dies in der Regel entweder im rechten oder im linken unteren Drittel der Bildfläche.

Alle Videoschnittprogramme verfügen bereits standardmäßig über eine Vielzahl an Vorlagen für solche Titel und Lower-Thirds, und du kannst dabei nicht nur den Text ändern, sondern auch dessen Parameter wie Größe, Farbe und Schriftart. Ausgefallene Schriftarten kannst du dir übrigens kostenlos im Netz runterladen, eine sehr gute Quelle dafür ist die Website *dafont.com* – du kannst dort unter Tausenden von Schriftarten wählen, die jeweils mit einer aussagekräftigen Vorschau angezeigt und nach Kategorien gefiltert sowie nach Namen gesucht werden können.

Schriftarten für Videoprojekte

Über den Link *https://www.dafont.com/de/* kommst du zur deutschsprachigen Version. Die Installation einer neuen Schriftart ist inzwischen sowohl auf einem Windows-Computer als auch auf einem Mac sehr einfach – die heruntergeladene Schriftartendatei muss lediglich doppelt angeklickt (Mac) oder über einen Rechtsklick mit anschließender Wahl des Punkts *Installieren* im erscheinenden Kontextmenü ins System übertragen werden. Ich habe gerade mal nachgeschaut, und aktuell findest du auf DaFont fast 65.000 Schriftarten. Da sollte für jeden Geschmack etwas dabei sein.

Viele Schriftarten bestehen dort übrigens aus Symbolen statt Buchstaben und eignen sich somit auch gut dazu, ein Logo zu entwerfen.

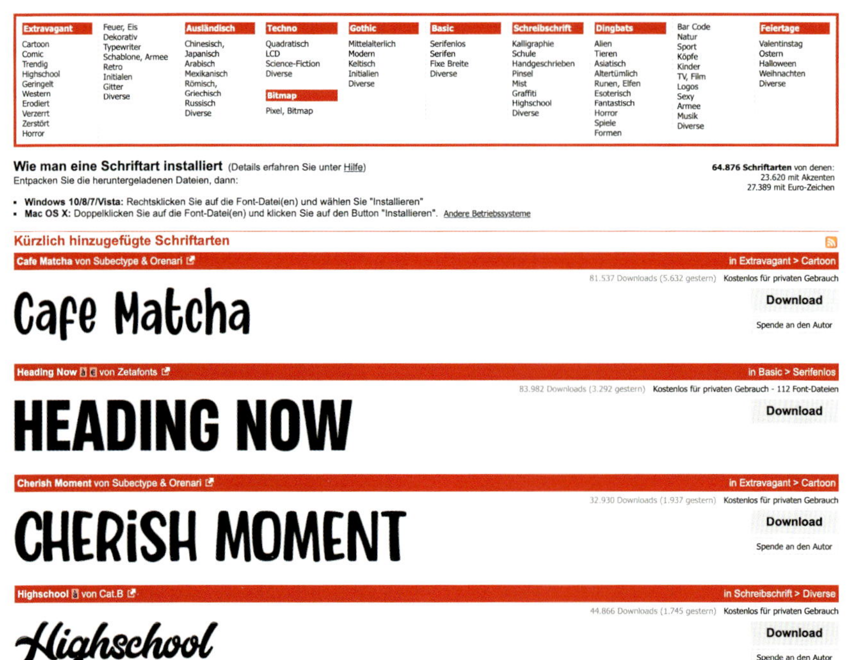

▲ *Über 60.000 Schriftarten findest du auf der Plattform DaFont.*

Es sind allerdings nicht alle Schriftarten komplett kostenlos – über dem *Download*-Button findest du den entsprechenden Hinweis. Steht dort *100 % kostenlos*, kannst du die Schriftart bedenkenlos auch zu kommerziellen Zwecken nutzen, und genau das stellt dein YouTube-Video dar, wenn du damit Werbeeinnahmen erzielst – und seien sie noch so gering. Zum Glück lassen sich die Schriftarten bei der Suche auch danach filtern, ob sie kostenlos sind oder nicht, und es gibt mehr als genug Schriftarten auf DaFont, die zu *100 % kostenlos* sind.

Wähle am besten zunächst mal eine Kategorie aus, zum Beispiel *Retro*. Es erscheint sofort eine Auflistung mit Schriftarten aus dieser Kategorie. Hier ist es bereits ratsam, die Suche etwas zu verfeinern, was über die Filter oberhalb der Schriftartenliste möglich ist.

Wenn in deinem Text Umlaute wie Ä, Ü oder Ö vorkommen, solltest du in das Feld *Beispieltext* ein Wort eintragen, das wenigstens einen solchen Umlaut beinhaltet. Im Drop-down-Menü daneben kannst du angeben, wie viele Suchergebnisse pro Seite angezeigt werden sollen. Mit einem Haken bei *Variationen* werden zusätzlich auch solche angezeigt, *Größe* bezieht sich auf die Darstellung der Schriftarten in den Suchergebnissen.

Standardmäßig werden diese absteigend nach Popularität angezeigt, alternative Sortierreihenfolgen sind Datum und Name. Klicke noch nicht auf *Absenden*, sondern auf *Mehr Optionen*, denn

▲ *Die auf DaFont verfügbaren Kategorien.*

Beispieltext Hier Text eingeben | Schriftarten 25 | Variationen | Größe Mittel | Sortiere nach Popularität | Absenden | Mehr Optionen ▾

▲ *Die Suche verfeinern.*

Beispieltext Hier Text eingeben | Schriftarten 25 | Variationen | Größe Mittel | Sortiere nach Popularität | Absenden

Nur als ☑ Public Domain / GPL / OFL ☑ 100% Kostenlos ☐ Kostenlos für privaten Gebrauch ☐ Donationware ☐ Shareware ☐ Testversion ☐ Unbekannt

Nur Fonts mit ☐ Akzente ☐ Euro

▲ *Auf Absenden klicken.*

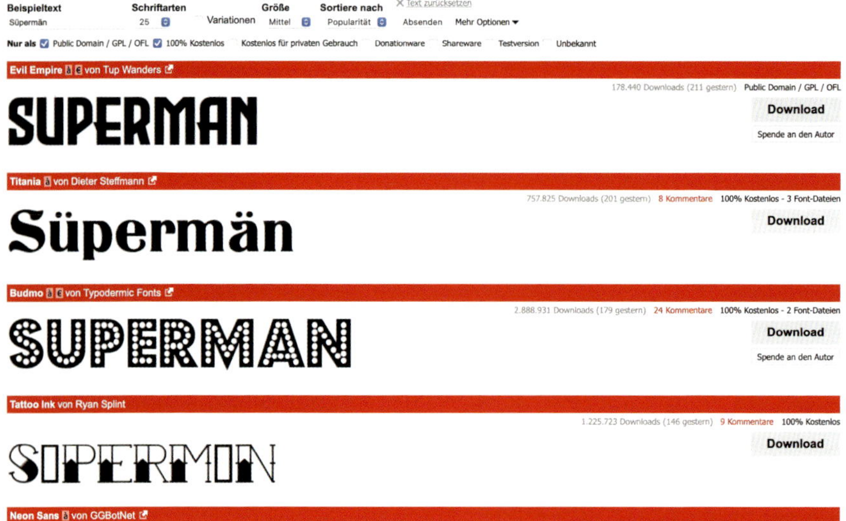

▲ *Gefilterte Suchergebnisse. Der Beispieltext ermöglicht dir, zu sehen, welche Schriftarten Umlaute beinhalten.*

dann werden noch ein paar weitere Filter eingeblendet. Hier kann ausgewählt werden, dass nur solche Suchergebnisse erscheinen sollen, deren Verwendung zu *100 % kostenlos* ist.

Wenn du jetzt auf *Absenden* klickst, kannst du bei sämtlichen Suchergebnissen getrost zugreifen.

Nachdem du neue Schriftarten installiert hast, solltest du diejenigen, die du in deinen Videoprojekten verwendest, zusätzlich noch auf der Festplatte abspeichern, damit du sie auch auf einem anderen Computer nutzen kannst, ohne sie erst wieder im Internet suchen und herunterladen zu müssen.

Wenn du Titel in deinen Videos verwendest, achte darauf, dass sie weder zu groß noch zu klein sind – auch bei der Anzeige deines Videos auf dem Bildschirm eines Smartphones sollte man deinen Namen lesen können. Gerade bei verschnörkelteren Schriftarten wird das gerne zum Problem. Die Titel sollten aber auch nicht zu groß sein, um wichtige Bildelemente nicht zu verdecken.

Farblich sollten sie in deutlichem Kontrast zu dem stehen, was im Moment der Anzeige auf dem Bildschirm gezeigt wird – weiße Schrift auf einem hellen Hintergrund ist nur schwer lesbar. Hier kannst du abhelfen, indem du hinter die Schrift einen (semitransparenten) Hintergrund setzt.

▲ *Der leicht transparente dunkle Hintergrund hinter der Schrift macht diese lesbarer.*

Einen Fehler, den ich in meinen Videos eine Zeitlang machte, solltest du dir von mir nicht abschauen: Wenn du dich mal für eine Schriftart und für einen Stil für den Titel entschieden hast, ändere das nach Möglichkeit nicht mehr. Solche Titel gehören zum „Markenbild“ deines Kanals und sollten zum Wiedererkennungswert beitragen. Bei meinem Umstieg auf *DaVinci Resolve* fing ich selbst damit an, verschiedene Titel auszuprobieren, was nicht wirklich ideal war. Auch solltest du auf allzu verspielte Animationen bei Titeln verzichten – ein einfaches Ein- und wieder Ausblenden genügt in der Regel völlig.

Einblendungen

Mit Ausnahme von Titeln meine ich mit *Einblendungen* alles, was zusätzlich zum eigenen Video auf dem Bildschirm angezeigt wird: Standbilder, Fotos, Diagramme, Grafiken, Logos, Auflistungen und so weiter. Solche zusätzlichen Elemente haben die Aufgabe, die Haupthandlung auf dem Bildschirm zu ergänzen. Achte darauf, dass diese bereits so produziert werden, dass sie auch auf einem kleinen Bildschirm lesbar sind – die meisten Nutzer schauen die Videos auf dem Smartphone.

Das ist nicht immer möglich – bei komplexen Diagrammen etwa –, sollte aber stets angestrebt werden. Manchmal ist es sinnvoll, eine Einblendung zunächst im Vollbild anzuzeigen, um dem Zuschauer die Gelegenheit zu geben, Details zu erfassen. Nach ein paar Sekunden kann diese dann verkleinert und in eine Bildecke verfrachtet werden. Der Vorteil besteht bei dieser Methode darin, dass der Nutzer das Video an der Stelle anhalten kann, an der du die Einblendung im Vollbild zeigst.

Logos und Wasserzeichen

Logos sollten nur so groß angezeigt werden, dass man sie erkennt. Das gilt besonders für solche, die du die ganze Zeit über in einer Bildecke sichtbar zeigen möchtest. YouTube bietet selber eine Option, ein „Wasserzeichen" in jedem Video anzuzeigen – dieses ist dann in der rechten unteren Ecke zu sehen. Du kannst diese Funktion im YouTube-Studio-Bereich deines YouTube-Kontos aktivieren; du findest sie unter *Kanalanpassung*. Das Logo wird sehr dezent und recht klein angezeigt, was eigentlich gar nicht mal so schlecht ist, vielen aber zu unscheinbar erscheinen wird.

Immerhin kannst du noch festlegen, wann dieses Wasserzeichen in deinen Videos angezeigt werden soll. Zur Auswahl stehen *Ende des Videos*, *Benutzerdefinierte Startzeit* und *Gesamtes Video*. Auch wenn die Optionen hier grammatikalisch den Anschein erwecken, die Einstellung für jedes einzelne Video gesondert definieren zu können, lässt sich diese Funktion nur global auf sämtliche Videos anwenden oder für alle deaktivieren.

Sehr nützliche Einblendungen sind Hinweispfeile und Beschriftungen, vor allem bei Erklärvideos. Wenn du beispielsweise über die Knöpfe auf der Rückseite einer Kamera sprichst und dabei ein Foto dieser Kamera einblendest, hilft es dem Betrachter ungemein, wenn du die Bedienelemente, über die gerade gesprochen wird, auch noch grafisch hervorhebst.

Achte darauf, dass Einblendungen keine wichtigen Bildelemente verdecken. Wenn du Einblendungen mit viel Text

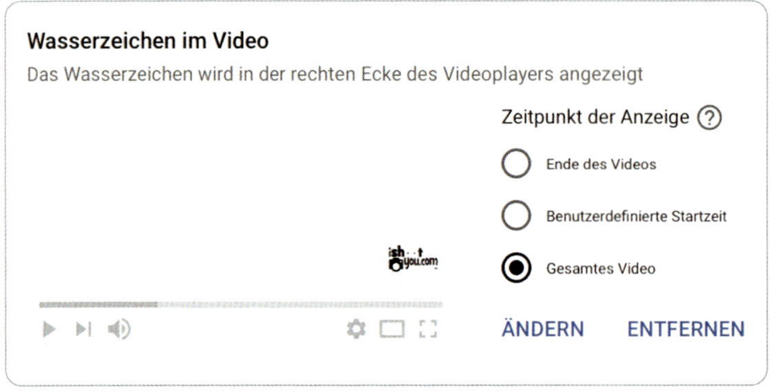

◄ *Die tatsächliche Anzeigegröße des Wasser zeichens ist deutlich kleiner als auf dem Vorschaubild.*

Man muss es ja nicht gerade so übertreiben, aber Hinweispfeile und Beschriftungen sind sehr hilfreich.

oder anderen Inhalten verwendest, bedenke, dass nicht alle Zuschauer diese Inhalte gleich schnell erfassen können wie du. Um die passende Dauer einer Einblendung festzulegen, stoppe die Zeit, die du selber benötigst, um den gesamten Text oder sämtliche Informationen auf dieser Einblendung zu erfassen, und addiere noch einmal 30 % Zeit dazu. Sollte es erforderlich sein, kannst du eine Einblendung auch in Vollbild anzeigen und das dahinterliegende Video so lange anhalten.

Mit Animationen von Einblendungen würde ich mich an deiner Stelle zurückhalten – das wirkt schnell verspielt und ist bei Videos eigentlich

Die Farbe Schwarz nicht nutzen

Wenn du Einblendungen oder Titel entwirfst, muss du auf die Farbe Schwarz verzichten – allerdings nur auf „richtiges" Schwarz, also ein Schwarz mit folgenden Werten:

Hex: #000000
RGB: 0, 0, 0
CMYK: 0, 0, 0, 100
HSV: 0, 0, 0

In Videoschnittprogrammen wird meist auch schon in der Standardeinstellung alles, was so ein Schwarz ist, transparent dargestellt. Der dafür zuständige Effekt nennt sich *Luma Key*, und dieser bestimmt, ab welchem Helligkeitswert ein Element innerhalb deiner Videokomposition sichtbar sein soll.

Jede noch so kleine Abweichung von den genannten Werten ist unproblematisch – nutzt du die RGB-Farbe 0,0,1 für einen Titel, wird dieser trotzdem schwarz aussehen, aber nicht transparent sein.

genauso verpönt wie bei PowerPoint-Präsentationen. Ein einfaches, sanftes und nicht zu langes Ein- und Ausblenden (etwa 0,5 Sekunden) ist zeitlos und stets anwendbar.

Weniger ist (wirklich!) mehr

Jeder Lernprozess wird durch einen Spieltrieb begünstigt – deswegen lernen kleine Kinder ja auch so schnell und gerne neuen Unsinn. Wer sich als Erwachsener seinen Spieltrieb erhalten hat, kann vor allem im kreativen Bereich sehr großen Nutzen daraus ziehen. Videoschnitt ist ein sehr kreativer Prozess. So hilfreich es gerade zu Beginn sein kann, ein neues Videoschnittprogramm spielerisch zu erkunden, so gefährlich sind die vielen enthaltenen grafischen Spielereien.

Überdimensionierte Titeleinblendungen mit exotischen, kaum zu entziffernden Schriftarten, Szenenübergänge mit 3-D-Animationen, wilde Farbspielereien – auch ich war dem verfallen und schäme mich, wenn ich in älteren Videos von mir so etwas sehe. So reizvoll es auch sein mag, verzichte auf diesen ganzen Schnickschnack, so gut es nur geht.

Eine sehr gute Schule ist hier das Fernsehen. Achte doch mal bei einem Dokumentarfilm, was für Einblendungen, Titel, Schriftarten und Szenenübergänge dort verwendet werden. Orientiere dich daran, und du wirst nicht nur stets auf der sicheren Seite sein, eine Videoproduktion ohne solche kreativen Auswüchse ist auch noch deutlich weniger zeitintensiv. Lenke durch Effekthascherei nicht vom Inhalt deiner Videos ab. Schlechte, übertriebene Effekte und grafische Elemente schmälern das Qualitätsempfinden für deinen YouTube-Kanal.

Lizenzfreie Musik und Videos

Wenn du nicht gerade einen Kanal zu einem Beerdigungsinstitut starten willst, wirst du früher oder später Musiktitel brauchen, die du während des Intros, am Ende eines Videos oder auch einfach als Hintergrundmusik nutzen willst. Da wohl an keinem Ort im Internet mehr Verstöße gegen Urheberrechte stattfinden als auf YouTube, gehen die Betreiber der Plattform inzwischen sehr engagiert gegen solche Verstöße vor – nicht zuletzt auch, weil sie selber ebenfalls dafür haftbar gemacht werden können.

Bevor ich dir ein paar Quellen vorstelle, bei denen du dir ganz legal Musik herunterladen und diese auch ohne Bedenken in deinen Beiträgen nutzen darfst, möchte ich dir ein paar Tipps bezüglich der Verwendung von Musik auf deinem YouTube-Kanal im Allgemeinen geben.

Titelmusik

An anderer Stelle in diesem Buch beschäftigte ich mich bereits detailliert mit dem Intro zu deinen Videobeiträgen. Wenn du dich dort auf ein Intro mit Musik festgelegt hast, sollte diese nach Möglichkeit zur allgemeinen Stimmung und den Themen auf deinem Kanal passen. Ein E-Gitarren-Gewitter passt zu einem Kanal über das Heranzüchten von Bonsai-Bäumchen genauso wenig wie Elektrobeats zu Chopper-Umbauten. Ich empfehle auch dringend, die eigenen musikalischen Vorlieben im Interesse deines Kanals hintenanzustellen und dir vielmehr etwas Neutrales auszusuchen, das von der Grundstimmung her passt und einen gewissen Wiedererkennungswert bietet.

Ich habe auf meinem Kanal selber Verschiedenes ausprobiert. Lange Zeit nutzte ich für mein Intro nur ein einziges Musik-Jingle – bis es mir irgendwann selber auf die Nerven ging. Da ich zu der Zeit ein Abonnement bei einem Anbieter lizenzfreier Musiktitel hatte, fing ich an, jedem neuen Video auch einen neuen Musiktitel zu verpassen. Der daraus entstandene Mehraufwand war schließlich doch größer als gedacht, denn es musste nicht nur der Titel zum Kanal passen, ich musste auch jedes Mal eine kurze Sequenz daraus extrahieren, die sich gut in das Intro-Video integrieren ließ.

Ein Musikerkollege brachte mich schließlich darauf, doch einen eigenen Titel aufzunehmen und zu verwenden, und so bin ich zumindest jetzt, da ich diese Zeilen schreibe, wieder bei einem einzelnen Track gelandet. Mal sehen, wie schnell der mir auf die Nerven gehen wird.

Hintergrundmusik

Hintergrundmusik ist ein heikles Thema, denn hier spielen gleich mehrere Faktoren eine wirklich entscheidende Rolle. Meine persönliche Meinung zu Hintergrundmusik ist, dass du darauf verzichten solltest, wenn es nicht wirklich unbedingt sein muss. Die Situationen respektive Videos, bei denen eine Hintergrundmusik tatsächlich einen spürbaren Mehrwert bedeutet, sind sehr rar.

Videos ohne Sprache

Im Video selbst wird nicht oder kaum gesprochen? Das kann ein Urlaubsvideo sein, in dem nur Sequenzen mit O-Ton (Originalton) zu sehen sind. In einem solchen Fall sollte eine stimmungsvolle und zu den gezeigten Motiven passende Hintergrundmusik ausgewählt werden. Lautstärkenmäßig ist darauf zu achten, dass bei Sequenzen mit O-Ton die Hintergrundmusik nicht so laut ist, dass der O-Ton nicht oder nur schlecht zu hören ist.

Wenn Szenen mit O-Ton im Video vorhanden sind, sollte der Lautstärkepegel der Hintergrundmusik während dieser Szenen herabgesenkt werden. Das geht in jeder halbwegs fähigen Videoschnittsoftware und lässt sich bei den etwas professionelleren Programmen sogar automatisieren – mehr dazu findest du in Kapitel 5, „Nachbearbeitung“.

Eine zu laute Hintergrundmusik ruiniert selbst das beste Video, denn damit wird es für den Zuschauer sehr anstrengend, der eigentlichen Handlung zu folgen. Damit du die Lautstärkenverhältnisse korrekt justieren kannst, ist bei der Nachbearbeitung deines Videos eine gute Abhöre unumgänglich – beachte unbedingt meine Hinweise dazu im Abschnitt „Der gute Ton“.

Wenn dein Video ausschließlich aus einer Abfolge von Bildern besteht – es sich also um eine Art Diashow handelt –, gehört auch hier in aller Regel eine passende Hintergrundmusik dazu.

Vermeiden solltest du in der Nachbearbeitung das sogenannte *Cut-to-the-Beat*. Darunter versteht man eine Auswahl der Schnittpunkte in Abhängigkeit vom Takt der Musik. Oder einfacher: Die Abfolge der gezeigten Bilder sollte sich nicht am Takt der Musik orientieren – zumindest nicht immer, denn das wirkt auf die Dauer langweilig, weil vorhersehbar. Zusätzlich würde es dir die Anzeigedauer der einzelnen Bilder vorgeben.

Quellen für Titel- und Hintergrundmusik

Das Urheberrecht und dessen Einhaltung wird auf der Plattform YouTube inzwischen sehr genau beachtet – nicht zuletzt, weil auch die Betreiberin Google selber für Verstöße haftbar gemacht werden kann. Aus diesem Grund gibt es inzwischen sogar ein hervorragend funktionierendes automatisches Überwachungssystem, das bereits beim Hochladen von Videoinhalten greift. Dieses System greift auf eine riesige Datenbank zu und ermittelt durch einen Abgleich, ob ein möglicher Verstoß gegen Urheberrechte vorliegt.

Du solltest von Anfang an darauf achten, dir in Sachen Urheberrecht keinen Ärger einzufangen, denn so etwas kann sehr teuer werden. Auch behält sich YouTube ausdrücklich vor, deinen Kanal bei entsprechenden Verstößen einzuschränken und im Wiederholungsfall sogar ganz zu sperren. Es lohnt sich also, nach legalen Quellen für Hintergrund- und Titelmusik zu suchen.

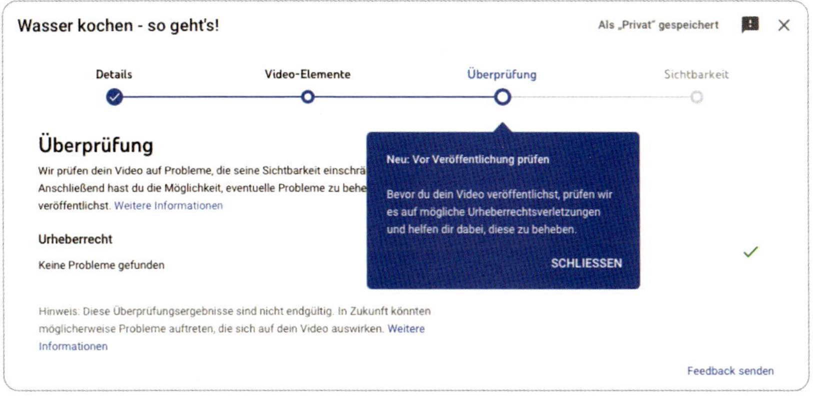

▲ *Video auf Urheberrechtsverletzungen prüfen.*

Vorabprüfung beim Hochladen

YouTube schreibt zur automatischen Vorabprüfung deiner Videos beim Upload:

„Auf der Seite ‚Vorabprüfung' kannst du dein Video auf mögliche Urheberrechtsprobleme […] prüfen lassen.

Bei der Vorabprüfung auf Urheberrechtsprobleme wird nach urheberrechtlich geschützten Inhalten in deinem Video gesucht. Falls ein Problem festgestellt wird, kannst du die Inhalte mit Ansprüchen aus deinem Video entfernen oder Einspruch gegen einen Anspruch erheben […] Mithilfe dieser Vorabprüfung lassen sich mögliche Einschränkungen vermeiden und Probleme beheben, bevor du dein Video veröffentlichst.

Hinweis: Die Ergebnisse der Vorabprüfung auf Urheberrechtsprobleme und Werbeeignung sind nicht endgültig. Kommt es später zu manuellen Content-ID-Ansprüchen, Urheberrechtsverwarnungen oder Änderungen an deinen Videoeinstellungen, kann sich das auf dein Video auswirken."

Infos zu möglichen Problemen in Verbindung mit Urheberrechtsverletzungen findest du auch in Kapitel 7, „Erfolgreiches Selbstmarketing", im Abschnitt „YouTube-Monetarisierung".

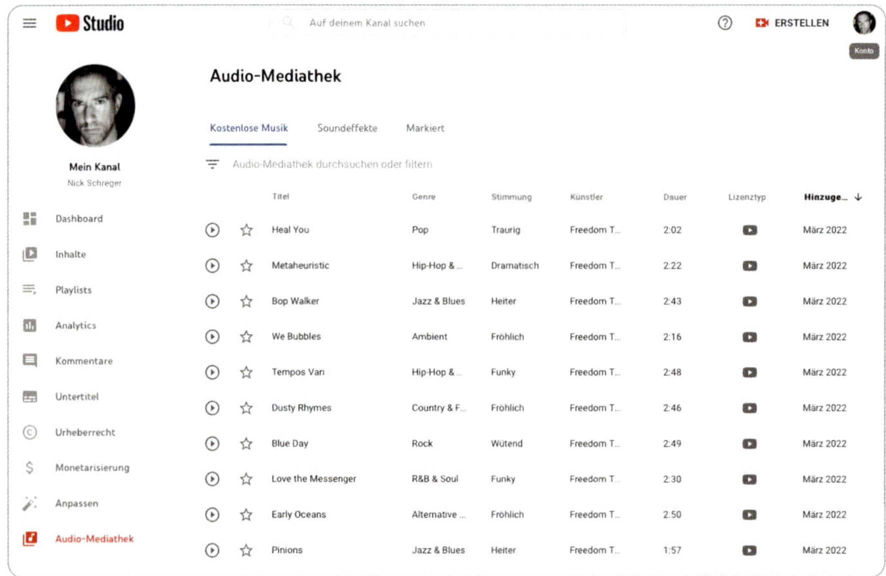

▲ *Die YouTube Audio-Mediathek.*

YouTube-Audio-Mediathek

Die einfachste und vor allem günstigste Lösung dafür bietet YouTube selbst mit der sogenannten *Audio-Mediathek*. Du findest diese in der YouTube-Studio-Ansicht links in der Spalte unten.

Diese Datenbank umfasst heute, da ich diese Zeilen schreibe, über 600 Musiktitel und mehr als 300 Soundeffekte. Einfache Filter erlauben dir eine effizientere Suche nach Titel, Genre, Stimmung, Name des Künstlers sowie Dauer. Du kannst Titel mit Sternchen versehen und so als Favoriten für später markieren, und besonders die Suche nach der Dauer eines Titels hilft dir dabei, für dein aktuelles Videoprojekt einen Titel zu finden, dessen Dauer in etwa dem deines Videos entspricht.

Die Qualität der angebotenen Titel ist durchwachsen, weswegen die Suche nach einem passenden Titel unter Umständen lange andauern kann. Für den Anfang ist das aber sicherlich mehr als ausreichend. Verwenden darfst du die Titel allerdings nur für YouTube-Videos – ein wichtiger Punkt, wenn du parallel auf anderen Social-Media-Plattformen wie Facebook und Instagram veröffentlichen willst.

Titelmusik von Artlist.io

Wenn du bereits meine Tipps zum Thema „Intro“ gelesen hast, wird dir dort aufgefallen sein, dass ich für die Titelmusik den Anbieter *Artlist.io* empfehle. Diese Empfehlung gilt auch für etwaige Hintergrundmusik. Das Angebot an Titeln ist um ein Vielfaches grö-

◀ *Tantiemen-freie Musik bei Artlist.io.*

ßer, und auch die Qualität der Inhalte ist – von verhältnismäßig wenigen Irrläufern mal abgesehen – auf einem weit höheren Niveau. Das hat natürlich seinen Preis, denn dieser Dienst ist an ein Abonnement gebunden, dessen Kosten sich auf umgerechnet etwa 9 Euro (günstigstes Paket) bzw. 15 Euro (Standardpaket) belaufen.

Das sogenannte *Personal*-Abonnement sollte in aller Regel ausreichen, denn es deckt neben YouTube auch andere gängige Social-Media-Plattformen wie Facebook, Instagram, TikTok sowie Twitch ab – allerdings nur jeweils einen Kanal pro Plattform. Du kannst also mit diesem Abo jeweils einen Kanal auf YouTube, eine Facebook-Seite, einen TikTok- sowie einen Twitch-Account mit Musik versorgen. Was ebenfalls abgedeckt ist, sind Podcasts, und hier dann auch unbegrenzt. Darüber hinaus bedeutet es für Artlist keinen Unterschied, ob du mit deinen Videos kommerzielle Absichten verfolgst oder nicht.

Du kannst diese Einschränkung ein Stück weit damit umgehen, indem du auf Facebook auf ein YouTube-Video verlinkst. Der Nachteil ist dann aber, dass dein Video auf Facebook weit weniger Nutzer zu sehen bekommen, als hättest du es direkt bei Facebook hochgeladen – Facebook und YouTube sind einander nicht sehr wohlgesonnen.

Bedeutend mehr Freiraum genießt du mit dem *Unlimited*-Abonnement, für das etwa 15 Euro im Monat fällig werden. Wie der Name bereits verlauten lässt, gibt es hier keine Einschränkungen bezüglich der Anzahl der YouTube-Kanäle, für die du die Titel nutzen darfst. Zusätzlich besteht die Möglichkeit der legalen Nutzung in Videos außerhalb von Social Media – du könntest beispielsweise einen Werbefilm für ein Hotel produzieren und dafür einen oder mehrere Titel aus der Artlist-Datenbank nehmen. Auch im Rahmen einer Internetseite wäre eine Nutzung von Artlist-Material kein Problem.

In beiden Fällen gilt die Erlaubnis zur Verwendung solcher Musiktitel in neuen Videos ausschließlich für den Zeitraum, in dem ein aktives Abonnement besteht. Beachte das „in neuen Videos" im vorangegangenen Satz. Das bedeutet, dass du nach Ablauf deines Abonnements keine Videos löschen musst, in denen Musik von Artlist verwendet wird. Allerdings darfst du keine neuen Videos mehr veröffentlichen, in denen Musiktitel enthalten sind, die du während eines bestehenden Abonnements heruntergeladen hast.

Das ist so lange unproblematisch, bis einer der folgenden Fälle eintritt:

1. Du verwendest einen Artlist-Titel in deiner Titelmusik oder im Abspann.
2. Du übernimmst Teile älterer Videos in ein neues Video.
3. Du entscheidest dich dazu, ein älteres Video nach Ablauf des Artlist-Abonnements zusätzlich auf einer anderen Plattform hochzuladen.

Die geschilderte Problematik ist so bei allen mir bekannten Anbietern solcher Musik vorhanden, ist also nicht Artlist-spezifisch. Natürlich entwickelt sich der Markt weiter, und Anbieter ändern ihr Angebot – schau dir also auf jeden Fall genau die Bedingungen und Leistungsinhalte an, bevor du irgendwo ein Abonnement abschließt.

Was jedoch den Anbieter Artlist.io für mich deutlich von anderen kommerziellen Anbietern unterscheidet, ist, dass besonders beim *Unlimited*-Abonnement keine wirklichen Beschränkungen vorhanden sind, frei nach dem Motto: „Runterladen, und dann mach damit, was du willst!" Aber wie gesagt – der Markt ändert sich ständig, und es ist gut möglich, dass zum Zeitpunkt, an dem du diese Zeilen liest, schon wieder ganz andere Angebote im Umlauf sind.

Eigene Musik

Wenn du Musiker bist oder in deinem Freundeskreis oder in der Familie Musiker sind, besteht natürlich auch die Möglichkeit, sich aus diesem Fundus zu bedienen. Oft werden dir sehr gerne entsprechende Musiktitel zur Verfügung gestellt. Vergewissere dich aber auch hier unbedingt davon, dass derjenige, der dir die Erlaubnis für die Nutzung eines Musiktitels erteilt, auch wirklich der alleinige Urheber ist, und

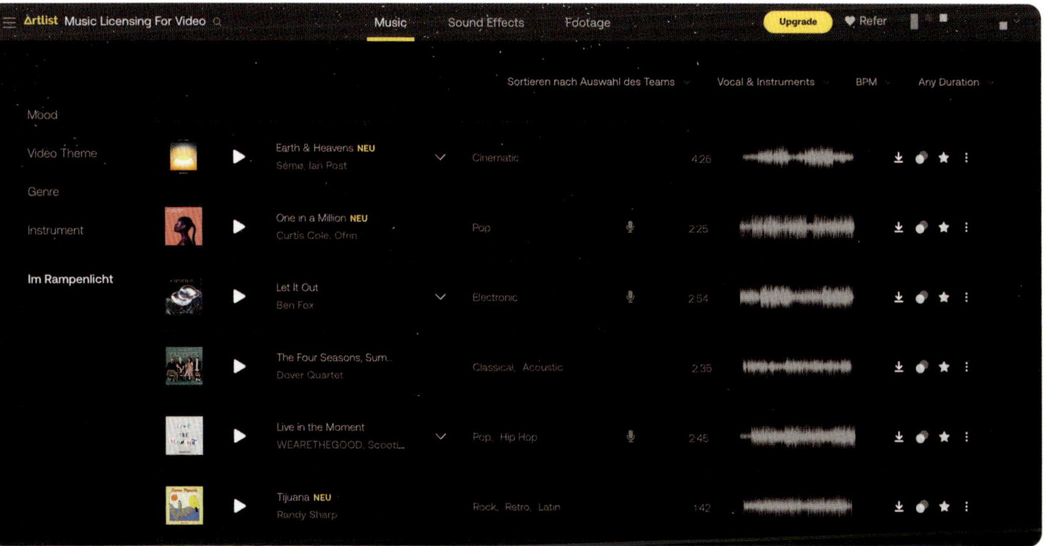

▲ *Die Oberfläche von Artlist.io mit den Filtermöglichkeiten.*

lass dir das am besten auch schriftlich bestätigen. Das kann ein Zettel sein, auf dem Folgendes steht:

„Ich, [vollständiger Name der unterzeichnenden Person], stelle hiermit [dein vollständiger Name] den Musiktitel [Titel] mit der Länge [genaue Länge im Format MM:SS] zur uneingeschränkten Verwendung im Rahmen seines YouTube-Kanals [Kanalname] zur Verfügung. Ich bestätige, Urheber des genannten Titels und aller darin enthaltenen Elemente zu sein. Ich kann diese Erlaubnis jederzeit widerrufen, jedoch nicht rückwirkend für zum Zeitpunkt des Widerrufs bereits veröffentlichte Beiträge. [Datum und Unterschrift]“

Tonbearbeitung

Im Abschnitt „Der gute Ton“ hast du bereits eine Menge darüber gelernt, wie du schon im Moment der Aufnahme dafür sorgen kannst, ein möglichst gutes Tonsignal zu erhalten. Unabhängig davon kann es zumindest ratsam sein, den Ton mit ein paar einfachen, aber sehr effektiven Mitteln nachzubearbeiten. Das ist nicht schwer und kann, je nach Ausgangssituation, viel ausmachen. Die dazu benötigten Werkzeuge haben Videoschnittprogramme wie *Final Cut Pro*, *Adobe Premiere Pro* oder *DaVinci Resolve* von Blackmagic Design bereits an Bord.

Klangregelung per Equalizer

Ein Equalizer ist eine etwas fortgeschrittenere Klangregelung, bei der das Tonsignal in verschiedene Frequenzbereiche unterteilt wird. Diese Frequenzbereiche können dann entweder verstärkt oder abgesenkt werden. Wenn du noch zu einer Generation gehörst, die mit Stereoanlagen und Gettoblastern aufwachsen durfte, wirst du ganz sicher auch schon einmal einen Equalizer bedient haben.

Frequenzbereiche

Zwei grundsätzliche Frequenzbereiche, die so ziemlich jedem bekannt sein dürften, sind die *Höhen* und die *Tiefen*, also Bassfrequenzen und hohe Frequenzen. Fast jedes Musikabspielgerät verfügt über eine solche Klangregelung, und sie eignet sich zum Beispiel dazu, die Wiedergabe an einen bestimmten Kopfhörer anzupassen oder bei Musikstilen wie RnB oder Hip-Hop „mehr Bass reinzudrehen“. Etwas anspruchsvollere Geräte bieten zusätzlich die Möglichkeit, die *Mitten* zu regeln – also den Frequenzbereich, der zwischen den Höhen und Tiefen liegt.

Was hat das mit meinem YouTube-Kanal zu tun, fragst du jetzt vielleicht. Nun, eben diese Mitten sind es, die für die Verständlichkeit einer Sprecherstimme von hohem Wert sind. Aber auch die anderen beiden *Frequenzbänder* – so nennt man das – kannst du dazu nutzen, deiner Stimme einen professionell klingenden, satten und dennoch verständlichen Ton zu verpassen.

Die Bassfrequenzen sind dafür zuständig, der Stimme Stärke und Gewicht zu geben. Sie sind sozusagen das Fundament, auf dem deine Stimme steht. Ist deren Anteil zu hoch, drängen sich die tiefen Frequenzen unangenehm in den Vordergrund und führen besonders bei Kopfhörern und kleinen Lautsprechern dazu, dass der Ton ver-

◂ *Rot umrandet: ein Equalizer aus besseren Zeiten.*

zerrt klingt. Bassfrequenzen lassen die Membran eines Lautsprechers mit einer hohen Amplitude, jedoch geringer Frequenz schwingen – die Membran bewegt sich also stark, aber verhältnismäßig langsam im Vergleich zu Mitten und Höhen.

Müssen zusätzlich zu den Bassfrequenzen auch solche aus dem mittleren und hohen Frequenzband über ein und denselben Lautsprecher wiedergegeben werden, kommen sich die dazu benötigten unterschiedlichen Schwingungsverhalten ins Gehege, und mittlere und hohe Frequenzen klingen dumpf, weil der Lautsprecher zu sehr mit der Wiedergabe der Bässe beschäftigt ist.

Ist der Anteil an Bassfrequenzen in deiner Stimme zu niedrig, klingt diese dünn und kraftlos.

Die mittleren Frequenzen regeln das Volumen (nicht im Sinne von Lautstärke) und die allgemeine Verständlichkeit deiner Stimme. Ein zu präsenter Mittenanteil wirkt jedoch schnell nasal, und es tönt so, als würdest du in deine unmittelbar vor dem Mund gefalteten Handflächen sprechen. Zu wenig Mitten, und die Stimme bricht weg, weil man sie ihres wichtigsten Klangbilds beraubt.

Hohe Frequenzen sind ebenfalls nur vorsichtig zu handhaben. Bei einem hohen Anteil solcher Frequenzen werden nämlich etwaige Störgeräusche betont, die bereits während der Aufnahme durch das Mikrofon oder die Vorverstärker des Aufnahmegeräts verursacht wurden. Dies macht sich in der Regel durch ein mehr oder weniger prägnantes Rauschen bemerkbar. Verzichten kann man auf hohe Frequenzen jedoch keinesfalls, denn sie geben dem Klang Brillanz und Klarheit.

Um den Klang deiner Stimme in der Nachbearbeitung mit einem Equalizer – also durch Klangregelung – zu optimieren, solltest du als ungeübter „Toni" zunächst einmal bei Videos anderer YouTuber darauf achten, wie ihr Ton im Vergleich zu deinen Aufnahmen klingt. Sicher hast du ein paar Vorbilder, an denen du dich orientierst. Was ist anders, was gefällt dir besser, was fehlt deinen Aufnahmen, wo hat es zu viel des Guten?

Hier eine Grafik, anhand deren du dich orientieren kannst, um herauszufinden, welche Frequenzbereiche als mögliche Ursache für Defizite bei deinen Aufnahmen infrage kommen.

Am unteren Rand der Grafik siehst du die jeweiligen Frequenzbereiche. Die Angaben in Hertz und Kilohertz wirst du so auch in den Equalizern deiner

Bearbeitungssoftware wiederfinden. Die beiden roten Bereiche oberhalb und unterhalb des mittleren grünen Bereichs stellen die Soundcharakteristiken dar, die du vermeiden solltest. Im mittleren grünen Bereich hingegen findest du die positiven Eigenschaften. Diese Grafik ist übrigens nicht nur für Stimmaufnahmen, sondern auch für Musik einsetzbar.

Wenn du jetzt auf deine Aufnahme achtest und in den roten Bereichen etwas wiederfindest, weißt du anhand der Grafik, welchen Frequenzbereich du anheben oder absenken musst. Je weiter einer der roten Balken vom mittleren grünen Balken entfernt ist, desto mehr oder weniger sollte dieser Bereich angehoben respektive abgesenkt werden. Beginne dabei immer mit einem „genullten" Equalizer, bei dem sämtliche Frequenzbänder mittig stehen und Frequenzen weder angehoben noch abgesenkt werden.

Natürlich dient diese Grafik nur der Orientierung – du wirst nicht darum herumkommen, eigene Erfahrungen zu sammeln und dein Gehör zu trainieren. Wie auch bei jedem anderen Effekt sind extreme Einstellungen selten gut und eher ein Zeichen dafür, dass es an anderer Stelle nicht stimmt. Hast du schließlich eine Equalizer-Einstellung gefunden, mit der dir deine Stimme gefällt, kannst du diese abspeichern und für künftige Projekte nutzen – vorausgesetzt, an den akustischen Begebenheiten (Raum, verwendetes Mikro-

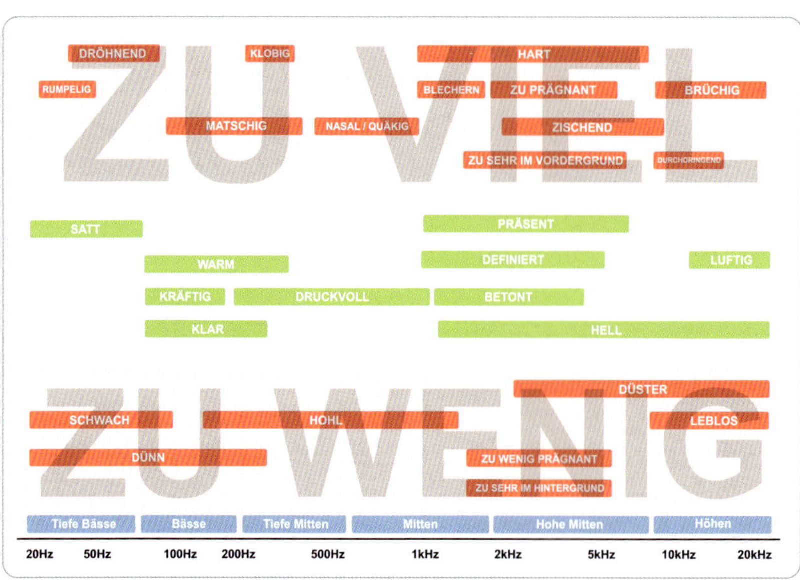

▲ *Frequenzbereiche und ihre Ortung: „Meine Stimme klingt ____________, also muss ich den Frequenzbereich XY absenken/anheben."*

▲ *Ein klassischer Equalizer.*

fon, Entfernung zum Mikrofon) ändert sich nichts.

Die Abbildung zeigt das Bedienfeld eines klassischen Equalizers. Solche werden noch heute aufgrund ihrer ganz charakteristischen Klangfärbungen gerne verwendet. Die einzelnen Frequenzbänder ❸ verfügen jeweils über einen Schieberegler ❷, über den sich der Frequenzanteil anheben oder absenken lässt. In diesem Fall geht das über einen Bereich von +/–12 dB ❺.

Mit dem Eingangsregler ❶ wird gewährleistet, dass das einkommende Tonsignal weder zu laut noch zu leise ist, und der Ausgangsregler ❹ erlaubt es, das ausgehende Signal wieder so anzupassen, dass es der Lautstärke des Eingangssignals entspricht. Das Absenken und Anheben einzelner Frequenzbänder beeinflusst nämlich auch die Lautheit des jeweiligen Bereichs.

DaVinci Resolve Voice Channel

Einige Videoschnittprogramme werden bereits mit sehr potenten Werkzeugen zur Tonbearbeitung ausgeliefert – so *DaVinci Resolve* von Blackmagic Design. Hier findest du sogar ein virtuelles Kombigerät, das auf Sprachaufnahmen spezialisiert ist und aus verschiedenen Einzeleffekten besteht.

Schauen wir uns mal den *Voice Channel* ❶ der Videoschnittsoftware DaVinci Resolve an. Dieser bietet zunächst einen Hochpassfilter *High Pass* ❷. Was das ist und wozu dieser gut ist, erwähnte ich bereits im Abschnitt „Der gute Ton“. Über einen Drehregler kannst du hier stufenlos den Frequenzwert bestimmen, ab dem das Signal abgesenkt werden soll. Anders als bei einem Hochpassfilter, der in einem Mikrofon oder Aufnahmegerät eingebaut ist, arbeitet dieser hier mit dem bereits aufgenommenen Signal.

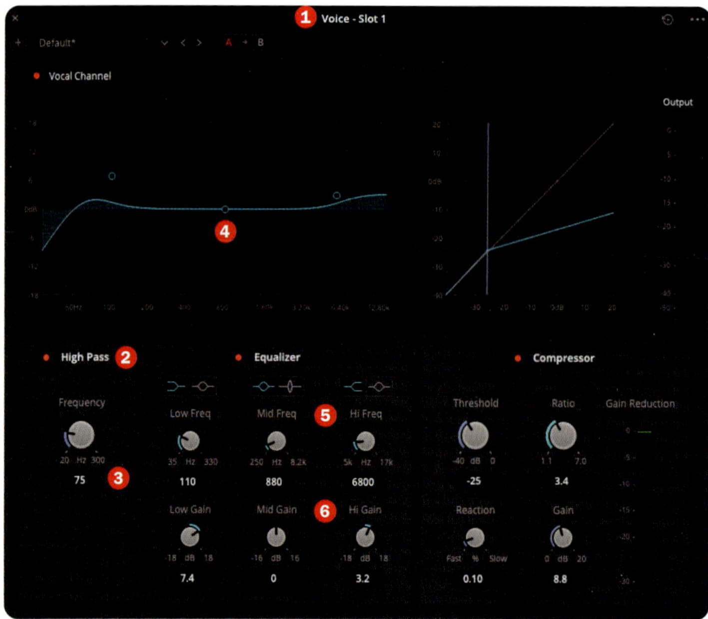

◀ *Das Plug-In Voice Channel von DaVinci Resolve.*

Hattest du bereits bei der Aufnahme einen solchen Filter aktiviert, solltest du diesen hier nicht auch noch ein zweites Mal nutzen – es sei denn, du möchtest das Signal früher abgreifen, als das mit dem eingebauten bei der Aufnahme verwendeten Hochpassfilter möglich war. Sollte weder dein Mikrofon noch dein Aufnahmegerät über einen Hochpassfilter verfügen, besteht mit einer solchen Softwarelösung komfortabel die Möglichkeit, in der Nachbearbeitung die unnötigen, ganz tiefen Frequenzen herauszufiltern.

Als Wert habe ich hier 75 Hz ❸ verwendet – normalerweise passiert unterhalb dieser Schwelle nichts Wesentliches in einer menschlichen Stimme. Die Wirkungsweise dieses Hochpassfilters wird auch noch einmal grafisch dargestellt ❹.

Gleich daneben findest du den *Equalizer*. Dieser ist ein sogenannter parametrischer Equalizer, da bei diesem die einzelnen Frequenzbänder nicht festgelegt, sondern variabel sind. Über die Drehregler *Low Freq*, *Mid Freq* und *Hi Freq* ❺ lässt sich hier der für das jeweilige Frequenzband gültige Mittelwert festlegen. Die darunterliegenden drei Drehregler *Low Gain*, *Mid Gain* und *Hi Gain* ❻ regeln den Wert der Verstärkung oder Absenkung des gewählten Frequenzbereichs.

Wenn du dir die grafische Kurve des Equalizers ❹ genau anschaust, wirst du feststellen, dass ich die Frequenzen unmittelbar nach dem durch den

Hochpassfilter definierten Wert leicht angehoben habe. Das ist ein beliebter Trick, um zu verhindern, dass der Hochpassfilter das Tonsignal im Bassbereich zu sehr beschneidet. Die ebenfalls leichte Anhebung der Höhen bei 6.8 kHz verleiht der Stimme Klarheit und Brillanz. Auch hier gilt: Die von mir verwendeten Werte sind als Richtwerte zu sehen und funktionieren nicht mit jeder Stimme.

Kompressor richtig einsetzen

Der Kompressor ist unweigerlich das am häufigsten falsch benutzte Effektgerät aller Zeiten. Hier oder an anderer Stelle detailliert auf Anwendungsgebiete und Funktionsweisen einzugehen, würde den Rahmen dieses Buchs in gigantischem Maße sprengen. Aus diesem Grund will ich mich nur auf das Allernötigste beschränken – und das auch nur in Bezug auf Sprachaufnahmen. So bitte ich dann diejenigen um Nachsicht, die sich damit bereits bestens auskennen – ich muss das hier ansprechen, und ich muss es auf eine sehr simplifizierte Art und Weise tun.

Ein Kompressor sorgt dafür, dass der Lautstärkenunterschied zwischen der leisesten und der lautesten Stelle deiner Stimmaufnahme verkleinert wird. Er macht dies, indem er besonders laute Pegelspitzen abschwächt. Was als „besonders laut" angesehen wird, kannst du beim Kompressor einstellen. Dadurch, dass besonders laute Stellen in deiner Sprachaufnahme abgesenkt werden, verringert sich die Gesamtlautstärke der Aufnahme. Die leisen Stellen sind nach wie vor unverändert leise, die lauten Stellen sind nach deren Absenkung aber auch nicht mehr so laut. Dies hat wiederum zur Folge, dass die gesamte Aufnahme deutlich leiser wird – zur Erinnerung: Die lauten Töne sind leiser, die leisen immer noch leise, also alles irgendwie leise.

Wenn jetzt die Gesamtlautstärke wieder auf das Ausgangsniveau angehoben wird, sind die lauten Stellen von einst wieder so laut wie vor dem Einsatz des Kompressors – die leisen Stellen aber lauter. Dem Zuhörer bietet sich dadurch die Wahrnehmung eines deutlich satteren Tonsignals – achte mal auf Sprecherstimmen im Radio, die so schön fett klingen. Selbst dann, wenn der Moderator zu flüstern scheint, ändert sich die Lautheit seiner Stimme nicht, und dies ist zu einem großen Anteil dem Einsatz eines Kompressors geschuldet.

Natürlich darf man es auch hier nicht übertreiben, denn wenn der Lautstärkenunterschied zwischen dem leisesten und dem lautesten Ton zu sehr komprimiert wird (aha, deswegen heißt das Teil „Kompressor"), geht die Dynamik flöten. Sprache besteht eben nicht nur aus einzelnen Tönen, sondern auch aus deren Intensität (nicht zu verwechseln mit der Lautstärke).

Schau dir noch einmal die Abbildung zum *Voice Channel* an. Im rechten unteren Bereich siehst du die Kompressoreinheit *Compressor* mit ihren charakteristischen Einstellungsmöglichkeiten. Da die Bezeichnungen dieser Einstellungen eigentlich überall identisch sind, lässt sich diese Abbildung auf so ziemlich jeden einfachen modernen Kompressor übertragen.

Der *Threshold* ist die Schwelle, ab der ein Kompressor überhaupt erst aktiv wird. Die Angabe ist in dB und immer im negativen Bereich (du erinnerst dich, bei 0 dB ist in der digitalen Welt Schluss). Je geringer der Wert ist, den du hier einstellst, desto eher wird der Kompressor aktiv – bei –20 db springt er also eher an als bei –12 dB.

Gleich daneben findest du der Drehregler zum Einstellen des Kompressionsverhältnisses. Auch dieser ist in dB angegeben und wird so gelesen: Für jedes dB über dem Schwellenwert wird das Tonsignal um X dB abgesenkt. Den Wert X definierst du über den Drehregler. Ein höherer Wert sorgt für eine größere Reduktion und damit stärkere Kompression. Auf der Abbildung beträgt der Wert *3.4* bei einem Schwellenwert von *–25 dB*. Für jedes Dezibel über –25 dB bekommt das Tonsignal also so feste einen auf den Deckel, dass es um 3,4 dB abgesenkt wird.

In diesem Punkt weicht der in diesem Beispiel gezeigte Kompressor zugunsten einer einfacheren Bedienung vom Standard ab. Die meisten Kompressoren haben anstelle eines *Reaction*-Drehreglers gleich zwei andere Drehregler, nämlich *Attack* und *Release*. Der Kompressor im Beispiel hat nur einen Attack-Regler, und dieser heißt hier ganz einfach *Reaction*, weil damit eben auch genau das geregelt wird: die Geschwindigkeit, mit der das Signal abgesenkt wird respektive der Kompressor reagiert. Wenn du mit der Hand einen Lautstärkeregler runterdrehst, ist die Geschwindigkeit dieser Drehbewegung dein *Reaction*-Wert oder, wie es meist auf Kompressoren heißt, der *Attack*-Wert.

Wenn dein Kompressor nur einen Attack-, aber keinen Release-Regler hat, bedeutet das, dass der Release-Wert automatisch bestimmt wird. Wenn der Attack-Wert die Geschwindigkeit ist, mit der du im vorangegangenen Beispiel den Lautstärkeregler leiser gedreht hast, bestimmt der Release-Wert, wie lange du danach wartest, bevor du den Lautstärkeregler wieder auf den ursprünglichen Wert zurückstellst.

Grundeinstellung für Sprachaufnahmen

Kompressoren sind komplex, und um mit ihnen effektiv arbeiten zu können, braucht es viel Praxis. Um dir die Arbeit zu erleichtern, lassen sich für Sprachaufnahmen aber ein paar Grundeinstellungen manifestieren, die zumindest eine gute, brauchbare Ausgangssituation und damit hörbare Verbesserungen ermöglichen sollten.

- *Ratio*: 3:1
- *Threshold*: –20 dB
- *Attack* und *Release*: möglichst kurz
- *Gain*: so weit erhöhen, bis das Ausgangssignal hinter dem Kompressor wieder die gleiche Intensität hat wie davor

Ducking

Eine Pegelreduktion zugunsten einer anderen Audioquelle nennt man auch *Ducking*, und diesen Effekt bekommt man im Radio oder in Clubs häufig zu hören, wenn der Moderator oder DJ spricht und die Musik entweder manuell oder automatisch abgeregelt wird, während er spricht. Bei YouTube-Videos kommt dieser Effekt meist dann zum Einsatz, wenn im Video eine Hintergrundmusik läuft und du verhindern willst, dass diese deiner Stimme ins Gehege kommt.

Wenn du diesen Prozess automatisieren willst, geht das am einfachsten über das sogenannte *Side-Chaining* eines Kompressoreffekts (siehe Kasten).

Der A:B-Vergleich

Je länger du mit der Tonnachbearbeitung beschäftigt bist, desto „duller" werden deine Ohren, und du wirst so sehr auf das fixiert sein, was du die ganze Zeit gehört hast, dass dir sämtliche Maßstäbe entfallen. In der Musikproduktion ist es so, dass sich ein Mix am nächsten Tag wieder komplett anders anhört als in der Nacht zuvor, bevor man endlich schlafen gegangen ist. So manches Mal konnte ich dann die Arbeit vieler Stunden wieder verwerfen und mit „frischen Ohren" noch mal an die Sache gehen.

Jetzt ist ein YouTube-Video natürlich deutlich weniger kompliziert und anspruchsvoll, was den Ton angeht – meist wirst du ja auch nur eine einzelne Tonspur mit deiner Stimme haben.

AUTO-DUCKING

Unter *Auto-Ducking* versteht man in der Tontechnik die automatische Pegelreduktion eines Kanals, wenn das Audiosignal eines anderen Kanals ein bestimmtes Level übersteigt. Der genaue Prozess unterscheidet sich von Anwendung zu Anwendung und steht nur in Videoschnittprogrammen zur Verfügung, die über einen integrierten, Side-Chain-fähigen Kompressoreffekt verfügen oder die Nutzung externer VST-Effekte (sogenannter Plug-ins) ermöglichen.

Es wird ein Kompressoreffekt derjenigen Tonspur zugeordnet, die immer dann leiser werden soll, wenn auf einer bestimmten anderen Tonspur ein Signal kommt.

Ein Beispiel: Tonspur 1 enthält eine Hintergrundmusik, Tonspur 2 gelegentliche Kommentare eines Sprechers. Auf Tonspur 1 wird ein Kompressoreffekt aktiviert. Dieser wird so eingestellt, dass er über einen Side-Chain-Eingang das Signal von Tonspur 2 „hören" kann.

Ebenfalls wird darin festgelegt, dass immer dann, wenn das Tonsignal von Tonspur 2 über einem bestimmten Lautstärkepegel liegt, das Tonsignal von Tonspur 1 um den Wert X abgesenkt wird. Weitere Parameter ermöglichen eine Feineinstellung, eine genaue Schilderung würde auch hinsichtlich der Unterschiede zwischen den einzelnen Programmen den Rahmen sprengen. Such auf YouTube einfach mit folgenden Begriffen nach einer ausführlichen Erklärung für deine Videoschnittsoftware:

Autoducking Sidechain [Name deiner Software, z. B. DaVinci Resolve]

Es ist gar nicht so schwer und erleichtert dir die Arbeit ungemein, wenn du die Lautstärkenänderungen auf diese Weise automatisieren kannst.

Trotzdem gibt es ein paar finale Arbeitsschritte, die du nicht überspringen solltest.

Eine sehr gute Methode ist der sogenannte A:B-Vergleich. Wenn ich in meinem Tonstudio zu Hause einen Song fertig gemixt habe, absolviere ich immer wieder ein „Gegenhören", indem ich meinen Mix mit professionellen Produktionen vergleiche, die im Stil und in den verwendeten Instrumenten meiner Musik entsprechen. Dabei achte ich auf bestimmte Details:

- Wie präsent ist die Stimme auf der professionellen Aufnahme im Vergleich zu meinem Mix?

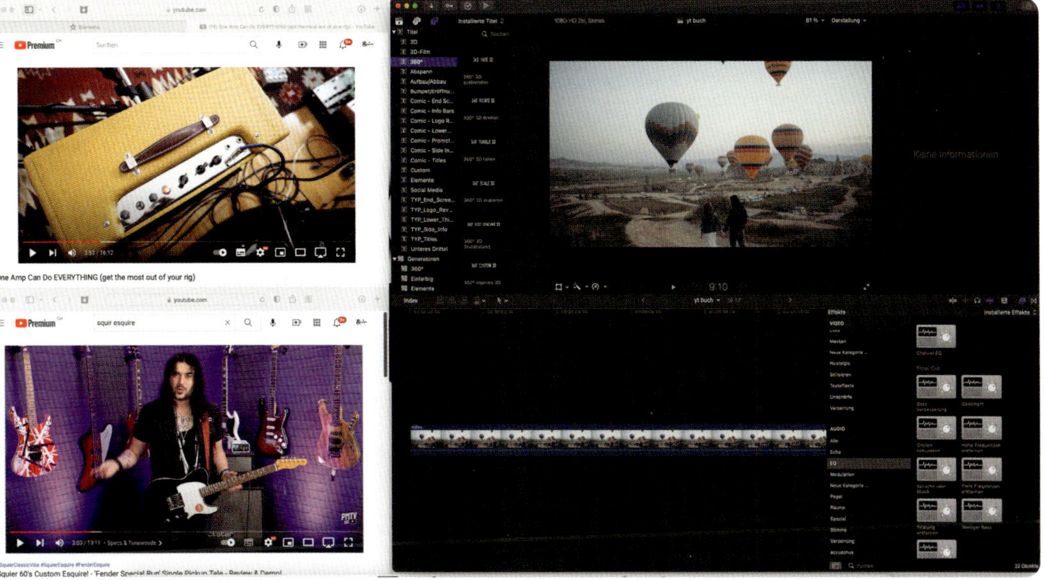

▲ *Mit einer solchen Fensteranordnung gelingt der A:B-Vergleich der Lautstärken.*

■ Wie gut kommen einzelne Instrumente zur Geltung?

■ Wie ist die Lautheit meines Mixes im Vergleich zu den Aufnahmen meiner Vorbilder?

Dieses Hin und Her zwischen Orientierungsvorlage und meinem aktuellen Arbeitsstand ist ein A:B-Vergleich, und genau so etwas kannst du auch – ja sollst du auch mit deinen YouTube-Videos machen.

Wenn also am Ende alles fertig zu sein scheint, rufe auf YouTube ein paar Videos deiner Vorbilder auf – und das auf demselben Computer, auf dem du gerade mit der Nachbearbeitung des Tons eines deiner Videos beschäftigt bist. Dies ist wichtig, damit du alles durch dieselben Lautsprecher und mit denselben Einstellungen der Lautstärke abhörst. Ordne dir dazu die Programmfenster am besten so an, dass du möglichst ohne Fensterwechsel direkt die Wiedergabe der einzelnen Videos starten und stoppen kannst.

Achte auch darauf, dass die Lautstärke der YouTube-Videos im YouTube-Player (das ist das Abspielfenster des Videos mit den Schaltflächen für Play, Stop etc.) auf Maximum steht (siehe Abbildung).

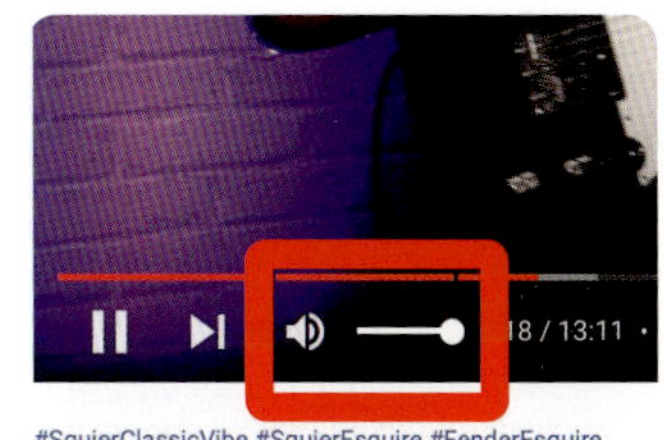

◄ *Dieser Regler sollte beim A:B-Vergleich immer voll aufgedreht sein.*

Höre nun abwechselnd in die Videos rein und vergleiche zunächst den Klang der Stimme: Ist die Stimme in deinem Video im Vergleich zu den Vorlagen zu basslastig, ist sie zu dünn? Wenn du etwas an deinem Video im Videoschnittprogramm nachbesserst, verändere immer nur einen Wert, bevor du die nächste Gegenprobe startest. Würdest du mehrere Parameter verändern, wüsstest du am Ende nicht, warum sich dein Ton an die Vorgabe angenähert oder davon entfernt hat.

Immer nur jeweils einen Parameter – zum Beispiel den Bassanteil der Stimme – zu verändern, ist auch für den Lerneffekt sehr wichtig, denn nur auf diese Weise bekommst du irgendwann ein Gefühl dafür, mit welchen Mitteln du zielgerichtet bestimmte Aufgaben bei der Nachbearbeitung des Tons erledigen kannst.

Danach achte auf die Höhen bzw. die hohen Frequenzanteile deiner Stimme im Vergleich zu den anderen Videos auf YouTube: Klingen die Vorlagen brillanter, klarer? Gibt es in deinen Videos unangenehme Zischlaute? Auch dies kannst du mit dem bereits besprochenen Equalizer in den Griff gekommen, und auch hier gilt: „One change at a time“, also immer nur eine Veränderung machen und danach wieder gegenhören.

Das wird am Anfang mühsam sein, schließlich kannst du es ja kaum erwarten, ein weiteres Video für deinen Kanal fertigstellen zu können – diese Mühe zahlt sich aber genau wie andere Mühen ganz sicher aus, und irgendwann wirst du sicher auch Voreinstellungen in deinem Videoschnittprogramm abgespeichert haben, die dich mit wenigen Mausklicks schon ans Ziel bringen können (sofern sich an den akustischen Begebenheiten nichts verändert).

Abschließend gilt es, die Lautheit einzustellen. Finde dazu zunächst ein gutes Verhältnis zwischen Hintergrundmusik (sofern vorhanden) und deiner Stimme – du erinnerst dich? Erst im vorangegangenen Abschnitt warnte ich davor, dass eine zu laute Hintergrundmusik das ganze Video ruinieren kann. Mach diese also lieber für dein Empfinden etwas zu leise – das wird schon passen. Da du den Text deiner Videos kennst, wird es dir leichter fallen, der Handlung auch bei einer zu lauten Hintergrundmusik folgen zu können. Jemand, der dein Video zum ersten Mal sieht, könnte dagegen erhebliche Schwierigkeiten haben.

KAPITEL 6

UPLOAD

Bevor dein Video auf YouTube für Begeisterung sorgen kann, gibt es da noch eine Art „Zielgerade“, auf der du nochmals mit viel Sorgfalt und wichtigem Know-how das Kunstwerk sozusagen vollenden musst. Lies dieses Kapitel sorgfältig durch, denn genau wie ein Rennfahrer kannst auch du auf dieser Zielgeraden Fehler machen und damit das ganze Rennen verbocken.

Videotitel und Titelbilder

YouTube möchte, dass ein Besucher möglichst viel Zeit auf der Plattform verbringt – ob auf deinem Kanal oder auf 100 anderen, ist völlig egal. Aus diesem Grund muss ich auch immer schmunzeln, wenn YouTube mal wieder davon spricht, wie die eigenen Schützlinge unterstützt würden. YouTube fördert aufstrebende und erfolgreiche Kanäle, weil diese das Image und den Erfolg des Unternehmens verbessern.

Besonders im Fall eines neuen, aufstrebenden YouTube-Kanals musst du wie gesagt mit allen Mitteln dafür sorgen, dir ein Publikum aufzubauen.

Effektive Titel

Außer dir selbst wird am Anfang niemand direkt auf deinen Kanal kommen. Stattdessen werden Nutzer über Suchbegriffe auf YouTube und Google deine Videos finden – oder auch nicht. Wenn die Titel deiner Videos nicht bereits Begriffe enthalten, nach denen Nutzer gesucht haben, verringert sich damit die Wahrscheinlichkeit, dass sie gefunden werden, ganz drastisch. Um einen geeigneten Titel für dein Video zu finden, gibt es einen tollen Trick: Überlege dir, was du bei Google ins Suchfeld eingeben würdest, um dein Video zu finden.

Auch solltest du bei der Vergabe von Titeln bedenken, dass diese ab einer gewissen Länge abgekürzt dargestellt werden. Beschränke dich also am besten auf kurze, prägnante Titel, die unmissverständlich und auf den ersten Blick vermitteln, was Sache ist. Hier mal ein paar Beispiele.

- **So nicht:** „Hyperblaster 2000 Jet-Ski Test“

- **Sondern so:** „Testbericht zum Hyperblaster 2000 Jet-Ski“

Bei einem Rezensionsvideo ist es zwar wichtig, dass der Produktname im Titel erscheint – ebenfalls wichtig ist aber auch, dass Nutzer sofort sehen, dass dein Video in deutscher Sprache ist. Aus diesem Grund habe ich das Wort „Test“ gegen „Testbericht“ ausgetauscht, weil „Testbericht“ eindeutig ein deutsches Wort ist. Da der Titel recht lang ist, habe ich dadurch, dass ich „Testbericht“ an den Anfang gesetzt habe, sichergestellt, dass auch bei einer abgekürzten Darstellungsform das deutsche Wort „Testbericht“ auf jeden Fall angezeigt würde.

- **So nicht:** „Wie man einen Rucksack richtig packt“

- **Sondern so:** „5 tolle Tipps zum Rucksackpacken“

Der erste Titel ist wenig reizvoll, auch wenn er ohne Umwege aussagt, worum es im Video geht. Die zweite Variante macht jedoch viel mehr Lust darauf, das Video zu schauen, es sind schließlich „tolle Tipps“. Die Nennung der Zahl 5 (oder einer beliebigen Anzahl) beruht auf Analyseergebnissen von YouTube selbst, nach denen Titel nach einem solchen Muster eher dazu animieren, ein Video zu schauen. Das gilt auch für Zeitangaben – besonders dann, wenn damit gezeigt wird, dass ein Video besonders kurz ist („Wie funktioniert ein Klavier – in 60 Sekunden“)

- **So nicht:** „Was kann passieren, wenn ein Mäh-Roboter in den Regen gerät?“

- **Sondern so:** „Mäh-Roboter im Regen: was passieren kann“

Das ist nicht nur knapper, sondern auch prägnanter und trägt die Essenz des Videos gleich in den ersten Worten. Je nach Thema funktioniert auch eine Fragestellung als Titel gut: „Konnte ich in 200 Tagen 20 Kilo verlieren?“ Ein solcher Titel macht neugierig.

Ein interessantes Titelbild

Ein unverzichtbarer Teamkollege eines jeden YouTube-Videotitels ist das Titelbild, um das es im nächsten Abschnitt geht. Das Titelbild eines YouTube-Videos trägt in sehr entscheidendem Maße dazu bei, wie erfolgreich das Video sein wird, und du kannst dieser auf den ersten Blick vielleicht nicht so bedeutenden Aufgabe gar nicht genug Aufmerksamkeit schenken. Gerade zu Beginn deiner Karriere als YouTuber wird es so sein, dass deine Videos um die Gunst der Zuschauer kämpfen müssen, und dieser Kampf beginnt eben bereits mit dem Vorschaubild.

Solange du dir noch keine Fangemeinde erarbeitet hast, die so oder so jedes neue Video von dir schauen wird, so

Wie immer gilt auch hier …

… beobachte aufmerksam andere, erfolgreiche YouTube-Kanäle zu deinem Themengebiet und schau dir dort an, mit welchen Methoden diese zum Erfolg gelangen. Vermeide reißerische Titel oder solche, die zweideutig ausgelegt oder missverstanden werden könnten. Ein Video mit dem Titel „Nahaufnahmen von meiner Pussy“ wird nicht nur Katzenfreunde auf den Plan rufen.

lange gibt es für deine Videos auf den ersten Blick keine andere Qualitätsgarantie als das Titelbild.

Ich möchte dir dringend empfehlen, es nicht bei einem der automatisch von YouTube vorgeschlagenen Standbilder aus deinem Video zu belassen und auch auf „Lockbilder“ zu verzichten, da diese sehr schnell als sogenanntes *Clickbait* gewertet und negativ beurteilt werden. Gerade hinsichtlich Clickbaits (Bait ist das englischen Wort für Köder) versteht YouTube inzwischen keinen Spaß mehr und filtert solche Videos dank immer besser werdender Erkennungsalgorithmen aus.

Es mag verlockend sein, einfach ein thematisch passendes, tolles Foto zu verwenden – wenn die Bildqualität und die allgemeine Machart des sich dahinter verbergenden Videos schlussendlich so gar nichts mit dem Titelbild zu tun hat, ist das ein ähnlicher Effekt, wie du ihn hast, wenn du im Fastfood-Schuppen den Burger in deiner Hand mit den speicheltreibenden Fotos auf der Menütafel vergleichst.

Weniger ist mehr!

Bedenke bei der Erstellung eines Titelbilds, dass dieses von den meisten Nutzern eher auf einem Mobilgerät und damit recht klein gesehen wird. Verzichte also auf viel Text und feine Details, die am Ende ohnehin niemand sehen wird. Auch solltest du zu verschnörkelte oder verspielte Schriftarten vermeiden – mir kommen da immer die Namenszüge von Heavy-Metal-Bands in den Sinn, die außer den Bands selbst und dem engsten Fankreis niemand entziffern kann.

Titelbildvorlage mit Adobe Photoshop

Erstelle dir am besten eine Vorlage, die du mit einem Bildbearbeitungsprogramm nutzen kannst, das Ebenen unterstützt. Der bekannteste Vertreter dieser Programme ist sicherlich Adobe Photoshop, es gibt aber auch günstigere Alternativen wie zum Beispiel Affinity Photo. Mit einer solchen Vorlage kannst du ein Logo und Schriftzüge auf jeweils einer separaten Ebene vor einem auswechselbaren Hintergrundbild positionieren und die Texte auf den Ebenen mit den Schriftzügen einfach wechseln. So ist es auch möglich, allen deinen Titelbildern einen einheitlichen Look zu verpassen, was den Wiedererkennungswert steigert. Als netter Nebeneffekt sieht die Hauptseite deines YouTube-Kanals aufgeräumter aus.

Titelbildvorlage mit Apple Keynote

Solltest du kein Bildbearbeitungsprogramm besitzen oder mit einem solchen nicht umgehen können, bleibt noch die Alternative, eine Software zur

Erstellung von Bildschirmpräsentationen dafür zu nutzen. Microsoft PowerPoint oder Keynote von Apple eignen sich sehr gut dafür, denn mit diesen Programmen lassen sich Grafiken, Symbole und Schriftzüge sehr intuitiv gestalterisch zusammenstellen.

Bei Apple Keynote startest du das Programm, wählst zunächst oben Auf der Abb. rechts ❶ das richtige Format aus (*16:9*) und entscheidest dich dann für eine der vielen Vorlagen ❷. Von dieser kannst du dann eine Folie nach Herzenslust verändern und am Ende als einzelne Bilddatei exportieren.

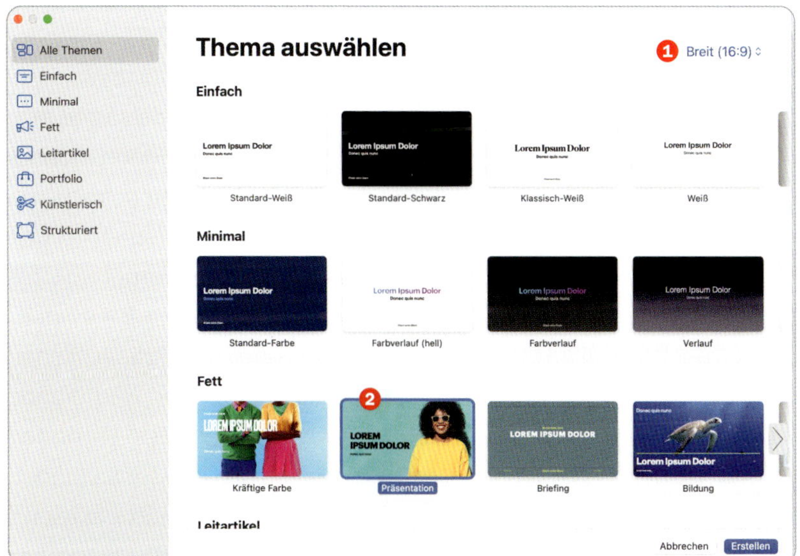

◀ *Titelbilder in Apple Keynote erstellen.*

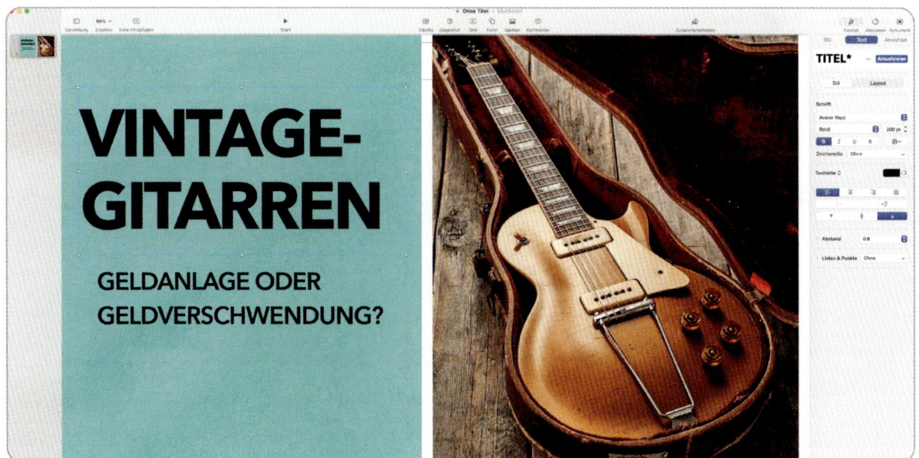

▲ *Titelbildgestaltung in Apple Keynote.*

Titelbildvorlage mit Microsoft PowerPoint

Natürlich geht so etwas auch mit Microsoft PowerPoint. Eine PowerPoint-Präsentation wird für gewöhnlich bereits im Format 16:9 erstellt; sollte dies nicht der Fall sein, kannst du über die Registerkarte *Entwurf* ❶ den Punkt *Foliengröße* ❷ aufrufen und dort das Format ändern.

Wenn du das fertig erstellte Titelbild exportieren willst, speichere es im JPEG- oder PNG-Format ab. Die Dateigröße darf 2 MByte dabei nicht überschreiten.

Impressionen und Wiedergaben

Es muss bei der Auswertung eines YouTube-Videos unbedingt zwischen *Impressionen* und *Wiedergaben* unterschieden werden. Unter einer Impression versteht man, wie häufig ein Video – und damit in erster Linie dessen Titelbild – einem Besucher auf dessen YouTube-Startseite und in den Videoempfehlungen überhaupt erst einmal nur angezeigt wird.

Die Anzahl dieser Impressionen wird zu Beginn deiner Arbeit als YouTube-Creator verhältnismäßig gering sein, denn YouTube hat bei einem unbekannten Kanal noch kein besonders großes Interesse daran, diesen zu promoten. YouTube hat nur dann Interesse daran, deinen Kanal zu pushen, sofern durch deine Inhalte mehr Nutzer länger auf YouTube bleiben.

Wichtig sind also die tatsächlichen Wiedergaben, und als Wiedergabe zählt es, wenn sich jemand eines deiner Videos länger als 30 Sekunden anschaut. In Kapitel 4, „Produktion", ging ich ja bereits auf diese immens

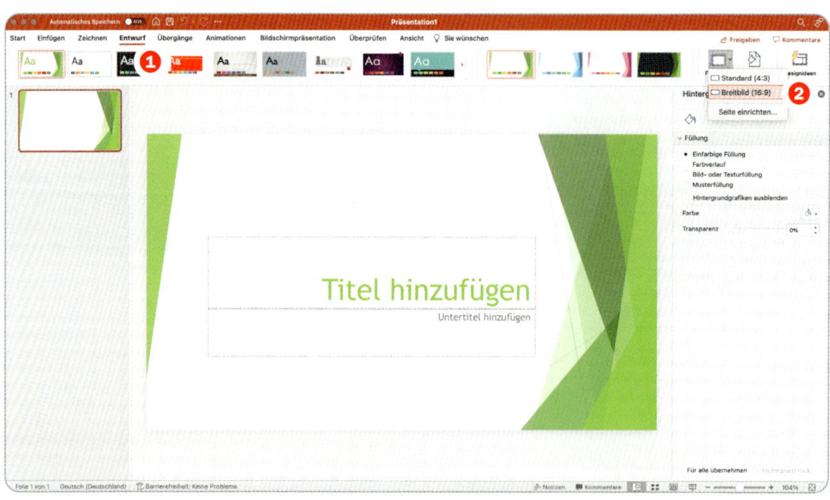

▲ *Ändern des Seitenverhältnisses in Microsoft PowerPoint.*

wichtigen ersten 30 Sekunden ein. YouTube misst den Wert eines deiner Videos daran, wie oft jemand, dem YouTube dein Video als Empfehlung anzeigt, auch darauf klickt und dieses schließlich für länger als 30 Sekunden anschaut. Die Rechnung ist also Impressionen / Wiedergaben, wobei das Ergebnis aus YouTube-Sicht besser ist, je kleiner das Resultat aus dieser Formel ist.

Es geht also grundsätzlich erst einmal darum, mit einem möglichst interessanten Titelbild die Aufmerksamkeit zu gewinnen, mit einem neugierig machenden Titeltext einen Klick auf das Video zu erwirken und dann für mindestens 30 Sekunden den Zuschauer „bei der Stange" zu halten.

Der Beschreibungstext

Ich bezeichne den Beschreibungstext gerne als das Bedienungshandbuch eines Videos – weniger wegen der darin enthaltenen Anleitungen und Hinweise als wegen der traurigen Tatsache, dass sich nur ein Bruchteil der Besucher tatsächlich damit befassen. YouTube selbst ist an diesem Umstand nicht ganz unschuldig, denn die Beschreibung wird erst dann (ansatzweise) sichtbar, wenn das Video bereits angeklickt wurde. Aus diesem Grund spielen Videotitel und Titelbild eine immens bedeutende Rolle, wie du im vorangegangenen Abschnitt gelernt hast.

Das ist sehr schade, denn der Beschreibungstext enthält im Idealfall wichtige Begleitinformationen, Verknüpfungen zu anderen Inhalten, Downloads, Kapitelmarker und etwaige Korrekturen – es ist schließlich noch immer nicht möglich, Videos im Nachhinein mit Texteinblendungen zu versehen. Die Videobeschreibung erfüllt aber noch eine weitere sehr wichtige Rolle: Die darin enthaltenen Schlagwörter werden von YouTube dazu verwendet, deine Videos mit Suchanfragen der YouTube-Nutzer abzugleichen.

Wer sich nicht die Mühe macht, einen Beschreibungstext mit ein paar wichtigen, zum Video passenden Schlagwörtern aufzusetzen, der überlässt es einzig und allein dem Videotitel und den Hashtags, ob und von wem die Videos gefunden werden. Was Hashtags sind und wie du diese am besten einsetzt, erkläre ich weiter unten im Abschnitt „Hashtags".

Ein guter Beschreibungstext sollte gleich im ersten Satz einen guten Grund liefern, das Video zu schauen. Setze dabei wie bereits beim Titel Schlagwörter an den Anfang, damit der Interessent sofort darauf stößt.

Hier ein Beispiel:
„Mäh-Roboter können auch im Regen unterwegs sein, wenn die Tipps in diesem Video beherzigt werden.“

Danach folgt ein neuer Absatz mit dem restlichen Text. Versuche dabei, die wichtigsten Suchbegriffe etwa drei Mal in der Beschreibung vorkommen zu lassen, allerdings im Fließtext und nicht als „Schlagwortwolke“, also als willkürliche Aneinanderreihung von Schlagwörtern. So ließen sich Suchmaschinen in ihrer Anfangszeit beeindrucken – heute werden solche plumpen Maßnahmen vor allem von Google schnell erkannt und ignoriert.

Die Videobeschreibung sollte aber nicht zu einem Blogpost werden – kurz und knapp lautet auch hier die Devise. Vor allem sollte der Beschreibungstext nicht zu viel vorwegnehmen, sondern das Interesse am Video verstärken. Ein Beschreibungstext, der kompliziert geschrieben ist, macht wenig Laune auf das Video. Sei positiv und ermutige den Zuschauer, etwas Neues zu probieren oder zu erlernen, die Komfortzone zu verlassen, aber versprich darin auch nichts, was du nicht halten kannst.

Grenzen setzen

Es ist eine gute Praxis, sich selbst eine Grenze zu setzen: Nicht mehr als 5 Sätze, nicht mehr als 30 Wörter etc. – nicht selten sitze ich eine Viertelstunde an einem Beschreibungstext, um am Ende mit einem einfachen Satz auszukommen.

Pflichtinhalte des Beschreibungstexts

Es gibt neben den Schlagwörtern noch ein paar weitere Pflichtinhalte, die in den Beschreibungstext gehören.

1. **Kapitelmarker** – Diese ermöglichen dem Zuschauer, schnell zu bestimmten Teilen deines Videos zu springen. Näheres dazu lernst du im Abschnitt „Kapitelmarker setzen“. Diese Kapitelmarker gehören ganz nach oben in den Beschreibungstext. Mache nach dem Abschnitt mit den Kapitelmarkern eine klare Trennung zu den weiteren Informationen und Inhalten der Videobeschreibung. Wie du solche Kapitelmarker erstellst, erfährst du im nächsten Abschnitt.

2. **Weiterführende Links** – Allen voran zu deiner Internetseite, deinem Blog, zu deinen Social-Media-Präsenzen, dann zu Quellen, anderen Videos, im Video besprochenen Produkten oder Menschen, Bands,

Filmen etc. Es ist eine gute Idee, sich Texte, die in jeder Beschreibung vorkommen sollten, extern in einer Textdatei abzuspeichern und dann per Copy-and-paste jeweils in die Beschreibung eines neuen Videos zu übernehmen. Dabei kann auch eine kurze Beschreibung deines Kanals oder deiner Person sein. Die Videobeschreibung muss kurz und knackig sein – was danach im weiteren Verlauf unter dem Video steht, ist dir überlassen.

3. **Affiliate-Links** – Je nach Kanal kann es für die Zuschauer interessant sein, mit welchem Equipment du arbeitest – ob für die Videos deines Kanals oder in der Ausübung des Hobbys oder der Tätigkeit, um die es in deinen Videos geht. Sofern möglich, solltest du diese Auflistung mit sogenannten Affiliate-Links verbinden.

Kapitelmarker setzen

Jetzt, da du dir der Bedeutung der ersten 30 Sekunden bewusst bist und weißt, dass „kürzer" hier (und nicht nur hier) besser ist, möchte ich dir ein sehr nützliches Werkzeug von YouTube zeigen, das zumindest jetzt, da ich diese Zeilen schreibe, noch immer viel zu wenig genutzt wird. Gemeint sind die Kapitelmarker – eine Art Lesezeichen, über die der Zuschauer schnell zu einem bestimmten Punkt im Video springen kann. Diese Lesezeichen befinden sich unter deinem Video in der Beschreibung, und auch auf der Zeitleiste des Videos signalisieren kleine Unterbrechungen, an welchen Stellen ein neuer Abschnitt beginnt.

Natürlich willst du – so wie ich auch und wahrscheinlich jeder, der auf YouTube Videos veröffentlicht –, dass der Zuschauer das ganze Video schaut. In

Affiliate-Links

Affiliate-Links sind personalisierte Verknüpfungen zu Webshops und kommerziellen Angeboten. Wenn ein Zuschauer deines Videos über eine solche Verknüpfung einen Webshop, Amazon oder ein anderes Angebot aufruft und es zu einem Kauf kommt, kann der Verkäufer zurückverfolgen, über wessen Link der Käufer auf sein Angebot gelangt ist. Als Teilnehmer an einem solchen Affiliate-Programm bekommst du dann einen kleinen Prozentsatz als Bonuszahlung, ohne dass der Käufer deswegen mehr für die Ware zahlen muss. Genaueres dazu findest du in Kapitel 7, „Erfolgreiches Selbstmarketing".

00:00 Start
00:22 Intro
00:52 Kamera-Interne RAW-Bearbeitung
03:08 Buchtipp: "22 RAW-Rezepte für Fujifilm Kameras"
03:38 Zutaten für JPEG-Rezepte
04:09 Persönliches Fotoprojekt: 365 Tage JPEG mit analogen Objektiven
05:15 Rezepte-Fundgrube "Fuji-X-Weekly"
06:15 Kompatibilitäts-Check
06:38 Rezept eintragen: Fujifilm X-S10
08:36 Rezept eintragen: Fujifilm X-T4 - X-T3 - X-E4 u.a.
09:25 Einschränkungen bei älteren Fujifilm-Kameras (X-T3 und älter)

▲ *Kleine Unterbrechungen der Zeitleiste stehen für Kapitelmarkierungen im Video.*

◀ *Die Kapitelmarker werden in der Beschreibung manuell eingefügt.*

der Realität ist es aber eher so, dass es sehr stark vom Thema des Videos abhängt, ob Besucher es in voller Länge schauen werden oder nicht. Wie eingangs erwähnt, dienen technische Anleitungen eher dazu, schnell und gezielt konkrete Antworten zu bieten.

Natürlich wird es auch bei solchen Kanälen und Videos zahlreiche Nutzer geben, die die Inhalte in voller Länge konsumieren – eventuell, weil sie mehr über die Hintergründe eines bestimmten Themas erfahren möchten.

Kapitelmarker sind aber auch eine willkommene Hilfestellung für diejenigen, die ein Video bereits in voller Länge geschaut haben und – entweder sofort im Anschluss oder zu einem späteren Zeitpunkt – noch einmal zu diesem Video zurückkehren, um sich bestimmte Teile ein weiteres Mal anzuschauen. Wie so oft in diesem Buch möchte ich dich auch an dieser Stelle dazu ermutigen, dein eigenes Nutzerverhalten auf YouTube zu beobachten.

Nutzt du Kapitelmarker, wenn du Videos auf anderen Kanälen schaust?

Themenwechsel

Grundsätzlich solltest du immer dann einen Kapitelmarker setzen, wenn du im Video zu einem neuen Thema wechselst. Stell dir dazu dein Video wie einen Essay in einer Zeitschrift vor mit Hauptüberschrift und betitelten weiteren Absätzen. Handelt das Video von nur einem Thema, schau es dir in Ruhe an und notiere die Zeitstempel im Format MM:SS (zweistellig, jeweils Minuten und Sekunden durch einen Doppelpunkt getrennt), an denen ein neuer, betitelter Absatz entstehen würde, wenn es sich bei deinem Video um einen Artikel in einem Magazin handelte.

Achte dabei aber darauf, das Video nicht zu sehr mit Kapitelmarkern zu zerhacken – zu viele Kapitelmarker sind eher kontraproduktiv und werden bei einem kurzen Video möglicherweise auch auf der Zeitleiste nicht so dargestellt, dass man darüber gut navigieren könnte. Vergiss nicht, dass der Nutzer noch immer die Möglichkeit hat, per Pfeiltasten (am Computer) oder Doppeltippen (am Smartphone oder Tablet) unabhängig von Kapitelmarkern im Video vor- und zurückzuspringen. Setze Kapitelmarker an sinnvollen Stellen und vergiss auch nicht, zu Beginn deines Videos die Zuschauer darauf hinzuweisen – in etwa so:

„Wie immer findest du auch unter diesem Video in der Beschreibung Kapitelmarker, über die du schnell zu den einzelnen Themen navigieren kannst!“

Diejenigen, die es eilig haben, werden es dir in diesem Moment danken.

Dafür, dass es die Plattform YouTube schon so lange gibt, ist es oft erstaunlich, dass selbst einfachste Funktionen noch immer nicht implementiert sind. Auch die Kapitelmarker wurden erst nach vielen Jahren als Funktion hinzugefügt. Des Weiteren gibt es auf YouTube noch immer keine Art digitales Handbuch, in dem an einer Stelle und übersichtlich gegliedert Hilfestellung zu konkreten Themen und Funktionen geboten wird.

Zwar gibt es eine Onlinehilfe, darin befinden sich aber erstaunlich viele Verknüpfungen, die ins Leere führen, oder veraltete Informationen und Anleitungen. So auch zu den Kapitelmarkern – zumindest ist das zum jetzigen Zeitpunkt so. Gut möglich und wünschenswert, dass sich dies zwischenzeitlich geändert hat.

Um Kapitelmarker zu setzen, notierst du dir für die einzelnen Stellen, an denen du einen solchen Marker setzen willst, die Zeit im Format MM:SS (Minuten:Sekunden). Dann fügst du die Marker wie folgt am besten zuoberst in die Beschreibung deines Videos ein und stellst auch noch einen kurzen Satz voran, damit jeder weiß, was zu tun ist.

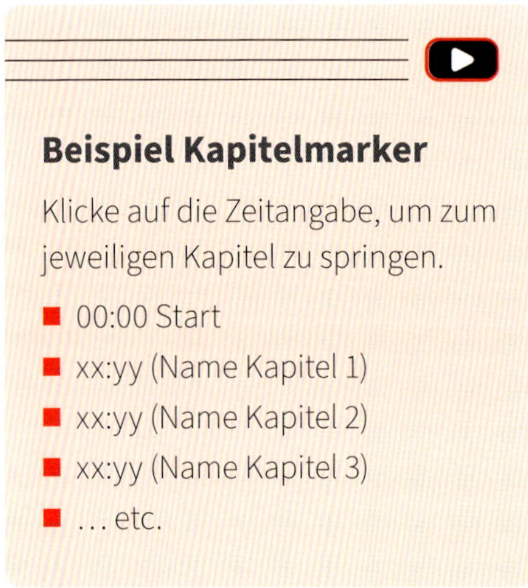

Beachte, dass als Erstes stets eine Zeile mit „00:00“ stehen muss. Nur dann erkennt die Programmoberfläche von YouTube nämlich, dass diese und die folgenden Zeilen als Kapitelmarker interpretiert werden sollen. Es muss also zwingend immer einen Kapitelmarker 00:00 geben – was als Titel dahintersteht, ist hingegen egal. Auch müssen die einzelnen Zeilen direkt untereinanderstehen. Du erkennst, dass du alles richtig gemacht hast, wenn die Zeitangaben, nachdem du die Beschreibung gespeichert hast, blau abgesetzt sind und angeklickt werden können.

Die Erstellung von Kapitelmarkern mag auf den ersten Blick mühsam sein – sie sind aber ein toller Service für die Besucher deiner Videos und werden niemanden dazu verleiten, die Videos nicht ganz zu schauen. Derjenige, der sich über Kapitelmarker freut und solche nutzt, würde sonst so oder so auf andere Weise im Video umherspringen, und wer es ganz schauen möchte, wird es so oder so gerne ganz schauen.

Hashtags

Eine der Grundvoraussetzungen für deinen Erfolg auf YouTube ist, gefunden zu werden. Damit YouTube deine Videos bestimmten Themen und damit Zielgruppen zuordnen kann, muss, auch ohne dass jemand deine Videos schaut, ersichtlich sein, worum es darin geht. Das geht einmal durch die Vergabe eines Titels, der Rückschlüsse auf das Thema des Videos ermöglicht, und auch der Beschreibungstext spielt eine bedeutende Rolle bei der Kategorisierung deiner Inhalte, wie du in diesem Abschnitt bereits gelernt hast.

Ein weiteres, nicht ganz so wichtiges Werkzeug wie ein guter Titel und eine treffende Videobeschreibung sind die sogenannten Hashtags, zu erkennen an dem vorangestellten #-Symbol, das – welche Überraschung – „Hash“ genannt wird und nicht geraucht werden kann.

Das englische Wort *Tag* bedeutet Etikett – ein Price Tag ist ein Preisschild. *Hashtags* (#-Symbol) sind also eine Art Erkennungsmarke, die du in deine Videotitel und auch in die Beschreibungen einfügen kannst. Hashtags auf YouTube funktionieren wie auf anderen Social-Media-Plattformen (z. B. Instagram und Facebook). Wenn du auf ein Hashtag klickst, wirst du zu anderen Beiträgen weitergeleitet, die dasselbe Hashtag verwenden. Auf Instagram kannst du bestimmte Hashtags abonnieren und bekommst in der Folge Beiträge gezeigt, die mit den von dir ausgewählten Hashtags versehen wurden.

Auf jeder YouTube-Videoseite werden die Hashtags an zwei Stellen angezeigt: oben im Titel des Videos und im Beschreibungsfeld des Videos. Hashtags können die SEO-Bewertung (SEO steht für *Search Engine Optimization* und bedeutet „Optimierung für Suchmaschinen“) des YouTube-Kanals eines Nutzers definitiv verbessern. Je optimierter dein Beitrag für Suchmaschinen ist, desto leichter finden diese darin die nötigen Informationen bezüglich des Inhalts. Hashtags können auf YouTube auf verschiedene Arten dazu beitragen, mehr Aufrufe zu erhalten. Eine davon ist, die Zuschauer von anderen Videos, die dasselbe oder ein ähnliches Hashtag verwenden, zu einem Video von dir zu führen.

Ein Beispiel: Ein Nutzer lädt ein Video in der Kategorie *Segelfliegen* hoch. Das Hinzufügen des Hashtags #segelfliegen zu diesem Video hilft dabei, andere Videos mit demselben Inhalt zu verlinken.

Wenn du relevante Schlüsselwörter als Video-Hashtags verwendest, gibst du YouTube noch mehr Informationen über dein Video, was dazu beitragen kann, dass du in noch mehr potenziellen Suchergebnissen auftauchst.

Dieser SEO-Vorteil ist wichtig, damit der YouTube-Algorithmus dein Video zu immer mehr Zuschauern bringt und so dein Publikum und die Zahl deiner Abonnenten wachsen. Ganz gleich, ob du Hashtags für einzelne Inhalte oder für Videoserien einsetzt, die Verwendung von Hashtags hilft den Nutzern, gezielt nach dieser Art von Videos zu suchen, und sorgt dafür, dass alle Videos oben in den Suchergebnissen auftauchen. Wenn du Hashtags zum Thema deines Videos hinzufügst, besteht die Chance, dass dein Video als verwandtes Video zu anderen Videos auftaucht, die dieses Hashtag verwenden. Das kann dir helfen, die Anzahl deiner Videoaufrufe zu erhöhen und dein Publikum zu vergrößern.

Viele Nutzer suchen auf YouTube auch ganz gezielt nach bestimmten Hashtags, also ist es eine gute Idee, diese

Taktik in deine YouTube-Strategie einzubauen, um diese Zuschauer zu erreichen.

Hinzufügen von Hashtags

Es gibt drei verschiedene Bereiche, in denen du Hashtags hinzufügen kannst, um das Potenzial deines Videos zu verbessern: direkt im Titel deines Videos, in der Videobeschreibung und bereits beim Hochladen deines Videos. Letzteres ist ein sehr wichtiger Punkt, der nicht vernachlässigt werden darf, denn die Hashtags, die du dort eingibst, werden von YouTube am stärksten gewichtet. Solltest du mal vergessen haben, Hashtags einem Video hinzuzufügen, oder bereits vergebene Hashtags ergänzen wollen, kannst du das jederzeit nachholen.

Auch wenn Hashtags im Videotitel untergebracht werden können, rate ich dir davon ab – unter anderem weil es einfach nicht gut aussieht und nicht so dermaßen viel bringt. Ein relevanter Titel, vorzugsweise mit Schlüsselwörtern, ist für eine erfolgreiche Suchanfrage immer noch wichtig.

Ein weiterer Ort, an dem du YouTube-Hashtags hinzufügen kannst, ist das Ende deiner Videobeschreibung. Sobald du dein Video optimiert und deine YouTube-Schlüsselwörter, die Videozusammenfassung, Links, Quellen und mehr hinzugefügt hast, kannst du eine Handvoll Hashtags am Ende der Videobeschreibung hinzufügen. Hier siehst du einen Hashtag-Block eines meiner YouTube-Videos:

Der wichtigste Ort für die Vergabe von Hashtags für dein YouTube-Video ist das Feld, das du auf der nächsten Abbildung sehen kannst und das ich dir bereits im Abschnitt „Video hochladen – so geht's" zeigte.

Die folgende Abbildung zeigt das Feld, in das Hashtags eingetragen werden können. Solltest du dieses nicht sofort sehen können, musst du auf *Mehr*

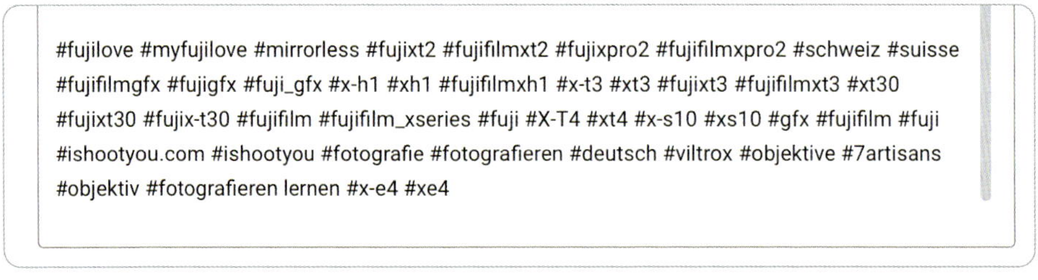

#fujilove #myfujilove #mirrorless #fujixt2 #fujifilmxt2 #fujixpro2 #fujifilmxpro2 #schweiz #suisse #fujifilmgfx #fujigfx #fuji_gfx #x-h1 #xh1 #fujifilmxh1 #x-t3 #xt3 #fujixt3 #fujifilmxt3 #xt30 #fujixt30 #fujix-t30 #fujifilm #fujifilm_xseries #fuji #X-T4 #xt4 #x-s10 #xs10 #gfx #fujifilm #fuji #ishootyou.com #ishootyou #fotografie #fotografieren #deutsch #viltrox #objektive #7artisans #objektiv #fotografieren lernen #x-e4 #xe4

▲ *Hashtag-Block.*

anzeigen klicken. Interessant der Hinweis von YouTube ❶, dass diese Tags nicht so wichtig dafür sind, wie YouTube-Nutzer deine Videos suchen und finden können. Das war nicht immer so, und es wird sehr wahrscheinlich damit zu tun haben, dass Hashtags häufig missbraucht werden, um die Suchalgorithmen von YouTube (und Google) auszutricksen.

Dass diese Tags dennoch eine Rolle spielen, sieht man dann aber wieder daran, dass empfohlen wird, sie zu verwenden, *wenn die Inhalte deines Videos häufig falsch geschrieben werden.*

Wenn in den Titeln deiner Videos beispielsweise so schwierige Wörter wie „Baum“ vorkommen, kannst du durch das Hinzufügen etwa der Hashtags #buam und #baumm dafür sorgen, dass dein Video selbst dann gefunden wird, wenn jemand den Suchbegriff falsch eingegeben hat.

Bei der Eingabe der Hashtags musst du diese durch Kommata trennen ❷. Mehr als 500 Zeichen ❸ sind ebenfalls nicht erlaubt – im gezeigten Beispiel habe ich dieses Limit mit 500 von 500 möglichen Zeichen voll ausgenutzt.

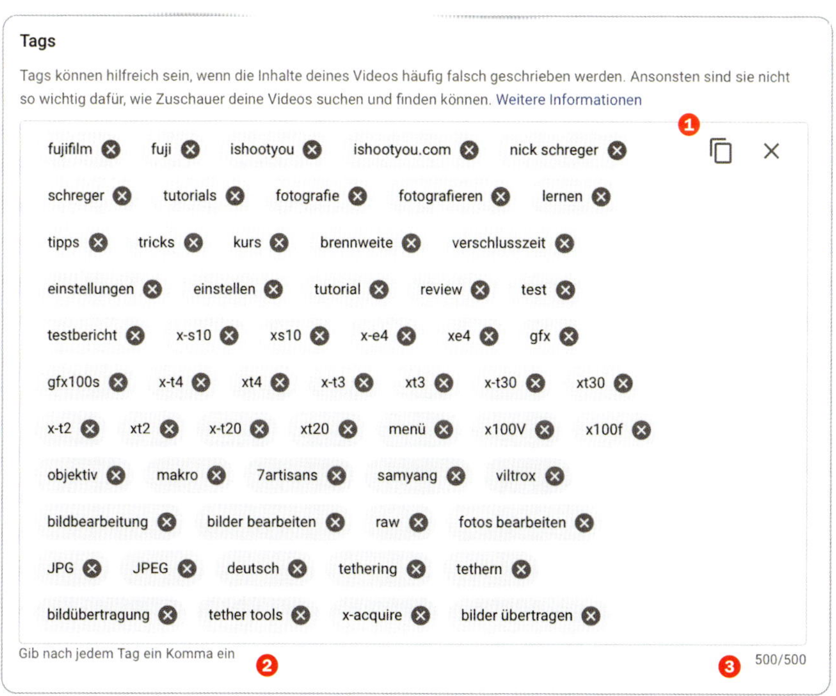

▲ *„… nicht so wichtig“, aber auch ganz und gar nicht „unwichtig“.*

Der Abspann

Ich kann in diesem Buch nicht oft genug darauf hinweisen, wie bedeutend es ist, Nutzer zu möglichst langen Aufenthalten im YouTube-Kosmos zu bringen. Playlisten können je nach Kanaltyp und Zielgruppe eine gute Methode sein, einen Nutzer lange vor dem Bildschirm zu fesseln – wie du solche erstellst und worauf dabei geachtet werden muss, erfährst du an anderer Stelle in diesem Buch. Die Nutzung solcher Playlisten ist freiwillig, es gibt aber eine unfreiwillige Funktion am Ende eines jeden YouTube-Videos, und das ist der sogenannte Abspann.

Ein Abspann auf YouTube ist ein 5 bis 20 Sekunden langes Werbe-Outro, das den Zuschauern die Möglichkeit gibt, sich zu einem anderen Video, einer Website, einer Wiedergabeliste etc. durchzuklicken. Viele YouTuber nutzen auch die Gelegenheit, um eine Schaltfläche zu integrieren, über die sich der Kanal abonnieren lässt.

YouTube erlaubt es, maximal vier verlinkte Elemente hinzuzufügen, die überall auf dem Bildschirm platziert werden können. Eine wenig bekannte Tatsache ist aber, dass die Elemente auf dem Abspann nicht auf jedem Gerät sichtbar sind – so zum Beispiel auf den meisten mobilen Geräten. Es gibt auch noch ein paar weitere von YouTube festgelegte Einschränkungen:

1. Dein Video muss eine Mindestlänge von 25 Sekunden haben, damit ein Abspann hinzugefügt werden kann.

2. Während des Abspanns werden andere Elemente wie Infokarten nicht angezeigt.

3. Für Videos, die speziell als „für Kinder" ausgewiesen werden oder die im 360°-Format aufgenommen wurden, kann kein Abspann hinzugefügt werden.

Ein Abspann ist ein vielseitiger Aufruf zur Handlung. Anstatt die Seite mit deinem Video zu verlassen oder sich etwas anderes aus der Seitenleiste mit den vorgeschlagenen Videos anzusehen, kannst du deine Besucher länger auf deinem Kanal verweilen lassen. Ein weiteres Ziel ist es, diese Zuschauer dazu zu bewegen, deinen Kanal auch noch zu abonnieren.

Wenn aber der Abspann deines Videos mit Optionen überfüllt ist, sind die Zuschauer vielleicht eher geneigt, keine davon zu wählen. Und wenn die Optionen, die du anbietest, nicht zu dem

Video passen, das sie gerade gesehen haben, entscheiden sie sich vielleicht stattdessen für ein Video, das gerade in der Seitenleiste von YouTube beworben wird.

Abspann erstellen

Die ratsamste Methode zur Erstellung eines YouTube-Abspanns besteht darin, einen solchen gleich im Rahmen des Hochladens eines neuen Videos zu erstellen.

1. Auf der Registerkarte *Video-Elemente* (siehe Abbildung) findest du den Punkt *Abspann hinzufügen.*

2. Solltest du bereits für ein anderes Video einen passenden Abspann zusammengestellt haben, kann dieser über die Funktion *Aus Video importieren* auf deinen aktuellen Upload angewendet werden. Wenn du stattdessen einen individuellen Abspann erstellen möchtest,

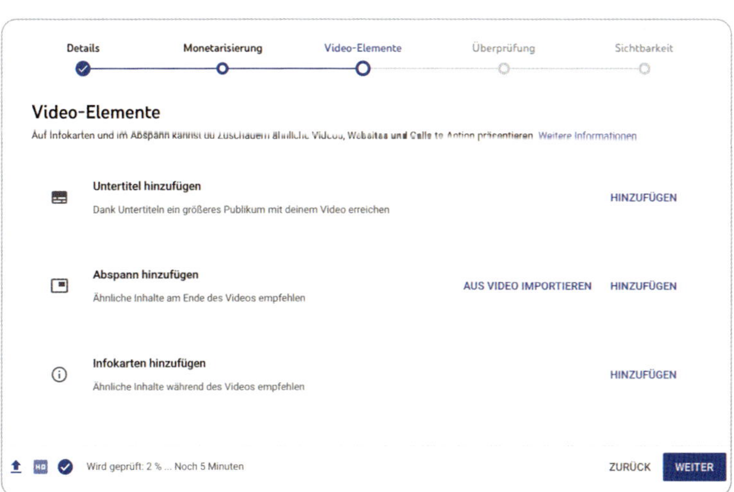

◀ *Untertitel, Abspann und Infokarten hinzufügen.*

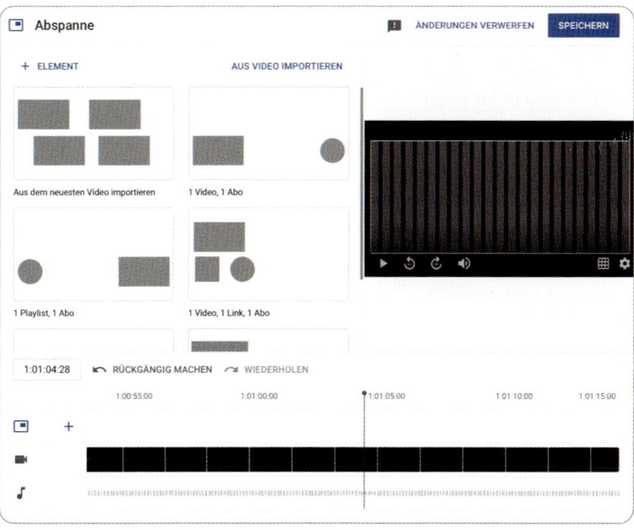

◀ *Individuellen Abspann erstellen.*

klicke auf *Hinzufügen*. Es erscheint der Hauptbildschirm zum Erstellen eines neuen Abspanns.

3. Um einen YouTube-Abspann nachträglich zu erstellen, musst du zunächst ein Video auswählen, für das du einen solchen Abspann generieren möchtest. Rufe dazu die YouTube-Studio-Ansicht auf und wähle in der linken Spalte den Punkt *Inhalte*. Es erscheint eine Liste aller bisher erstellten Videos von dir, ganz gleich, ob diese öffentlich, privat oder nur über einen direkten Link abrufbar sind.

4. Wenn du mit dem Mauszeiger über die aufgelisteten Videos fährst (ohne auf eines zu klicken), erscheinen anstelle des Auszugs aus Titel und Beschreibung fünf Symbole. Klicke auf das Stiftsymbol ganz links, und du gelangst auf einen Bildschirm, auf dem du für das ausgewählte Video verschiedene Veränderungen vornehmen kannst.

5. In der rechten Spalte am Bildschirmrand befindet sich eine große Schaltfläche mit dem Titel *Abspann*. Klicke auf diese Schaltfläche, und es erscheint der Hauptbildschirm zur Erstellung eines YouTube-Abspanns (siehe Abbildung oben).

Im YouTube-Abspann hast du die Möglichkeit, bis zu vier Elemente unterzubringen. Bei der Art dieser Elemente kannst du wiederum aus bis zu sechs unterschiedlichen Kategorien wählen.

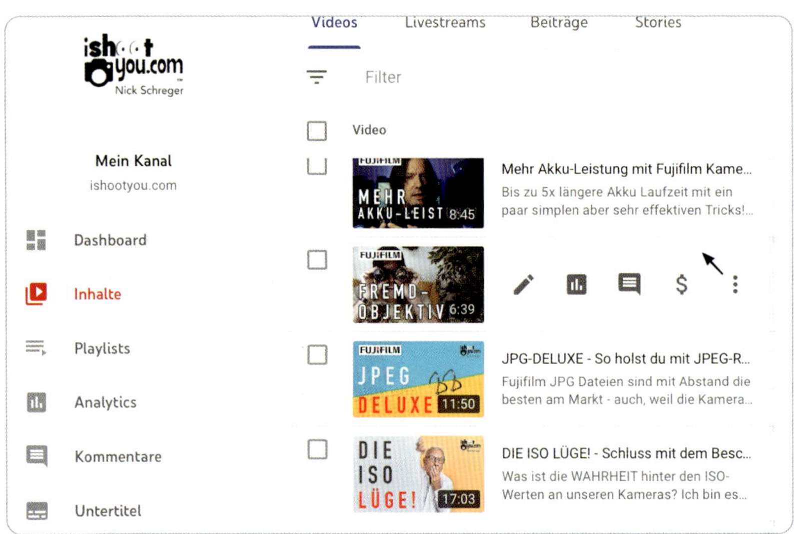

▲ *Einen Abspann nachträglich erstellen.*

Welche dieser Kategorien für dich auswählbar sind, hängt davon ab, ob dein Kanal von YouTube für diese freigeschaltet wurde. Um zum Beispiel eine Verlinkung zu einem externen Inhalt im Abspann einfügen zu können, musst du am YouTube-Partnerprogramm teilnehmen. Um Merchandise-Artikel vermarkten zu können, musst du solche in einem sogenannten Merch-Shop anbieten. Mehr zu diesen beiden Punkten findest du in Kapitel 7, „Erfolgreiches Selbstmarketing“.

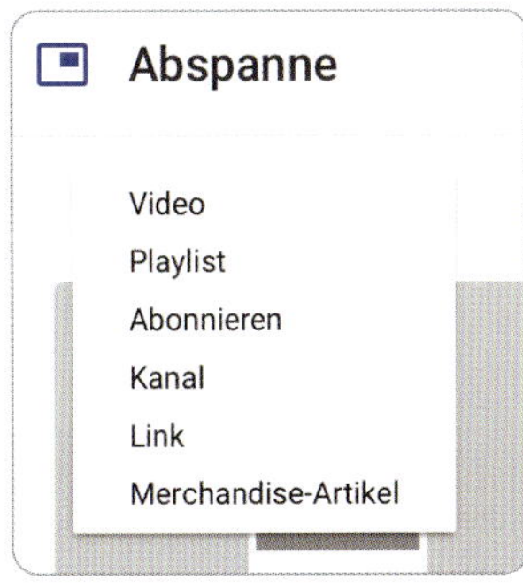

▲ *Merchandise-Artikel vermarkten.*

YouTube bietet dir an dieser Stelle auch verschiedene Vorlagen an. Diese können für den Anfang ganz nützlich sein, es besteht dabei aber auch die Gefahr, dass durch die Platzierung der Elemente Bereiche im Video verdeckt werden – daher empfehle ich, die Elemente einzeln hinzuzufügen und manuell auf dem Bildschirm zu platzieren.

Damit mir die Elemente des Abspanns nicht ins Gehege kommen, habe ich das bei meinen Videos auf meinem Fotografiekanal so gelöst, dass ich die letzten 20 Sekunden einen fixen Hintergrund einblende und dazu eine Abspannmusik laufen lasse. Das hat den Vorteil, dass ich immer die gleiche Vorlage nehmen kann, andererseits aber auch den Nachteil, dass ich im Video nicht direkt auf die Elemente eingehen kann.

Also zum Beispiel auf eine Stelle zeige (an der später das Element eingeblendet wird) und dazu sage: „... und wenn du meinen Kanal abonnieren möchtest, klick einfach hier auf dieses Symbol ...“ oder „... und wenn du mehr dazu wissen willst, dann findest du hier ein weiteres Video zum Thema!“ Jetzt, da ich diese Zeilen gerade schreibe und mir das bildlich vorstelle, neige ich fast schon dazu, das in Zukunft auch mal so auszuprobieren.

Nachdem du dich für ein Element entschieden hast, werden dir die Position und dessen Umrisse in der Vorschau rechts angezeigt. Auch erscheint das Element als Balken unter dem Vorschaufenster innerhalb der Zeitleiste. Beachte, dass sich dieser verschieben und damit der Zeitpunkt genau bestimmen lässt, zu dem das jeweilige Element auf dem Bildschirm erscheinen wird.

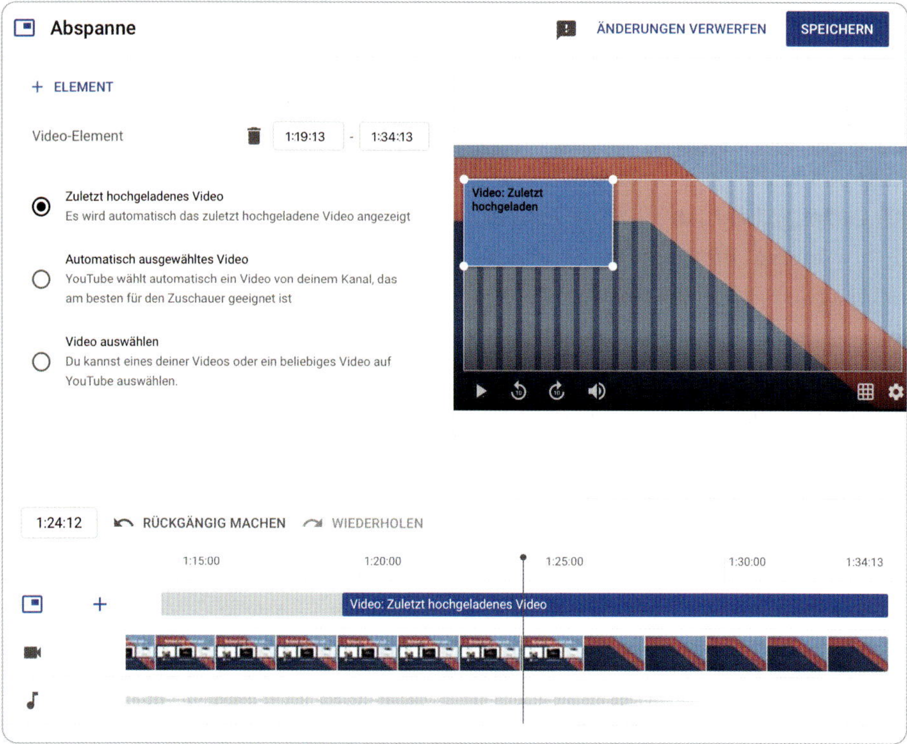

▲ *Position und Umrisse in der Vorschau.*

Fahre dazu mit dem Mauszeiger an den linken Rand des im gezeigten Beispiel blauen Balkens, bis aus dem Mauszeiger ein Doppelpfeil wird. Du kannst nun den Beginn der Einblendung bestimmen, indem du den linken Rand des Balkens verschiebst. Jedes Element kann dabei höchstens 20 Sekunden lang angezeigt werden, und die minimale Anzeigezeit beträgt fünf Sekunden.

Was viele Nutzer nicht wissen: Auch das Ende einer Einblendung lässt sich auf diese Weise verschieben, indem du einfach den rechten Rand des Balkens verschiebst. Es gilt jedoch auch hierbei, dass dieses Element für mindestens fünf Sekunden sichtbar sein muss.

Interaktive Karten

Was sind YouTube-Karten? YouTube-Karten sind interaktive Elemente, die du während oder am Ende deines YouTube-Videos platzieren kannst. Diese Karten erscheinen als Benachrichtigung in der oberen rechten Ecke des Bildschirms, während dein Video gestreamt wird. Du kannst diese Karten zeitlich so platzieren, dass sie zu jedem beliebigen Zeitpunkt während des Videos erscheinen. Wenn dein Publikum auf die Karte klickt, wird sie auf der rechten Seite des Videos erweitert und zeigt Links zu anderen Videos, Webseiten oder Wiedergabelisten an. Die Karte verschwindet nach ein paar Sekunden wieder, wenn der Nutzer nicht auf sie klickt. Diese interaktiven Karten funktionieren inzwischen sowohl auf Computern als auch auf mobilen Geräten.

Kanal- und Linkkarten

Je nachdem, was deine Zuschauer tun sollen, kannst du verschiedene Arten von YouTube-Karten für deine CTAs verwenden. CTA steht für *Call-to-Action* und ist im Marketing der Teil einer Webseite, einer Anzeige oder eines Inhalts, der das Publikum zu einer konkreten Handlung auffordert. YouTube-Karten können eine solche Handlung auslösen, indem sie den Besucher zu anderen Inhalten schicken, die mit deinem Kanal zu tun haben.

Du kannst diese Karten verwenden, wenn du einen zweiten Kanal hast, den du deinen Zuschauern zeigen möchtest, oder wenn du mit einem anderen YouTuber in einem Video zusammengearbeitet hast. Du kannst auch empfohlene Kanäle auf diese Infokarte setzen.

Außerdem kannst du Links zu begleitenden Websites, Webshops oder Crowdfunding-Seiten hinzufügen. Beachte, dass du am YouTube-Partnerprogramm teilnehmen musst, um deine Website-Links in das Video einzufügen.

Video- oder Playlist-Karten

Schicke deine Zuschauer zu anderen Videos oder Wiedergabelisten, die auf YouTube öffentlich zugänglich sind. Du kannst auch einen Link zu einem bestimmten Zeitpunkt in einem Video setzen, wenn dieses nicht von Anfang an starten soll. Nutze diese Funktion, um das nächste Video aus der gleichen Serie auf deinem Kanal oder andere zusätzliche Videos zu bewerben, die dein aktuelles Video ergänzen können.

Karten hinzufügen

1. Gehe dazu zunächst auf die YouTube-Studio-Oberfläche, von der aus du deinen Kanal und die Inhalte managen kannst. In der linken Spalte klicke auf *Inhalte* ❶.

2. Es erscheint nun die Liste deiner auf YouTube hochgeladenen Videos, und wenn du mit der Maus, ohne zu klicken, über die Einträge fährst, erscheinen Symbole neben dem Videovorschaubild. Eines davon hat die Form eines Stifts – klicke auf das Stiftsymbol ❷.

3. Es öffnet sich nun die Ansicht, in der du zahlreiche Informationen und Einstellungen des Videos vornehmen und ändern kannst. Unten rechts ist eine Schaltfläche *Info-*

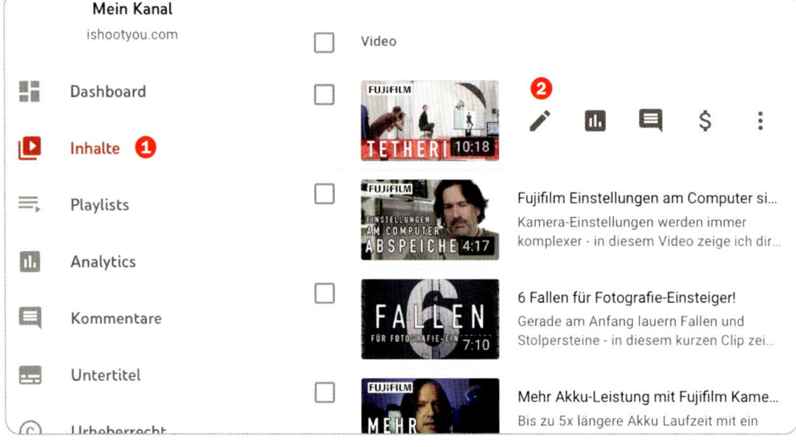

◄ *Infokarten lassen sich einfach auch nachträglich hinzufügen. Klicke auf Inhalte und dann auf das Stiftsymbol des Videos, das du bearbeiten willst.*

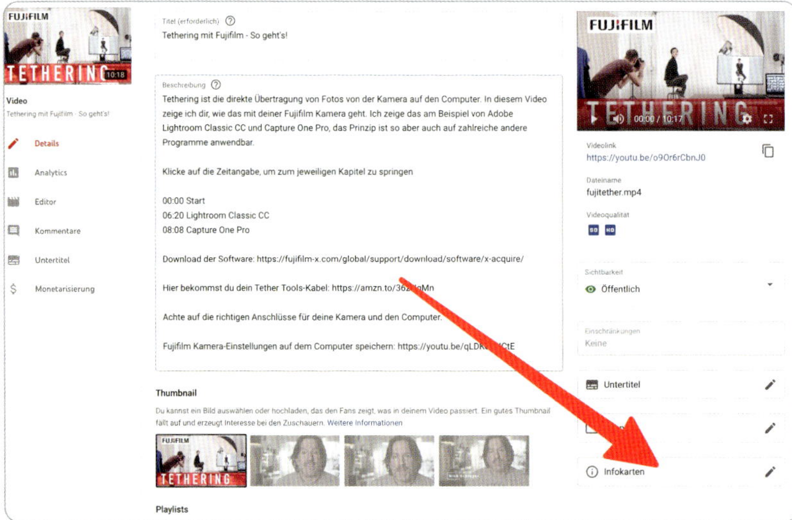

◄ *Unten rechts geht es über die Infokarten-Schaltfläche weiter.*

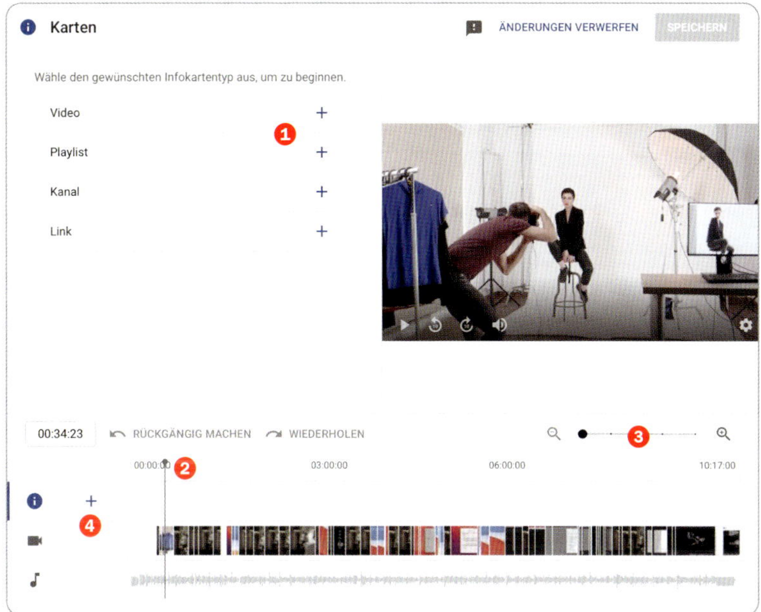

▲ *Ein weiteres Beispiel dafür, wie stark sich die Bedienoberfläche von YouTube über die Zeit verbessert hat.*

karten. Wenn du darauf klickst, öffnet sich ein Fenster, in dem du Infokarten sehr intuitiv hinzufügen oder bestehende verwalten kannst.

4. Die Reihenfolge der Bearbeitung sollte wie folgt sein:

   Such zunächst nach der Stelle im Video, an der die Infokarte erscheinen soll. Bewege den Abspielkopf ❷ an diese Stelle. Nutze die Zoomfunktion ❸, um den Moment des Erscheinens der Infokarte präzise bestimmen zu können – etwa damit er deckungsgleich mit einer Szene in deinem Video ist, in der du in die obere Ecke des Bildausschnitts zeigst und sagst, dass dort jetzt eine Infokarte erscheinen wird, über die der Zuschauer an weitere Informationen oder Inhalte gelangt.

5. Klicke nun entweder oben ❶ auf das Plussymbol neben dem gewünschten Kartentyp oder nutze das kleine Plussymbol im unteren Bildschirmbereich ❹, um eine Liste möglicher Infokartentypen anzuzeigen.

6. Danach musst du nur noch die nötigen Informationen eintragen, und die Infokarte ist gesetzt.

Video hochladen – so geht's

Deine ersten Videos sind fertig, und du kannst es kaum erwarten, diese auf deinem YouTube-Kanal zu veröffentlichen? Hier zeige ich dir, wie es geht.

Der erste Schritt vor einem Upload sollte immer eine nochmalige gründliche Überprüfung deines Videos sein. Ist ein Clip erst einmal veröffentlicht, lässt sich (fast) nichts mehr daran ändern. Millionen YouTube-Creators wünschen sich mit mir zusammen seit Jahren eine Möglichkeit, wenigstens nachträglich an einer bestimmten Stelle im Video eine Einblendung einfügen zu können – keine Chance.

Zwar bietet YouTube einen innerhalb der YouTube-Studio-Oberfläche untergebrachten eigenen Videoeditor – dieser erlaubt aber nur das Herausschneiden von Teilen aus deinem Video, das Verpixeln von Gesichtern oder das Platzieren und Editieren von Infokarten und des Abspanns. Noch dazu ist der Editor extrem langsam, und nachdem du etwa einen Teil aus einem deiner Videos herausgeschnitten hast, dauert es etliche Stunden, bis die neue, veränderte Fassung deines Videos dann auch auf YouTube zu sehen ist.

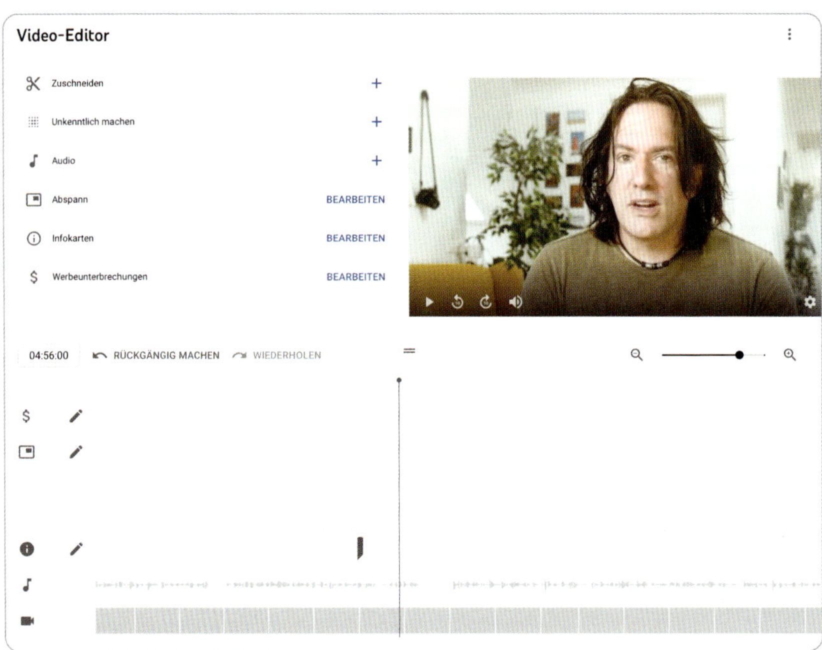

▲ *Der YouTube-eigene Videoeditor eignet sich eigentlich nur zum Platzieren von Infokarten und Werbeunterbrechungen.*

Stell dir vor, du hast ein Video veröffentlicht, in dem du einen komplizierten technischen Ablauf erklärst – Spaghetti kochen, mal als Beispiel. Stunden, nachdem du dein Werk öffentlich gemacht hast, meldet sich das italienische Konsulat mit wüsten Beschimpfungen bei dir: Du hast die Spaghetti nicht erst ins kochende Wasser geworfen, sondern von Anfang an im Topf gehabt. Was nun? Auf YouTube mehren sich die Hasskommentare, ein wütender Mob formiert sich, irgendjemand veröffentlicht in den Kommentaren deine Privatadresse. In deinem Garten liegt eine kopflose schwarze Katze. Alles, was bleibt, ist die Löschung deines Videos und eine Auswanderung nach Argentinien.

Was ich hier etwas überspitzt dargestellt habe, kann tatsächlich ein Problem sein. Wenn dein Video mit Ausnahme eines groben Patzers darin sonst beim Publikum gut ankommt und du vielleicht erst nach einer Woche oder nach einem Monat auf den Fauxpas aufmerksam wirst, ist die Löschung deines Videos mit verschiedenen Nachteilen für dich und deinen Kanal verbunden. Zwar bestünde noch die Möglichkeit, innerhalb der Kommentare gleich zuoberst auf den Fehler hinzuweisen – erfahrungsgemäß muss man die Nutzer aber unter Androhung von Prügel dazu zwingen, diese auch zu lesen. An die 99 % aller Nutzer klicken auf das Vorschaubild deines Videos, ohne vorher in die Beschreibung oder die Kommentare geschaut zu haben. Wenn du im Video mehrfach darauf hinweist, dass in der Beschreibung weitere Infos zum Thema zu finden sind, schaut der eine oder andere dann auch tatsächlich dort rein.

Mit anderen Worten: Einen groben Faktenfehler oder – schlimmer – Bedienungsfehler kannst du auch in der Videobeschreibung nicht geradebügeln – es bleibt nur die Löschung und damit der Verlust von Views und Viewtime – den beiden wichtigsten Berechnungsgrundlagen von YouTube, wenn es darum geht, den Wert deines Kanals zu beziffern. Sorge also dafür, dass Fakten, Behauptungen, gezeigte Prozesse und Methoden korrekt sind.

Es ist auch nicht verkehrt, ein Video mit kritischem Inhalt vor dem Hochladen einem oder mehreren fachkundigen

Unterschied zwischen Views und Viewtime

Views sind die gezählten Aufrufe des Videos, *Viewtime* ist die Anzahl Minuten, die Besucher dieses Video tatsächlich geschaut haben. Mehr dazu im weiteren Verlauf dieses Buchs

Freunden zu zeigen – das kann sehr wertvolles Feedback ergeben und dich so manches Mal davor bewahren, Unsinn oder Falschinformationen in die Welt zu setzen.

Vorteilhaft: das richtige Format

Um ein Video auf YouTube hochzuladen, solltest du sicherstellen, dass du eines der Videoformate verwendest, die von der Plattform selbst unterstützt werden. Die gängigen sind MP4, MOV, AVI, MPEG und WMV. Einige Vorteile von MP4 und MOV sind, dass die Dateien nicht so groß sind wie AVIs, dass sie trotzdem eine sehr gute Qualität bieten und dass sie damit auch in hoher Qualität auf YouTube abgespielt werden können. Zwar unterstützt YouTube auch noch ein paar weitere komprimierte Videoformate, Dateiformate wie 3GPP und MPEG-PS haben in der Regel aber eine zu geringe Auflösung für hochauflösende Tablets oder Desktopgeräte. Als Videocodec solltest du h.264 nutzen.

Ton im AAC-LC-Format

Der Ton sollte im AAC-LC-Format und Standard-Stereo produziert werden. Surround-Sound 5.1 wird zwar auch mittlerweile von YouTube unterstützt, kommt aber, denke ich, für deine Projekte als YouTube-Anfänger erst einmal nicht infrage. Zumindest theoretisch kannst du sogar nachträglich über den YouTube-eigenen Videoeditor separate MP3-Audiodateien für Voiceover hochladen – es sei jedoch dringend empfohlen, den kompletten Ton bereits in das fertige Video zu integrieren.

Seitenverhältnis 16:9

Das Seitenverhältnis für ein Video sollte 16:9 sein, damit es beim Hochladen auf YouTube keine schwarzen Balken an den Seiten hat. YouTube hat es inzwischen auch möglich gemacht, Videos im Format 9:16 (Hochformat) ohne schwarze Balken im Vollbildmodus anzuzeigen – das dann aber nur in den iOS- und Android-Apps von YouTube.

Optimale Bildrate

Offiziell werden als optimale Bildrate 30 Bilder pro Sekunde angegeben, und viele Creators erhöhen diese sogar auf 60 Bilder pro Sekunde, weil es immer wieder mal so empfohlen wird. Ich kann das nicht bestätigen und lade alle meine Videos mit 25 Bildern pro Sekunde hoch, da meine Kameras auf diesen Wert eingestellt sind und ich auch andere Filmprojekte standardmäßig immer mit 25 Bildern pro Sekunde durchführe. Mehr dazu hast du bereits im Abschnitt „Kameraeinstellungen“ in Kapitel 4, „Produktion“, erfahren.

Maximale Upload-Größe

Die maximale Größe für einen schnellen Upload und eine kurze Ladezeit auf YouTube liegt in der Regel unter 2 GByte. Glücklicherweise bietet MP4 bzw. MOV eine sehr effektive Komprimierung, ohne dass die Bildqualität zu sehr leidet.

Wenn du die Dateigröße des Videos verringerst, indem du die Auflösung reduzierst oder ein Format mit stärkerer Komprimierung wählst, kann das zu Qualitätseinbußen führen. Brauchst du unbedingt eine kleinere Datei, ist es immer besser, die Länge eines Videos zu verringern, als die Datei immer weiter zu komprimieren – eine 2 GByte große Datei mit einem sehr langen Video lässt sich zwar problemlos auf YouTube hochladen, hat aber wahrscheinlich eine sehr schlechte Qualität.

In die Welt damit!

Nachdem du dir jetzt wirklich absolut sicher bist, dass dein Video in die Welt gesetzt werden kann, vergewissere dich, mit der schnellsten verfügbaren Internetverbindung verbunden zu sein. Ein Wi-Fi-Netzwerk ist nicht unbedingt optimal – sofern die Möglichkeit besteht, den Upload-Computer mittels Netzwerkkabel direkt mit einem Router zu verbinden, solltest du diese nutzen. Je nach Dateigröße und Verbindungsgeschwindigkeit kann ein solcher Upload ganz schön lange dauern. Besonders wenn du mobil unterwegs bist und auf die Akkulaufzeit achten musst, kann das eine wichtige Rolle spielen.

Schritt für Schritt

1. Rufe nun die YouTube-Seite auf und klicke auf das Symbol oben rechts, das mit etwas Fantasie eine Kamera darstellen könnte.

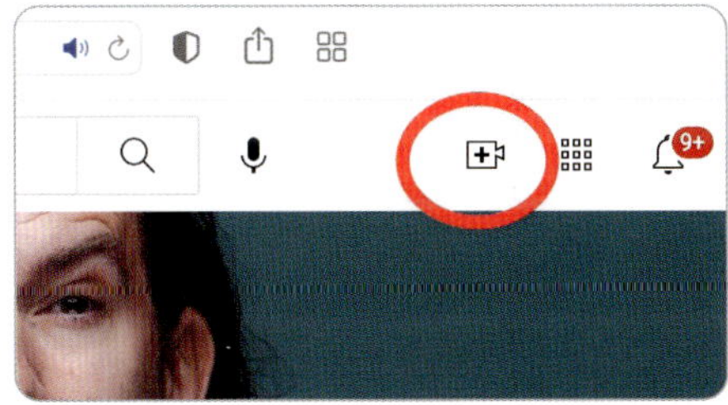

▲ *Über diese unscheinbare kleine Schaltfläche werden deine Videos hochgeladen.*

2. Es klappt ein kleines Auswahlmenü mit aktuell drei Optionen auf: *Video hochladen*, *Livestream starten* und *Beitrag erstellen*. Klicke auf *Video hochladen*, und es öffnet sich eine neue Seite, auf der du Videos per Drag-and-drop oder über die Schaltfläche *Dateien auswählen* hinzufügen kannst.

   Beachte die Verwendung des Plurals: Es ist hier tatsächlich möglich, mehrere Videos gleichzeitig hochzuladen. In diesem Beispiel belassen wir es aber bei einer einzelnen Datei. Wichtig auch der klein gedruckte Hinweis, dass sämtliche Videos bis zur Veröffentlichung „privat" bleiben. Das bedeutet, dass du erst in einem weiteren Schritt bestimmst, ab wann das Video dann auch tatsächlich für alle oder ein ausgewähltes Publikum sichtbar sein wird. Das ist auch gut so, denn vorher gibt es noch ein paar wichtige Dinge zu erledigen.

3. Nachdem du eine Videodatei in das Fenster gezogen oder per Auswahlbutton für den Upload bestimmt hast, öffnet sich ein neues Fenster mit vielen Informationen und Feldern, die ausgefüllt oder ausgewählt werden müssen. Ganz oben ❶ noch einmal der Hinweis, dass niemand dein Video sehen kann, bevor du es selber freigegeben hast.

   Die einzelnen Schritte bis zur Veröffentlichung werden dir in der Zeitleiste ❷ gezeigt. Im Abschnitt *Details* ❸ trägst du den Titel sowie den Beschreibungstext für dein Video ein. Sofern du Angaben aus einem bereits veröffentlichten Video wiederverwenden willst, kannst du dies mit einem Klick auf *Details wiederverwenden* ❹ tun. Es öffnet

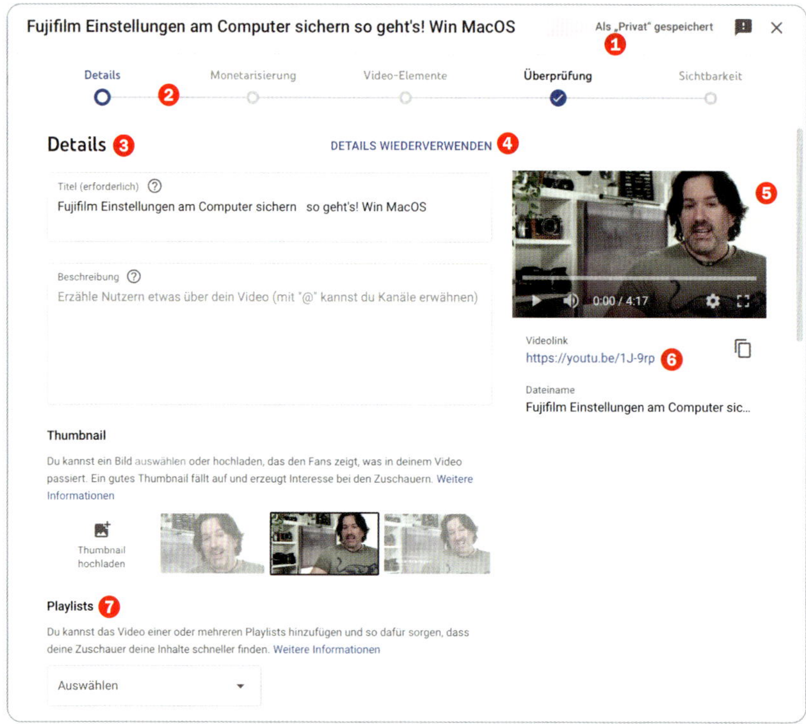

▲ *Der Upload eines Videos erfordert einiges an Administration.*

sich danach ein Auswahlfenster mit bereits hochgeladenen Videos von dir.

Zu den Themen Videotitel, Titelbild und Beschreibungstext hast du ja bereits alles Nötige erfahren. Unter der Titelbildvorschau ❺ findest du bereits den von YouTube zugewiesenen Direktlink zu deinem Video ❻, den du über eine kleine Schaltfläche neben dessen Anzeige in die Zwischenablage kopieren kannst. Unter dieser Adresse wird man später dein Video aufrufen können. Dieser Link ist vor allem dann wichtig, wenn du das Video später nicht für alle YouTube-Nutzer, sondern nur für diejenigen sichtbar machen willst, die über eben diesen Direktlink verfügen.

Thematisch zueinander passende Videos lassen sich in Playlisten zusammenfassen ❼. Zu Playlisten erfährst du im weiteren Verlauf auch noch alles Wichtige.

4. Weiter unten findest du dann die Stelle, an der du Angaben zur Zielgruppe machen musst. Solltest du diese nicht sehen können, klicke auf *Mehr anzeigen*. Um mit Jugendschutzgesetzen der USA konform zu sein, musst du für jedes Video angeben, ob ein Teil deiner Zielgruppe oder die gesamte Zielgruppe Kinder sind. Solche Videos werden gesondert auf ihren Inhalt überprüft, und es kann keine Werbung für diese Videos geschaltet werden.

   Unter *Altersbeschränkung* (auf den kleinen Pfeil nach unten klicken, falls du diese Einträge nicht sehen kannst) legst du fest, ob deine Videos erst ab 18 Jahren gesehen werden sollen. YouTube schreibt dazu: „Videos mit Altersbeschränkung werden in bestimmten Bereichen von YouTube nicht angezeigt. Außerdem können Einschränkungen für die Monetarisierung dieser Videos gelten (bis hin zur Sperrung für die Monetarisierung).“ Achtung: Das ermächtigt dich natürlich nicht dazu, Inhalte mit der Darstellung von Helene Fischer, Gewalt oder Pornografie hochzuladen.

   Wenn dein Video bezahlte Werbung enthält (du zum Beispiel ein Produkt, über das du ein Video machst, kostenlos vom Hersteller bekommen hast), kannst (musst) du das im nächsten Schritt angeben.

5. *Automatische Kapitel erlauben* ❽ – Diesen Haken solltest du rausnehmen, denn das funktioniert noch nicht in annähernd brauchbarer Form. Setze diese Kapitelmarker lieber selber. Sehr wichtig hinge-

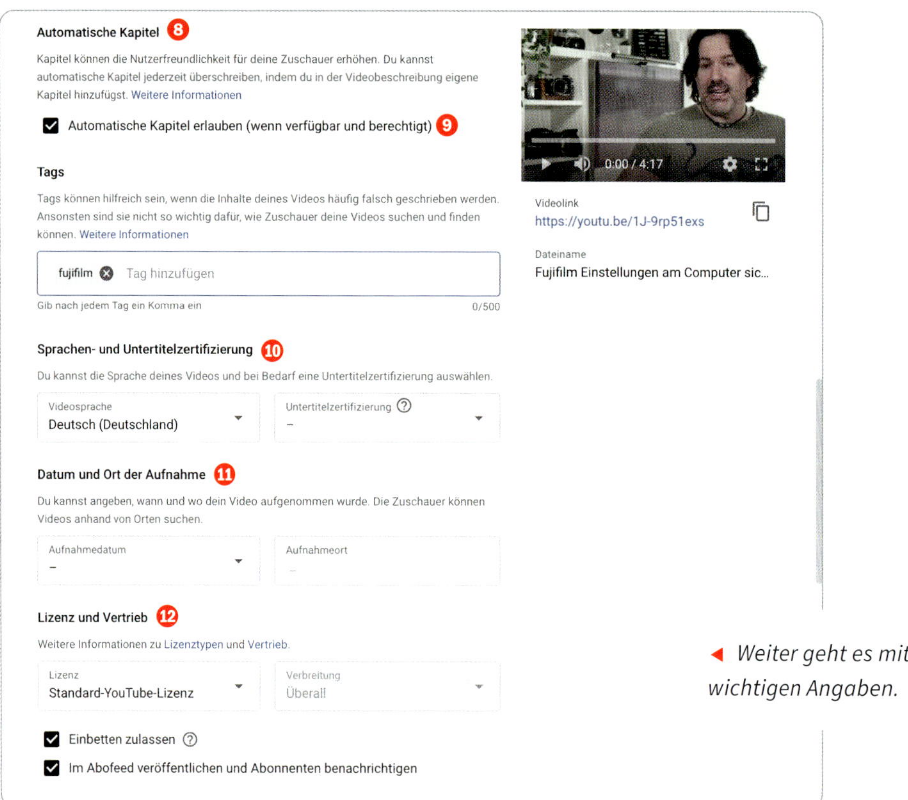

◀ *Weiter geht es mit wichtigen Angaben.*

gen sind die *Tags* 9. Ich habe hier für die Abbildung nur ein einziges Tag (engl. für Etikett) in das Feld geschrieben, um die Abbildung nicht größer als nötig zu machen – hier gehört viel mehr hin, wie du ja ebenfalls bereits gelernt hast.

Die Angaben zu *Videosprache* 10 und *Aufnahmeort* 11 sind ebenfalls wichtig, damit das Video einem möglichst passenden Zielpublikum empfohlen werden kann. Die *Untertitelzertifizierung* kannst du ignorieren, sofern deine Videos nicht vor dem 30. September 2012 im US-TV ausgestrahlt wurden. Das sollte auf die meisten unter uns zutreffen. Das Datum der Aufnahme könnte ebenfalls zur Optimierung der Auffindbarkeit deiner Beiträge von Nutzen sein. Ich gebe hier lediglich die Schweiz an.

6. Bei *Lizenz und Vertrieb* 12 legst du fest, ob eine Fremdverwendung deiner Videos generell ausgeschlossen ist (*Standard-YouTube-Lizenz*) oder ob diese unter der *Creative-Commons-Lizenz* bei Nennung deines Namens als Urheber verwendet werden dürfen.

7. Darunter findest du noch zwei Kästchen, in die du einen Haken setzen kannst: Bei *Einbetten zulassen* dürfen deine Videos in fremde Webseiten eingebettet werden. Sie werden dadurch noch immer auf YouTube abgespielt, aber in einem Fenster auf der Seite desjenigen, der sie einbettet. So etwas wird häufig von Herstellern gemacht, die eine gute YouTube-Rezension auf diese Weise in die jeweilige Produktseite einbinden. Juristisch gesehen, bewegt man sich da immer in einer Grauzone, für dich als Urheber entstehen in solchen Fällen aber eher Vorteile, denn so werden Kunden des Herstellers auf deinen YouTube-Kanal aufmerksam, den sie sofort über das eingebettete Video aufrufen können.

8. Der Punkt *Im Abofeed veröffentlichen und Abonnenten benachrichtigen* ist wichtig, denn nur wenn dort ein Haken sitzt (standardmäßig tut er das), werden deine Abonnenten über das neue Video informiert. In seltenen Fällen nehme ich diesen Haken raus – wenn es sich um ein Video handelt, für das sich meine Abonnenten mehrheitlich nicht interessieren, ich es aber dennoch veröffentlichen will, um zum Beispiel eine neue Zielgruppe anzusprechen. Auf meinem Kanal geht es zum Beispiel vornehmlich um das Thema Fotografie, manchmal veröffentliche ich aber auch Videos zum Thema Videotechnik. Diese muss ich meiner Stammkundschaft nicht unter die Nase halten, und so lasse ich den Haken in einem solchen Fall auch mal weg.

9. Die *Verwendung von Inhalten für Shorts* ⓭ machte mich erst mal stutzig, denn was in meinen Shorts drin ist, darf außer meiner Freundin niemand verwenden. Dann fiel mir ein, dass es sich bei *Shorts* um ein neueres Format von YouTube handelt, das du in etwa mit den Storys auf Instagram vergleichen kannst. *YouTube Shorts* sind kurze, im 9:16-Format gedrehte Clips, die gern dazu verwendet werden, den Kanal betreffende Ankündigungen zu machen oder um in der Zeitspanne zwischen der Veröffentlichung von Inhalten den Fans in Erinnerung zu bleiben.

   Wenn du hier einen Haken setzt, dürfen andere Nutzer einen Ausschnitt aus deinem Video im Rahmen eines YouTube Short veröffentlichen. Auf diese Weise kann jemand seine Anhänger auf ein interessantes Video oder sogar gleich einen ganzen Kanal eines anderen Creators aufmerksam

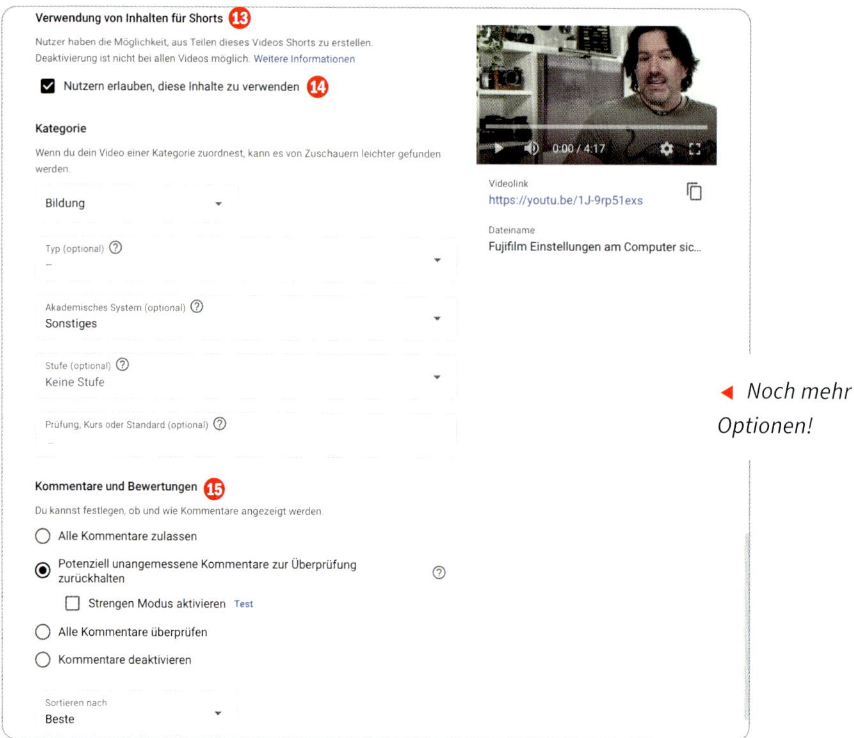

◄ *Noch mehr Optionen!*

machen. Mehr zu dem Thema findest du in einem eigenen Abschnitt zu YouTube Shorts in Kapitel 7, „Erfolgreiches Selbstmarketing".

10. Es folgt die Angabe einer Kategorie ⓮, in die sich dein Video einsortieren ließe. Versuche hier, so genau wie möglich zu definieren, worum es sich bei deinem Video handelt. Bei einigen wenigen Kategorien wie zum Beispiel *Bildung* erscheinen weitere Felder, um den Themenschwerpunkt deines Beitrags noch genauer eingrenzen zu können, die meisten begnügen sich aber mit nur einem Feld. Ob und wie sehr diese Kategorisierung eine wichtige Rolle spielt, ist umstritten, und von YouTube gibt es keine klaren Angaben dazu.

11. *Kommentare und Bewertungen* ⓯ sind eine sehr wichtige Funktion auf YouTube, auf die ich in Kapitel 8, „Kanalpflege", unter „Kommentare und Bewertungen" näher eingehe. Grundsätzlich solltest du auch als Anfänger Kommentare nicht deaktivieren – das ist, abgesehen von wenigen Selbstdarstellern, die dort vielleicht unangemessene Bemerkungen hinterlassen werden, sehr wertvolles Feedback.

YouTube ist inzwischen sehr gut darin geworden, potenziell unangemessene Kommentare herauszufiltern – entsprechende Funktionen dazu kannst du hier aktivieren. Lass auch unbedingt den Punkt *Anzeigen, wie viele Zuschauer dieses Video mit „Mag ich" bewertet haben* aktiviert, da es Zuschauer eher stutzig machen würde, wenn du ihnen diese Information vorenthalten würdest.

12. Nach einem Klick auf *Weiter* kommst du zum nächsten Abschnitt, in dem du die Einstellungen bezüglich der Monetarisierung deines Beitrags vornehmen kannst. Als Monetarisierung werden jegliche Einnahmen bezeichnet, die du auf YouTube zum Beispiel dadurch erzielst, dass du Werbung in und/oder neben deinen Videos auf deinem Kanal platzieren lässt.

13. Einen genauen Blick auf das Thema Monetarisierung werfe ich in Kapitel 7, „Erfolgreiches Selbstmarketing" – an dieser Stelle möchte ich nur kurz die verschiedenen Einstellungsmöglichkeiten zeigen, die du beim Hochladen eines Videos vornehmen kannst – sofern du diese Option für deinen Kanal aktiviert hast.

    Zuoberst wird die *Monetarisierung* für das jeweilige Video ein- oder ausgeschaltet 16. Darunter lassen sich verschiedene Anzeigetypen aktivieren oder deaktivieren. Die Platzierung der Anzeigen kannst du rot hervorgehoben auf den Abbildungen sehen. Da das Video im gezeigten Beispiel kürzer als acht Minuten ist, stehen nicht alle Optionen zur Verfügung.

    Bei einer sogenannten *Mid-Roll*-Anzeige solltest du den genauen Zeitpunkt, an dem diese dein Video unterbricht, vor der Veröffentlichung noch genau bestimmen, damit es zu keiner unpassenden Werbeunterbrechung in deinem Video kommt, von der die Zuschauer genervt sein könnten, weil sie zu einer unpassenden Zeit – etwa mitten in einer komplexen Erklärung – stattfindet. Du kannst diese Änderung im YouTube-eigenen Videoeditor vornehmen, den ich zu Beginn dieses Kapitels vorgestellt habe.

14. Weiter geht es nach einem Klick auf *Weiter*. Wer hätte das gedacht. Damit YouTube im Zusammenhang mit deinen Videos überhaupt Werbung anzeigt und dir damit die Möglichkeit bietet, Werbeeinnahmen zu erzielen, muss dein Video bestimmte Kriterien erfüllen, die

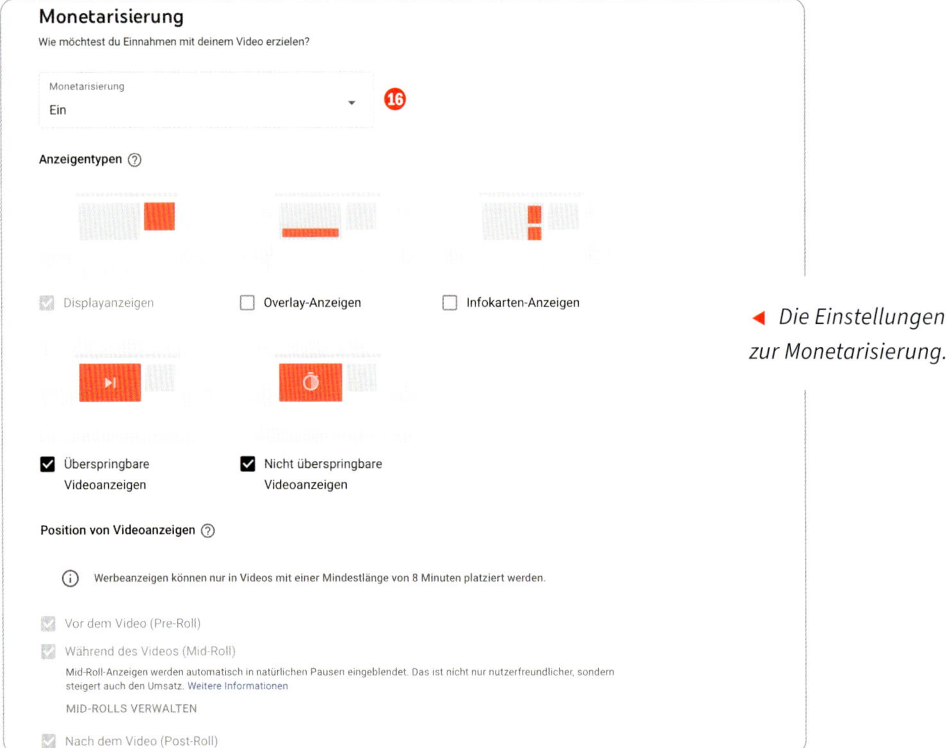

◀ *Die Einstellungen zur Monetarisierung.*

ich unter „Werbefreundliche Inhalte erstellen“ in Kapitel 7, „Erfolgreiches Selbstmarketing“, detailliert erläutere.

15. Die Seite *Werbeeignung* stellt eine Art Selbstkontrolle/Checkliste dar, anhand deren YouTube dir die Möglichkeit bietet, auf Basis von Vorschussvertrauen Angaben darüber zu machen, ob bestimmte Inhalte in deinem Video enthalten sind, die dessen Werbeeignung beeinträchtigen könnten. Du tust dir einen großen Gefallen, diese Checkliste sorgfältig und wahrheitsgemäß durchzugehen, denn solltest du wiederholt falsche Angaben gemacht haben, werden deine Videos von der Monetarisierung ausgeschlossen. Jeder Punkt lässt sich mit einem Klick auf den kleinen, abwärts gerichteten Pfeil aufklappen, und dort finden sich weitere Informationen und Erklärungen.

Zuunterst kannst du durch die Angabe von *Nichts davon* 17 die Monetarisierung für das Video vorläufig (!) aktivieren und mit einem Klick auf *Bewertung senden* 18 diese Angaben an YouTube übermitteln. YouTube behält sich ausdrücklich vor, die Richtigkeit dieser Angaben

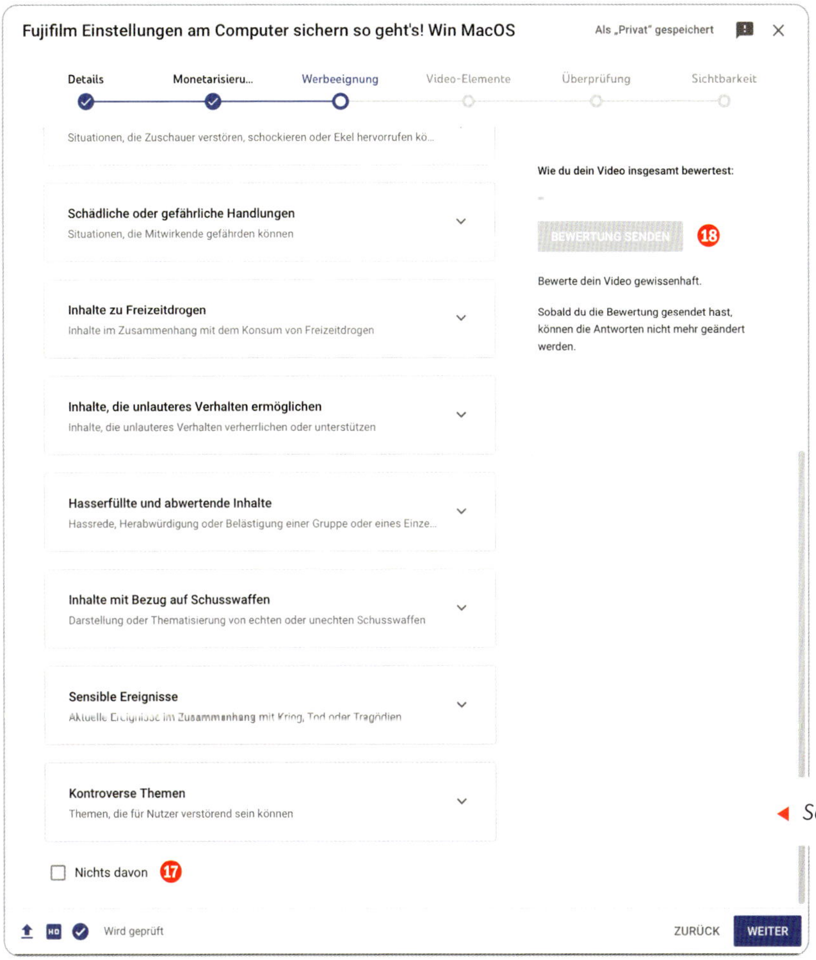

Fujifilm Einstellungen am Computer sichern so geht's! Win MacOS
Als „Privat" gespeichert
Details
Monetarisieru...
Werbeeignung
Video-Elemente
Überprüfung
Sichtbarkeit
Situationen, die Zuschauer verstören, schockieren oder Ekel hervorrufen kö...
Schädliche oder gefährliche Handlungen
Situationen, die Mitwirkende gefährden können
Inhalte zu Freizeitdrogen
Inhalte im Zusammenhang mit dem Konsum von Freizeitdrogen
Inhalte, die unlauteres Verhalten ermöglichen
Inhalte, die unlauteres Verhalten verherrlichen oder unterstützen
Hasserfüllte und abwertende Inhalte
Hassrede, Herabwürdigung oder Belästigung einer Gruppe oder eines Einze...
Inhalte mit Bezug auf Schusswaffen
Darstellung oder Thematisierung von echten oder unechten Schusswaffen
Sensible Ereignisse
Aktuelle Ereignisse im Zusammenhang mit Krieg, Tod oder Tragödien
Kontroverse Themen
Themen, die für Nutzer verstörend sein können
Nichts davon
17
Wie du dein Video insgesamt bewertest:
BEWERTUNG SENDEN
18
Bewerte dein Video gewissenhaft.
Sobald du die Bewertung gesendet hast, können die Antworten nicht mehr geändert werden.
Wird geprüft
ZURÜCK
WEITER

Selbstkontrolle.

Fujifilm Einstellungen am Computer sichern so geht's! Win MacOS
Als „Privat" gespeichert
Details
Monetarisieru...
Werbeeignung
Video-Elemente
Überprüfung
Sichtbarkeit
Video-Elemente
Auf Infokarten und im Abspann kannst du Zuschauern ähnliche Videos, Websites und Calls-to-Action präsentieren. Weitere Informationen
Untertitel hinzufügen
Dank Untertiteln ein größeres Publikum mit deinem Video erreichen
HINZUFÜGEN
Abspann hinzufügen
Ähnliche Inhalte am Ende des Videos empfehlen
AUS VIDEO IMPORTIEREN
HINZUFÜGEN
Infokarten hinzufügen
Ähnliche Inhalte während des Videos empfehlen
HINZUFÜGEN

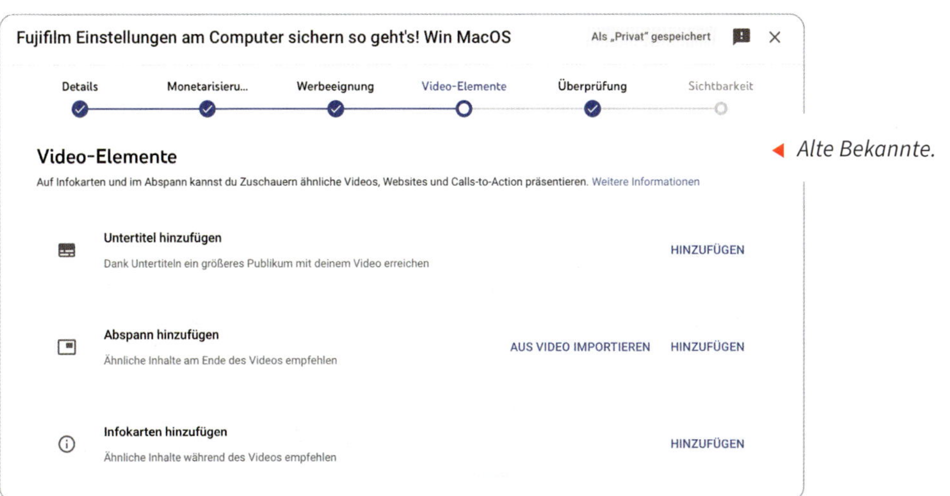

Alte Bekannte.

zu prüfen, und wird vor allem dann aktiv, wenn Nutzer oder Werbetreibende deine Videos melden.

16. Auf der nächsten Seite triffst du schließlich alte Bekannte, die ich in diesem Kapitel bereits vorgestellt habe – ein Klick auf *Hinzufügen* bringt dich zu den jeweiligen Editoren.

17. Es folgt die Seite *Überprüfung*, und meist wird diese bereits abgeschlossen sein, wenn du dich bis dorthin vorgearbeitet hast. Die Überprüfung findet unmittelbar, nachdem deine Videodatei vollständig auf einem YouTube-Server gelandet ist, statt.

    Sie erfolgt völlig automatisch und zielt auf Urheberrechtsprobleme ⑲, indem die in deinem Video vorkommende Musik mit einer riesigen Datenbank urheberrechtlich geschützter Titel abgeglichen wird, sowie auf die Werbeeignung deines Videos ⑳, indem automatisierte Erkennungsalgorithmen versuchen, nackte Haut, Waffen, Drogenkonsum, Gewalt, Schlagermusik oder andere schlimme Dinge zu erkennen, die potenziellen Werbetreibenden oder gar dem Gesetzgeber ein Dorn im Auge sein könnten. Im gezeigten Beispiel ist alles in Ordnung, und ich kann zur nächsten Seite wechseln.

    Vorweg aber noch ein Hinweis von YouTube: *Diese Überprüfungsergebnisse sind nicht endgültig. In Zukunft könnten möglicherweise Probleme auftreten, die sich auf dein Video auswirken.*

18. Endlich geht es auf die Zielgerade, und spätestens jetzt sollte dir einleuchten, dass die Funktion *Details wiederverwenden* eine große Zeitersparnis sein kann, wenn du bereits getätigte Angaben aus einem anderen Video übernehmen willst. Es birgt allerdings auch ein hohes Fehlerpotenzial – solltest du Angaben aus einem anderen Video übernehmen, gehe alles noch mal durch und überprüfe die Angaben auf ihre Richtigkeit. Es wird auch dir schon passiert sein, dass sich eine vermeintliche Abkürzung als Sackgasse oder Umweg entpuppt.

19. Auf der letzten Seite geht es um die Sichtbarkeit deines Videos. Diese steht standardmäßig auf *Privat*, was bedeutet, dass nur du allein dieses Video sehen können wirst, wenn du abschließend unten rechts auf *Speichern* klickst. Schauen wir uns die einzelnen Möglichkeiten doch einmal genauer an.

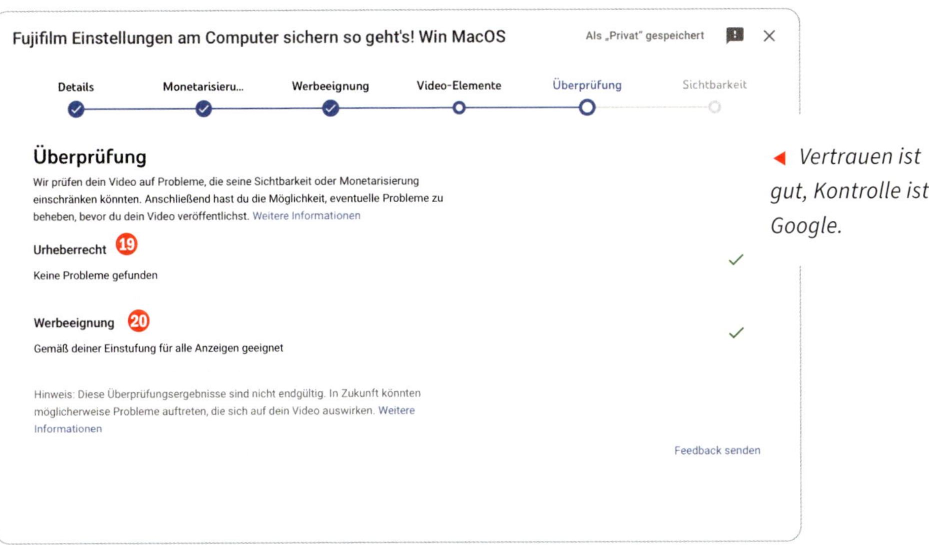

Vertrauen ist gut, Kontrolle ist Google.

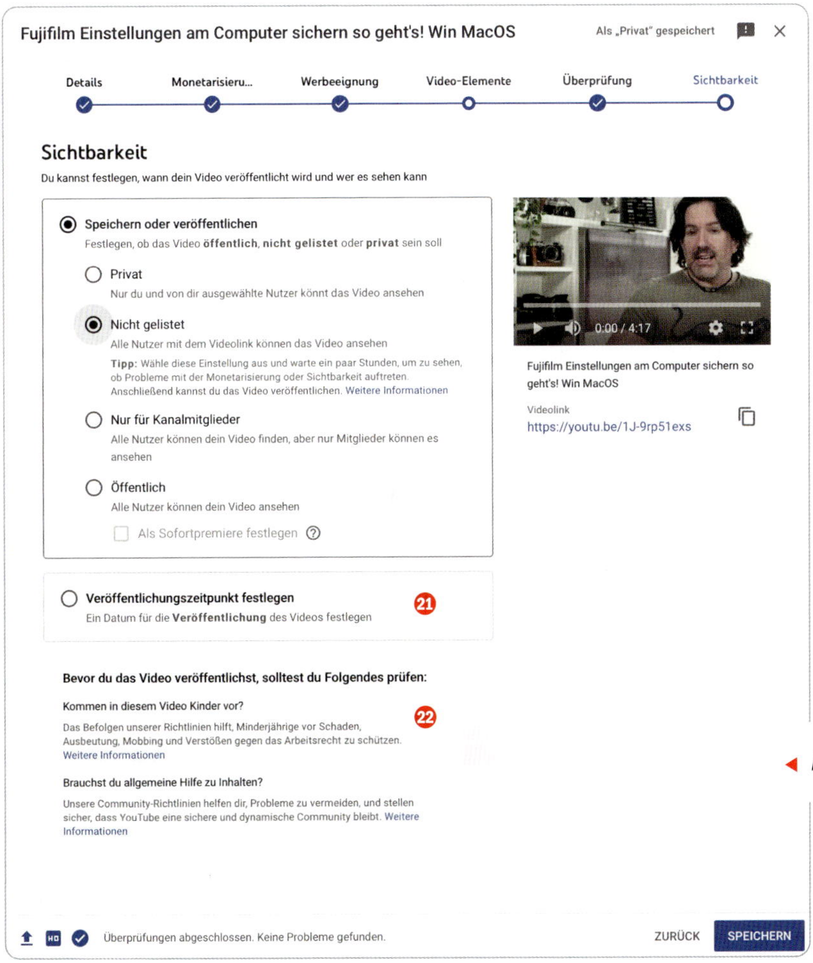

Fujifilm Einstellungen am Computer sichern so geht's! Win MacOS

Als „Privat" gespeichert

Details | Monetarisieru... | Werbeeignung | Video-Elemente | Überprüfung | Sichtbarkeit

Sichtbarkeit

Du kannst festlegen, wann dein Video veröffentlicht wird und wer es sehen kann

Speichern oder veröffentlichen
Festlegen, ob das Video **öffentlich**, **nicht gelistet** oder **privat** sein soll

Privat
Nur du und von dir ausgewählte Nutzer könnt das Video ansehen

Nicht gelistet
Alle Nutzer mit dem Videolink können das Video ansehen
Tipp: Wähle diese Einstellung aus und warte ein paar Stunden, um zu sehen, ob Probleme mit der Monetarisierung oder Sichtbarkeit auftreten. Anschließend kannst du das Video veröffentlichen. Weitere Informationen

Nur für Kanalmitglieder
Alle Nutzer können dein Video finden, aber nur Mitglieder können es ansehen

Öffentlich
Alle Nutzer können dein Video ansehen
Als Sofortpremiere festlegen

0:00 / 4:17

Fujifilm Einstellungen am Computer sichern so geht's! Win MacOS
Videolink
https://youtu.be/1J-9rp51exs

Veröffentlichungszeitpunkt festlegen 21
Ein Datum für die **Veröffentlichung** des Videos festlegen

Bevor du das Video veröffentlichst, solltest du Folgendes prüfen:

Kommen in diesem Video Kinder vor? 22
Das Befolgen unserer Richtlinien hilft, Minderjährige vor Schaden, Ausbeutung, Mobbing und Verstößen gegen das Arbeitsrecht zu schützen. Weitere Informationen

Brauchst du allgemeine Hilfe zu Inhalten?
Unsere Community-Richtlinien helfen dir, Probleme zu vermeiden, und stellen sicher, dass YouTube eine sichere und dynamische Community bleibt. Weitere Informationen

Überprüfungen abgeschlossen. Keine Probleme gefunden.
ZURÜCK SPEICHERN

Letzte Schritte.

Bei der Sichtbarkeit gibt es verschiedene Optionen, die allesamt gut erklärt werden. Wird die Option *Privat* ausgewählt, kannst du im Anschluss bestimmte YouTube-Nutzer auswählen, die Zugriff auf dieses Video bekommen. Das erfolgt durch die Eingabe von E-Mail-Adressen und setzt voraus, dass sich die auf diese Weise eingeladenen Nutzer vor dem Anschauen des Videos mit ihrem Google-Konto anmelden und auch über ein solches verfügen.

Anders bei *Nicht gelistet*, denn hier kannst du den Videolink verschicken oder in eine Schaltfläche auf deiner Website einbinden, und jeder mit diesem Link und alle, die auf diese Schaltfläche klicken, können das Video sehen. YouTube empfiehlt sogar, diese Option stets als eine Art *Testlauf* zu nutzen. *Wähle diese Einstellung aus und warte ein paar Stunden, um zu sehen, ob Probleme mit der Monetarisierung oder Sichtbarkeit auftreten. Anschließend kannst du das Video veröffentlichen.* Ich habe das so allerdings nie gehandhabt und sehr selten die genannten Probleme gehabt.

Eine *Sonderpremiere* – zu finden unter *Öffentlich* – ist eine Funktion, die vor allem dann sinnvoll ist, wenn du den Zeitpunkt der Veröffentlichung zuvor genau festlegst ㉑. Dann kannst du vorab für dein Video die Werbetrommel rühren, den Videolink bereits veröffentlichen und das Video gemeinsam mit deinen Zuschauern anschauen. Das eignet sich für besondere Videos, auf die sich deine Zuschauer schon lange freuen oder die Themen beinhalten, von denen du dir einen umfassenden Zuspruch unter deinen Abonnenten versprichst. Ich habe das auch mal ausprobiert, und es hat etwas, auf Kommentare sofort reagieren und Fragen sofort beantworten zu können.

Zuletzt noch ein freundlicher Hinweis von YouTube, das Video dahin gehend zu überprüfen, in welcher Weise Kinder darin vorkommen ㉒. Hilfreich auch der Link, unter dem sich weitere Hinweise zu diesem brisanten Thema befinden.

Nach einem Klick auf *Speichern* hast du es dann tatsächlich geschafft: Dein Video ist online!

Aber Achtung: Gerade bei großen Dateien, sprich längeren Videos, wird zunächst nur eine Version in geringerer SD-Auflösung von YouTube bereitgestellt. Das Rendern der HD-Version kann deutlich länger dauern, und da ich meinen Zuschauern nicht erst ein Video in schlechterer Auflösung präsentieren möchte, warte ich mit dem Klick auf *Speichern*, bis unten links das Symbol HD oder 4K, je nach Auflösung, farbig ist – in der Abbildung blau.

KAPITEL 7

ERFOLGREICHES SELBSTMARKETING

Für eine Onlineplattform wie YouTube finde ich das äußere Erscheinungsbild völlig unpassend. Der Fokus liegt hier offenbar einzig und allein auf einer nüchternen Funktionalität, die Möglichkeiten einer individuellen Gestaltung beschränken sich auf ein absoluter Minimum – du kannst ein Logo und ein Bild für das Banner oberhalb deiner Videos bestimmen. Weil das so für alle gleichermaßen gilt, scheint es dann aber auch wieder nicht so wichtig zu sein, und so wird YouTube wahrscheinlich auch in Jahren noch ziemlich genauso langweilig aussehen.

Die Kanalbeschreibung

Was mich erstaunt, ist, dass selbst große YouTube-Kanäle mit vielen Abonnenten und einem Produktionsteam längst nicht von allen Funktionen Gebrauch machen, die YouTube bietet. Eine davon ist die Einrichtung einer *Kanalinfo*-Seite – man erreicht sie über das Register ganz rechts auf der Kanalseite, in der Abbildung rot markiert.

Impressum nicht vergessen!

Für den Gesetzgeber sind deine YouTube-Videos sogenannte Telemedien, und sobald Telemedien geschäftsmäßig angeboten werden, muss nach § 5 Abs. 1 TMG ein Impressum angegeben werden. Das gilt nicht nur für deinen YouTube-Kanal, sondern auch für eine begleitende Website oder deine Face-

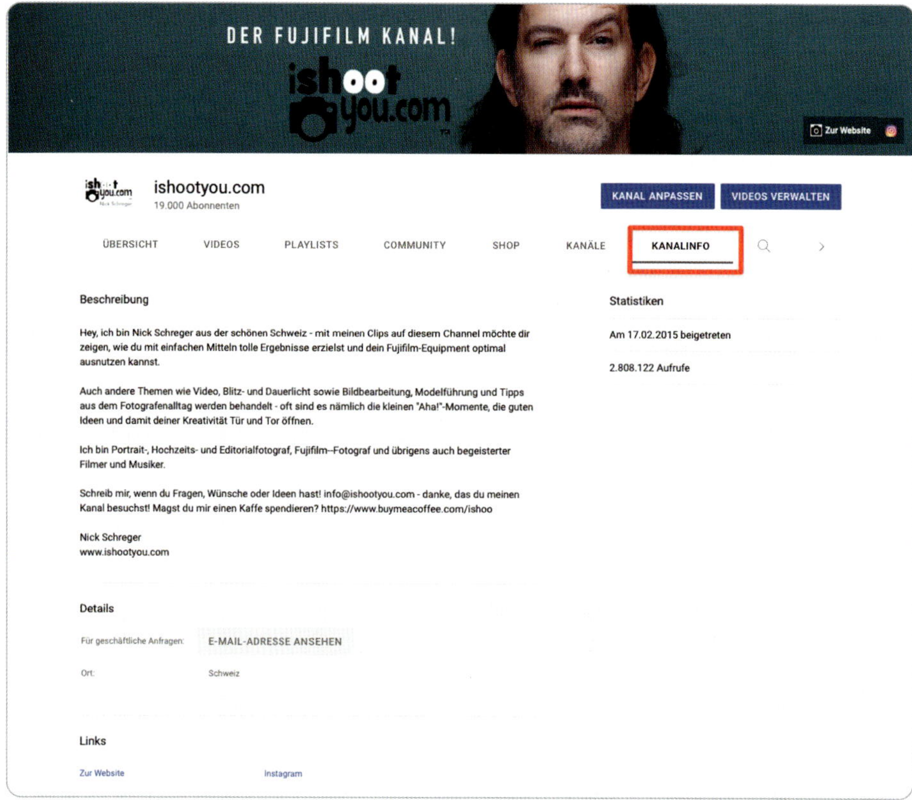

▲ *Eine Kanalinfo-Seite erstellen.*

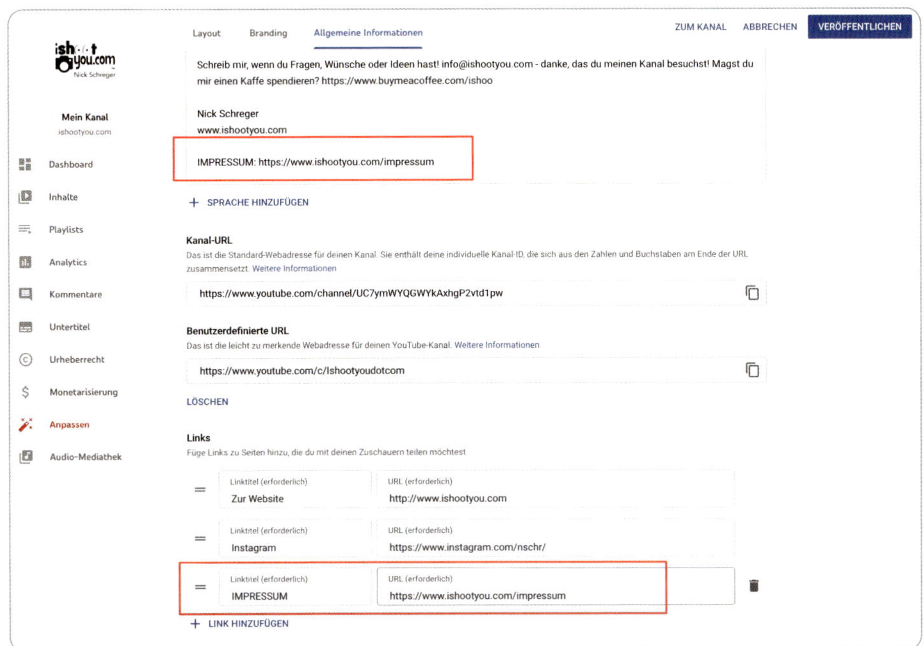

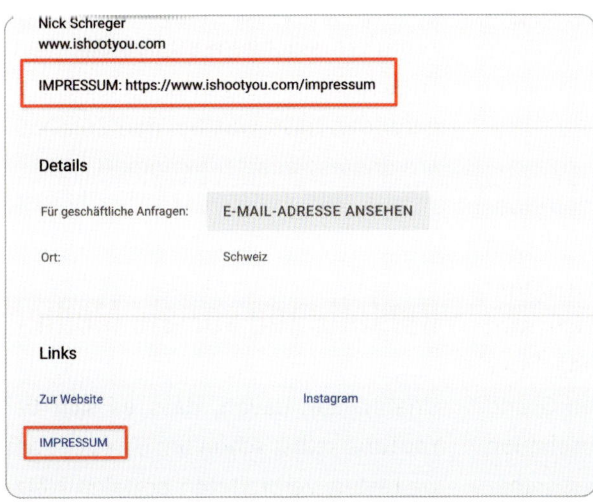

▲ *Ich habe auf meinem Kanal das Impressum als Hyperlink zum Impressum meiner den Kanal begleitenden Website hinterlegt.*

◀ *So sieht das dann für Besucher meines Kanals auf der Registerkarte KANALINFO aus.*

book-Seite. Bei einem Verstoß gegen die Impressumspflicht drohen kostspielige Abmahnungen.

Du kannst das Impressum auf deinem YouTube-Kanal in der YouTube-Studio-Oberfläche im Bereich *Allgemeine Informationen* unterbringen.

Markenidentität

Sich für ein YouTube-Konto anzumelden, ist der einfache Teil. Die eigentliche Herausforderung ist das, was danach kommt – nämlich die Ausarbeitung eines erfolgreichen Konzepts für den eigenen Kanal und die Beantwortung einiger wichtiger Fragen zur Markenidentität:

- Was ist dein Ziel als sogenannter Content Creator?
- Wie bringst du diesen Zweck mit deinem YouTube-Kanal in Einklang?
- Warum sollten sich die Zuschauer deine Videos ansehen und den Kanal schließlich abonnieren?

Es reicht nicht aus, einen YouTube-Account einzurichten und diesen dann sich selbst zu überlassen. Damit dein YouTube-Kanal erfolgreich wird und den Zuschauern im Gedächtnis bleibst, musst du ihnen einen Grund geben, immer wieder reinzuschauen und bei dir zu bleiben. Du musst selber wissen, warum dein Kanal wichtig ist, und diesen Wert in deinem Branding herausstellen.

Dieses Branding – abgeleitet vom englischen Wort „Brand“, zu Deutsch Marke oder Markenzeichen – wird der wichtigste Motor sein, mit dem du deinen Kanal vorantreiben und wachsen lassen kannst. Branding ist viel mehr als nur eine auffällige Kanalgestaltung und visuelle Elemente. Es geht dabei weniger um Logos, Farben und clevere Titel, sondern mehr um die Ziele und die Identität desjenigen, der die Marke betreibt. Du kannst ein fantastisch aussehendes Logo haben, aber wenn dahinter keine Inhalte stecken, hast du nur eine schön bemalte Außenhülle ohne echten Antrieb oder Zweck.

Achte aus diesem Grund auf ein konstantes Qualitätsniveau, auf eine hohe Glaubwürdigkeit und vermeide es, bewährte Methoden der Darbietung abzuändern, nachdem du basierend auf Feedbacks und Erfahrungen herausgefunden hast, was bei den Zuschauern deines Kanals funktioniert.

Begleitende soziale Medien

Unabhängig davon, dass es sich bei YouTube selbst schon um eines der am weitesten verbreiteten sozialen Netzwerke handelt, ist es in den meisten Fällen ratsam, den eigenen YouTube-Kanal auch auf anderen gängigen sozialen Netzwerken zu promoten. Für welche du dich entscheidest, hängt von deiner Zielgruppe ab – ist diese beispielsweise viel auf Facebook vertreten, solltest du zusätzlich dort präsent sein.

Facebook, Instagram oder Website

Bedenke aber auch, dass jede zusätzliche Plattform – sei es eben Facebook, Instagram oder eine Website – kontinuierlich und mit der gleichen Sorgfalt gepflegt und mit interessanten Inhalten versorgt werden muss wie dein YouTube-Kanal. Viele erfolgreiche YouTuber sind ausschließlich auf YouTube vertreten.

In meinem Fall ist es so, dass ich neben meinem YouTube-Kanal noch eine Facebook-Seite und eine Website unterhalte. Bei der Facebook-Seite bin ich mir schon länger nicht mehr sicher, ob ich diese beibehalten möchte, und möglicherweise existiert sie auch schon gar nicht mehr, wenn du dieses Buch in den Händen hältst. Meine Website brauche ich aber tatsächlich – du findest sie unter der Adresse *www.ishootyou.com*.

Für die Existenz dieser Website gibt es aber auch ein paar klare Gründe:

Die *Kanalinfo*-Seite auf meinem YouTube-Kanal bietet mir nicht genügend Platz und Möglichkeiten, um mein gesamtes Portfolio zu präsentieren. Dazu gehören zum Beispiel auch Workshops, die ich zum Thema Fotografie anbiete.

- Ich kann auf der *Kanalinfo*-Seite kein Impressum unterbringen.

- Ich möchte potenziellen und bestehenden Geschäftspartnern eine unabhängige, externe Anlaufstelle für Informationen zu meiner Person und meinem Schaffen sowie zur Kontaktaufnahme bieten. Solche Partner sind zum Beispiel Hersteller von Produkten, die ich auf meinem Kanal vorstelle.

▲ *Die Titelseite meiner Website ishootyou.com.*

Videos in die Website einbetten

Es besteht die Möglichkeit, YouTube-Videos nicht nur auf YouTube, sondern auch auf der eigenen Website zu präsentieren. Die dabei verwendete Technik nennt sich „Einbetten“. Dabei wird nicht eine Kopie deines bei YouTube hochgeladenen Videos in eine Seite deiner Website integriert, sondern es wird lediglich ein Abspielfenster hinzugefügt, in dem das auf YouTube gehostete Video läuft. So verbrauchst du keinen Webspeicherplatz bei deinem Hoster und kannst für die Wiedergabe deiner Videos die Infrastruktur von YouTube nutzen. Das hat jedoch aus rechtlicher Sicht zumindest in Deutschland einen Haken.

Seit die DSGVO in Kraft getreten ist, ist die direkte Einbindung von YouTube-Videos datenschutzrechtlich nicht unproblematisch. Beim Abruf des Videos auf deiner Website wird die IP-Adresse des Besuchers ungefiltert an Google übermittelt, was ohne die vorherige Zustimmung des Besuchers kritisch zu sehen ist. Ich empfehle dir, immer eine entsprechende Klausel in deine Datenschutzbestimmungen aufzunehmen. Achte beim Einbetten von Videos in deine Website darauf, dass du die Einstellung *Erweiterten Datenschutzmodus aktivieren* bei YouTube aktiviert hast. Dadurch wird verhindert, dass YouTube ein Cookie im Browser speichert, wenn das Video aufgerufen wird.

Videos mit YouTube-Bordmitteln

YouTube bietet gute Tools zum Einbetten von Videos. Dies geschieht über einen sogenannten Einbettungscode, der von YouTube individuell erstellt und bereitgestellt wird. Der Vorteil gegenüber dem Einbetten von Videos über den eigenen Webhost ist, dass Videos auch bei einer schlechten Internetverbindung gut abgespielt werden können, weil YouTube die Daten entsprechend komprimiert und optimal puffert. Was mich persönlich immer sehr gestört hatte beim Einbetten von YouTube-Videos in meine Website, waren die Videoempfehlungen am Ende des eingebetteten Clips.

Wenn du Pech hast, erscheinen so am Ende deiner Videos Inhalte von Mitbewerbern von dir, da YouTube bei diesen Empfehlungen natürlich versucht, weitere Inhalte zu empfehlen, die zum Thema deines Videos passen. Dafür gibt es aber eine Abhilfe, denn mit einem einfachen zusätzlichen Codeschnipsel kann die Einblendung von Videoempfehlungen am Ende deines eingebetteten Clips unterbunden werden.

1. Diesen Einbettungscode deines YouTube-Videos bekommst du über den Button *Teilen* auf der YouTube-Abspielseite des jeweiligen Videos.

2. Klicke auf *Teilen* und dann auf *Einbetten*, und schon erscheint der sogenannte IFrame-Code zum Einbetten deines Videos. YouTube bietet dabei die Möglichkeit, einige Einstellungen direkt bei der Erstellung des IFrame-Codes vorzunehmen:

   Ausblenden oder Einblenden von Videotitel und Player-Aktionen.

   Aktivierung des erweiterten Datenschutzmodus.

   Leider ist es nicht mehr möglich, die Anzeigegröße des eingebetteten Videos (Breite/Höhe) bereits hier festzulegen oder eine Deaktivierung der Videovorschläge an dem Ende deines Videos zu veranlassen – das geht aber sehr einfach durch manuelle Anpassungen im generierten Programmcode. Im Vorschaumodus können diese Änderungen schließlich direkt angesehen und getestet werden.

3. Um weitere Anpassungen am Code vorzunehmen, musst du im oben gezeigten Fenster nach unten scrollen, denn erst dann kommen die weiteren Konfigurationsmöglichkeiten zum Vorschein.

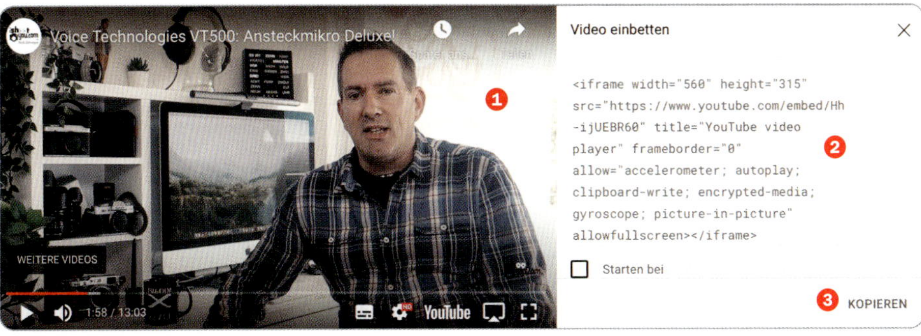

▲ *Vorschaubild* ❶ *und der von YouTube generierte Code* ❷ *zum Einbetten in deine Website. Mit einem Klick auf KOPIEREN* ❸ *wird der Code in die Zwischenablage kopiert.*

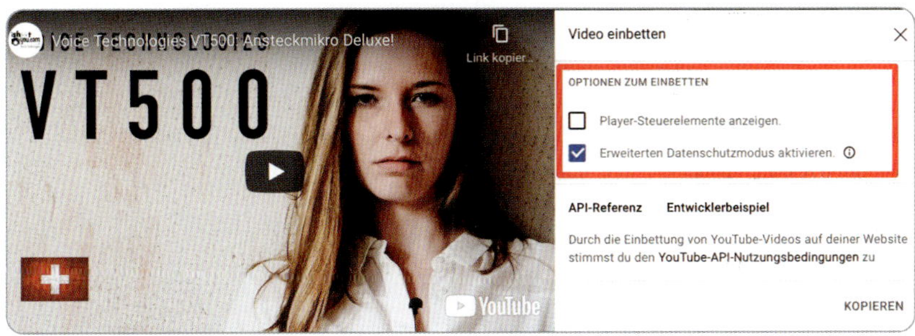

▲ *Erst wenn du nach unten scrollst, siehst du die weiteren Konfigurationsmöglichkeiten.*

Embed-Code manuell anpassen

Wie gesagt, es lässt sich noch viel mehr konfigurieren – dazu muss der von YouTube erzeugte *Embed-Code* manuell angepasst werden. Kopiere den Code am besten in einen Texteditor wie zum Beispiel *Notepad* auf einem Windows-Rechner oder *TextEdit* am Mac.

Hier siehst du den standardmäßigen Embed-Code zu einem meiner Videos auf YouTube:

```
<iframe width="560"
height="315" src="https://www.
YouTube-nocookie.com/embed/
Hh-ijUEBR60" title="YouTube
video player" frameborder="0"
allow="accelerometer;
autoplay; clipboard-write;
encrypted-media; gyroscope;
picture-in-picture"
allowfullscreen></iframe>
```

1. Über die Parameter `width` und `height` kann ganz einfach die Größe des Videos geändert werden. Achte darauf, dass die von dir eingegebenen Werte das Seitenverhältnis deines Videos nicht ändern.

2. Wenn das Video automatisch gestartet werden soll, hängst du den Parameter `?autoplay=1` an deinen Link. Der Link ist im Beispiel oben **fett** dargestellt.

```
https://www.YouTube-nocookie.
com/embed/Hh-ijUEBR60?auto-
play=1
```

3. Wenn du nicht willst, dass am Ende deines Videos Vorschläge für andere Videos angezeigt werden, hängst du ein `?rel=0` an den Link an.

```
https://www.YouTube-
nocookie.com/embed/
Hh-ijUEBR60?rel=0
```

4. Wenn du mehrere Parameter angeben willst, trennst du diese jeweils durch ein `&`-Zeichen. Vor die weiteren Parameter wird dann allerdings kein Fragezeichen mehr gesetzt!

```
https://www.YouTube-
nocookie.com/embed/
Hh-ijUEBR60?autoplay=1&rel=0
```

Im Kasten findest du alle mir bekannten möglichen Parameter.

Videos einbetten mit Codegeneratoren

Wenn du den Code zum Einbetten deiner Videos nicht manuell editieren möchtest, gibt es im Netz Seiten, auf denen du dir den Code bequem zusammenstellen lassen kannst. Eine davon ist *https://YouTubeembedcode.com/de/*.

Codeparameter

`?autoplay=`

Legt fest, ob das Video automatisch startet (Werte: 0 oder 1).

`?controls=`

Einblendung der Steuerung des Videoplayers (Werte 0 oder 1 oder 2).

`?loop=`

Aktiviert die automatische Wiederholung des Videos (Werte 0 oder 1).

`?rel=`

Wenn du die Anzeige von Videovorschlägen am Ende deines Videos unterbinden willst, wähle den Wert 0.

`?start=`

Das Video startet ab einem bestimmten Punkt, Angabe in Sekunden.

`?end=`

Das Video endet nach einer bestimmten Anzahl Sekunden.

`?fs=`

Setze diesen Wert auf 0, und die Schaltfläche zur Anzeige des Videos im Vollbildmodus wird ausgeblendet.

`?disablekb=`

Hiermit kannst du die Steuerung des Videoplayers über die Computertastatur sperren, indem du den Wert auf 1 setzt.

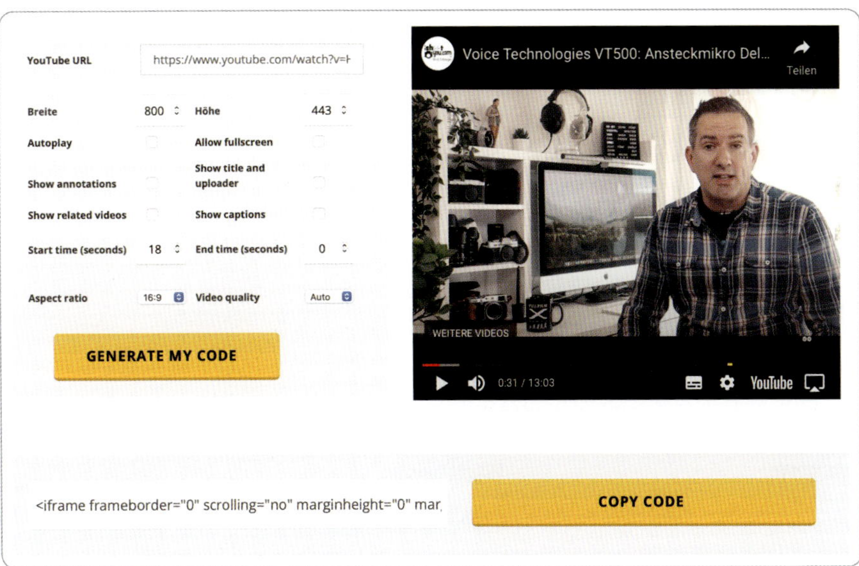

▲ *Der „YouTube Embed Code Generator" ist ein kostenloses Webtool zum Erstellen von Embed-Codes.*

Um bei der Definition der Größe des Abspielfensters mit den korrekten Seitenverhältnissen nicht durcheinanderzukommen, gibt es im Netz ebenfalls diverse Seiten, auf denen du die Werte berechnen lassen kannst. Eine davon ist *https://calculateaspectratio.com*.

Wird das Abspielen eingebetteter Videos auf YouTube gezählt?

Ja, eingebettete YouTube-Videos werden gezählt, wenn das Video in den Inhalt der Seite eingebettet ist und ein Nutzer absichtlich auf das Video klickt, um es abzuspielen. Ein automatisch abgespieltes eingebettetes Video zählt möglicherweise nicht. Ein Hintergrundvideo (das heißt, du hast das YouTube-Video als Designelement im Hintergrund deiner Website platziert) wird nicht gezählt.

Facebook-Cross-Promotion

Facebook hat in den vergangenen Jahren massiv an Attraktivität eingebüßt – vor allem bei jüngeren Generationen. Bevor du dich dazu entscheidest, Facebook als begleitende Plattform zu deinem YouTube-Kanal dazuzunehmen, solltest du sehr genau prüfen, ob deine Zielgruppe auf Facebook überhaupt in ausreichender Zahl vertreten ist. Wenn du bereits ein gut etabliertes Geschäftsprofil auf Facebook betreibst – eine private Seite ist dazu eher ungeeignet –, ist dein neuer YouTube-Kanal womöglich eher die Ergänzung zu Facebook als umgekehrt.

Du solltest allerdings keinesfalls sämtliche Inhalte deines YouTube-Kanals auf Facebook spiegeln, also jedes Video deines YouTube-Kanals zusätzlich auf Facebook verlinken. In diesem Fall gäbe es für deine Follower auf

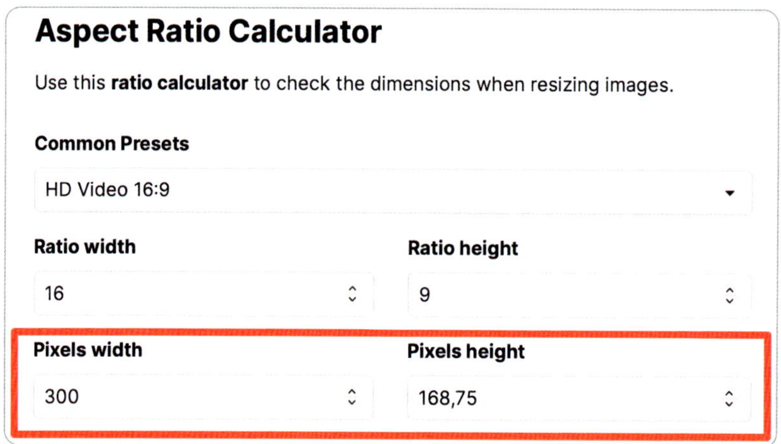

▲ *Gib hier einfach wahlweise entweder die gewünschte Höhe oder die gewünschte Breite deines einzubettenden Videos ein. Diese Werte nutzt du dann im Embed-Code für* `width` *und* `height`.

Facebook keinen Grund, deinen YouTube-Kanal zu besuchen, und der Kanal hätte ein erheblich schwächeres Wachstum. Nutze Facebook stattdessen, um dort Werbung für deine Inhalte auf YouTube zu machen.

Das geht, indem du entweder nur einzelne Videos parallel an beiden Orten veröffentlichst oder indem du dir die Mühe machst und zu jedem auf YouTube veröffentlichten Video einen kurzen, etwa 20 Sekunden langen sogenannten Teaser auf Facebook veröffentlichst und dazu schreibst, dass das ganze Video auf deinem YouTube-Kanal geschaut werden kann.

Die Teaser sollten direkt auf Facebook hochgeladen und nicht auf YouTube „geparkt" sein, denn Facebook hat es nicht gern, wenn Videos des Rivalen YouTube direkt verlinkt werden. Die Wahrscheinlichkeit, dass dein Teaser in der Timeline von Facebook-Nutzern angezeigt wird, ist erheblich höher, wenn Facebook „annimmt", dass es dieses Video nur auf Facebook gibt und Nutzer, denen es angezeigt wird, nicht zu YouTube umgeleitet werden.

Machst du dann zusätzlich in deinen YouTube-Videos Werbung für deine Facebook-Seite, unterstützen sich beide Plattformen gegenseitig, und Nutzer, die dich vielleicht nur auf einer der beiden Plattformen gesehen haben, werden auch auf die andere oder die anderen aufmerksam.

Instagram-Cross-Promotion

Für Instagram sehe ich ähnliche Möglichkeiten einer Cross-Promotion mit deinem YouTube-Kanal wie bei Facebook. Bei Instagram bietet es sich an, auf neue Videos auf deinem YouTube-Kanal über die Storyfunktion hinzuweisen. Auch hier solltest du nicht zu viel vorwegnehmen und den Nutzer einfach nur neugierig auf dein Video machen, das er sich dann in vollem Umfang auf deinem YouTube-Kanal anschauen kann. Allerdings ist es auf Instagram nicht so einfach, einen Link zu einem bestimmten Inhalt zu integrieren – es kann lediglich ein einziger Link auf deiner Profilseite untergebracht werden, und dieser sollte auf deinen YouTube-Kanal verweisen oder auf eine Unterseite deiner Website, von der aus die Besucher direkt auf deinen YouTube-Kanal und andere dir wichtige Inhalte zugreifen können.

Alternativ kannst du auf Instagram einen Dienst nutzen, der dir erlaubt, auf deiner Profilseite eine Liste mit mehreren Links zu integrieren. Ich nutze *bio.site*, und wenn man auf meinem Instagram-Profil auf den *bio.site* -Link tippt, öffnet sich eine Seite mit direk-

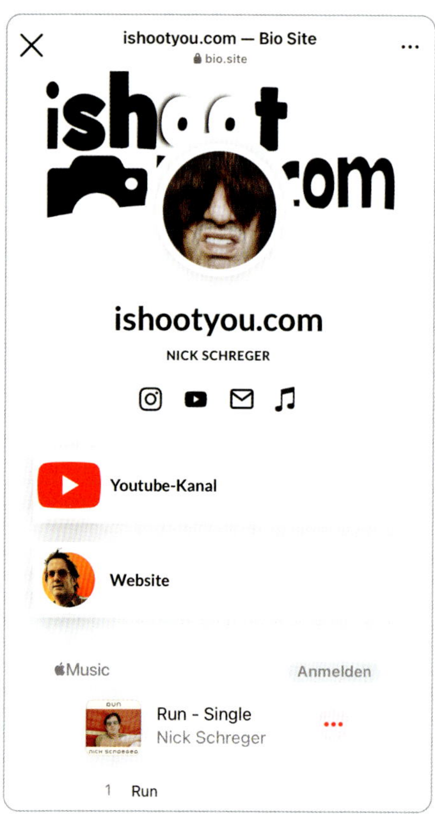

▲ *Meine Linkliste auf bio.site.*

ten Links zu meinem YouTube-Kanal, meiner Website und meinen veröffentlichten Musiktiteln auf Apple Music und Spotify.

Viele Nutzer, ich eingeschlossen, lassen sich auf Instagram nur Storys von Freunden anzeigen, nicht aber von Unternehmen. Sollte das bei deinen Nutzern auch der Fall sein, würde ich an deiner Stelle die Video-Teaser als „Reel" oder normalen Beitrag auf Instagram posten.

Wenn du für Facebook und Instagram keine Teaser-Clips bereitstellen willst, kannst du alternativ auch einen aussagekräftigen Screenshot mit Infos zu den Inhalten in deinem Video posten.

Immer zum aktuellsten Video verlinken!

Wäre es nicht toll, wenn du auf Instagram, Facebook und deiner Website einen permanenten Link unterbringen könntest, der immer dein aktuellstes Video aufruft? Genau das ist möglich, wenn du einen solchen Link kostenlos auf der Seite *www.latestyoutu.be* erstellst!

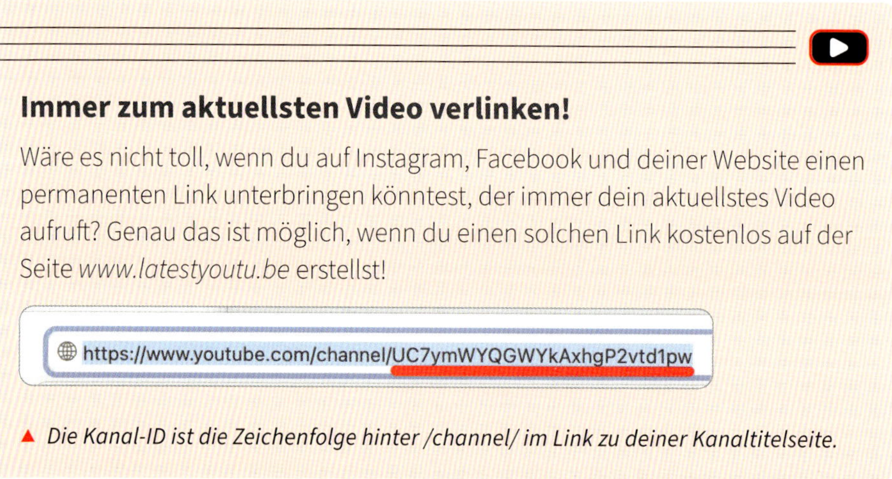

▲ *Die Kanal-ID ist die Zeichenfolge hinter /channel/ im Link zu deiner Kanaltitelseite.*

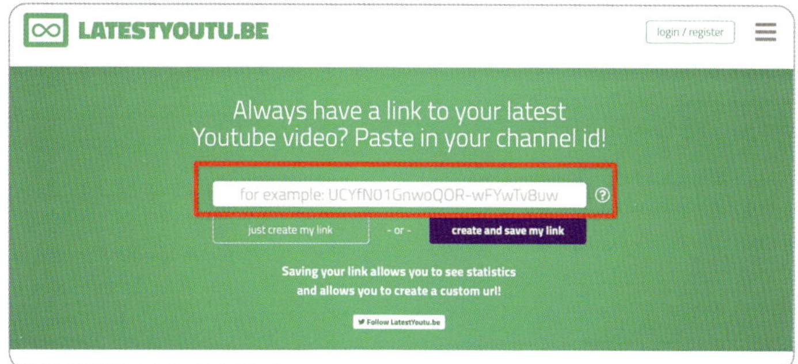

◀ *Gib hier einfach deine Kanal-ID ein und generiere eine Verknüpfung, die fortan stets auf dein aktuellstes Video verlinken wird.*

Wichtig ist einfach, dass du die Neugierde der potenziellen Besucher deines YouTube-Kanals weckst.

YouTube Shorts

YouTube-Shorts-Videos sind nicht etwa kurze Hosen mit YouTube-Logo, sondern kurze, kompakte Videoclips, die im Prinzip jeder erstellen kann, der einen YouTube-Account hat. Für dich als Creator können sie sehr nützlich sein, um dein Publikum auch abseits deiner aufwendiger produzierten YouTube-Inhalte bei der Stange zu halten.

YouTube-Shorts-Videos wurden 2021 eingeführt, etwa zur gleichen Zeit, als TikTok den Höhepunkt seiner Popularität erreichte. Ich sehe in der Einführung der YouTube Shorts eine klare Reaktion von YouTube auf TikTok, zumal sich die Konzepte auch sehr ähneln.

Die Clips von YouTube Shorts sind maximal 60 Sekunden lang, können innerhalb der YouTube-App bearbeitet werden und lassen sich mit Musik hinterlegen.

Die Zuschauer können all die üblichen Dinge tun, die sie auch im Zusammenhang mit deinen üblichen Beiträgen tun würden, z. B. kommentieren, bewerten, teilen und auch deinen Kanal abonnieren. Die Inhalte bleiben, wie ein normales YouTube-Video, dauerhaft online. Ich persönlich lösche solche Inhalte aber wieder, nachdem sie ihren Zweck erfüllt haben – z. B. den Hinweis auf ein bevorstehendes neues Video.

Ein Kurzvideo erstellen

1. Erstellen lassen sich Shorts nur in der YouTube-App. Wenn du in der YouTube-App bist, tippe unten auf das Plussymbol und dann auf *Kurzvideo erstellen*.

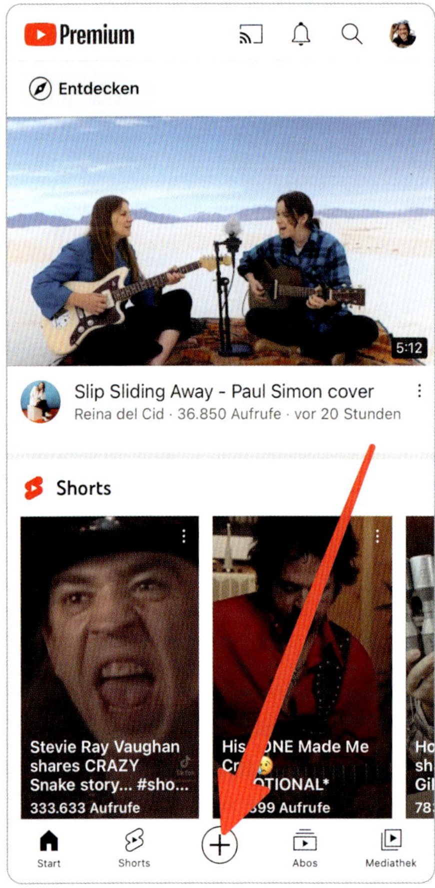

▲ *Zum Starten einfach auf das Plussymbol tippen.*

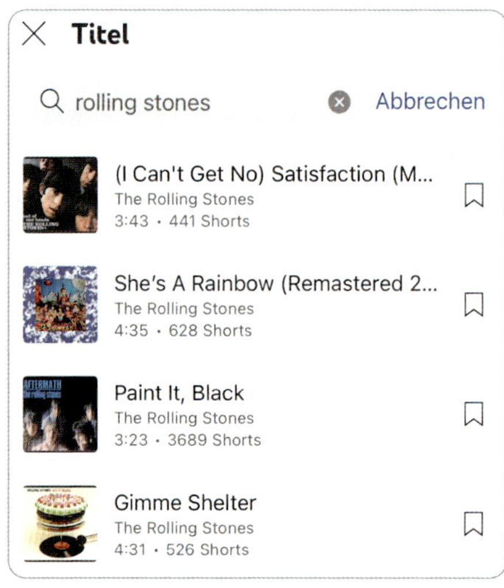

▲ *Für Shorts stehen tolle Musiktitel ganz offiziell zur Verfügung.*

2. Bevor du filmst, kannst du Musik zu deinem YouTube-Kurzvideo hinzufügen. Dazu tippst du oben auf dem Bildschirm auf das Symbol *Ton hinzufügen*. Du kannst dann durch die Titel blättern oder nach etwas Bestimmtem suchen. Möchtest du dich nicht sofort entscheiden, kannst du die Musik auch nach dem Filmen hinzufügen.

3. Sobald du den Zugriff auf deine Kamera und dein Mikrofon erlaubst, kannst du mit dem Filmen deines YouTube Short beginnen. Um ein Video mit einer Länge von weniger als 15 Sekunden zu erstellen, halte einfach den großen roten Knopf gedrückt und beginne mit der Aufnahme.

4. Willst du Inhalt erstellen, der länger ist als 15 Sekunden (aber nicht länger als eine Minute, denn das ist das Limit), musst du nur auf das Symbol *15* über der Schaltfläche *Aufnehmen* tippen, denn damit änderst du die Aufnahmezeit von 15 auf 60 Sekunden.

5. Wenn du die Aufnahmetaste gedrückt hältst und zwischendurch loslässt, kannst du in die 15 oder 60 Sekunden mehrere einzelne Clips packen. Immer dann, wenn du die Taste loslässt, wird die Aufnahme unterbrochen und erst dann fortgesetzt, wenn du den Finger wieder auf die Aufnahmetaste legst.

6. Doch damit nicht genug: Du kannst in verschiedenen Geschwindigkeiten aufnehmen, mit verschiedenen Filtern spielen, Übergänge anpassen, Text hinzufügen, dein Video nachbearbeiten und vieles mehr. All das findest du auf der rechten Seite über die verschiedenen Symbole. Diese Effekte müssen jeweils vor dem Filmen eines Clips gewählt werden.

Nachdem du dein YouTube Short gedreht hast, solltest du es noch einmal genau unter die Lupe nehmen. Du bekommst erneut die Möglichkeit, Musik hinzuzufügen, und kannst die Zeitleiste deines Videos Bild für Bild durchgehen, um letzte Änderungen vorzunehmen. Am Ende kannst du dann noch eine Beschreibung mit bis zu 100 Zeichen hinzufügen.

Kannst du YouTube Shorts monetarisieren?

Leider ist das nicht so einfach wie bei normalen YouTube-Inhalten. Aktuell gibt es keine Werbeeinnahmen, d. h., es gibt keinen klaren Weg, um mit YouTube Shorts Geld zu verdienen. Allerdings gibt es einen *YouTube*

Was sind die Vorteile von YouTube Shorts?

- Du kannst unterhaltsame, informative Inhalte ohne viel Ausrüstung erstellen. Du brauchst nur dein Smartphone, um YouTube Shorts zu erstellen.
- YouTube Shorts sind tolle Werbung für deinen Kanal. Der *Abonnieren*-Button ist bei YouTube Shorts immer sichtbar. Wenn also jemand durch die Videos scrollt und von deinen Inhalten begeistert ist, kann er deinen Kanal sehr einfach abonnieren und zu diesem wechseln. Das ist ein ausgezeichneter Weg, um zufällige Zuschauer in Abonnenten zu verwandeln!
- Du kannst den Wert deines Kanals für YouTube steigern, denn die Interaktionen auf YouTube Shorts zählen ebenfalls für die Leistung deines Kanals hinsichtlich der YouTube-Algorithmen.

Shorts Fonds. Dabei handelt es sich um einen riesigen Geldtopf (100 Millionen US-Dollar), der an die besten Creators ausgeschüttet wird.

YouTube hält sich bedeckt, was genauere Informationen dazu angeht, aber im August 2021 verdienten mehr als 3.000 Content Creators zwischen 100 und 10.000 US-Dollar pro Monat mit YouTube Shorts. Es ist zwar sehr unwahrscheinlich, dass du mit YouTube Shorts allein das große Geld machen wirst, aber es kann nicht schaden, sicherzustellen, dass du die Kriterien für den Shorts-Bonus erfüllst:

- Sicherstellen, dass du in einem teilnahmeberechtigten Land wohnst (alle deutschsprachigen Länder gehören dazu).
- Du hast ein Google-AdSense-Konto, das mit deinem Kanal verknüpft ist.
- Du hast innerhalb der letzten 180 Tage mindestens einen YouTube Short hochgeladen.

Es ist also ganz klar, dass YouTube diese Funktion pushen will. Sicher verdienst du mit YouTube Shorts nicht vom ersten Tag an Geld, aber es ist ein idealer Weg, um neue Abonnenten zu gewinnen und dein Publikum weiter auszubauen – und daher auf alle Fälle einen Versuch wert!

Geheimnisvolle Algorithmen

Grundsätzlich ist eine hohe Anzahl Abonnenten auf YouTube erstrebenswert. Es ist aber wichtig, zu verstehen, dass es „nützliche“ und „schädliche“ Abonnenten gibt. Damit ein Besucher möglichst viel Zeit auf YouTube verbringt- wird YouTube versuchen, Inhalte vorzuschlagen, die diesen interessieren und zum Verweilen animieren. Abonnenten deines Kanals bekommen also deine Inhalte gezeigt, und YouTube erhofft sich davon, dass diese angeschaut werden. Was aber, wenn du viele Abonnenten hast, die deinen Kanal nur aus Sympathie oder um dich zu unterstützen abonniert haben? Dann werden diese sehr wahrscheinlich nicht auch auf vorgeschlagene Videos von dir klicken, denn eigentlich interessieren sie sich ja gar nicht für die tatsächlichen Inhalte auf deinem Kanal.

YouTube wertet ein solches Verhalten deiner Abonnenten als sehr negativ, denn dort geht man dann davon aus, dass – wenn nicht einmal deine Abonnenten deine Videos anschauen wollen – man diese gar nicht erst Nicht-Abonnenten zeigen muss. Eine hohe Anzahl Abonnenten kann also in einem solchen Fall zum Bumerang werden. Aus diesem Grund ist auch unbedingt davon abzuraten, bei dubiosen Anbietern „Fake-Abonnenten“ zu kaufen.

Es gibt tatsächlich solche Anbieter, bei denen man gegen ein bestimmtes Entgelt Scharen von falschen Abonnenten kaufen kann. Davon abgesehen, dass man damit gegen YouTube-Richtlinien verstößt und schlimmstenfalls für immer gesperrt bleibt, wird diese Masche von den YouTube-Algorithmen schnell enttarnt, und sie arbeitet gegen deinen Erfolg. Eine große Anzahl Abonnenten wird überbewertet, und besonders Anfänger schenken dieser Zahl viel zu viel Bedeutung.

Es gibt inzwischen professionell aufgezogene Agenturen, die vor allem Firmen anbieten, durch genaue Kenntnis der YouTube-Algorithmen deren Kanäle innerhalb der YouTube-Suchtreffer ganz nach oben zu bringen. Ich habe mich während der Vorbereitungen zu diesem Leitfaden mit vielen YouTubern unterhalten und sie auch zu ihren Erfahrungen mit solchen Dienstanbietern befragt – das Ergebnis ist recht ernüchternd.

Die meisten gaben an, durch eine solche Dienstleistung hauptsächlich Tipps zu Optimierungen bekommen zu haben, die sie auch durch ein wenig gezielte Recherche im Netz oder auf YouTube selbst erhalten hätten.

Wann immer mit besonderen Tricks gearbeitet wurde, seien die Erfolge, wenn überhaupt, nur von kurzer Dauer gewesen. Man kann ein System wie Google nicht austricksen – die unvorstellbare Masse an Nutzerdaten, die Google und damit YouTube stündlich zur Auswertung bekommen, ermöglichen der Plattform, sich ständig dynamisch anzupassen. Die Inhalte und die Qualität deiner Videobeiträge sind das einzige von dir selbst beeinflussbare und zu einhundert Prozent sichere Mittel, um auf YouTube dauerhaft erfolgreich zu sein.

Auch stehe ich externen Analysetools wie Tubebuddy eher kritisch gegenüber, weil ich damit nicht wirklich mehr Nützliches anstellen kann als über die YouTube-Studio-Plattform. Zudem muss man diesen Tools weitreichende Freigaben erteilen, und ich bin mir sicher, dass diese deine Analysedaten auch für eigene Zwecke verwenden und zahlenden Kunden zur Verfügung stellen.

YouTube ist keine Unterhaltungs-, sondern eine Businessplattform. Der Erfolg eines Videos auf YouTube wird grob gesagt am Verhältnis zwischen der Anzahl der Impressionen eines Videos, der daraus entstandenen Click-Through-Rate und der tatsächlichen Verweildauer des Zuschauers im Video gemessen. Unter *Click-Through-Rate* (auch CTR) versteht man die Anzahl Klicks auf das Vorschaubild im Verhältnis zur Anzahl von dessen Impressionen. Ein Beispiel:

Dein Videovorschaubild X wird 100-mal potenziellen Interessenten angezeigt, und 5 davon klicken tatsächlich darauf. Die Click-Through-Rate beträgt in diesem Fall also 5 %. Ein anderes Video Y wird ebenfalls 100-mal gezeigt, in diesem Fall klicken aber 60 Interessenten darauf, was eine Click-Through-Rate von 60 % ergibt. Von den 5 % des ersten Videos schauen 80 % das Video bis zum Ende, beim zweiten Clip sind es hingegen nur 15 %.

Wer den Mathematikunterricht nicht im Wachkoma verbracht hat, wird sicher verstehen, dass der vermeintliche Erfolg des Videos Y – immerhin haben es viel mehr angeklickt – trügerisch und für YouTube unerheblich ist.

Algorithmen austricksen?

YouTube möchte Inhalte präsentieren, die die Nutzer ansprechen und möglichst lange bei der Stange halten. Die Impression eines Videos, das viele anklicken, aber niemand länger als ein paar Sekunden schaut, ist für YouTube genauso wenig gewinnbringend wie die eines Videos, auf das gar nicht erst geklickt wird. Es gilt also unbedingt darauf zu achten, dass Titelbild (und Titel selbst) eine realistische und zutreffende Vorschau auf das geben, was den Betrachter erwartet. Der Zusammenhang zwischen CTR und durchschnittlicher Wiedergabedauer eines Videos spielt also eine sehr große Rolle und entscheidet darüber, ob und wie oft YouTube eines deiner Videos auch potenziellen Interessenten vorschlägt, die nicht explizit nach deinem Kanal oder Video gesucht haben.

Auch wenn YouTube grundsätzlich immer eine hohe Wiedergabedauer bzw. Verweildauer favorisiert (der Nutzer hält sich länger auf YouTube auf), bedeutet das nicht, dass du mit deinem Kanal benachteiligt bist, wenn dort vornehmlich kürzere Videos gezeigt werden. Der Erfolg deiner Videos wird an der Zuschauerbindung gemessen, und diese ergibt sich auch aus der durchschnittlichen Wiedergabezeit in Relation zur Videolänge.

YouTube ist nach der Google-Suchmaschine eine der wichtigsten Einnahmequellen von Google, und der Konzern setzt alles daran, sich nicht austricksen zu lassen. Egal was du immer wieder lesen und hören wirst, es ist nicht möglich, die YouTube-Algorithmen auszutricksen – du kannst sie nur für dich arbeiten lassen, indem du deinen Content so aufbaust, dass er gefunden werden kann, innerhalb der ersten 30 Sekunden – du erinnerst dich – begeistert und Lust auf mehr von deinem Kanal macht. Nur Dieter Bohlen kann aus Scheiße Gold machen – dir und mir wird das nie gelingen. Und toll, jetzt habe ich einen Ohrwurm.

Wenn du Wert auf Statistiken legst, findest du in Kapitel 8, „Kanalpflege“, weitere interessante Tipps und Tricks.

Was ist wichtiger: Abonnenten oder Aufrufe?

Seit es YouTube gibt, stellt sich die Frage, was wohl wichtiger ist: YouTube-Abonnenten oder Videoaufrufe? Auch ich habe oft versucht, der Sache auf den Grund zu gehen, und weil es da von YouTube selbst keine klaren Aussagen gibt, kann auch ich an dieser Stelle nur eine Zusammenfassung meiner Beobachtungen und Recherchen geben.

Das Wichtigste gleich vorweg: Konzentriere dich nicht darauf, Abonnenten zu generieren, sondern Videoaufrufe. Das ist richtig, Aufrufe sind wichtiger als Abonnenten. Mit der Zeit legt YouTube immer weniger Wert auf die Anzahl der Abonnenten, daher ist ein Fokus auf Aufrufe die beste Wahl für jeden Creator, der auf YouTube erfolgreich sein will.

Auf meiner Suche nach belegbaren Antworten zu dieser Frage bin ich immer nur auf andere Creators und selbst ernannte YouTube-Kenner gestoßen, die sich aufgrund ihrer eigenen Erfahrungen für eine Seite entschieden.

Spielt die Anzahl der Abonnenten auf YouTube eine Rolle?

Um es gleich vorwegzunehmen – technisch gesehen, spielt sie keine Rolle. Wenn du deine Videos mit Google AdSense monetarisieren willst, spielt die Abonnentenzahl jedoch sehr wohl eine Rolle, da eine bestimmte Schwelle erreicht werden muss, bevor diese Funktion für deinen Kanal freigeschaltet wird. Auch bei Sponsoring und Kollaborationen mit Unternehmen wird die Anzahl Abonnenten leider noch immer als vorrangiges Qualitätsmerkmal eines YouTube-Kanals angesehen. Aus einer reinen Wachstumsperspektive ist die Anzahl der Abonnenten jedoch unerheblich.

In den vergangenen Jahren waren Abonnenten ein sehr wertvolles Gut für YouTube-Creators. Wenn du einen Abonnenten gewinnst, hast du in der Regel einen Zuschauer gewonnen, der wiederkommt und sich zukünftige Videos ansieht, was zu einem größeren Wachstum des Kanals führt. Im Laufe der Jahre hat YouTube jedoch Änderungen an seiner Website vorgenommen, durch die die Anzahl an Abonnenten an Wert verloren hat.

Früher wurden deine Videos direkt in den Abofeed und auf die Startseite eines jeden Abonnenten deines Kanals weitergeleitet. Heutzutage neigt

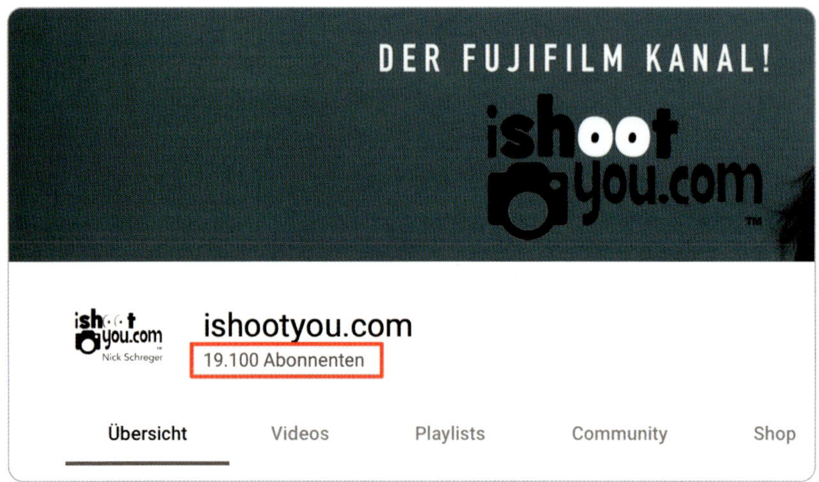

▲ *Völlig überbewertet – die Anzahl der Abonnenten.*

YouTube eher dazu, deine Videos denjenigen Nutzern zu zeigen, die sie sich am wahrscheinlichsten ansehen werden, basierend auf ihren Aktivitäten auf YouTube. YouTube entscheidet auf der Grundlage seiner Daten, welche Nutzer deine Videos wohl am ehesten anschauen werden, und diese bekommen sie schließlich zu sehen.

Ich bin nicht der Einzige, der der Meinung ist, dass die alte Methode besser war. Ich denke, der YouTube-Algorithmus ist großartig und kann für die Creators von großem Nutzen sein, aber nicht alles muss durch einen Algorithmus bestimmt werden.

Warum sind YouTube-Aufrufe wichtig?

Wenn Abonnenten aber nicht mehr so wichtig sind, warum sind dann Videoaufrufe wichtig? Ganz einfach: Mit den Aufrufen fängt alles an. Ohne Aufrufe kannst du dir keinen Vorteil verschaffen und auch nicht die durchschnittliche View-Dauer erhöhen.

Der Algorithmus ist einer der größten Türsteher für den Erfolg auf YouTube, und die Aufrufe helfen dem Algorithmus, die Informationen zu bekommen, die er will.

Dabei ist die die Anzahl an Aufrufen, die auf dem Bildschirm angezeigt wird, vielleicht nicht so wichtig. Es gibt zahllose Dinge, die hinter den Kulissen ablaufen. Wie ich oben schon schrieb,

View, Views, Viewtime, Watchtime

Ich komme hier nicht umhin, ein paar bescheuerte Anglizismen zu verwenden; der Begriff *Views* taucht auch in deutschen Texten von und zu YouTube immer wieder auf und steht für Videoaufrufe, und die *Viewtime* (oft auch als *Watchtime* bezeichnet) steht für die Zeit, die Zuschauer Videos auf deinem Kanal schauen.

kannst du ohne viele Aufrufe keine Vorteile bei der Watchtime deiner Videos erzielen. Dabei ist das einer der vielen wichtigen Parameter, anhand deren YouTube die Bedeutung deines Kanals bemisst – die Bedeutung für YouTube wohlgemerkt, nicht etwa die für deine Zuschauer. Man könnte argumentieren, dass die Anzahl der Aufrufe genauso wie die Anzahl der Abonnenten Prestigezahlen sind. Abonnenten sind zwar nett und können einige Vorteile bieten, aber die Aufrufe haben immer noch mehr Gewicht.

Die Bedeutung von Views auf YouTube

Über die wahre Bedeutung der Views auf YouTube wird nicht oft gesprochen. Viele wollen die Dinge vereinfachen, sie gehen deshalb nicht in die Tiefe und diskutieren nicht darüber, worauf es ankommt, wenn ein YouTube-Kanal wachsen soll.

Wenn du dich bereits darüber informiert hast, wie Erfolg auf YouTube funktioniert, hast du wahrscheinlich schon von der Watchtime gehört. Vielleicht bist du auch schon auf die „durchschnittliche Verweildauer“ oder die „Zuschauerbindung“ gestoßen. Das sind nur einige der Parameter, die YouTube dabei helfen, zu entscheiden, ob deine Videos es wert sind, potenziellen neuen Zuschauern gezeigt zu werden oder nicht. YouTube will die Besucher so lange wie möglich auf seiner Website halten, und das geht am besten, wenn man den Leuten gute Videos zeigt.

Aber was macht ein gutes YouTube-Video aus, und wie kann YouTube das erkennen? YouTube erkennt das, indem

◀ *Das Verhältnis zwischen der Anzahl der Aufrufe eines Videos und dessen Wiedergabezeit spielt eine bedeutende Rolle.*

es sich die Metriken eines Videos ansieht – die totale Watchtime in Minuten, die durchschnittliche Watchtime und mehr.

Die Sache ist die: Wenn du keine Views bekommst, kannst du auch keine Watchtime-Minuten generieren. Das ist der eigentliche Grund, warum Views so wichtig sind. Die Anzahl der Klicks auf deine Videos spielt keine Rolle, aber die Anzahl der tatsächlichen Aufrufe eines Videos schon, denn damit sieht YouTube, dass es sich lohnt, deine Videos mit potenziellen Zuschauern zu teilen.

Als Creator solltest du dich also besser darauf konzentrieren, die Anzahl der Aufrufe zu maximieren, nicht die der Abonnenten. Viele Abonnenten können zwar einige Vorteile bieten, aber tatsächliche Videoaufrufe stehen bei YouTube viel höher im Kurs. Die Aufrufe sind das, was dir zukünftiges Wachstum ermöglicht, während die Bedeutung der Abonnenten im Laufe der Zeit wahrscheinlich weiter abnehmen wird. Faktoren, die für YouTube wichtig sind, wie z. B. die Verweildauer, die durchschnittliche Viewtime etc., können nur durch Videoaufrufe generiert werden.

Abonnenten haben keinen direkten Einfluss darauf, ob du diese Kennzahlen auch tatsächlich erreichen kannst. Natürlich können mehr Abonnenten zu mehr Aufrufen führen, aber es gibt viele Kanäle mit einer niedrigen Abonnentenzahl, die trotzdem sehr schnell wachsen.

Wann wird aus einem Klick ein Aufruf?

Videoaufrufe werden auf YouTube erst dann erfasst, wenn der Zuschauer mindestens 30 Sekunden auf deinem Video verweilt. Es ist dabei unerheblich, ob er diese 30 Sekunden in Fünf-Sekunden-Blöcken kreuz und quer innerhalb deines Videos verbringt oder am Stück. Aus diesem Grund machte ich in Kapitel 4, „Produktion“, auch auf die Bedeutung der ersten 30 Sekunden in deinen Videos aufmerksam. YouTube zählt dabei durchaus auch deine eigenen Aufrufe und auch mehrfache Aufrufe, sofern diese nicht als Manipulationsversuch erkannt werden. Du kannst also nicht 50-mal auf dein Video klicken und dich danach über 50 neue Zugriffe freuen. In den Anfängen von YouTube konnte man die Algorithmen noch sehr leicht austricksen – etwas, das heute so gar nicht mehr funktioniert.

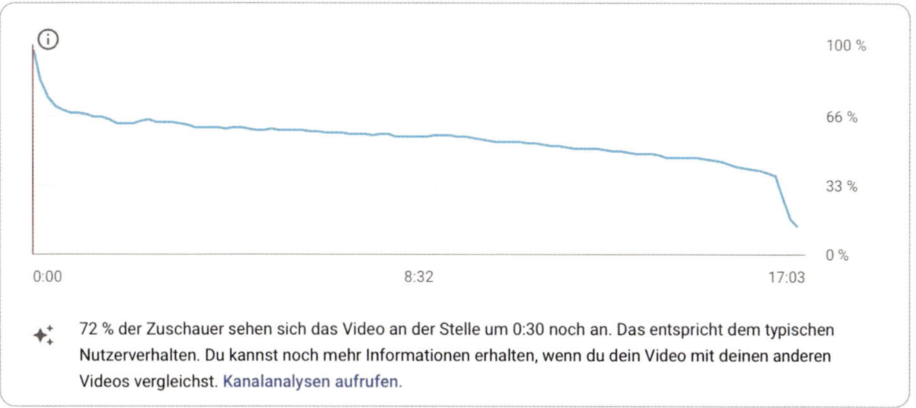

▲ *Die wichtigen ersten 30 Sekunden sind nicht alleine erheblich, ob der Klick auf dein Video als „Aufruf" gerechnet wird. Dennoch scheinen diese ersten 30 Sekunden eine hohe Bedeutung für YouTube zu haben.*

Wenn du also deinen YouTube-Kanal wachsen lassen willst, solltest du dich eher darauf konzentrieren, mehr Aufrufe als mehr Abonnenten zu gewinnen. Früher war es von Vorteil, Abonnenten zu haben. Heute wird es für Besucher des YouTube-Portals einfacher, neue Videos auch von nicht abonnierten Kanälen zu entdecken. Dein primäres Ziel sollte also nicht sein, so viele YouTube-Abonnenten wie möglich zu bekommen, sondern dass deine Videos von möglichst vielen Menschen gesehen werden, denn nur so kann dein Kanal in Zukunft wachsen.

Auch wenn die Gewinnung von Abonnenten immer noch Vorteile für die Creators bringt, wenn es um Sponsorings und mögliche Kollaborationen mit Marken und Herstellern geht – gute Inhalte auf deinem Kanal, die die Besucher dazu bringen, deine Videos gern und in voller Länge zu schauen, sind das A und O für ein Kanalwachstum.

Eine wichtige Voraussetzung für deinen Erfolg auf YouTube besteht darin, die richtige Einstellung zu haben und nicht numerischen Werten hinterherzuhecheln, sondern inhaltlichen.

Sponsoren und Partnerschaften

Wenn du deinen YouTube-Kanal gewissenhaft mit qualitativ hochwertigen Inhalten bestückst, wirst du dir öfter die Frage stellen, ob sich das denn überhaupt alles lohnt. Dabei darf man wirklich nicht unternehmerisch auf die ganze Sache blicken, denn aus unternehmerischer Sicht kann sich das für die meisten von uns im Leben nicht lohnen. Ganz zu Anfang dieses Buchs schrieb ich bereits, dass finanzieller Erfolg niemals der Hauptgrund dafür sein sollte, mit einem YouTube-Kanal überhaupt anzufangen. Mit der Zeit und mit wachsendem Erfolg wirst du aber verschiedene Kanäle finden können, über die sich wenigstens ein Teil der Investitionen amortisiert.

Arten von Patenschaften

Es gibt drei Haupttypen von YouTube-Sponsoring-Modellen, die du nutzen kannst, um mit deinem Kanal zusätzliche Einnahmen zu erzielen.

- Produkt-Sponsoring
- Umsatzbeteiligungen
- bezahlte YouTube-Videos

Produkt-Sponsoring

Bei einem Produkt-Sponsoring schickt dir ein Hersteller ein Produkt kostenlos zu, das du in einem YouTube-Video rezensieren sollst. Produktrezensionen sind oft die erste Art von Sponsoring, die sich dir erschließt.

Ein solches Produkt-Sponsoring kann klein sein, wie z. B. ein kostenloses Kleidungsstück, oder viel größer, wie z. B. eine kostenlose Reise oder ein Aufenthalt in einem bestimmten Hotel. Häufig bekommst du für die Zuschauer deines Kanals zusätzliche Codes für Ermäßigungen, oder dir werden Artikel zur Verfügung gestellt, die du in Form eines Gewinnspiels unter deinen Zuschauern verlosen kannst.

Achte bei einem solchen Deal darauf, nicht käuflich zu werden und deine Glaubwürdigkeit vor deinen Zuschauern aufs Spiel zu setzen. So schmeichelhaft es auch sein mag, wenn ein Unternehmen dir kostenlose Produkte anbietet: Es ist völlig in Ordnung, ein solches Angebot abzulehnen, wenn du der Meinung bist, dass es für deinen Kanal ungeeignet sein könnte. Ich bekomme ständig zum Teil sehr bizarre Angebote, Produkte auf meinem Kanal zu testen, die oft wirklich rein gar nichts mit den darauf vertretenen Themen zu tun haben.

Auch kann und wird es vorkommen, dass ein Produkt deine Erwartungen nicht erfüllt. Fühle dich in einem solchen Fall nicht dazu verpflichtet, trotzdem eine milde oder sogar gute Bewertung für das Produkt abzugeben, weil du das Unternehmen nicht verärgern willst, das dir das Produkt geschenkt hat – es ist nämlich so ganz und gar nicht ein „Geschenk“, denn sie zahlen damit deine Zeit und deinen Aufwand, ein Video darüber zu machen.

Bei Unternehmen, bei denen du es gut hast und mit denen du eine längerfristige Partnerschaft planst oder bereits unterhältst, kannst du von der Produktion eines Videos absehen, wenn das Produkt darin schlecht abschneiden würde. Kontaktiere in diesem Fall das Unternehmen und sage ihnen ehrlich, was dir daran nicht gefällt und dass du auch in ihrem Interesse lieber kein Video darüber machen würdest. Ich hatte diesen Fall schon so manches Mal, und erstaunlicherweise hieß es einige Male sogar, ich solle trotzdem ein ehrliches Video machen. Meist sind die Hersteller aber froh und einverstanden damit, wenn du auf ein Video verzichtest. Zurückschicken musste ich deswegen noch nie ein Produkt.

Auf keinen Fall darfst du zugunsten eines Herstellers ein Produkt auf deinem Kanal schönreden. Das wird ein, zwei Mal gutgehen, danach hast du das Vertrauen deiner Zuschauer verspielt, und sie werden sich von dir und deinem Kanal abwenden. Ebenfalls solltest du niemals darauf eingehen, wenn ein Hersteller dein Video vor der Veröffentlichung prüfen will. Entweder sie akzeptieren deine ehrliche Meinung zu einem Produkt, oder sie sollen sich jemand anderen suchen. Ein professionelles Unternehmen wird nie so etwas von dir verlangen.

Umsatzbeteiligungen

Beim Affiliate-Marketing erhältst du einen speziellen Link oder Code für ein Produkt. Wenn jemand diesen Link benutzt, erhältst du eine Provision für den Verkauf. Ein solches Affiliate-Sponsoring ist eine hervorragende Option für kleine Kanäle bzw. solche, die gerade erst gestartet sind. Oft kannst du dich für das Partnerprogramm einer Marke bewerben, unabhängig davon, wie viele YouTube-Abonnenten du hast. Ausführliche Informationen zu dieser Methode findest du im Abschnitt „Amazon-Affiliate-Links“ in diesem Buch.

Bezahlte YouTube-Videos

Bezahlte Videos sind die höchste Stufe des YouTube-Sponsorings. Bei einem bezahlten Video bewirbst du ein Produkt oder eine Dienstleistung auf deinem Kanal und erhältst dafür eine Vergütung. Solche Gelegenheiten ergeben sich seltener als Produkt- oder Affiliate-Sponsorings, und du wirst damit in der Regel erst dann in Berührung kommen, wenn dein Kanal bereits gewachsen ist.

Auch hier solltest du dir gut überlegen, wofür du deinen Ruf hergibst. Die meisten Kanäle verlieren sehr schnell an Attraktivität, wenn sie zu einer Art „Verkaufsfernsehen“ mutieren.

Voraussetzungen für ein Sponsoring

Wenn du dich um ein YouTube-Sponsoring bemühst, solltest du damit beginnen, die dafür erforderlichen Voraussetzungen zu schaffen. Sorge dafür, dass dein Kanal professionell und einladend aussieht, damit die Marken, die bei dir anklopfen, gern mit dir zusammenarbeiten möchten. Vergewissere dich, dass deine Kanalinformationen vollständig sind, d. h., dass du ein Banner, einen Kanaltrailer, gute Playlisten und einen Abschnitt mit Informationen über deinen Kanal hast.

Auch solltest du bereits einige Videos auf deinem Kanal haben, bevor du auf „Partnersuche" gehst, und es ist in vielen Genres ebenfalls wichtig, zu zeigen, dass du regelmäßig Beiträge veröffentlichst und den Kanal gut pflegst. Dazu gehört auch die Interaktion mit deinen Zuschauern, indem du Kommentare beantwortest und auf ihre Wünsche und Ideen eingehst.

Vergrößere die Anzahl deiner Abonnenten

Auch wenn sie nicht groß sein muss, solltest du eine gewisse Fangemeinde haben, bevor du ein Sponsoring bekommst. Marken und Hersteller wollen ihre Produkte und Dienstleistungen vor potenziellen Käufern präsentieren, also musst du zeigen, dass deine Videos auch angesehen werden. Als Faustregel gilt, dass du mindestens 1.000 Abonnenten haben solltest, bevor du auf potenzielle Partner zugehst.

Es hört sich einfach an, aber die Erstellung von guten Inhalten ist der beste Weg, um deinen Kanal zu vergrößern. Und je mehr du wächst, desto mehr Möglichkeiten werden sich dir bieten. Konzentriere dich darauf, deinen Zuschauern so viel Wert wie möglich zu bieten. Eine engagierte und treue Fangemeinde, die deine Leidenschaft teilt, ist viel wertvoller als Tausende passiver Zuschauer.

Arbeite auch stetig an deinem Präsentationsstil und verbringe Zeit damit, Videonachbearbeitung zu lernen. So bist du bereit, wenn es an der Zeit ist, einen guten ersten Eindruck zu hinterlassen.

Gehe auf Marken und Hersteller zu

Wenn dein Kanal optimiert ist und die Zahl deiner Follower steigt, ist es an der Zeit, mit Marken und Unternehmen in Kontakt zu treten.

Als Erstes solltest du ein *Media-Kit* erstellen. Ein Media-Kit ist quasi dein Lebenslauf für deinen YouTube-Kanal. Das kann eine Website sein, auf der du dich und dein Schaffen präsentierst (so mache ich es zum Beispiel),

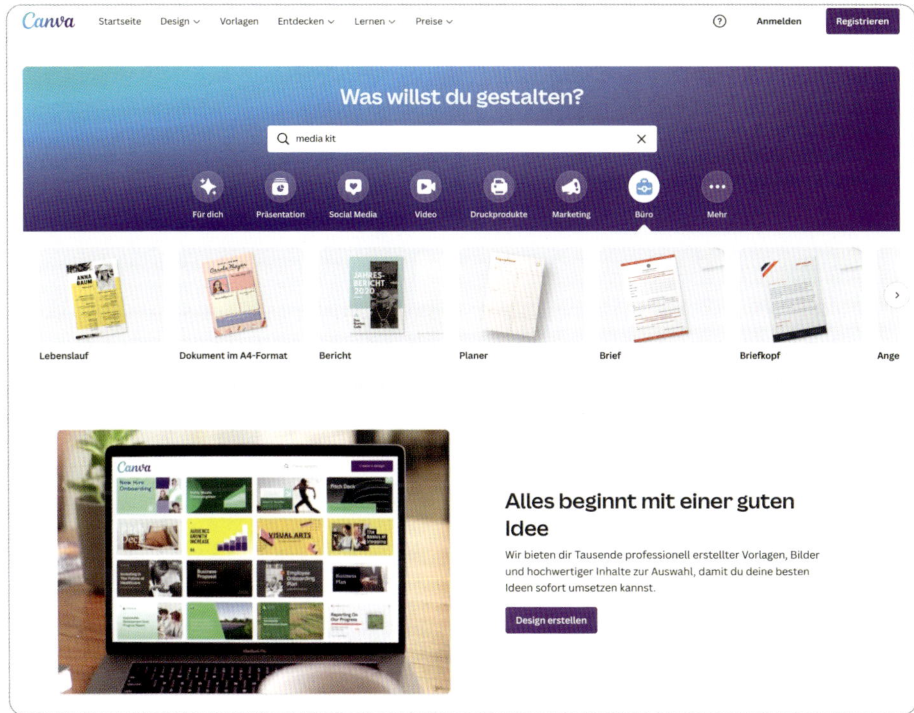

▲ *Canva ist einer von vielen Anbietern für Vorlagen zur Verwendung in deinem Selbstmarketing.*

oder du erstellst tatsächlich eine Art „YouTuber-Lebenslauf“ mit Bildern und Texten in Form einer PDF-Datei – ganz so, als würdest du dich auf eine Marketingstelle bewerben wollen. Der Anbieter *www.canva.com* bietet dir die Möglichkeit, mithilfe toller Vorlagen ein solches Media-Kit zu erstellen. Du findest dort auch Vorlagen für YouTube-Titelbilder, Instagram-Storys und vieles mehr.

Folgende Informationen und Inhalte gehören in dein Media-Kit:

- Anzahl der Abonnenten und Stunden, die Zuschauer monatlich auf deinem Kanal verbringen.
- Aktuelle Statistiken zu deinen Aktivitäten auf sozialen Medien.
- Informationen über die Demografie deiner Zielgruppe und die inhaltliche Ausrichtung deines YouTube-Kanals.
- Beispiele für frühere Kooperationen (falls vorhanden).

Als Nächstes überlegst du dir, welche Marken zu den Inhalten, die du erstellst, und zu deiner Zielgruppe passen. Denke an Produkte, die du bereits benutzt, magst und deinen Freunden gern empfiehlst. Überlege dir, welche Marken und Produkte für deine Zuschauer am relevantesten, angenehmsten und wertvollsten sind.

Sobald du eine Auswahlliste hast, schau dich auf YouTube um und finde heraus, ob und wie diese Marken bereits mit anderen YouTubern zusammenarbeiten. Dies sollte dir auch einen guten Anhaltspunkt vermitteln, ob du mit deinem Kanal bereits weit genug fortgeschritten bist.

Einige Hersteller wie zum Beispiel GoPro haben extra Webportale eingerichtet, über die man sich für Partnerschaften und Sponsorings bewerben kann.

Du kannst auch Sponsoring-Möglichkeiten finden, indem du auf die Website einer Marke gehst und bis zur Fußzeile scrollst. Halte Ausschau nach Links mit Bezug zu „Partnerschaften" oder „Affiliate-Programmen". Diese sollten dich zu einer Seite führen, auf der du dich für eine Zusammenarbeit bewerben kannst. Wenn die Marke, mit der du zusammenarbeiten möchtest, keine Bewerbungsseite auf ihrer Website hat, kannst du dich immer

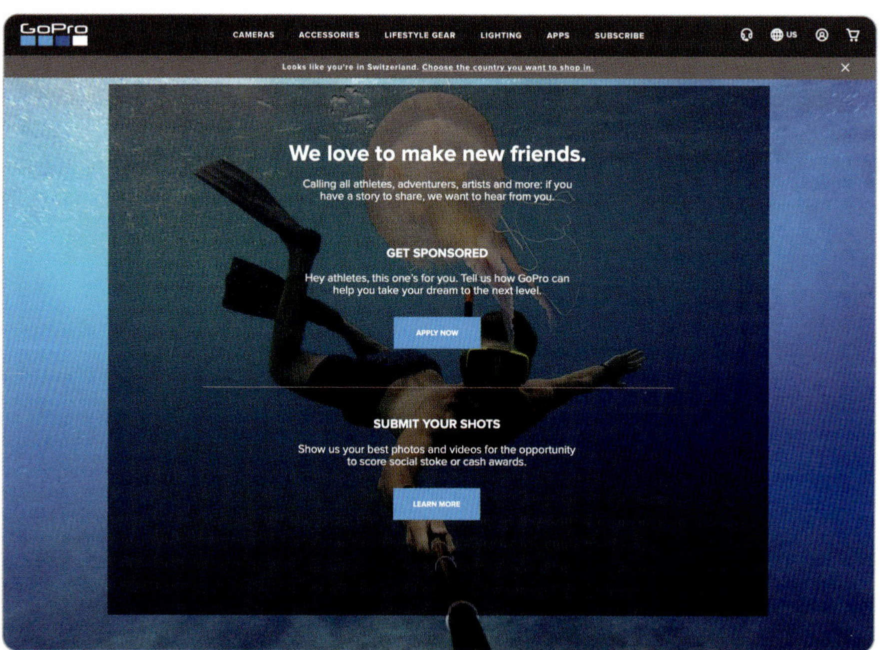

▲ *Einige Unternehmen sind bereits gut auf die Zusammenarbeit mit Influencern vorbereitet und bieten Portale, über die du dich für eine Partnerschaft bewerben kannst.*

noch per E-Mail melden. Gehe auf die Kontaktseite und such nach einer E-Mail-Adresse für Presse, Partnerschaften, Marketing oder Botschafter, nicht nur nach der allgemeinen Unternehmens-E-Mail.

Wenn du deine Nachricht schickst, solltest du unbedingt hilfreiche Kanalstatistiken oder dein Media-Kit mitschicken. Du hast vielleicht nur ein paar Sekunden Zeit, um die Person, die deine E-Mail liest, zu überzeugen. Mach denen sofort klar, welche Vorteile sie durch eine Zusammenarbeit mit dir haben können.

Tacheles: Wie viel Kohle steckt da für mich drin?

Wenn du viele Follower hast, können YouTube-Sponsorings sehr lukrativ sein. Im Jahr 2020 ergab eine weltweite Studie, dass YouTube-Kanäle mit mehr als einer Million Followern im Durchschnitt mindestens 7.332 US-Dollar für ein gesponsertes Video verdienen. Kanäle mit 100.000 bis 1 Million Followern verdienen mindestens 1.306 US-Dollar an einem gesponserten Video. Eine Klear-Studie (*www.klear.com*) mit über 2.500 Influencern ergab im Jahr 2020 die folgenden durchschnittlichen Influencer-Honorare je nach Größe des Publikums:

- Nano (500-5K Abonnenten): etwa 300 Euro pro Video
- Micro (5K – 30K Abonnenten): etwa 860 Euro pro Video
- Power (30K – 500K Abonnenten): etwa 740 Euro pro Video
- Celebrity (+500K Abonnenten): etwa 3.600 Euro pro Video

Wie viel du letztlich tatsächlich verdienst, hängt von den Themen deines Kanals und der Größe deines Publikums ab. Es ist allgemein bekannt, dass Marken in der Gaming- und Technologiebranche am meisten Geld für YouTube-Influencer springen lassen. Natürlich sind die „Gehälter“ von YouTubern nicht standardisiert, also nimm diese Angaben mit Vorsicht zur Kenntnis, aber es ist hilfreich, einige ungefähre Zahlen zu haben.

Kurz gesagt: Es ist, wie du siehst, sehr gut möglich, mit bezahlten YouTube-Beiträgen gutes Geld zu verdienen, aber es ist eine gute Idee für kleinere Kreative, auch andere Einnahmequellen in Betracht zu ziehen und erst mal Erfahrungen zu sammeln und zu wachsen.

YouTube-Monetarisierung

Die Monetarisierung von YouTube – der Traum eines jeden aufstrebenden Content Creator. Die meisten würden am liebsten ihren Job aufgeben und all ihre Zeit, Energie und Ressourcen in die Sache investieren, die ihnen am meisten am Herzen liegt. Gitarren-Riffs, Kurzdokumentationen, Heimwerkertipps und -tricks – was auch immer es ist, wir alle wollen mit dem, was wir lieben, Geld verdienen.

Die sozialen Medien lassen diesen Traum verlockend nah erscheinen. Wir alle folgen Menschen, die ihr goldenes Ticket zum Internetruhm gelöst haben, indem sie genau das tun, was sie leidenschaftlich gern tun. Für die meisten Kreativen geschieht dies am häufigsten auf YouTube. Der Gedanke, auf YouTube Geld zu verdienen, ist für die meisten Vlogger, Filmemacher und Menschen, die in den Neunziger- und Nullerjahren geboren wurden, ein unausgesprochenes Ziel.

Und weil YouTube eine riesige Plattform ist (mit durchschnittlich 2,9 Milliarden Zuschauern pro Monat im Jahr 2020), gibt es auch einen großen Wettbewerb um die Aufmerksamkeit der YouTube-Besucher. Jeder, der schon einmal einen Kanal gestartet hat, weiß, wie schwer es ist, eine Fangemeinde aufzubauen und zu halten.

Um mit YouTube also Geld zu verdienen, musst du dem YouTube-Partnerprogramm beitreten.

Das YouTube-Partnerprogramm

Es gibt viele geteilte Meinungen über das YouTube-Partnerprogramm. Die Wahrheit ist, dass das YouTube-Partnerprogramm (und die Monetarisierung von YouTube im Allgemeinen) ein recht verwachsener, undurchschaubarer Garten ist. Fakt ist, dass YouTube diejenigen belohnen will, die die meisten Werbeeinnahmen für sich generieren, vor allem weil sich immer mehr Menschen für werbefreie Inhalte anmelden. Dieser Fokus auf die Einnahmen verwandelt die Beziehung in eine Geschäftspartnerschaft, von der beide Parteien – du als Urheber und YouTube – profitieren wollen.

Google (und damit auch YouTube) wird größtenteils durch automatisierte Prozesse gesteuert und reguliert. Algorithmen kontrollieren YouTube, um Inhalte zu verwalten und Trends aufzudecken. Aber es gibt tatsächlich Menschen, die die Bewerbungen für das YouTube-Partnerprogramm prüfen. Neue Bewerbungen kommen in eine Warteschlange und werden von YouTube-Mitarbeitern geprüft. Dieser Prozess dauert in der Regel etwa einen Monat (denn anders als die KI-Bots von YouTube können die menschlichen Mitarbeiter nicht mit Lichtgeschwindigkeit arbeiten).

Die gute Nachricht ist, dass diese Menschen deinen Kanal auf fünf bestimmte Dinge überprüfen. Wenn du diese Kriterien erfüllst, solltest du auf dem besten Weg sein, dem YouTube-Partnerprogramm beizutreten.

Die Voraussetzungen für das Partnerprogramm, die du erfüllen musst, bevor du aufgenommen wirst, sind:

1. Befolge die Monetarisierungsrichtlinien von YouTube.

2. Lebe in einem Land, in dem das Partnerprogramm verfügbar ist. Das ist eine ziemlich lange Liste, daher bezweifle ich jetzt einfach mal, dass du dir darüber Sorgen machen musst.

3. Deine Inhalte wurden in den letzten zwölf Monaten mehr als 4.000 Stunden geschaut. Das mag nach viel klingen, aber bedenke: Jeden Tag sehen sich fünf Milliarden Menschen Videos an. Du musst nur die richtige Zielgruppe für deine Inhalte finden.

4. Du musst mehr als 1.000 Abonnenten haben. Das kann für neue Kanäle wie ein unmögliches Ziel erscheinen. Bedenke aber, dass jeden Tag unzählig viele neue Besucher auf YouTube landen und einige davon genau nach dem suchen, was du mit deinem Kanal anbietest. Es ist wirklich machbar.

5. Richte ein AdSense-Konto ein, mit dem Google die Erlaubnis erhält, Anzeigeninhalte zu verwalten, Statistiken zu verfolgen und dich dafür zu bezahlen.

YouTube hat versucht, hier ein gutes Gleichgewicht bei diesen Anforderungen zu finden. Die Anforderungen bezüglich der Anzahl der Zuschauer und Abonnenten mögen zunächst einschüchternd wirken, aber das sind Zahlen, die jeder Kanal mit genügend Geduld, harter Arbeit und ein bisschen Glück erreichen kann. Lass dich nicht entmutigen, die ersten 1.000 Abonnenten sind die größte Hürde auf deinem gesamten Weg.

Von YouTube-Monetarisierung profitieren

Das YouTube-Partnerprogramm bietet dir eine Reihe von Möglichkeiten, Einnahmen zu erzielen. Diese Funktionen haben ein paar zusätzliche Anforderungen (zusätzlich zu den Voraussetzungen des Partnerprogramms):

Werbeeinnahmen

Ja, du kannst endlich damit anfangen, mit den Werbespots und Anzeigen auf deinem Kanal und in deinen Videos Geld auf YouTube zu verdienen. Damit du Geld verdienen kannst, musst du 18 Jahre alt sein (oder die Erlaubnis eines Erziehungsberechtigten haben), damit du ein Google-AdSense-Konto einrichten kannst. Außerdem musst du dich an die Richtlinien für werbefreundliche Inhalte von YouTube halten.

Erwarte allerdings nicht zu viel davon, denn die tatsächlichen Einnahmen werden vor allem zu Beginn deiner Karriere als YouTuber sehr gering sein. Damit du überhaupt Geld mit den vor deinen Videos und währenddessen angezeigten Werbespots und Anzeigeeinblendungen verdienen kannst, muss der Zuschauer den Werbespot mindestens 30 Sekunden lang schauen oder auf einen Link im Werbespot klicken. Für nicht überspringbare Werbespots erübrigt sich das natürlich.

Kanalmitgliedschaften

Du kannst besondere Goodies oder Belohnungen anbieten, für die deine Zuschauer bezahlen müssen (über monatliche „Mitgliedschaften"). Um dies nutzen zu können, musst du aktuell 18 Jahre alt sein und mindestens 1.000 Abonnenten haben. Noch vor wenigen Jahren waren hierzu 30.000 Abonnenten nötig.

Fanartikelverkauf (Merchandise)

Wenn du dir eine persönliche Marke aufgebaut hast, kannst du offizielle Fanartikel verkaufen, die in deinen Videos gezeigt oder auf deinem Kanal beworben werden. Dazu musst du 18 Jahre alt sein und mindestens 10.000 Abonnenten haben, um solche Produkte auf deinem Kanal verkaufen zu können.

Super Chat, Super Stickers, Super Thanks

So können Fans und Abonnenten ihre Beiträge in einem Chat-Stream hervorheben lassen oder ein Trinkgeld für eines deiner Videos springen lassen. Ist Letzteres für deinen Kanal freigeschaltet, befindet sich unter jedem deiner Videos ein Button mit einem Dollarzeichen, über den dir Zuschauer einen frei wählbaren Betrag spenden können.

Dafür musst du nur 18 Jahre alt sein und in einem Land/einer Region leben, in dem/der diese Funktionen freigeschaltet sind.

YouTube-Premium-Einnahmen

Damit erhältst du einen Anteil an der Abonnementgebühr eines YouTube-Premium-Nutzers, wenn dieser deine Videos anschaut. Damit entschädigt dich YouTube quasi dafür, dass Premium-Nutzer keine Werbeclips vor

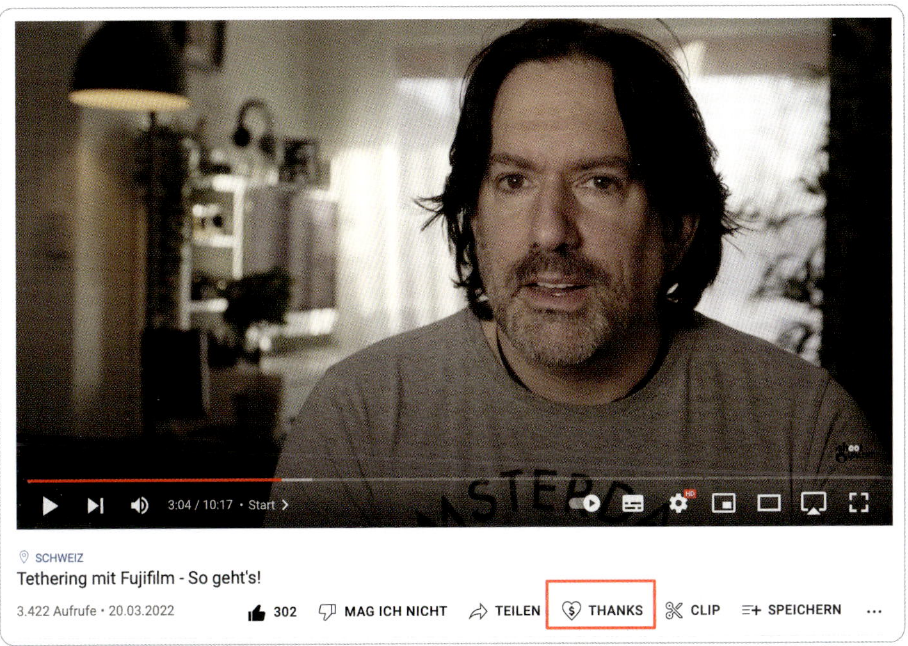

▲ *Hasse ma'n Euro? Der virtuelle Klingelbeutel in Form eines Thanks-Buttons unter meinen Videos.*

und während deiner Videos angezeigt bekommen, mit denen du deinen eigentlichen Umsatz auf YouTube generierst.

Wenn du in das Partnerprogramm aufgenommen wirst und deine Abonnentenbasis weiter ausbaust, kann dein YouTube-Kanal schneller profitabel werden, als du denkst. Vergiss jedoch nicht, dass du dafür eine Menge Arbeit und Recherche betreiben musst. Es dauert wirklich eine ganze Weile, bis sich das lohnt – aber wenn du nie damit anfängst, wird es auch nie so weit sein.

Zum Glück stellt YouTube auch Daten zur Verfügung, mit denen du herausfinden kannst, was auf deinem Kanal funktioniert (und was nicht). Diese Informationen kannst du den YouTube-Analytics innerhalb der YouTube-Studio-Oberfläche entnehmen.

Da YouTube zu Google gehört, kann es die Nutzerdaten des Mutterkonzerns voll ausschöpfen. Damit du deinen Kanal ausbauen kannst, darfst du die Analytics- und Reporting-APIs von YouTube auf keinen Fall vernachlässigen.

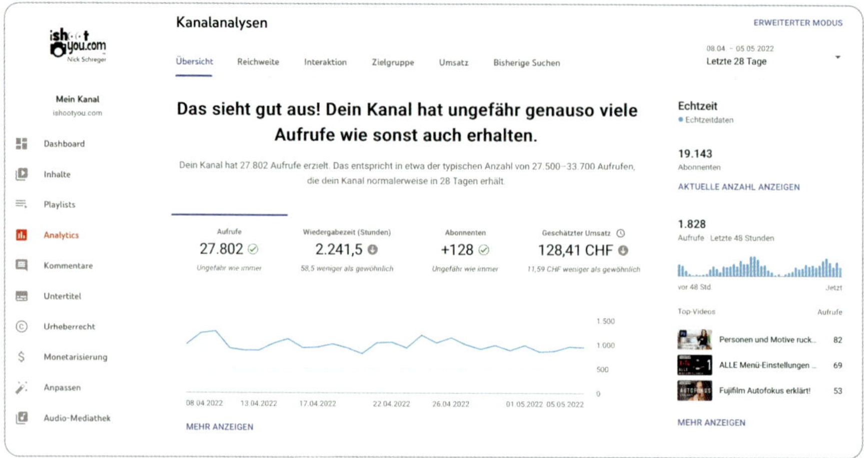

▲ *Offene Karten – die Titelseite meiner Analytics.*

Du kannst hier individuelle Berichte über deinen Kanal und die Sehgewohnheiten deiner Abonnenten erstellen. Du kannst sogar die Zahlen für bestimmte Wiedergabelisten deines Kanals oder für andere Kanäle, die mit deinem Konto verknüpft sind, verfolgen. Die Berichte gehen dabei bis ins kleinste Detail und helfen dir, dein Publikum besser kennenzulernen. Wie lange schaut sich der durchschnittliche Zuschauer ein bestimmtes Video an? Welches Durchschnittsalter haben die Zuschauer, die deinen Kanal finden? Interagieren deine Zuschauer wirklich mit der Werbung auf deinem Kanal?

Diese Fragen sind nur der Anfang dessen, was diese Berichte von YouTube für dich tun können. Damit kannst du das Wachstum deines YouTube-Kanals sichtbar machen. Und was noch wichtiger ist: Es ist eine Ressource, die dir hilft, deine Zuschauer kennenzulernen und herauszufinden, was du tun kannst, um ihnen mehr Inhalte zu bieten, die ihnen gefallen.

Letztendlich ist das dann auch das Herzstück der YouTube-Monetarisierung. Beim Erstellen von Inhalten geht es nicht nur darum, berühmt zu werden oder Geld zu verdienen – es geht darum, zu begeistern und die Dinge, die du liebst, mit Menschen zu teilen, die das zu schätzen wissen, sich davon inspirieren lassen oder es selbst ausprobieren wollen. Diese Art von Verbundenheit macht YouTube zu einer so erfolgreichen Plattform. Und es ist der Grund, warum die Zuschauer die Creators – also auch dich – so gerne unterstützen.

Bis du diese Form der Unterstützung zu spüren bekommst, kann es ein langer Weg sein. Jeder Weg ist anders, vor allem wenn es um kreative Unternehmungen geht. Aber die YouTube-Monetarisierung kann dir helfen, schneller ans Ziel zu kommen.

Werbefreundliche Inhalte

Die Richtlinien für werbefreundliche Inhalte sind die Regeln von YouTube, die festlegen, welche Videos vollständig und welche nur teilweise monetarisiert werden können.

Im letzten Jahr hat YouTube die Seite mit den werbefreundlichen Richtlinien um eine ganze Reihe neuer Texte erweitert. YouTube versucht dabei, seine Richtlinien so klar wie möglich zu formulieren, aber die Werbetreibenden werden auf dem Weg dorthin immer wieder Antworten auf Fragen brauchen – ich will dir da gerne helfen und das hier für dich aufschlüsseln, denn im Grunde genommen ist es ganz einfach.

Gefährliche Inhalte

In den YouTube-Richtlinien steht, dass gefährliche Inhalte nicht monetarisiert werden dürfen. Aber wann sind Inhalte zu gefährlich für Werbung? Inhalte können schließlich ein gefährliches Element enthalten und gleichzeitig wertvoll sein. Ein Beispiel: Bei einer Werkzeugschulung werden gefährliche Geräte und Gegenstände benutzt, aber es handelt sich um eine hilfreiche Ressource, von der Menschen profitieren können.

Gefährliche Inhalte gelten laut YouTube als akzeptabel, solange sie nicht „Verletzungen zeigen oder Unbehagen beim Betrachter“ verursachen. YouTube schreibt dazu:

„Wenn es sich um ein Lehrvideo handelt, in dem du Metallbearbeitung oder eine Schweißübung durchführst und dabei Schutzkleidung trägst, ist das zu 100 % monetarisierbar und erhält nicht das gelbe Symbol. Wenn du jedoch Aufnahmen von jemandem hast, dem zum Beispiel der Daumen abgehackt wurde oder der aufgrund einer Verletzung in der Werkstatt blutet, kann eine Freigabe zur Monetarisierung nicht vergeben werden.“

Solange also niemand in dem Video verletzt wird oder in unmittelbarer Gefahr ist, sich zu verletzen, darfst du Werbung dafür schalten.

Wenn du ein also Video erstellst, in dem gefährliche Geräte zum Einsatz kommen, musst du sicherstellen, dass du die notwendige Schutzkleidung trägst. Das gilt zum Beispiel auch für Videos mit einem BMX-Rad oder dem Skateboard und für Videos, in denen du ein Fahrzeug führst. So blöd es klingt, wenn du dich in einem Video beim Autofahren filmst und dabei nicht angeschnallt bist oder durch dein Verhalten oder deine Fahrweise andere oder dich selber gefährdest, kann dir das Recht auf Monetarisierung für dieses Video entzogen werden. Es gibt aber noch weitere Gründe, aus denen dir eine Monetarisierung verwehrt werden kann.

Kontroverse Inhalte

Wie können Creators ihre Videos werbefreundlich halten, wenn sie ein kontroverses Thema behandeln? In den Richtlinien zu werbefreundlichen Inhalten von YouTube werden kontroverse Themen wie folgt definiert:

„Gemeint sind Themen, die unsere Nutzer beunruhigen können und oft das Ergebnis menschlicher Tragödien sind. Diese Richtlinie gilt auch dann, wenn der Inhalt nur ein Kommentar ist oder keine grafischen Bilder enthält."

In den meisten Fällen sind Inhalte, die sich mit kontroversen Themen befassen, von der Monetarisierung ausgenommen. Es gibt jedoch eine Ausnahme – Inhalte, die sich gegen gefährliche Handlungen richten, werden in der Regel als werbefreundlich angesehen. Ein Video, das sich zum Beispiel gegen Tierquälerei ausspricht, könnte demnach monetarisiert werden, solange es die Tat selbst nicht zeigt.

Ein weiterer Punkt, den du beachten solltest, ist, dass YouTube es nicht erlaubt, Erfahrungen aus erster Hand zu kontroversen Themen zu monetarisieren. Das bedeutet, dass ein Video, das über eine Demonstration berichtet, als werbefreundlicher angesehen wird als ein Video, das bei einer Demonstration aufgenommen wurde. Inhalte mit persönlichen Erfahrungen können wahrscheinlich nur eingeschränkt monetarisiert werden. Wenn du über ein Thema aus der Perspektive einer dritten Person berichtest, erhältst du hingegen vollen Möglichkeiten zur Monetarisierung.

Selbstzertifizierung

YouTube bietet Creators einen vereinfachten Prozess für die Freischaltung der Monetarisierung auf Videos, indem ein Fragebogen zur Selbstzertifizierung in den Upload-Prozess integriert wurde. Du wirst darin gebeten, die Einhaltung der Richtlinien von YouTube zu überprüfen und selber anzugeben, ob das Video, das du im Begriff bist hochzuladen, alle Regeln erfüllt. Hier solltest du sehr vorsichtig und ehrlich agieren, da du diesen Vertrauensvorschuss von YouTube leicht verspielen kannst, indem du ein Video als „safe“ deklarierst, obschon es aus irgendeinem abstrusen Grund als nicht tauglich zur Monetarisierung befunden werden könnte.

Die Videos werden nämlich immer noch von YouTube überprüft, und wenn der Fragebogen nicht korrekt beantwortet wurde, wirkt sich das auf deinen „Vorschuss-Vertrauensbonus“ bei YouTube aus. Ist das automatisierte System von YouTube mit der Freigabe eines Creators im Fragebogen nicht einverstanden, wird es sich bei der Entscheidung, wie es weitergeht, darauf stützen, wie zutreffend deine Selbstzertifizierungen in der Vergangenheit waren. YouTube wird sich in einem solchen Fall eher auf deine Seite stellen, wenn du dich in der Vergangenheit als vertrauenswürdig erwiesen hast.

Inhalte mit Schusswaffen oder Waffen generell

YouTube hat ziemlich strenge Regeln für waffenbezogene Inhalte. Alles, was mit dem Kauf, Verkauf oder Gebrauch von Waffen zu tun hat, darf nicht vermarktet werden.

In den werbefreundlichen Richtlinien von YouTube heißt es:

„Inhalte, die sich mit dem Verkauf, dem Zusammenbau, dem Missbrauch oder der missbräuchlichen Verwendung von echten oder gefälschten Schusswaffen befassen, sind für Werbung nicht geeignet.“

Schusswaffen dürfen in Videos gezeigt werden, wenn sie in der Hand oder im Halfter einer Person sind. In einem solchen Fall dürfen die Videos auch monetarisiert werden. Das Zeigen von Schusswaffen in Videos ist für eine Freigabe zur Monetarisierung offenbar in Ordnung, solange dies nicht im Zusammenhang mit Gewalt geschieht.

Urheberrechtsverletzungen in Videos

Ein weiterer Grund, weswegen die Monetarisierung eines Videos aufgehoben werden kann, tritt ein, wenn jemand einen Urheberrechtsanspruch auf einen Inhalt eines deiner Videos stellt. Das kann Musik, ein Filmclip, Bilder oder die Tonaufnahme einer Rede oder Vorlesung sein – praktisch alles, was dir nicht gehört oder für dessen Verwendung du keine Erlaubnis hast.

Das Content-ID-System von YouTube sucht bereits nach Urheberrechtsverletzungen, sobald du ein Video hochlädst. Dies ist ein automatisierter Prozess, bei dem die Inhalte deines Videos mit einer riesigen Datenbank abgeglichen werden. Wird im Rahmen dieser ersten Überprüfung keine potenzielle Urheberrechtsverletzung festgestellt, bedeutet das aber noch lange nicht, dass du aus dem Schneider bist.

Rechteinhaber wie zum Beispiel Plattenfirmen nutzen eigene automatisierte Prozesse, mit denen sie kontinuierlich die Inhalte auf YouTube durchforsten und auf mögliche Dispute untersuchen. Es kann also sein, dass du erst Monate, nachdem du ein Video hochgeladen hast, einen sogenannten Copyright-Strike bekommst. In einem solchen Fall stehen dir folgende Lösungswege offen:

1. Du ersetzt oder entfernst den fraglichen Inhalt in deinem Video oder schaltest den betroffenen Bereich stumm, sofern es sich um Musik handelt.
2. Du trittst die Werbeeinnahmen, die du mit diesem Video erzielst, teilweise oder vollumfänglich an den Rechteinhaber ab.
3. Du bestreitest den Urheberrechtsanspruch, wenn du dir sicher bist, die Rechte zur Veröffentlichung zu besitzen.

Ich konnte in der Videoliste auf meinem Kanal tatsächlich ein Video finden, das mit gleich drei Urheberrechtsansprüchen belegt war. Es handelt sich dabei um einen alten Dokumentarfilm, den ich im Jahr 2004 produziert hatte. Damals wurden mir die Musiktitel von der Produktionsfirma ausdrücklich zur Verfügung gestellt. Die Beschwerde sieht folgendermaßen aus:

Ob ein Video für die Monetarisierung geblockt ist, erkennst du am rot eingefärbten und durchgestrichenen Dollarsymbol auf der Listenübersicht dei-

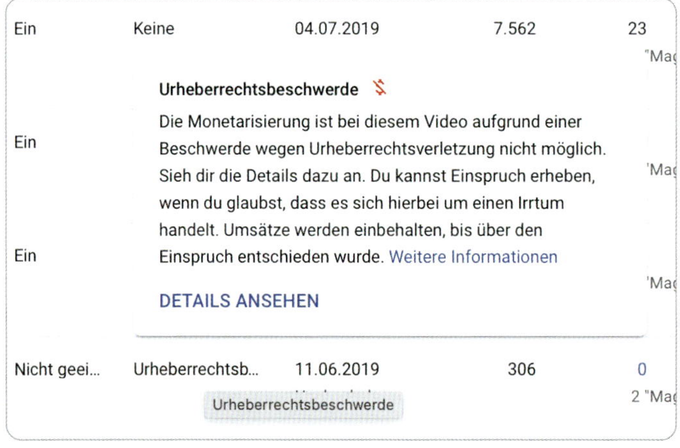

◀ *Für eines meiner Videos wurde die Monetarisierung aufgrund einer Urheberrechtsbeschwerde geblockt.*

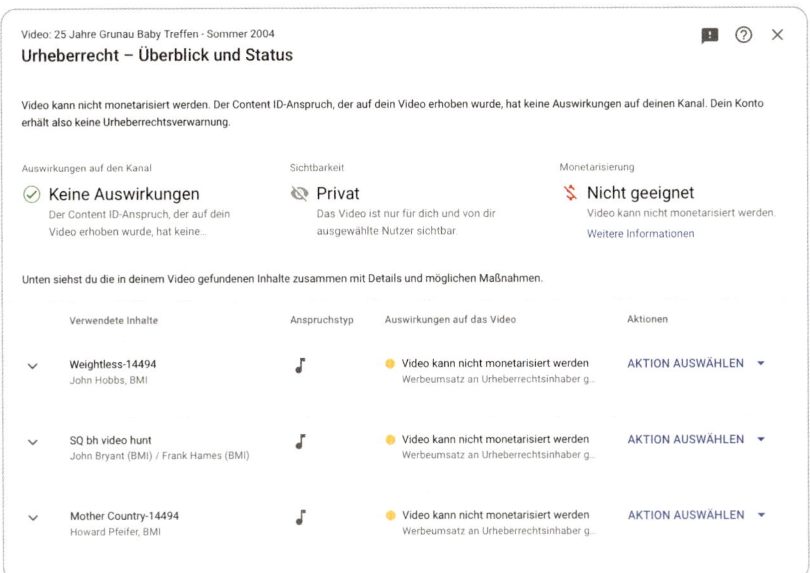

▲ *Autsch – gleich drei Musiktitel werden beanstandet!*

ner YouTube-Inhalte. Mit einem Klick auf *Details ansehen* bekommst du weitere Informationen zum Vorfall.

Hier hat sich in den vergangenen Jahren wirklich sehr viel verbessert, was einerseits die Transparenz von YouTube gegenüber den Creators angeht, und andererseits, wie informativ und klar die Informationen zu den einzelnen Vorfällen und Vorgängen sind.

Wäre ich im gezeigten Beispiel noch heute im Besitz der Lizenzen von damals, könnte ich für jeden der drei gestellten Ansprüche separat wählen, ob und wie ich das Problem lösen will. Um das hier mal zeigen zu können, habe ich bei einem der beanstandeten Musiktitel auf *Aktion auswählen* geklickt, woraufhin mir ein Menü mit möglichen Lösungsansätzen angezeigt wird.

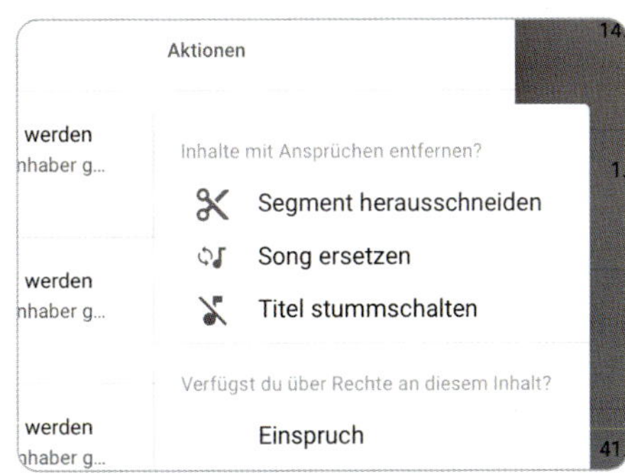

▲ *Mögliche Lösungsansätze.*

Beispielhaft habe ich mal auf *Einspruch* geklickt. In dem Fall erscheint eine sehr verständliche Schritt-für-Schritt-Anleitung, die entweder verdeutlicht, dass man im gegebenen Fall im Unrecht ist, oder aufzeigt, wie man zu seinem Recht kommen kann.

Es gab in der Vergangenheit tatsächlich Fälle, in denen ich solche Urheberrechtsbeschwerden zu Unrecht bekommen hatte. Man muss dazu wissen, dass hier sehr viel mit automatisierten Erkennungsmethoden gearbeitet wird, was manchmal auch zu Fehlalarmen führen kann. In Kapitel 4, „Produktion", schrieb ich über Quellen für Hintergrundmusik, und obschon aus einer solchen Quelle legal bezogen, musste ich schon einige Male über die hier gezeigten Mechanismen mein Recht durchsetzen.

Im Fall von Artlist.io, meiner Quelle für Hintergrundmusik, bekommt man für jeden Titel, den man herunterlädt, eine PDF-Datei mit der dazugehörigen Lizenz. Diese musste ich jeweils hochladen und damit beweisen, den Titel rechtmäßig verwendet zu haben. Dieser Prozess dauerte im Schnitt etwa jeweils eine Woche bis zur finalen Entscheidung und erneuten Freigabe – die zwischenzeitlich erzielten Werbeeinnahmen sind in einem solchen Fall übrigens nicht futsch, sondern werden an die Seite gelegt und – im Fall einer positiven Entscheidung – nachträglich verrechnet.

Da sind die negativen Seiten des Geldverdienens mit YouTube, und sie halten sich zum Glück in Grenzen – wenn man die in diesem Abschnitt genannten Hinweise und Richtlinien beachtet.

Amazon-Affiliate-Links

Eine beliebte und je nach Popularität deines Kanals erfolgreiche zusätzliche Einnahmequelle für deinen YouTube-Kanal sind sogenannte Affiliate-Links. Ein Affiliate-Link ist eine bestimmte URL, die eine ID oder einen Benutzernamen enthält, anhand deren oder anhand dessen zum Beispiel der Betreiber eines Webshops zuordnen kann, von wo aus ein Besucher auf den Webshop verwiesen wurde. Als Gegenleistung bekommst du vom Betreiber des Webshops eine Provision für jeden Kauf, den ein Besucher in diesem Webshop tätigt, nachdem er über einen von dir platzierten Affiliate-Link dort gelandet ist.

Viele Firmen bieten Betreibern von YouTube-Kanälen und anderen Social-Media-Profilen wie Instagram etc. an, an einem Partnerprogramm teilzunehmen. Sobald du dich für ein solches Partnerprogramm registriert hast, bekommst du in der Regel personalisierte URLs zu bestimmten Produkten oder Angeboten des jeweiligen Unternehmens zur Verfügung gestellt. Diese kannst du dann in der Beschreibung deiner Videos auflisten.

Wenn jetzt ein Besucher deines YouTube-Kanals auf einen solchen Link klickt, gelangt er ganz normal auf eine Angebotsseite, auf der er ein bestimmtes Produkt kaufen kann. Kommt es zu einem Abschluss, bekommst du die zuvor vereinbarte oder vom Betreiber festgelegte Provision ausgezahlt. Der Besucher deines Kanals zahlt weder mehr für das Angebot, noch bekommt er in irgendeiner Weise mit, über einen besonderen Link auf das Angebot geleitet worden zu sein.

Fairerweise solltest du aber in deinem Video oder neben dem Affiliate-Link darauf hinweisen, dass es sich um einen solchen handelt. Ein offener Umgang mit dieser Möglichkeit, Geld zu verdienen, hat sich inzwischen sogar völlig etabliert, und solche Links werden häufig auch gern von Zuschauern deines Kanals als Unterstützung genutzt, weil sie wissen, dass sie nicht mehr zahlen, du aber eine Provision bekommst. An passender Stelle im Video kannst du darauf hinweisen, indem du etwa sagst: „... wenn dir das Produkt gefällt und du mich und meinen Kanal unterstützen möchtest, dann nutze doch die Verknüpfung in der Beschreibung des Videos – wenn du darüber das Produkt kaufst, zahlst du nicht mehr, ich bekomme aber eine kleine Provision ausgezahlt.“

Anmeldung beim Partnerprogramm

Ich selbst nutze Affiliate-Links von Amazon und möchte dir hier einmal zeigen, wie du dich für das Amazon-Partnerprogramm anmelden und solche Links erstellen kannst.

1. Voraussetzung ist natürlich ein Amazon-Konto. Rufe die Internetseite *https://partnernet.amazon.de/signup* auf und erstelle ein PartnerNet-Konto, indem du dich mit deinen Amazon-Zugangsdaten anmeldest.

2. Nachdem du die Angaben zu Adresse, Ansprechpartner und Steuer überprüft hast, klicke auf *Weiter* und gib auf der Folgeseite im linken Formularfeld (roter Pfeil) die Adresse deines YouTube-Kanals ein. Du findest die Adresse deines Kanals, wenn du in der YouTube-Studio-Ansicht in der linken Spalte auf *Anpassen* klickst und dann auf *Allgemeine Informationen*.

3. Wenn du schon einmal dort bist, kannst du deinem Kanal gleich eine *Benutzerdefinierte URL* verpassen – anders als die kryptische Adresse in der mit dem roten Pfeil markierten Zeile lässt sich eine solche viel besser merken und weitergeben.

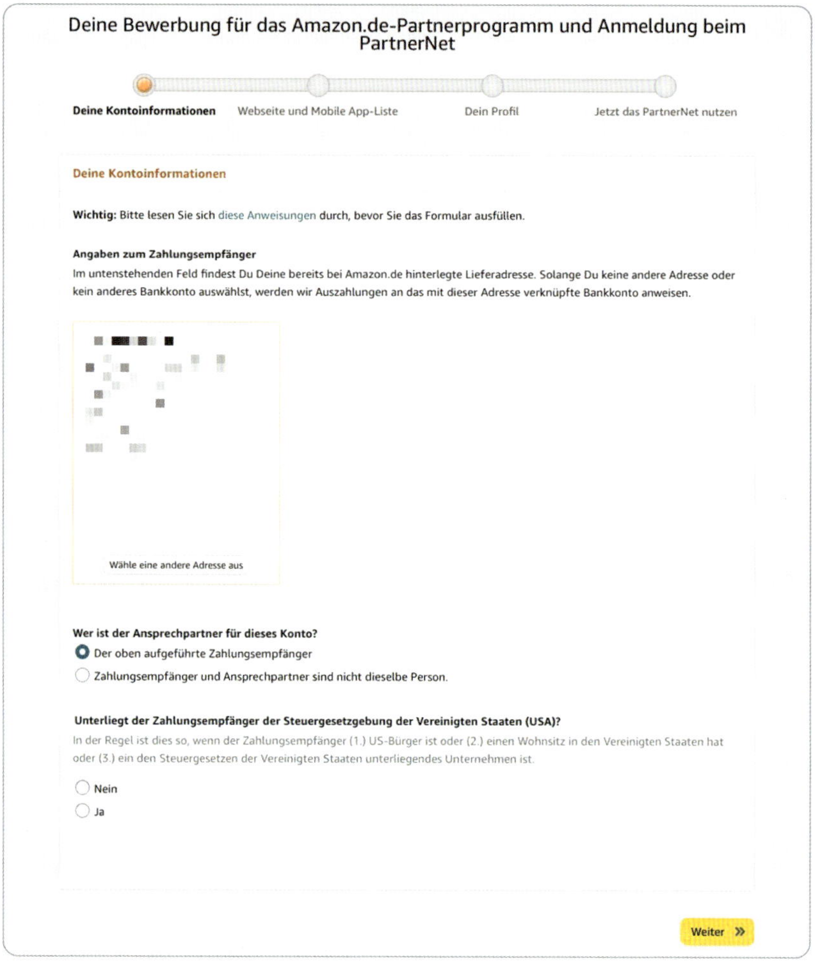

Deine Bewerbung für das Amazon.de-Partnerprogramm und Anmeldung beim PartnerNet

Deine Kontoinformationen — Webseite und Mobile App-Liste — Dein Profil — Jetzt das PartnerNet nutzen

Deine Kontoinformationen

Wichtig: Bitte lesen Sie sich diese Anweisungen durch, bevor Sie das Formular ausfüllen.

Angaben zum Zahlungsempfänger

Im untenstehenden Feld findest Du Deine bereits bei Amazon.de hinterlegte Lieferadresse. Solange Du keine andere Adresse oder kein anderes Bankkonto auswählst, werden wir Auszahlungen an das mit dieser Adresse verknüpfte Bankkonto anweisen.

Wähle eine andere Adresse aus

Wer ist der Ansprechpartner für dieses Konto?

- Der oben aufgeführte Zahlungsempfänger
- Zahlungsempfänger und Ansprechpartner sind nicht dieselbe Person.

Unterliegt der Zahlungsempfänger der Steuergesetzgebung der Vereinigten Staaten (USA)?

In der Regel ist dies so, wenn der Zahlungsempfänger (1.) US-Bürger ist oder (2.) einen Wohnsitz in den Vereinigten Staaten hat oder (3.) ein den Steuergesetzen der Vereinigten Staaten unterliegendes Unternehmen ist.

- Nein
- Ja

Weiter »

▶ Anmeldung beim Amazon-Partnerprogramm.

▶ Einstellungen für die Kanalanpassung.

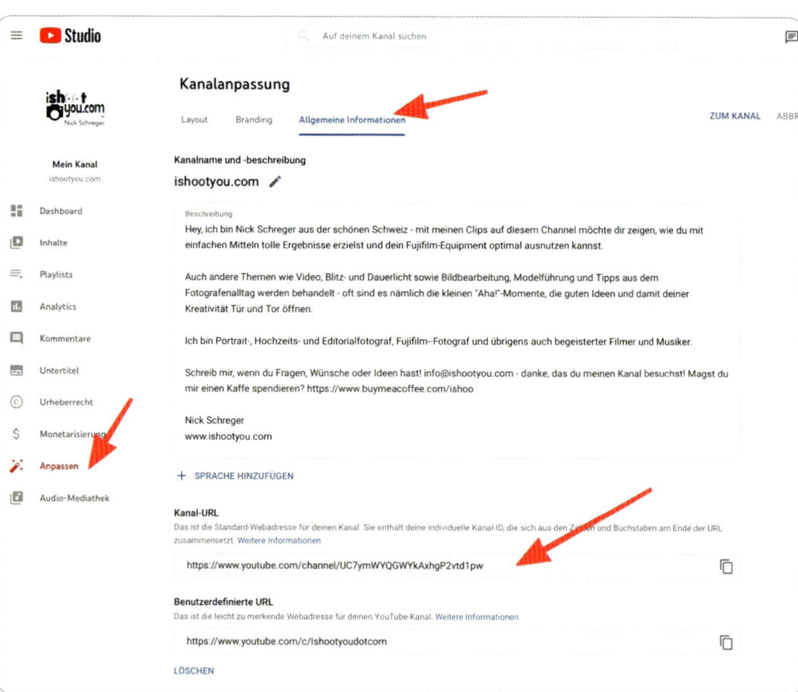

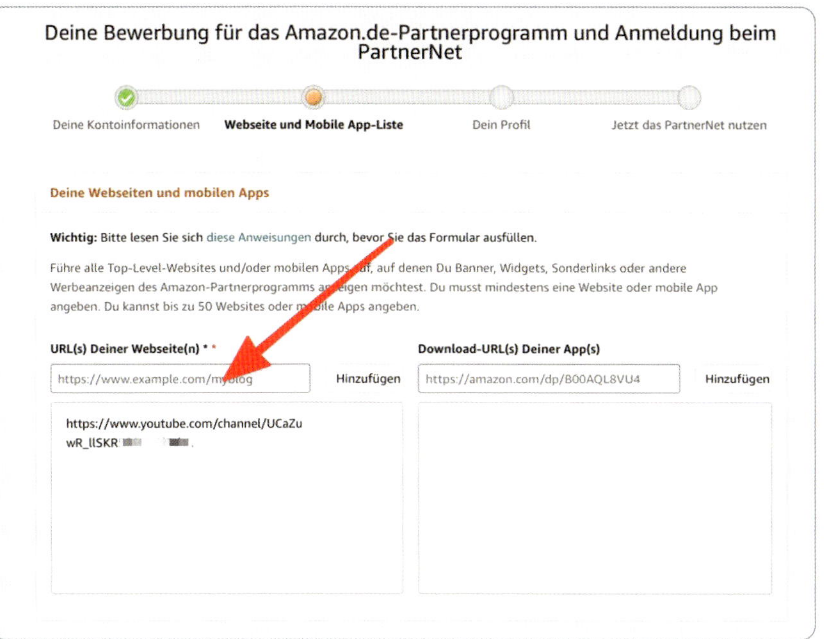

Deine Bewerbung für das Amazon.de-Partnerprogramm und Anmeldung beim PartnerNet

Deine Kontoinformationen | **Webseite und Mobile App-Liste** | Dein Profil | Jetzt das PartnerNet nutzen

Deine Webseiten und mobilen Apps

Wichtig: Bitte lesen Sie sich diese Anweisungen durch, bevor Sie das Formular ausfüllen.

Führe alle Top-Level-Websites und/oder mobilen Apps auf, auf denen Du Banner, Widgets, Sonderlinks oder andere Werbeanzeigen des Amazon-Partnerprogramms anzeigen möchtest. Du musst mindestens eine Website oder mobile App angeben. Du kannst bis zu 50 Websites oder mobile Apps angeben.

URL(s) Deiner Webseite(n) * *

https://www.example.com/myblog Hinzufügen

https://www.youtube.com/channel/UCaZu
wR_lISKR

Download-URL(s) Deiner App(s)

https://amazon.com/dp/B00AQL8VU4 Hinzufügen

◀ *Websites und Apps eintragen.*

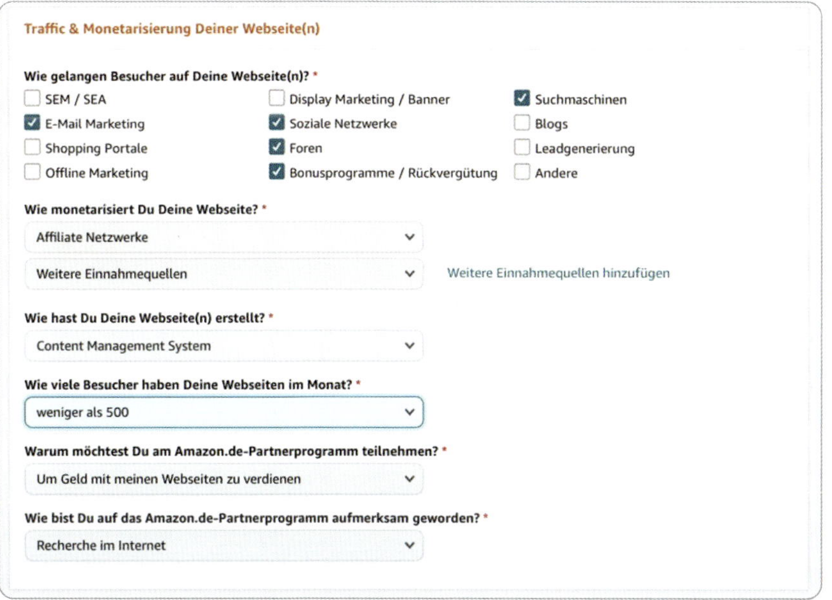

Traffic & Monetarisierung Deiner Webseite(n)

Wie gelangen Besucher auf Deine Webseite(n)? *

- [ ] SEM / SEA
- [x] E-Mail Marketing
- [ ] Shopping Portale
- [ ] Offline Marketing
- [ ] Display Marketing / Banner
- [x] Soziale Netzwerke
- [x] Foren
- [x] Bonusprogramme / Rückvergütung
- [x] Suchmaschinen
- [ ] Blogs
- [ ] Leadgenerierung
- [ ] Andere

Wie monetarisiert Du Deine Webseite? *

Affiliate Netzwerke

Weitere Einnahmequellen — Weitere Einnahmequellen hinzufügen

Wie hast Du Deine Webseite(n) erstellt? *

Content Management System

Wie viele Besucher haben Deine Webseiten im Monat? *

weniger als 500

Warum möchtest Du am Amazon.de-Partnerprogramm teilnehmen? *

Um Geld mit meinen Webseiten zu verdienen

Wie bist Du auf das Amazon.de-Partnerprogramm aufmerksam geworden? *

Recherche im Internet

◀ *Angaben zu Traffic und Monetarisierung.*

Kopiere anschließend diese *Kanal-URL* und füge sie auf der Amazon-PartnerNet-Seite ein.

4. Fülle auf der Folgeseite die Pflichtfelder aus (sie sind mit einem roten Sternchen versehen). Bei *Beschreibung deiner Website* kannst du *YouTube-Kanal* angeben.

   Gib unter *Traffic & Monetarisierung Deiner Webseite(n)* Folgendes ein:

5. Wenn alle Angaben vollständig sind, siehst du auf der Folgeseite, dass du erfolgreich ins Partnerprogramm aufgenommen wurdest. Um Auszahlungen erhalten zu können, musst du jedoch noch eine Bankverbindung angeben.

▲ *Bankdaten und Steuerinformationen.*

6. Du kannst übrigens wählen, in welcher Form du ausgezahlt werden möchtest. Amazon behält sich dabei vor, erst ab einem gewissen Betrag eine Auszahlung wahlweise in Form eines Amazon-Gutscheins oder als Banküberweisung zu tätigen.

7. Wie Amazon selbst empfiehlt, stellt die Auszahlung in Form eines Amazon-Gutscheins die einfachste Art der Auszahlung dar – und für Amazon ist es natürlich auch die angenehmste, denn damit bleibt das Geld bei ihnen. Ich halte die Auszahlung auf ein Bankkonto für vernünftiger – bei der Steuer musst du solche Einkünfte so oder so angeben.

Allzu euphorisch solltest du an die Sache nicht herangehen – so richtig lohnen tut sich das Amazon-PartnerNet erst dann, wenn viele Nutzer nicht nur deine Affiliate-Links anklicken, sondern danach auch etwas auf Amazon kaufen. Immerhin ist es egal, ob der

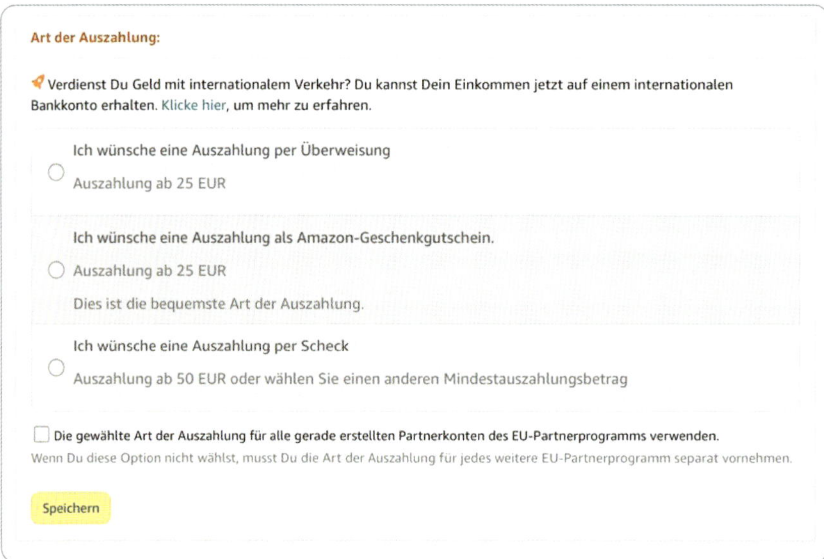

▲ *Auszahlungsart festlegen.*

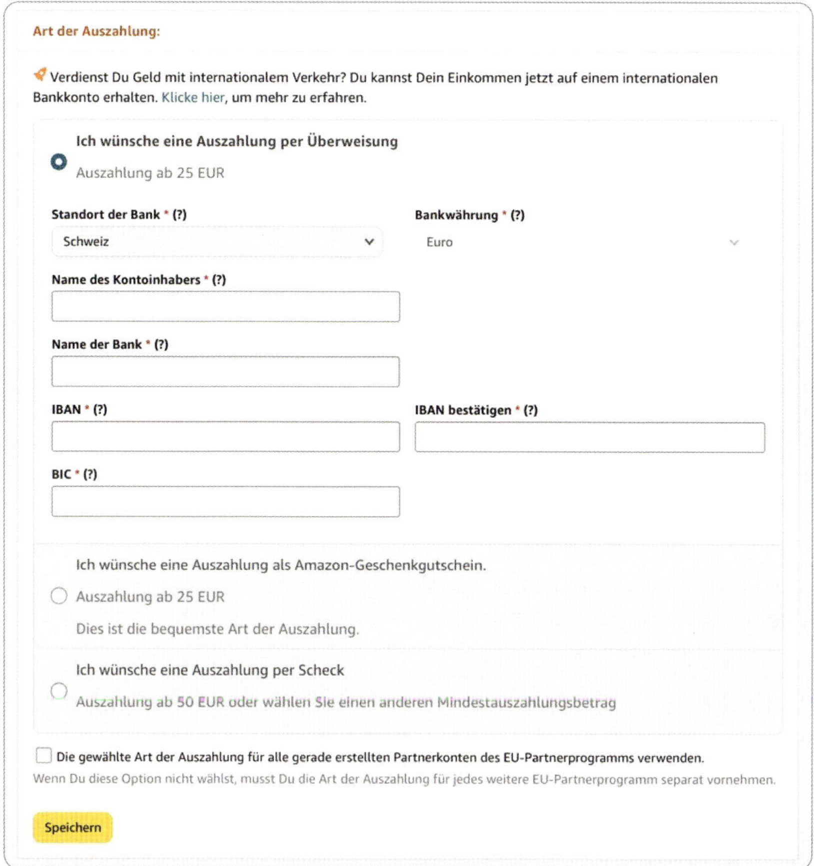

▲ *Art der Auszahlung.*

Nutzer auch tatsächlich das Produkt kauft, das direkt mit deinem Affiliate-Link verknüpft ist: Du bekommst Provision auf alles, was der Nutzer während dieser Session auf Amazon kauft. Ein Beispiel:

Dein Affiliate-Link verweist auf einen Haartrockner. Der Nutzer klickt auf den Link, landet darüber auf Amazon und entscheidet dann aber, den Haartrockner doch nicht zu kaufen. Stattdessen stöbert er noch zwei Stunden lang auf Amazon und kauft in dieser Zeit verschiedene andere Produkte. Da er über deinen Link überhaupt erst auf Amazon gelandet ist, bekommst du für alle seine Einkäufe eine Provision. Verlässt er danach die Amazon-Seite und kehrt zu einem späteren Zeitpunkt wieder zurück, indem er lediglich *www.amazon.de* in die Adresszeile eingibt, bekommst du keine weitere Provision. Nur wenn er über deinen Affiliate-Link Amazon aufruft, sind die Einkäufe wieder für deine Provisionen relevant.

Wenn du dir mal eine Fangemeinde aufgebaut hast, kannst du einen Affiliate-Link erstellen, der statt auf ein bestimmtes Produkt auf die Amazon-Startseite verweist. Diesen Link kannst du dann deinen Fans mitteilen und sie bitten, ein Lesezeichen dafür zu hinterlegen und in Zukunft Amazon immer über dieses Lesezeichen aufzurufen. Auf diese Weise können sie dich regelmäßig völlig unkompliziert unterstützen, ohne selbst einen Nachteil zu haben – denn sie müssen weder mehr bezahlen, noch kannst du zurückverfolgen, wer wann was gekauft hat.

▲ *Textlink erstellen.*

Affiliate-Link erstellen

Um einen Affiliate-Link zu erstellen, gehst du wie folgt vor: Such zunächst auf Amazon nach einem Produkt, zu dem du verlinken möchtest. Achte dabei am besten darauf, dass es sich um ein gutes Angebot handelt – ein und dasselbe Produkt findest du oft zu sehr unterschiedlichen Preisen, und du willst den Besucher des Links nicht gleich wieder abschrecken. Ich persönlich wähle auch nur Angebote aus, die direkt von Amazon verschickt werden, weil Nutzer generell lieber solche bestellen.

1. Rufe also die Artikelseite auf und klicke dann oben in der grauen Zeile über dem Amazon-Suchfeld auf *Text*.

2. Danach öffnet sich ein Fenster, aus dem du deinen persönlichen Affiliate-Link zu diesem Produkt herauskopieren und in die Beschreibung deines YouTube-Videos einfügen kannst.

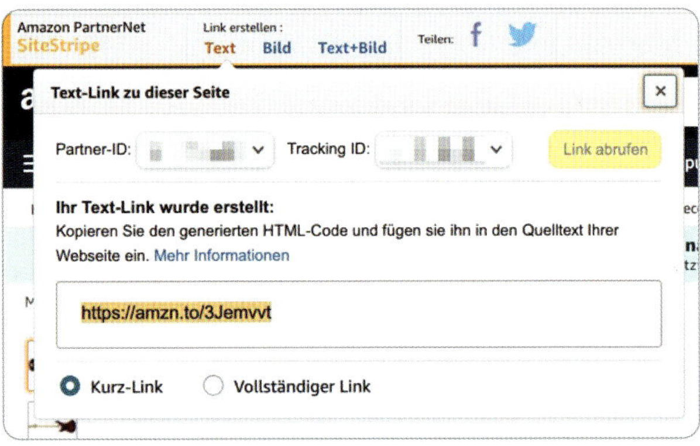

▶ *Der Textlink wurde als Kurzlink erstellt.*

Auswertung und Auszahlung

Wie bereits geschrieben, es wird seine Zeit dauern, bis sich solche Affiliate-Links tatsächlich lohnen. Die Höhe der Provision ist zudem von der Produktkategorie abhängig – so wird zwischen Unterhaltungselektronik, Büchern, Kleidung etc. unterschieden. Die Berechnungsgrundlagen ändern sich immer wieder mal, und es wäre wenig sinnvoll, hier eine Tabelle aufzuführen. Du kannst diese Informationen aber leicht auf dem PartnerNet-Portal abrufen, wo du auch eine Übersicht über die aktuellen Vergütungen findest.

Amazon schickt dir monatlich ein Reporting in Form einer E-Mail, und sobald deine Provision den für eine Auszahlung nötigen Mindestbetrag erreicht hat, bekommst du entweder eine Überweisung auf dein Konto oder einen entsprechenden Amazon-Gutschein. Sollte der Mindestbetrag nicht erreicht sein, wird der Betrag in den nächsten Monat übernommen.

Spenden und Mitgliedschaften

In einem YouTube-Kanal kann eine Menge Geld, Arbeit und Zeit stecken, und das lange bevor sich diese Investitionen auch nur ansatzweise lohnen. Die Möglichkeiten, mit YouTube Geld zu verdienen, sind zwar vorhanden, besonders zu Beginn einer Karriere als YouTuber solltest du aber keinerlei – und ich meine keinerlei – Erwartungen an etwaige Verdienste stellen. Ich schrieb es an anderer Stelle bereits: Wenn du des Geldes wegen einen YouTube-Kanal starten willst, dann lass es am besten gleich bleiben.

Zum Glück gibt es aber Mittel und Wege, damit sich die eigenen Investitionen wenigstens amortisieren. Da YouTube-Werbung hier eine besondere Position einnimmt und ein eigenes Kapitel verdient, möchte ich an dieser Stelle die Möglichkeit vorstellen, mithilfe von Spendengeldern und bezahlten Kanalmitgliedschaften etwas von dem zurückzubekommen, was du deinen Zuschauern bietest.

Spenden

Gleich vorweg: Es ist kein Betteln, wenn man seine Zuschauer auf die Möglichkeit hinweist, etwas zu spenden. Du als Creator gehst mit einer Menge in Vorleistung und bietest kostenlose Unterhaltung, Information und oft auch Rettung bei technischen Problemen. Die Erwartungshaltung der YouTube-Besucher ist inzwischen auch so hoch, dass man als Creator besten Gewissens zumindest erwarten kann, dass der eine oder die andere sich gerne – und das ist der Punkt! – revanchieren will.

Ich habe selber einen beliebten YouTube-Kanal zum Thema Fotografie und darüber schon sehr vielen Menschen helfen können. Irgendwann bemerkte ich beiläufig in einem Video, dass ich nur dann eine Beteiligung an den YouTube-Werbeeinnahmen bekäme, wenn Besucher meiner Videos die vorgeschalteten Werbeblöcke bis zum Ende durchlaufen ließen. Auf diese ungeplante Information meinerseits gab es ein völlig überraschendes und sehr erfreuliches Feedback:

Eine Menge Kanalabonnenten und -besucher gaben in Kommentaren und E-Mails an mich an, von nun an gerne die YouTube-Werbung bis zum Schluss durchlaufen zu lassen, weil sie mir auf diese Weise etwas Gutes tun könnten. Ich war völlig baff und bemerkte dann tatsächlich auch seitdem einen deutlichen Anstieg in den Werbeeinnahmen. Das hatte ich niemals erwartet oder geplant – doch seitdem lasse ich es mir nicht nehmen, ganz sporadisch in irgendeinem Video erneut darauf hinzuweisen.

Dann dachte ich mir irgendwann, dass es doch möglich wäre, auf meiner Website eine Spendenfunktion einzubauen. Der allen bekannte Dienst PayPal bietet so etwas an; man kann sich eine Schaltfläche generieren lassen, und wenn ein Interessent darauf klickt, hat er die Möglichkeit, einen Betrag X auf mein PayPal-Konto zu spenden. Das lief dann nicht so gut, auch weil ich mich genierte, diese Möglichkeit proaktiv zu bewerben – der Button war halt auf meiner Website, und wer sich dorthin verirrte, konnte etwas spenden.

Buymeacoffee.com

Seit einigen Monaten nutze ich nun ein anderes System, das eher darauf ausgelegt ist, Kreativschaffende in sozialen Medien zu unterstützen. Ich habe übrigens keine Geschäftsverbindung dazu, und meine Empfehlung basiert einzig auf der Tatsache, dass ich diesen Dienst kenne und gute Erfahrungen damit gemacht habe. Der Dienst nennt sich *buymeacoffee.com* und bietet seinen Schützlingen eine intuitive Oberfläche, auf der sich ein Konto einrichten lässt und man sich Buttons und Werbebilder erstellen kann, die man dann zum Beispiel auf der eigenen Website einfügt.

Wer bei mir darauf klickt, wird auf meine individuelle „Kaffeeseite“ geleitet und hat die Wahl, einen, zwei, drei oder mehr Kaffees zu spendieren, wobei ein Kaffee jeweils 5 Euro kostet. Die Betreiber behalten sich lediglich 5 % ein, was angesichts dessen, was sie ermöglichen und wie unkompliziert die Einrichtung und der Ablauf sind, völlig in Ordnung ist.

`Einfach, aber effektiv: buymeacoffee.com`

Die Akzeptanz unter den Besuchern meines Kanals ist sehr positiv. Viele schreiben zudem in ihrem Kommentar, den sie bei der Spende hinterlassen können, dass sie erfreut sind, damit die Möglichkeit bekommen zu haben, sich auch mal zu revanchieren – eine Art „Trinkgeld“ eben. Sehr wenige kritische Stimmen (unter 1 %) schreiben mir über andere Kanäle, warum ich es denn nötig hätte zu „betteln“. Wundere dich nicht über solche Leute – sie verstehen es einfach nicht, und es ist müßig, mit ihnen darüber zu diskutieren.

Egal für welche Spendenplattform du dich entscheidest – vergiss nicht, die Beträge bei der Einkommenssteuer zu melden, oder informiere dich genau darüber, ob und in welcher Form das in dem Land, in dem du lebst und Steuern zahlst, gesetzlich erforderlich ist.

Im Abschnitt zu den YouTube-Monetarisierungen beschrieb ich zudem bereits die *Super Thanks*-Funktion, bei der sich ein *Thanks*-Button direkt unter deinen Videos befindet, den Nutzer anklicken und für die Zahlung eines frei wählbaren Trinkgelds nutzen können.

▲ *Der YouTube-eigene Spenden-Button unter meinen Videos.*

Bezahlte Mitgliedschaften

Eine andere Form der – nennen wir es mal beim Namen – Geldbeschaffung stellt die Einrichtung eines Abomodells dar. Ein solches kannst du zwar auch über andere Anbieter wie Buymeacoffee.com einrichten, es besteht dann jedoch nicht die Möglichkeit, nicht zahlenden Zuschauern den Zugang zu bestimmten Inhalten auf deinem Kanal zu verwehren. Genau das wiederum kann aber auch für viel negative Stimmung unter deinen Zuschauern und vor allem „normalen“ Kanalabonnenten sorgen:

1. Wir leben in einer Gesellschaft, in der „Geiz“ geil ist und alles am besten billig oder gar umsonst sein sollte.

2. Abomodelle machen sich seit einigen Jahren in so ziemlich allen Konsumbereichen breit, seien es Streaming-Dienste, Apps, Software – und als Verbraucher ist man ihnen mehr und mehr hilflos ausgesetzt, weil es kaum noch hochwertige Alternativen gibt. Da stößt jedes weitere Abo sauer auf.

3. Vielleicht halten dir schon seit Jahren diverse Abonnenten die Treue – diese jetzt plötzlich auszusperren, kann für einen schlechten Geschmack im Mund sorgen.

4. Zwei-Klassen-Gesellschaften sind generell bei denjenigen verpönt, die der gehobenen angehören.

Soll ich? Soll ich nicht?

Es ist schwer bis unmöglich, in diesem Buch eine klare Richtlinie dahin gehend vorzugeben, wann es sich für einen Kanal lohnt, die Möglichkeit einer bezahlten Mitgliedschaft in Erwägung zu ziehen. Ich selbst habe mich damit schon intensiv beschäftigt und mir zum Beispiel andere Kanäle angeschaut, die bereits ein solches Modell nutzen. Während ich diese Zeilen schreibe, habe ich etwa 19.000 Abonnenten, was im Vergleich mit international erfolgreichen Kanälen ein Klacks ist. Da ich aber mit meinem Kanal eine vergleichsweise kleine Zielgruppe anspreche (deutschsprachige Fotografen, die mit APS-C-Kameras des Herstellers Fujifilm unterwegs sind), bin ich sehr zufrieden mit dessen Entwicklung, wenn nicht sogar überrascht. Ich erinnere mich noch sehr genau, wie ich meine Freundin fragte, ob sie mein 50. Abonnent sein wollte, und wie sehr ich mich über 1.500 gefreut hatte.

Die Einführung eines Bezahlmodells muss gut geplant werden, und ich bin selber bereits seit etwa einem Jahr damit beschäftigt. Dazu zeige ich dir, lieber Leser, an dieser Stelle ganz exklusiv einige Auszüge aus meinen persönlichen Notizen.

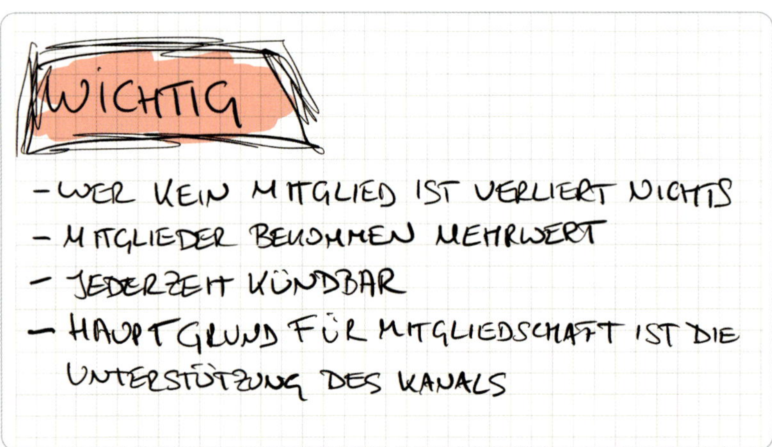

▲ *Auszug aus meinen persönlichen Notizen zum Thema „Bezahlte Kanalmitgliedschaft": Diese Zeilen beinhalten die für mich wichtigsten Denkanstöße.*

Grundsätzlich lohnt sich die Überlegung bezüglich eines Bezahlmodells erst dann, wenn ein Kanal bereits etabliert ist und einer klaren Linie folgt. Mit klarer Linie meine ich, dass der Themenschwerpunkt feststehen muss und bezüglich Stil und Präsentationsform keine Experimente mehr gemacht werden.

Sobald du dich für deine Arbeit bezahlen lässt, stehst du sozusagen im Dienst deiner zahlenden Mitglieder und solltest ein festes Maß an Qualität und Quantität auf deinem Kanal bieten. Natürlich decken die Zahlungen der Mitglieder bei Weitem nicht die gesamten Kosten, aber sie werden trotzdem nun wahrscheinlich ihre Erwartungen ein ganzes Stück nach oben schrauben.

Wie ich in meinen Notizen festgehalten habe, sollte eine bezahlte Mitgliedschaft Bestandskunden, also solche, die bislang kostenlos von deinen Inhalten profitiert haben, nicht herabstufen. Die Vorteile, die zahlende Mitglieder erhalten sollen, müssen von den nicht zahlenden als zusätzliches Goodie gesehen werden. Es darf meiner Meinung nach nicht der Eindruck entstehen, als blieben für die nicht zahlenden in Zukunft nur noch die Krümel, während der Kuchen fortan eine Etage nach oben wandert. Nur wenn das von Anfang an klar kommuniziert und im Anschluss auch praktiziert wird, bewahrst du dich vor einer Welle der Entrüstung unter bestehenden Abonnenten. „Für nicht zahlende Mitglieder ändert sich in Zukunft nichts – alle anderen bekommen zusätzlich dies, das und jenes."

Solltest du also die Option einer bezahlten Kanalmitgliedschaft in Erwägung ziehen, plane diesen Schritt sehr gut und sei bereit, zumindest anfänglich viel mehr Zeit, Arbeit und damit auch Geld in diese zusätzliche Option zu investieren, als dabei herauskommen wird. Nur wenn du einen wirklichen Mehrwert bieten kannst, dieser für die Mehrheit deiner Zuschauer von Interesse ist und du den Qualitätsstandard dieser Mehrleistung über einen langen Zeitraum locker aufrechterhalten kannst, solltest du das wagen.

Kanalpartnerschaften

Als Creator ist man auf YouTube nicht zwingend auf sich allein gestellt. Kanalpartnerschaften sind eine tolle Möglichkeit, auf sich und den Kanal aufmerksam zu machen. Nehmen wir mal an, du hast einen Kanal über Mountainbiking und teilst darüber deine persönlichen Erfahrungen zum Thema Bike-Technik – Bremssysteme, Gangschaltungen, eben alles, was von technischer Seite für Mountainbike-Begeisterte von Interesse ist. Dann triffst du auf YouTube auf einen anderen Mountainbike-Kanal, der allerdings seinen Fokus auf Fahrstrecken im süddeutschen Raum gelegt hat und diese vorstellt.

Möglicherweise gibt es bereits eine Schnittmenge zwischen deinem und dem anderen Kanal, in der sich sowohl Abonnenten deines als auch seines Kanals befinden. Die Mehrheit deiner Abonnenten wird aber vielleicht noch nie etwas von diesem anderen Kanal gesehen haben, und umgekehrt wird dieser andere Kanal viele Zuschauer haben, die deinen noch nicht kennen. In einem solchen Fall bietet es sich an, den Betreiber des anderen Kanals anzuschreiben, um eine Kanalpartnerschaft anzubieten. Der Text für ein solches Anschreiben könnte in etwa wie folgt aussehen:

„Hallo __________, ich bin auf deinen YouTube-Kanal aufmerksam geworden und dachte mir, ich schreibe dir mal! Ich bin selber Betreiber eines Kanals, vielleicht hast du diesen auch schon mal gesehen. Falls nicht, findest du unten einen Link dazu. Gerne würde ich deinen Kanal mal den Zuschauern meines Kanals vorstellen, da ich mir sicher bin, dass dieser für sie interessant ist. Wenn das für dich okay ist, gib mir doch kurz Bescheid. Gerne kannst du mir auch ein paar Infos zu deinem Kanal schicken oder ein, zwei Videos nennen, auf die ich verweisen soll. Im Gegenzug würde es mich freuen, wenn du auch deinem Publikum meinen Kanal einmal vorstellen würdest. Ich sehe darin eine tolle Möglichkeit, unsere Kanäle wachsen zu lassen. Hier noch der Link zu meinem Kanal: _______ Viele Grüße _________“

Dabei gilt es eine wichtige Sache zu berücksichtigen: Die Angst, bei einer solchen Aktion Abonnenten an den anderen Kanal zu verlieren, ist fast unbegründet. In den wenigen Fällen, in denen sich jemand gegen deinen und für den anderen Kanal entscheidet, wäre dieser Abonnent ohnehin nicht mehr lange bei dir geblieben. Die mit Abstand meisten Nutzer – und dazu gehörst sehr wahrscheinlich auch du selber – haben mehrere Kanäle zu gleichen Themen abonniert.

Eine erweiterte Version einer solchen Kanalpartnerschaft besteht darin, ab und zu Inhalte untereinander zu tauschen oder ein Video gemeinsam zu machen. Das lässt sich auch hervorragend in Form eines Live-Streams realisieren, gerade dann, wenn die geografische Distanz zu groß ist.

Grundsätzlich ist es falsch, andere YouTuber als Konkurrenten zu sehen. Mache diejenigen, die es deiner Meinung nach besser machen, zu deinen Vorbildern und lerne von ihnen. Es sind genug Zuschauer für alle da – wie viele du davon bekommst, liegt einzig an der Qualität deiner Arbeit und deiner Disziplin, regelmäßig interessante Inhalte zu produzieren.

Playlisten erstellen

Playlisten werden von vielen YouTubern unterschätzt, und die vielen versteckten Vorteile, die Playlisten bieten, bleiben oft unbemerkt. Mit Playlisten kannst du deine Videos in verschiedene Themenbereiche einteilen und sie in die entsprechenden Kategorien einordnen – so, wie ein Ladengeschäft sein Angebot in Regalen organisiert.

Anstatt nur ein einziges Video präsentieren zu können, erhöhen Playlisten deine Chancen, mit mehreren Videos sichtbar zu werden. Playlisten zeigen den Zuschauern auf den ersten Blick, worum es in deinem Kanal geht, und machen es ihnen leichter, deine Videos zu finden und deine Inhalte zu durchforsten. Wenn du zum Beispiel ein Musik-Vlogger bist, kannst du exklusive Playlisten für Instrumenten-Reviews, das Unboxing neuer Effektgeräte, Gitarren-Tutorials, Challenges und mehr

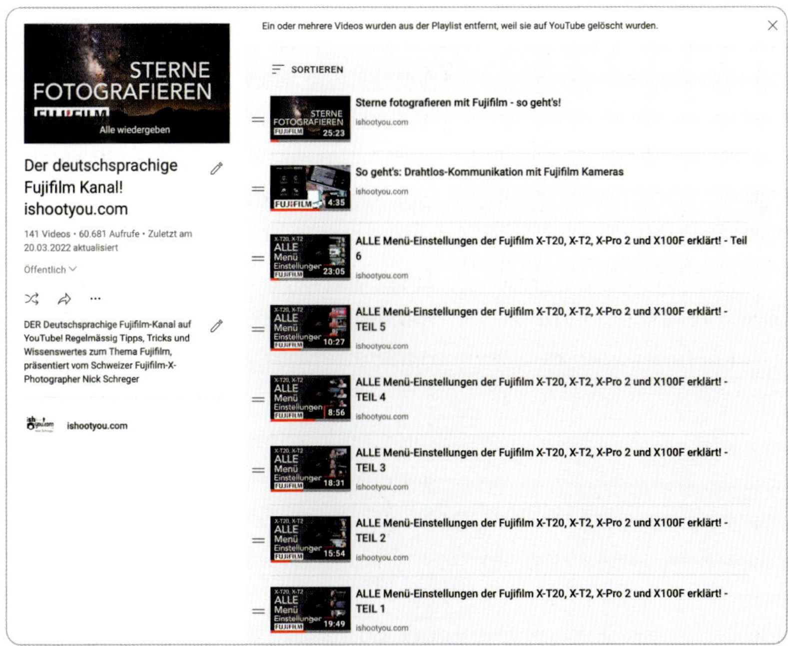

▲ *Mit Playlisten kannst du ein abendfüllendes Programm auf deinem Kanal erstellen.*

erstellen. Die Zuschauer können einen Blick auf deine Playlisten werfen und alle Inhalte deines Kanals verstehen.

Auch erhöhen sie deine Sichtbarkeit in Suchmaschinenergebnissen, denn abgesehen von einzelnen Videos werden auch Playlisten in den Suchergebnissen auf Google & Co. angezeigt. Da Wiedergabelisten eine Zusammenstellung von Videos enthalten, sind sie vollgepackt mit Schlüsselwörtern. Das bedeutet, dass du eine doppelt so hohe Chance hast, in den Suchtreffern zu erscheinen. Achte darauf, dass die Titel und Beschreibungen deiner Wiedergabelisten reich an Schlüsselwörtern sind, die mit den Schlüsselwörtern deines Videos übereinstimmen, damit die Suchmaschine sie als verwandte Inhalte verlinkt.

Wenn du deine Videos thematisch einordnest, sagst du dem YouTube-Algorithmus damit, dass diese Videos miteinander verwandt sind. Dadurch kann dein Video in der rechten Seitenleiste erscheinen, wo „verwandte Videos“ angezeigt werden, was wiederum deine Aufrufe erhöht. Wiedergabelisten erhöhen aber auch die Watchtime für deine Videos, denn Videos, die in einer Wiedergabeliste zusammengefasst sind, werden nacheinander abgespielt. Die Zuschauer bleiben eher vor dem Bildschirm und schauen sich die anderen Videos an, wenn sie direkt nach dem Ende des ersten Videos abgespielt werden. Das erhöht die Verweildauer auf deinem Kanal und trägt so dazu bei, die Reichweite deines Kanals auf YouTube zu erhöhen.

Playlisten sind so konzipiert, dass sie Zeit sparen und einen Mehrwert bieten, denn deine Zuschauer können wählen, ob die Videos in einer Wiedergabeliste in einer Schleife oder in zufälliger Reihenfolge abgespielt werden sollen. Das ist besonders praktisch für Musiker, Pädagogen oder Podcast-Moderatoren. Die Betrachter können ihren täglichen Aufgaben nachgehen, während deine Videos automatisch im Hintergrund abgespielt werden.

KAPITEL 8

KANALPFLEGE

Es nützt die beste technische Ausrüstung mit der höchstmöglichen Produktionsqualität nicht, wenn die Inhalte mau sind. Das gilt in vielen Sparten und ist auch auf YouTube Artikel 1 des Grundgesetzes. Als ich von Stilfindung schrieb, ging es dort ebenfalls um die Frage, inwieweit du in der Lage sein würdest, ein bestimmtes Qualitätsniveau auch über einen langen Zeitraum und mit regelmäßigen Inhalten beizubehalten. Hier die richtige Balance zu finden, ist fast schon ein Garant für einen erfolgreichen Kanal.

Qualität vs. Quantität

Die heutige Konsumgesellschaft hat wenig Zeit und noch weniger Lust, solche zu investieren. Alles muss schnell gehen, und das am besten auch noch kostenlos. Gern gewöhnt sich der Konsument an positive Dinge und entwickelt nach kurzer Zeit eine gewisse Erwartungshaltung, ganz gleich, ob er oder sie für deine Dienste bezahlt oder nicht. Sei also vorsichtig, gerade zu Beginn deiner Tätigkeit als YouTuber, und setze den Maßstab für dein Schaffen nicht zu hoch.

Häufig ist es auch der anfänglichen Euphorie geschuldet, dass du dich zu Beginn übernimmst und mit erheblich mehr Zeit- und Materialaufwand optisch und inhaltlich sehr überzeugenden Content produzierst – ohne dieses Level dann über einen längeren Zeitraum durchhalten zu können. Vom Zuschauer würdest du dafür gnadenlos abgestraft, und die Zuschauerbindung, die auf YouTube sehr wichtig ist, würde sehr darunter leiden. Sicher hast auch du das bereits einmal erlebt: Du beginnst, auf Netflix eine Serie zu schauen, und während es in der Pilotfolge noch so richtig zur Sache ging, ebbt die Handlung mit jeder weiteren Folge immer weiter ab. Irgendwann hast du keine Lust mehr, weiterzuschauen, und suchst dir eine neue Serie.

Aus diesem Grund empfehle ich dir, überhaupt erst dann mit einem YouTube-Kanal zu starten, nachdem du bereits etwa fünf oder sechs Videos komplett fertig produziert hast. Noch bevor du auch nur eine davon veröffentlichst, setze dich hin und verfasse eine möglichst genaue und ehrliche Liste, aus der für dich der genaue Aufwand für ein einzelnes Video hervorgeht. Dieser wird sicherlich beim allerersten Video deutlich höher gewesen sein als beim fünften oder sechsten. Natürlich wirst du von Video zu Video wichtige Dinge dazugelernt und vielleicht auch dein Equipment optimiert haben.

Schau dir deine Videos an und frage dich, wo du zu viel Zeit verschwendest, wie der Workflow simplifiziert werden könnte und was – ganz realistisch betrachtet – das Maß an Zeit und Aufwand ist, das du über einen längeren Zeitraum regelmäßig aufbringen kannst und willst.

Unter YouTubern galt eine Zeitlang die Regel, dass man mindestens ein Mal pro Woche ein neues Video veröffentlichen sollte, und dies nach Möglichkeit auch immer zur gleichen Zeit. Ich selbst hatte das über die Jahre immer wieder mal versucht und stets festgestellt, dass sich eine Einhaltung dieser Regel kaum spürbar auf den Erfolg meines Kanals auswirkte. Mittlerweile sind auch viele weitaus größere YouTube-Gurus, als ich es bin, vom Predigen dieser Regel abgerückt. Solange du dir keine größeren Pausen zwischen den einzelnen Beiträgen erlaubst, scheint es deinen Zuschauern ziemlich egal zu sein, ob deine Videos pünktlich im Wochentakt hochgeladen werden.

Mit Blick auf die Produktion gibt dir das natürlich einen gewissen Freiraum, und diesen solltest du unbedingt dazu nutzen, deine Videos sorgfältig zu planen und vorzubereiten. In Kapitel 2, „Planung", hast du dir hoffentlich bereits die nötigen Tipps angelesen. Worauf ich hier hinauswill: Finde für dich einen Rhythmus, der es dir erlaubt, die Inhalte auf deinem Kanal in gleichbleibender Qualität zu liefern – nicht Quantität. Es wird Videos geben, die viel mehr Vorbereitungszeit benötigen als andere.

Gib diesen Videos diese nötige Zeit und lass dich nicht von einem Redaktionsplan wie die Sau durch den Stall treiben – dein Kanal, deine Regeln. Mir wurde ziemlich schnell klar, dass ich bei einer strikten Einhaltung eines wöchentlichen Veröffentlichungsplans Abstriche in der Qualität meiner Beiträge hinnehmen müsste. Das kam für mich nicht infrage. Die Zuschauer meines Kanals schätzen die Qualität meiner Beiträge, nicht deren Quantität.

Als ich vor Jahren mit meinem Kanal begann, hatte ich überhaupt keine Erfolgsambitionen. Es machte mir Freude, Wissen unter die Leute zu bringen, das war alles – und so setzte ich mich einfach vor meinen Schreibtisch, stellte zwei einfache Lampen auf, klemmte mir ein Mikrofon ans Shirt, und los ging's. An diesem Konzept habe ich bis heute kaum etwas geändert, und so ist dann auch der grundsätzliche Qualitätsstandard meiner Videos über den gesamten Zeitraum stets einheitlich geblieben. Dies war möglich, weil der Aufwand für ein Video damals bereits auf einem Level war, den ich über die Jahre halten konnte. Ein glücklicher Zufall, denn eigentlich bin ich ganz anders drauf. Hätte ich damals bereits den Plan gehabt, den YouTube-Kanal zu einem Teil meiner beruflichen Tätigkeit zu machen, hätte ich gleich zu Anfang schon schweres Geschütz aufgefahren:

Mehrere Kameras, professionelles Studiolicht, eine aufwendigere Nachbearbeitung, professionelles Marketing über verschiedene Social-Media-Kanäle und, und, und. Dies hätte ich aber unmöglich über einen längeren Zeitraum aufrechterhalten können, und meine Videos hätten nach ein paar Monaten für den Zuschauer spürbar an Qualität eingebüßt.

Auch gab es in der Vergangenheit immer wieder mal Phasen, die mich aus verschiedensten Gründen dazu zwangen, Pausen einzulegen. Diese währten manchmal sogar mehrere Monate, weil ich stets der Ansicht war (und immer noch bin), dass ich lieber nichts veröffentliche als etwas Halbherziges. Verlor ich während dieser Pausen Abonnenten? Im Gegenteil. Natürlich gab es viele E-Mails, in denen Menschen wissen wollten, was denn los sei, wann denn wieder ein neues Video kommen würde und so weiter.

Es gab auch unverschämte Nachrichten, in denen man mir mit Kündigung des Abonnements drohte, sollte jetzt nicht bald mal wieder etwas von mir kommen. Geschadet hatte es aber dem Kanal nie. Was ich jedoch stets gewissenhaft beibehalten hatte, war das Beantworten von Kommentaren und E-Mails zu meinen Videos. Auf diese Weise sahen die Zuschauer, dass ich sehr wohl noch „da" war und mich um den Kanal kümmerte.

Eine gute Qualität deiner Inhalte auf deinem YouTube-Kanal spielt also eine viel größere Rolle als Regelmäßigkeit. Trotzdem gibt es ein paar Dinge zu beachten.

Wenn du eine Videoserie veröffentlichen willst, sollte zwischen der Veröffentlichung der einzelnen Teile dieser Serie nicht zu viel Zeit liegen. Produziere aber auf jeden Fall und soweit eben möglich alle Teile der Serie, bevor du den ersten Teil veröffentlichst, und lade die weiteren Teile im gleichmäßigen Abstand von zwei bis drei Tagen hoch. Bei längeren Abständen könnte die Zuschauerbindung an diese Serie leiden, folgen sie zu kurz aufeinander, fehlt der Vorfreudeeffekt auf den nächsten Teil.

Dadurch, dass du sämtliche Teile bereits bei der Veröffentlichung des nächsten Teils fertig hast, gerätst du mit der Produktion der Folgeteile nicht unter Zeitdruck und kannst für sämtliche Teile ein gleichbleibendes Qualitätsniveau gewährleisten. Bestenfalls produzierst du sämtliche Teile an einem Tag, womit diese dann auch optisch den gleichen Look bekommen.

Eine solche Vorproduktion von Videos kann auch dann sehr nützlich sein, wenn du – aus welchem Grund auch immer – mal eine längere Pause einlegen musst. Wenn es für drei Wochen in die Ferien geht, kannst du dich währenddessen aus solchen Konserven bedienen und deinen Zuschauern trotzdem neue Inhalte bieten, auch wenn du gerade mit einem Drink am Strand liegst. YouTube erlaubt es, die Veröffentlichung von Videos genau zu timen. In Kapitel 1, „Los geht's", schrieb ich bereits darüber – du erinnerst dich?

Vermeide es, dich in deinen Videos für längere Pausen zu rechtfertigen oder dich in irgendeiner Form darauf festzulegen, wann das nächste Video erscheinen wird. Sieh jedes einzelne Video als ein eigenständiges Produkt an, dessen Betrachter möglicherweise noch nichts anderes von dir gesehen hat oder nach diesem Video auch nichts anderes mehr sehen wird.

YouTube-Analytics

Wenn du dich mit den YouTube-Analysen beschäftigst, entdeckst du schnell eine unglaubliche Fülle von Informationen – von der Demografie der Zuschauer bis hin zu den Quellen des Traffics und den Schlüsselwörtern, mit denen die Nutzer deine Videos finden. All das kann dir helfen, deine Content-Strategie mit der Zeit zu verfeinern, damit du Videos erstellst, die Zuschauer zum Weitersehen motivieren. Doch bevor du YouTube Analytics nutzen kannst, um deine Kanalstrategie zu verfeinern, zeige ich dir, wo du die Daten findest.

Rufe dazu die YouTube-Studio-Oberfläche auf und klicke in der linken Spalte auf *Analytics* – offenbar hat man noch keine geeignete Übersetzung dafür gefunden. Die sich öffnende Folgeseite ist dann mit *Kanalanalysen* betitelt – wahrscheinlich wollte man in der Navigation kein Wort sehen, in dem zwei Mal das Wort … egal.

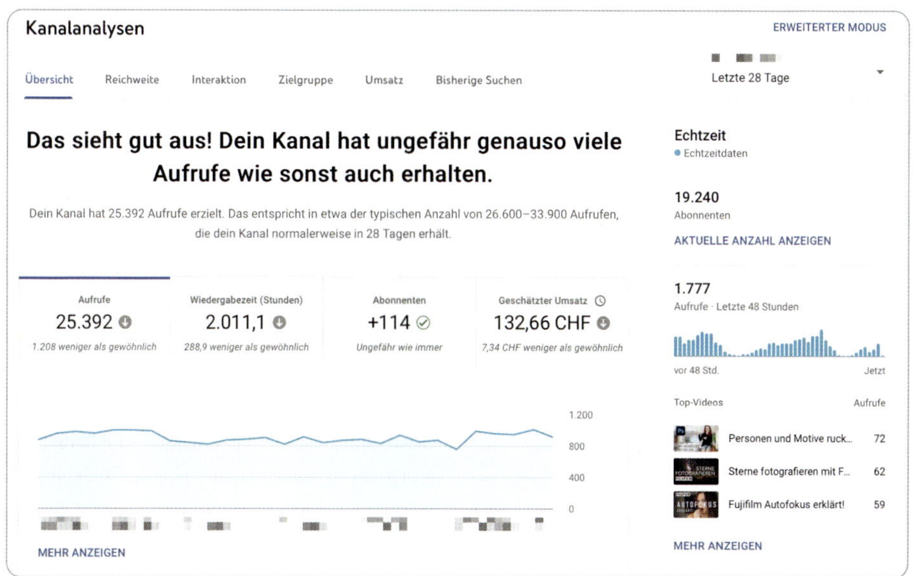

▲ *Ein intimer Einblick in meinen Kanal.*

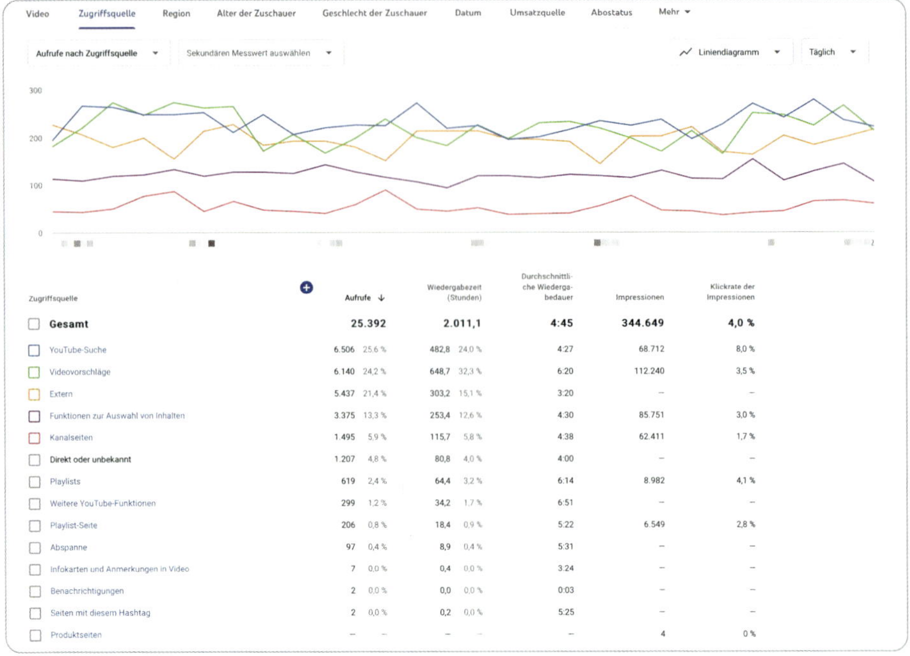

Zugriffsquelle	Aufrufe ↓		Wiedergabezeit (Stunden)		Durchschnittliche Wiedergabedauer	Impressionen	Klickrate der Impressionen
Gesamt	**25.392**		**2.011,1**		**4:45**	**344.649**	**4,0 %**
YouTube-Suche	6.506	25,6 %	482,8	24,0 %	4:27	68.712	8,0 %
Videovorschläge	6.140	24,2 %	648,7	32,3 %	6:20	112.240	3,5 %
Extern	5.437	21,4 %	303,2	15,1 %	3:20	–	–
Funktionen zur Auswahl von Inhalten	3.375	13,3 %	253,4	12,6 %	4:30	85.751	3,0 %
Kanalseiten	1.495	5,9 %	115,7	5,8 %	4:38	62.411	1,7 %
Direkt oder unbekannt	1.207	4,8 %	80,8	4,0 %	4:00	–	–
Playlists	619	2,4 %	64,4	3,2 %	6:14	8.982	4,1 %
Weitere YouTube-Funktionen	299	1,2 %	34,2	1,7 %	6:51	–	–
Playlist-Seite	206	0,8 %	18,4	0,9 %	5:22	6.549	2,8 %
Abspanne	97	0,4 %	8,9	0,4 %	5:31	–	–
Infokarten und Anmerkungen in Video	7	0,0 %	0,4	0,0 %	3:24	–	–
Benachrichtigungen	2	0,0 %	0,0	0,0 %	0:03	–	–
Seiten mit diesem Hashtag	2	0,0 %	0,2	0,0 %	5:25	–	–
Produktseiten	–	–	–	–	–	4	0 %

▲ *Die Auswahlmöglichkeiten zur Protokollerstellung im erweiterten Modus.*

Schalte zwischen Übersicht, Reichweite, Interaktion, Zielgruppe und Umsatz (falls zutreffend) um, je nachdem, welche Informationen du suchst. Wie du in der Abbildung sehen kannst, halten sich die Gewinne meines Kanals trotz dessen relativen Erfolgs sehr in Grenzen; ich muss jedoch dazusagen, dass es sich bei der dort gezeigten Zeitspanne (die ich leider unkenntlich machen musste) um eine Periode handelte, in der ich inaktiv war.

Um einen Bericht herunterzuladen, wählst du im erweiterten Modus (klicke auf die blaue Schrift rechts oben, um in den erweiterten Modus zu gelangen) die Parameter aus, die du verfolgen möchtest. Klicke dann auf den nach unten zeigenden Pfeil in der oberen rechten Ecke. Wähle bei *Google Sheets* das CSV-Format, um deinen Bericht zu erstellen.

Im erweiterten Modus kannst du in der oberen rechten Ecke auf *Vergleichen mit* klicken. Damit kannst du das jährliche Wachstum des Kanals, die Leistung der ersten 24 Stunden eines Videos und die Leistung einzelner Videos mit deinen gesamten Kanalstatistiken vergleichen. Das ist z. B. dann interessant, wenn du mit einem Video mal etwas Neues ausprobiert hast und sehen willst, wie es im Vergleich zu anderen Videos abschneidet.

Analytics kurz erklärt

Dieses Buch richtet sich an diejenigen, die erfolgreich mit YouTube starten wollen. Es würde den Rahmen dieses Buchs bei Weitem sprengen, wenn ich hier auf jedes einzelne Detail eingehen würde – dafür gibt es separate Bücher mit Hunderten von Seiten. Auch ändert YouTube immer wieder mal etwas an den Analysetools; es kann also sein, dass einzelne Punkte hinzukommen, wegfallen oder umbenannt oder verschoben werden.

Abonnenten

Die Anzahl der Personen, die deinen YouTube-Kanal abonniert haben (über einen bestimmten Zeitraum). Bewege den Mauszeiger über die Zahl, um zu sehen, wie sich diese Zahl im Vergleich zu deinem typischen Abonnentenwachstum entwickelt. Wenn es eine signifikante Abweichung vom Durchschnitt gibt, such nach der Ursache. Hast du mehr Videos gepostet als sonst? Weniger? Warst du beim Frisör? Hat ein bestimmtes Video besonders gut oder schlecht abgeschnitten?

Aufrufe in Echtzeit

Die Anzahl der Aufrufe deiner Videos in den letzten 48 Stunden, dargestellt in einem Balkendiagramm mit geschätzten stündlichen Aufrufen, die in Echtzeit aktualisiert werden. Dies ist eine gute Möglichkeit, um sich einen ersten Eindruck davon zu verschaffen, wie neu hochgeladene Videos unmittelbar nach ihrer Veröffentlichung abschneiden. Bedenke aber, dass ein Video, das um ein Uhr nachts hochgeladen wird, in den ersten Stunden wahrscheinlich kaum Zuschauer finden wird.

Die besten Videos im ausgewählten Zeitraum

Eine Momentaufnahme deiner Topvideos, basierend auf den Aufrufen in einem bestimmten Zeitraum. Wenn du den Zeitrahmen auf Lebenszeit einstellst, kannst du die Videos mit der besten Gesamtperformance ermitteln.

Kanalaufrufe

Die Anzahl der Aufrufe deines gesamten Kanals in dem ausgewählten Zeitraum. Wenn du einen 28-Tage-Zeitraum wählst, siehst du auch eine Zahl, die angibt, wie diese Zahl im Vergleich zur durchschnittlichen Anzahl der Aufrufe deines Kanals ist.

Wiedergabezeit (Watchtime)

Die Gesamtzeit in Stunden, die die Menschen in einem bestimmten Zeitraum damit verbracht haben, Videos auf deinem Kanal anzusehen. Wenn du einen Zeitraum von 28 Tagen auswählst, siehst du, wie sich diese Zahl im Vergleich zu deiner durchschnittlichen Sehdauer verhält.

Reichweite

Erfahre, wie Menschen deine Videos auf und außerhalb von YouTube entdecken, und passe deine Strategie entsprechend an.

Impressionen

Die Anzahl, wie oft die Vorschaubilder deiner Videos den YouTube-Zuschauern gezeigt wurden. Externe Traffic-Quellen wie Website-Einbettungen oder Social Shares werden dabei nicht berücksichtigt.

Klickrate (CTR)

Der Prozentsatz der Personen, die auf ein Vorschaubild auf YouTube geklickt haben, um deine Videos anzusehen. Eine hohe CTR (*Click-Through-Rate*) ist ein guter Indikator dafür, dass deine Vorschaubilder und Keywords im Allgemeinen effektiv sind. Aber auch hier gilt, dass nur die Aufrufe berücksichtigt werden, die von den Vorschaubildern auf YouTube selbst stammen. Aufrufe oder Klicks aus externen Quellen werden nicht berücksichtigt.

Achte auf Gemeinsamkeiten zwischen Videos mit hohen oder niedrigen Klickraten. So kannst du mit der Zeit herausfinden, welche Methode am besten funktioniert, um deine Zuschauer zum Anschauen deiner Videos zu bewegen.

Traffic-Quellen

Hier erfährst du, wo und wie deine Videos gefunden werden. Zu den Quellen des YouTube-Verkehrs gehören die Suche, die Browse-Funktionen, die Wiedergabelisten und die vorgeschlagenen Videos – die alle in unterschiedlichem Maße vom YouTube-Algorithmus gesteuert und ausgewertet werden.

YouTube-Suche und *Videovorschläge*: Diese Aufrufe stammen von Personen, die bereits auf YouTube waren, als sie dein Video fanden. Bei *Extern* findest du die Quellen, in denen Zuschauer dein Video über eine Suchmaschine, soziale Medien oder eine andere Website gefunden haben.

Traffic-Quellen können dir auf verschiedene Weise helfen, potenzielle Kooperationsmöglichkeiten zu erkennen. Schau dir zunächst die vorgeschlagenen Videos an, um zu sehen, welche anderen Kanäle den Traffic zu deinem Video leiten. Nutze dann das Drop-down-Menü *Mehr* im erweiterten Modus, um die Wiedergabestandorte zu überprüfen. So siehst du die Websites, die eingebettete Videos abspielen.

Die Top-Suchbegriffe sind Suchbegriffe, die Menschen über die YouTube-Suche zu deinen Videos geführt haben.

(Du findest sie unter *Traffic-Quelle/ YouTube-Suche*.) Dies sollte dir einen guten Hinweis darauf geben, ob deine YouTube-Keyword-Strategie effektiv ist oder in einigen Bereichen nachgebessert werden muss. Wenn ein Video häufig über die Suche gefunden wird, solltest du es in eine Wiedergabeliste aufnehmen, damit die Menschen deine verwandten Inhalte entdecken können.

YouTube-Interaktionsmetriken

Wie interagieren die Menschen mit deinen Videos? Finde es mithilfe der Interaktionsmetriken heraus.

Durchschnittliche Wiedergabedauer

Zeigt, wie lange der durchschnittliche Betrachter deine Videos ansieht, bevor er sie wieder wegklickt. Ich erwähnte ja bereits, dass eine hohe CTR darauf hindeutet, dass deine Keywords und dein Vorschaubild effektiv sind. Die Wiedergabedauer kann dir helfen, zu verstehen, ob die Betrachter das bekommen, was sie erwartet haben, nachdem sie geklickt haben. Eine niedrige durchschnittliche Wiedergabedauer kann ein Hinweis darauf sein, dass das, was du versprichst, nicht mit dem übereinstimmt, was du lieferst.

Top-Playlists

Hier siehst du, welche deiner Wiedergabelisten die höchste Gesamtwiedergabedauer haben. Dieser Wert ist wichtig, denn gute Wiedergabelisten können dafür sorgen, dass die Zuschauer deine Videos länger ansehen bzw. mehr Zeit mit deinen Videos verbringen. Um die Leistung deiner schwächeren Wiedergabelisten zu steigern, kannst du deren Reihenfolge umgestalten. Überprüfe, welche Videos in jeder Wiedergabeliste die höchste durchschnittliche Wiedergabedauer haben, und setze diese an den Anfang.

Infokarten und Abspann

Wenn du deinen Videos interaktive Inhalte hinzugefügt hast, zeigen dir diese Berichte, wie die Betrachter mit diesen Elementen interagieren. Analysiere die Effektivität deiner Infokarten in Bezug auf Kartentyp, Zeitpunkt, Platzierung und Dauer. Such nach Mustern, die darauf hindeuten, was am besten funktioniert, und ändere dann deine Strategie, um die Klicks zu maximieren.

Zielgruppe

Nutze YouTube-Zielgruppenmetriken, um zu verstehen, wer deine Videos anschaut. Diese Erkenntnisse sollten in deine Content- und Community-Management-Strategien einfließen.

Einzelne Zuschauer

Eine Schätzung der Gesamtzahl der Besucher, die sich deine Videos in einem bestimmten Zeitraum angesehen haben. *Kanalaufrufe* ist eine Auflistung aller Aufrufe, aber *Einzelne Zuschauer* zeigt eine Auflistung der tatsächlichen, individuellen Besucher. Wenn also eine Person dasselbe Video dreimal anschaut, wird es hier nur einmal gezählt, aber dreimal für die *Kanalaufrufe*.

Wiederkehrende Zuschauer

Das sind Zuschauer, die sich bereits ein Video auf deinem Kanal angesehen haben und wiederkommen, um mehr zu sehen. Eine hohe Anzahl an wiederkehrenden Zuschauern zeigt, dass deine Inhalte gut ankommen.

Wann deine Zuschauer auf YouTube aktiv sind

Das Diagramm zeigt, an welchen Tagen und zu welchen Uhrzeiten die meisten deiner Zuschauer auf YouTube aktiv sind. Nutze diese Informationen, um Uploads zu optimalen Zeiten zu planen. Wenn du deinen Kanal aktiv pflegen willst, solltest du besonders zu diesen Uhrzeiten nach Kommentaren und Fragen deiner Zuschauer schauen und diese gegebenenfalls beantworten.

Wiedergabedauer von Abonnenten

Zeigt an, wie viel deiner gesamten Wiedergabedauer von Zuschauern kommt, die deinen Kanal abonniert haben. Abonnenten sehen sich in der Regel doppelt so viele Videos an wie Nicht-Abonnenten. Wenn deine Abonnenten nicht den Großteil deiner Wiedergabedauer ausmachen, nutzt du deine Abonnentenbasis vielleicht nicht optimal aus. Versuche, einen regelmäßigeren Upload-Zeitplan zu erstellen, damit deine Abonnenten wissen, wann sie neue Inhalte erwarten können, und es sich zur Gewohnheit machen, deine neuen Videos anzuschauen, sobald sie online gehen.

Demografische Daten

Alter, Geschlecht, Wohnort und Sprache der Personen, die deine Videos auf YouTube ansehen. Diese Informationen helfen dir bei der Planung von Inhalten, die auf dein spezielles Publikum zugeschnitten sind. Bei einem Kanal wie meinem sind diese Werte sehr breit gefächert, weil es an Fotografie interessierte Menschen in allen Altersgruppen und Geschlechtern gibt.

Umsatz

Wenn dein Konto für die Monetarisierungsfunktionen von YouTube zugelassen ist, kannst du deine Einnahmen auf der Registerkarte *Umsatz* verfolgen.

Geschätzter Umsatz

Wie viel Nettoumsatz dein Kanal in einem bestimmten Zeitraum mit allen von Google verkauften Anzeigen und Transaktionen gemacht hat.

Geschätzte Anzeigeneinnahmen

Die geschätzten Einnahmen für AdSense- und DoubleClick-Anzeigen.

Transaktionsumsatz

Der geschätzte Nettoumsatz aus Transaktionen wie Paid Content, Super Thanks oder Super Chat.

YouTube-Videoanalysen

Die Werte, die wir bisher angeschaut haben, gelten für deinen gesamten Kanal. Du solltest aber auch die Werte für einzelne Videos verfolgen, damit du genau sehen kannst, was funktioniert und was nicht.

Klicke einfach auf ein beliebiges Video in der Analytics-Übersicht, um die Statistiken für dieses einzelne Video zu sehen. Auf den Registerkarten *Reichweite*, *Interaktion* und *Zielgruppe* für jedes Video kannst du dessen spezifische Werte für das betreffende Video und nicht nur für den gesamten Kanal einsehen.

Aufrufe

Die Anzahl der Aufrufe deines Videos, einschließlich der wiederholten Aufrufe durch dieselbe Person.

Abonnenten

Die Anzahl der Personen, die beim Schauen dieses Videos deinen Kanal abonniert haben (jedes auf der Seite dieses Videos zustande gekommene Abonnement). Dieser Wert ist einer der stärksten Hinweise darauf, dass ein bestimmtes Video bei den Zuschauern gut ankommt. Auf der anderen Seite kannst du auch sehen, wie viele Abonnenten du mit einem bestimmten Video verloren hast. Wenn du Abonnenten verlierst, sieh dir die Betrachtungsdauer genau an, um zu sehen, ob du ein bestimmtes Problem ausmachen kannst.

Wiedergabedauer (Stunden)

Die kumulierte Zeit, die die Nutzer mit dem Schauen des Videos verbracht haben. Dieser Wert ist besonders wichtig, weil die Wiedergabedauer ein wichtiger Faktor im YouTube-Algorithmus ist. Videos mit einem hohen Wert bei der Wiedergabedauer werden eher in den Suchergebnissen und Empfehlungen angezeigt und bringen neue Besucher auf deinen Kanal.

Durchschnittliche Wiedergabedauer
Die geschätzte Zeit in Minuten, die für jedes Ansehen des ausgewählten Videos aufgewendet wurde. Außerdem gibt es ein Diagramm, das zeigt, wie die Zuschauer im Laufe des Videos weniger werden. Du solltest damit rechnen, dass die Zuschauerzahlen allmählich zurückgehen. Wenn du große Einbrüche bemerkst, schau dir das Video an, um herauszufinden, was die Menschen dazu bringen könnte.

Solltest du Gefallen an solchen Statistiken haben und ist dir die Auswertung solcher Daten wichtig, solltest du dir unbedingt weiterführende Literatur zu dem Thema holen oder sogar einen Workshop dazu besuchen.

Kommentare und Bewertungen

Die meisten Menschen tendieren dazu, dem Begriff „Kritik" etwas Negatives anzulasten. Wenn wir jemanden kritisieren, dann teilen wir ihm meist eine gegenteilige Meinung mit, sagen, was uns nicht gefällt, dass wir unzufrieden sind, und bestenfalls auch, warum. Dabei ist Kritik die Basis für Weiterentwicklung und keinesfalls etwas, das wir fürchten sollten. Ohne Kritik wären wir bei der Bewertung unseres Schaffens auf uns allein gestellt, und die wenigsten von uns sind in der Lage, sich selbst und das, was wir tun, objektiv zu bewerten.

Auf YouTube hat der Konsument zwei Möglichkeiten, einen Videobeitrag oder einen schriftlichen Kommentar zu bewerten. Die einfachste besteht darin, auf ein „Daumen hoch"- oder „Daumen runter"-Piktogramm zu klicken. Diese Form der Bewertung ist sehr rudimentär und für den Creator wenig hilfreich, kann doch beides eine Menge oder auch nichts bedeuten.

Achte dazu einfach einmal darauf, wie du selbst diese Funktion nutzt. Wann klickst du auf das eine, wann auf das andere Piktogramm? Die Beweggründe sind manchmal erschreckend banal, manch einer klickt nur auf „Daumen runter", weil ihm oder ihr die Visage des Creators nicht gefällt – ungeachtet des Beitragsinhalts. Auch darf nicht vergessen werden, dass viele Zuschauer mehr oder weniger indirekt oder zufällig auf Inhalte stoßen, dort zehn Sekunden reinschauen und dann bereits eine meist negative Bewertung abgeben, weil es sich bei dem Video nicht um etwas handelt, wonach sie eigentlich suchten. Manchmal sind es auch persönliche Fehden, die auf diese Weise ausgetragen werden.

Ich erinnere mich an einen Fall, in dem ich einen Kommentator unter einem meiner Videos ein wenig zurechtweisen musste, weil er sich im Ton vergriffen hatte. Prompt hatte ich auf jedem meiner vergangenen 10 bis 15 Videos ein neues „Daumen runter" – Zufall?

Allerdings gab es 2021 eine Änderung auf YouTube, durch die die Anzahl der „Daumen runter"-Bewertungen nur noch für den Betreiber des Kanals, nicht aber für die externen Besucher des Kanals ersichtlich sind. Diese sehen seitdem nur noch die positiven Bewertungen. Grund für die Änderung war laut YouTube, dass man damit den Missbrauch von Negativbewertungen – das sogenannte Dislike-Mobbing – eindämmen wollte. Ein guter Schritt?

Grundsätzlich ist es natürlich lobenswert, wenn der Betreiber eines derart bedeutenden sozialen Netzwerks den Willen zeigt, seine Nutzer zu schützen, indem ein gezieltes *Downvoting* verhindert wird. Allerdings fehlt dadurch eben auch ein gewisser Qualitätsindex. Meiner Meinung nach gäbe es bei YouTube weitaus wichtigere Punkte, an denen man den Hebel ansetzen sollte – es finden sich noch immer viel zu leicht viel zu viele jugendgefährdende Inhalte auf YouTube, und auch Falschinformationen und politische Propaganda haben es leicht, gesehen zu werden.

Allerdings ist es für dich als Betreiber eines Kanals nicht so ohne Weiteres hilfreich, wenn Zuschauer eine simple „Daumen hoch"- oder „Daumen runter"-Bewertung abgeben, denn besonders bei einem „Daumen runter" wäre es sehr wichtig, zu wissen, aus welchem Grund eine solche Negativbewertung vergeben wurde. Was meint der Zuschauer mit seiner Bewertung? Was hat ihm nicht gefallen? Die Bildqualität, die Tonqualität, das Thema, die Darbietung, die Grundaussage des Videos?

Kritik ohne konstruktive Vorschläge ist überhaupt nicht hilfreich, und so kann eine hohe Anzahl an „Daumen runter"-Bewertungen beim Besucher des Kanals ein falsches Bild davon zeichnen, ob es sich lohnt, ein bestimmtes Video anzuschauen.

Aber auch ein „Daumen hoch" sagt nichts darüber aus, warum diese Bewertung vergeben wurde. Mehr noch, oft ist es einfach nur eine Sympathiebekundung, denn jeder Kanal hat irgendwann auch eine Fanbase, und so ein „Daumen hoch" ist die einfachste Form der Unterstützung. Ich persönlich würde mich sehr freuen, wenn wenigstens jeder, der ein „Daumen runter" vergibt, dieses in einem kurzen Kommentar unter dem Video sachlich begründete. Aus diesem Grund sollte es unbedingt zur Gewohnheit werden, in jedem Video – am besten in der Mitte oder nach einer markanten Aussage oder Präsentation oder am Ende eines Abschnitts – einen gut formulierten Satz einzubauen, der den Zuschauer zur konstruktiven Kritik anregt und in dieser Hinsicht auch ein bisschen anleitet. Ein Beispiel:

„Übrigens würde ich mich freuen, wenn du mir unter diesem Video ein kurzes Feedback hinterlassen würdest – Daumen hoch, wenn es dir gefällt und du mehr solcher Inhalte auf diesem Kanal sehen möchtest, Daumen runter, wenn es dir nicht gefällt – dann aber bitte auch mit einem kurzen Kommentar, warum es dir nicht gefällt, denn nur so kann ich mich verbessern!"

Damit machst du den Zuschauer zu deinem Verbündeten, auch wenn er gerade so gar nicht deiner Meinung sein sollte. Auch verdeutlichst du damit auf nahbare Weise, dir deines eigenen Verbesserungspotenzials bewusst und bereit für Kritik zu sein.

Interessanterweise spielen aber genau diese einfachen Bewertungen offenbar doch eine wichtige Rolle, wenn es darum geht, auf einen Blick die Qualität eines Beitrags zu erfassen. Als es noch möglich war, die „Daumen runter"-Bewertungen zu sehen, haben wir uns alle sicher schon bei dieser Rechnung ertappt:

```
Anzahl Klicks auf ein Video /
(Anzahl Daumen hoch /
Anzahl Daumen runter) =
Qualitätskoeffizient
```

Da aktuell aber keine Negativbewertungen sichtbar sind, bekommen geschriebene Kommentare einen noch höheren Stellenwert – jetzt muss der Besucher wenigstens die zuoberst gelisteten Kommentare überfliegen, um sich ein Bild davon machen zu können, ob es sich lohnt, das Video anzuschauen.

Die Kommentarfunktion

Eine andere Möglichkeit, Feedback auf ein Video zu geben, besteht darin, einen geschriebenen Kommentar zu hinterlassen. Wer das macht, investiert schon mal Zeit und Mühe und zeigt damit, dass er oder sie einen ernsthafteren Beweggrund hat, sich zu deiner Arbeit zu äußern. Die Bewertung eines solchen Kommentars gestaltet sich aber oft als schwierig. Nicht nur, dass der Deckmantel der Anonymität deinen Zuschauern die freie und ungefilterte Meinungsäußerung erleichtert, er macht es für dich auch unmöglich, die Person hinter dem YouTube-Nutzer-Pseudonym zu erfassen.

Manchmal sind es Nutzer, die selbst mit einem Kanal vertreten sind, und man kann sich dort umschauen und sich ein Bild machen. Meistens weißt du aber erst einmal nicht, wer die Zeilen im Kommentarfeld hinterlassen hat und wie viel Fachwissen und persönliche Erfahrung dahintersteckt. Grundsätzlich ist jeder hinterlassene schriftliche Kommentar ein Grund zur Freude. Reine Hasskommentare – so etwas gibt es leider – lasse ich da mal außen vor.

Soweit es vom zeitlichen Aufwand her möglich ist, solltest du jeden Kommentar auch mit einer Antwort honorieren – und sei es nur ein einfaches „Dankeschön". Das hat zum einen den Effekt, dass die Besucher deines Kanals sehen, dass der Mensch dahinter Wert auf seine Zuschauer und deren Meinung legt, zum anderen wird eine rege Beteiligung auf deinem Kanal auch von YouTube positiv registriert. Videos mit bewegtem Austausch lassen Nutzer länger auf YouTube verweilen und möglicherweise auch wieder dorthin zurückkehren, wenn es eine Antwort auf einen Kommentar gegeben hat. Videos, die kommentiert werden, vermitteln eine höhere Relevanz und werden von YouTube eher gepusht und auf der Titelseite und in Suchergebnissen gezeigt.

Umgang mit jedweder Kritik

Es liegt in der Natur des Menschen, sich eher über etwas zu beschweren, als ein Lob zu hinterlassen. Eigentlich sind es dann aber genau diese negativen Kritiken, die – sofern sie auch nur ansatzweise berechtigt sind – am ehesten weiterhelfen. Hier ist es wenig hilfreich, sich mit dem eigenen Ego darüber hinwegzusetzen – auch wenn es schwerfällt. Unterscheiden solltest du dabei zwischen einer „schlechten" Kritik und einer „negativen" Kritik. Eine „schlechte" Kritik zielt nicht auf dich als Erschaffer des Videos, sondern auf die Umsetzung der Aufgabe, die du dir mit dem Erstellen des Videos gegeben hast. Eine solche Kritik kann (muss nicht) sehr wertvolle Hinweise enthalten – besonders dann, wenn sie von jemandem kommt, der weiß, wovon er spricht.

Eine „negative" Kritik hingegen greift dich persönlich an – meist, weil jemand anderer Meinung ist und neben dieser Meinung keine weitere duldet. Die Kunst besteht darin, Erstere ernst zu nehmen und Letztere freundlich zu ignorieren. Es bringt wirklich überhaupt nichts, sich in eine Diskussion auf persönlicher Ebene zu begeben, denn damit zeigst du allenfalls Schwäche und gibst dem Angreifer den Spielball, den er braucht. Solche Kommentare kannst du löschen und den

Verfasser auf deinem Kanal ausblenden lassen – dann kann er zwar noch Kommentare verfassen, diese sieht aber nur noch er selbst. Bei wirklich unangemessenen Kommentaren, persönlichen Angriffen und Beleidigungen ist das das Beste, was du machen kannst.

Es kommt auch vor, dass sich YouTube-Nutzer im Kommentarbereich deiner Videos untereinander in die Haare kriegen. Wenn so etwas ausartet, solltest du diese Beiträge kommentarlos löschen, ohne die Streithähne zu sperren oder auszublenden. Wer halbwegs vernünftig ist, wird dadurch verstehen, dass du so etwas nicht duldest, und es in Zukunft unterlassen.

Eine „schlechte" Kritik hingegen solltest du immer für alle sichtbar stehen lassen, da du und dein Kanal sonst Gefahr laufen, an Glaubwürdigkeit zu verlieren. Versuche, dich zu beherrschen, sofort auf solche Kommentare zu reagieren, sondern lies sie zu einem späteren Zeitpunkt, wenn der erste Ärger verflogen ist, noch mal in Ruhe durch und überlege dir, was davon zutrifft. Es zeugt von Stärke, sich beim Kommentierenden für seinen Beitrag zu bedanken. Dort auf Details einzugehen oder sich gar zu rechtfertigen, wäre allerdings falsch – ein einfaches „Danke, dass du dir die Zeit für diese konstruktive Kritik genommen hast!" genügt.

Schließlich hat sich da jemand hingesetzt und seine Sicht der Dinge geschildert und vielleicht sogar wertvolle Verbesserungsvorschläge gegeben – das solltest du wenigstens mit einer freundlichen Kenntnisnahme belohnen. Ob und inwieweit du das in Zukunft auch umsetzen willst, bleibt dir selber überlassen. Merke: „Seine" Meinung ist nur „eine" Meinung und nicht zwangsläufig „deine" Meinung.

Interagiere mit den Zuschauern

Wenn du dich aktiv mit den Kommentaren deiner Zuschauer auseinandersetzt, wird das wiederum andere dazu ermutigen, auch etwas zu schreiben. Deine Reaktionen zeigen schließlich, dass du die Kommentare liest und sie dir nicht egal sind. Eine solche Vorgehensweise ist ein ideales Mittel, um eine Gefolgschaft aufzubauen – Fans sozusagen, die den Dialog mit dir schätzen und die Gewissheit haben, dass du deine Videos nicht nur für dich selbst, sondern auch für sie produzierst.

Für mich haben sich in den vergangenen Jahren etliche Bekanntschaften und sogar einige tolle Freundschaften durch meinen YouTube-Kanal ergeben.

Index

N

O

P

Q

R

S

Z

Bildnachweis

Alle Bilder in diesem Buch wurden von **Nick Schreger** erstellt:

Ausgenommen dieser Bilder: **S. 28** Teleprompterpad. **S. 30** Padcaster. **S. 31** IK Multimedia. **S. 46** Canon. **S. 48** Jill Wellington. **S. 54** Canon. **S. 55** Fujifilm. **S. 58-59** Fujifilm. **S. 60** Sony. **S. 65** GoPro (links), DJI (rechts). **S. 67** Logitech. **S. 68** Blackmagic Design. **S. 118** Mackie. **S. 119** Presonus. **S. 123-124** DJI. **S. 125** Deity. **S. 134** DJI. **S. 201** Contour. **S. 203** Blackmagic Design.